U0069142

今生做人
不國
中
不做人

I
Don't
Want to
Be
Chinese

余杰
Yu Jie

目錄

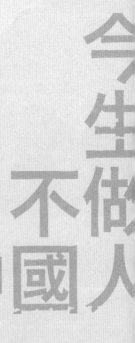

在國家之外，

還有重要得多的個人自由和尊嚴！

　　余杰的文章，我已經讀了有近 20 年，其文風，永遠是那樣的鐵筆錚錚、嫉惡如仇。他對統治者固然如此，對大家奉為偶像的人物，譬如金庸，也是一派見大人而藐之。他在 20 年前在北大召開金庸小說國際研討會時，就當著金庸的面說：「古龍的作品具有西方現代主義的特質，表達了捍衛個人主義、生命尊嚴、自由精神的現代理念；而金庸的作品傳達的仍是儒家大一統觀念、君臣父子倫理，是《三俠五義》傳統之延續，俠儒合一，俠道互補，不是顛覆乃是維護既有的帝國秩序。」我們需要的，尤其是中國人需要的，就是這種一士諤諤的獨立思考，和說真話的勇氣。

　　余杰在離開中國之前，已經是寧鳴而死，文章寫得非常放肆，加上跟劉曉波一起從事民權活動，結果惹禍。他被中國政府綁架，在密室遭脫光衣服以酷刑虐待。這非人遭遇令原本極不想離開中國的余杰下了一個很艱難的決定：在 2012 年離開了中

國，去了美國，並於 2018 年正式入籍美國。

余杰在這個時候出版這本《今生不做中國人》，可謂適其時矣。這個書名與我在約 10 年前出版的《來生不做中國人》，彷彿有所呼應，或再跨前一步。就如我的讀者倪匡也說，「這雖是天下第一好書，卻不夠徹底，我會說今生不做中國人！」

不少論者說過，儘管中國人已經受盡中國統治者的凌辱，甚至受盡中國文化的折磨，卻依然是會因為被人指為不是中國人就會暴怒甚或動粗的民族。指斥他人不是中國人，是具挑釁性的嚴重辱罵！中國人這個稱呼或身份，彷彿就如衣不蔽體的奴隸身上的唯一遮掩私處的一塊爛布。按此思路，對於絕大多數中國人來說，不承認自己是中國人，或說不想再做中國人是極其離經叛道的事。因此，說得出這話的人，必已對中國相當失望，而多不會隨口說說的。而所指的中國，也不是僅指中國暴政，也多包括極有利於滋生暴政和孕育奴才的中國文化。

我期望，余杰的作品能繼續啓蒙更多備受中國極權統治和中國文化荼毒的炎黃蒼生，令他們明白在國家之外，還有重要得多的個人自由和尊嚴！

鍾祖康

（《來生不做中國人》（66 刷）作者）

挪威

2019 年

告別喪屍國度，奔向自由人生

不是流亡，是自願「脫中入美」

2018 年 12 月 15 日，我與數百名新入籍者在維吉尼亞州費爾法克斯郡的一所中學參加了美國公民入籍宣誓儀式。

我得到了一封美國總統川普寫給每一位新公民的熱情洋溢的信，信中寫道：「現在，你們正式成為美國公民。你們剛剛獲得了世界上最寶貴的一筆財產。這一點大家都知道，沒有什麼能比成為一名美國公民給他帶來更大的榮譽和更高的優待了。」信中強調說：「通過宣誓儀式，你們與美國、美國的傳統、美國的文化和美國的價值觀建立了神聖的聯繫。現在，這一個傳統也屬於你們，需要你們去保護、發揚，並將其傳遞給下一代和下一波來到我們國家的新移民。現在，我們的歷史就是你們的歷史，我們的傳統就是你們的傳統，我們的憲法就是你們的憲法，需要你們去捍衛、讚美和珍惜。」當我們在美國國歌聲中高聲宣讀效忠美國的誓詞時，我不禁熱淚盈眶。我到了四十五歲才擁有值得去讚美、珍惜和捍衛的歷史、傳統和憲法，包括「投票」這一個最基

本的公民權。

　　不「脫中」，就不可能「入美」。離開是必要且並不痛苦的。法籍作家高行健在其代表作《一個人的聖經》中描寫了主角離開中國時的場景：「這之前，他沒有想到他會離開這個國家，只是在飛機離開北京機場的跑道，嗡的一聲，震動的機身霎時騰空，才猛然意識到他也許就此，當時意識的正是這也許，就此，再也不會回到舷窗下那塊土地上來。」後來，高行健在一篇訪談中說，他是「自我自願流亡」。高行健沒有余光中式甜膩的鄉愁，也沒有薩伊德式矯揉造作的悲情，他有一種華人當中罕見的自信和決絕。高行健寫道：「我想我快要結束了，對中國的債啊，鄉愁啊，我要徹底開始一種新的生活。把這種東西永遠結束掉。人總得活，要緊的是活在此時此刻，過去的就由它去，徹底割斷。你不需要這個國家的標籤，只不過還用中文寫作，如此而已。如此而已。」

　　我與高行健一樣，與其說是被動地為中國所放逐，不如說是主動地放逐了中國——那個糞坑與豬圈，那個喪屍肆虐、人相食的國度。加入美國籍、宣誓效忠美國那天，我在臉書上寫道：從此我成了自由的美國人，我有三大願景，可以用筆去實現——捍衛美國的自由、共和與憲政，解構中國的「帝國天朝夢」，呵護與陪伴臺灣尚未完成的民主轉型（這幾年來，我幾乎每年訪問臺灣，我的臺灣朋友遠遠多於中國朋友，臺灣成了我的第二個故鄉。）

　　有趣的是，中共當局看到我的言論，如獲至寶，立即開放牆內民眾傳播和批判我的這一「賣國言論」。此前，我的名字在牆內的社群媒體上是敏感詞，只要一出現立即遭到刪除；此時，我

的名字和此一「特定言論」成了可以流傳的「批判材料」。成千上萬個「愛國賊」們果然像喪屍一樣蜂擁而上，或如喪考妣，或咬牙切齒。我在離開中國時發誓不使用沒有言論自由的中國的任何社群媒體，而中國人僅有的言論自由就是在被「老大哥」控制的微信上鋪天蓋地的辱罵我「漢奸」——很遺憾，我是蒙古人，既不「漢」，也不「奸」。在我的中學同學圈、大學同學圈，幾十年沒有聯繫過的同學們像炸了鍋似的用最下流的話罵我，還有人向我的父母發恐嚇言論。他們對毒奶粉、毒疫苗、四川地震災區的豆腐渣校舍、北京被驅逐數十萬「低端人口」全都無動於衷，偏偏對罵一個並未傷害他們的人樂此不疲，真是「厲害了，你的國」。

五鬼亂華：暴君、貪官、奸商、文痞、愚民

有人「好心」勸告我說，你可以批判共產黨，但不能批判中國，你要把中共和中國分開來看、把中共政權和中國文化分開來看，這樣才能客觀中立，才能贏得大多數中國人的共鳴。

我回應說，我的批判跟別人的批判最大的不同之處，就在於我認為中共跟中國是一體的，中共政權與中國文化是一體的，髒水中沒有純潔的嬰兒，髒水全都要倒出去，倒得乾乾淨淨。我的寫作從來不以贏得大多數中國人的認同為目標。如果中國人將我當著敵人，恨不得食我肉、寢我皮，就表明我戳到了他們的痛處。

在這本評論集中，我毫不掩飾地指出「五鬼亂華」的真相：絕大多數中國人都歸屬於暴君、貪官、奸商、文痞和愚民這五類「鬼」。這五種「鬼」彼此傷害，又互相融合，已然弄不清楚誰是

加害者、誰是受害者。他們「五位一體」，一榮俱榮，一損俱損，共同打造這座堅不可摧、固若金湯的「動物農莊」。十三億人在其中翩翩起舞、自得其樂，外面的人不能進去——比如，西藏黨委書記吳英杰說，限制外國人進入西藏是因為「缺氧的環境」，考慮到西藏特殊的地理和氣候條件，依法依規對外國人入藏採取了一系列的管理規定。外國人都很感謝這樣的幫助和關心，「唯獨美國人好像對此有點耿耿於懷。」同時，裡面的人不能出去——比如，人權律師王宇及其丈夫先後被捕後，他們十六歲的兒子包卓軒受到中共當局嚴密監控。古道熱腸的唐志順、幸清賢專程送包卓軒從緬甸轉道赴美，結果三人在緬甸孟拉市被中共國安人員暴力綁架回去。這樣的國家，不是地獄又是什麼呢？

金字塔最頂層是暴君，暴君的代表是中共黨魁習近平。習近平掀起的反腐運動看上去有聲有色，大老虎一個接一個地落網。誰知，逃亡美國的香港《成報》董事局主席谷卓恒公開宣布，習近平才是擁有萬億家產、超過江澤民和胡錦濤的頂級大老虎，他將公布習近平家族在香港和海外的房產和秘密帳戶等資料。暴君的特徵就是以國庫為私囊，以萬民為奴僕。

金字塔第二層是貪官。如果一黨獨裁的制度不變，貪官就如同野草，「野火燒不盡，春風吹又生」。胡錦濤時代的中央軍委，除了主席胡錦濤一人之外，都在反腐運動中全軍覆沒。習近平掃盡了一群貪官，又把更多貪官安插在預留的位置上。官員是否貪污並不重要，重要的是必須是暴君信賴的人。

金字塔第三層是奸商，中國首富馬雲的阿里巴巴公司奉旨打造名為「學習（習近平）中國」的APP，將習近平語錄變成超越毛主席語錄的「電子紅寶書」，所有黨員幹部必須下載使用。而

據《胡潤全球富豪榜》的資料顯示，參加 2019 年的中國人大和政協「兩會」的超級富豪有一百五十二人，他們的總資產高達四萬多億元人民幣。胡潤稱，這只是中國富豪的冰山一角，還有更多的「吸血鬼富豪」不敢見光。

金字塔第四層是文痞，《環球時報》總編輯胡錫進、北京大學的文學教授孔慶東、諾貝爾文學獎得主和中國作家協會副主席莫言、世界銀行的副行長林毅夫就是其中的佼佼者。他們靠編造謊言和搖旗吶喊，得到前面三大主子賞賜的殘羹冷炙，卻足以讓他們圓了「書中自有顏如玉，書中自有黃金屋」的美夢。

金字塔最下層是愚民，他們是義和團，是紅衛兵，是小粉紅，是長不大的巨嬰，是身體長大而精神停滯的「類人孩」，是學習解放軍踏正步的少林和尚，是排隊瞻仰毛澤東屍體的「毛粉」，是在九一一恐怖攻擊發生後鼓掌叫好的「反美鬥士」，是向加拿大多倫多大學學生會會長、藏族女孩齊美・拉姆發出死亡威脅的中國留學生。

中國是喪屍國度，中國式病毒危害世界

在中國，邪惡的不單單是共產黨。共產黨剛剛建黨時只有五十多人，今天黨員人數最多時也不過八千萬人，從來不占中國人口的多數。若多數中國人都挺身而出反對共產黨，中國早就「剿匪」成功了。中共能穩固地統治中國至今，這一事實本身就說明中共有足夠的「群眾基礎」。

在中國，若說共產黨是綁匪，大部分中國人是人質，那麼當了七十年的人質之後，誰又不是「斯德哥爾摩綜合症」患者？

一種喪屍病毒在悄無聲息地蔓延。喪屍這個物種，是從人類

變化而來，可以說是災難，也可以說是變異，還可以說是進化。在喪屍病毒的作用下，從普通的人類變成的喪屍，沒有了人類的情感和理性，卻比人類更有耐力、沒有痛感、不會生病。喪屍的本能是咬人，被咬的人立即變成新的喪屍，這是喪屍特有的擴散模式。

加拿大渥太華大學的數學教授羅伯特・史密斯聲稱，他通過數學工具創建喪屍擴散模型，計算出喪屍的傳播速率。喪屍的擴散建模與生物病毒有些類似，根據模型預測，在高傳染性的前提下，僵屍病毒幾乎不可阻擋，可摧枯拉朽般地從一個城市蔓延到另一個城市，從一個國家蔓延到另一個國家。死亡的人類會重新加入僵屍隊伍，繼續攻擊未被感染的人類，喪屍可以在幾個星期內統治世界。

我常常觀看歐美及韓日、港臺拍攝的水準不一的喪屍電影，不由自主想到這個問題：為什麼中國從不拍攝喪屍題材的電影？原因很簡單，中國本身就是喪屍國度，拍攝中國的社會現實，就足夠驚人了：李揚的《盲井》、王兵的《鐵西區》、托馬斯・列儂與楊子燁《潁州的孩子》、賈樟柯的《天注定》，不都是活靈活現的喪屍電影嗎？

中國自己是喪屍國度，還要把世界變成喪屍統治的世界。在全球化時代，逃離了中國，未必就能逃離喪屍病毒的感染。中國的喪屍病毒已蔓延到全球。2019 年初，加拿大駐華大使麥家廉和瑞典駐華大使林戴安雙雙折翼，他們的一系列言行顯示，他們不再代表各自國家的利益，不知不覺地成了中國利益的代理人——為什麼一跟中國沾上邊，即便是洋人也輕而易舉地就腐化變質呢？

　　澳大利亞公共倫理學教授克萊夫・漢密爾頓針對中共對澳大利亞的滲透進行調查研究，發現從政界到文化圈、從房地產到農業、從大學到工會，甚至連小學都充斥著中共的影響力。中共的滲透瞄準澳大利亞的菁英人士，動員大部分澳洲華人買通政界和商界、限制學術上的自由、恐嚇批評他們的人、收集訊息給中國情報單位，澳大利亞處於立國以來最危險的時刻。

　　美國多所大學關閉了幾年前在美國遍地開花的「孔子學院」。人們發現，「孔子學院」以孔子之名，行法西斯之實。美國全國學者協會研究項目總監蕾切爾・彼得森嚴厲譴責說：「孔子學院限制了有關中國的論述，為中國政府的形象洗白，這種宣傳手法不應在高等學府中存在。」

　　而當南韓指責中國為霧霾源頭的時候，中國外交部發言人陸慷在例行記者會上回應說，不知道南韓是否有充分數據指稱霧霾來自中國，相反地他說：「這兩天北京的霧霾好像沒這麼多。」古往今來，還能找到比這更無恥的國家嗎？

我的祖宗不是你的祖宗，我的認同不是你的認同

　　我對中國絕望，決心「脫中入美」，經歷了三次轉折性的時刻。第一次是十六歲時經受六四屠殺的震撼。我在收音機中聽到凌厲的槍聲，正如天安門母親群體在一篇聲明中所說：「全副武裝的戒嚴部隊動用機槍、坦克、甚至國際上已禁用的達姆彈，屠殺毫無戒備、手無寸鐵的和平請願的青年學生和市民。這場腥風血雨的大屠殺奪去了成千上萬鮮活的生命，讓成千上萬個家庭墜入無底的深淵。」這個流人血的國家，我不願效忠。

　　第二次是 2010 年 12 月 9 日，劉曉波榮獲諾貝爾和平獎頒獎

典禮的那天晚上，我被中共秘密警察綁架到北京郊外一處秘密地
點，遭受長達數小時的酷刑折磨，並昏死過去。如果延誤半小時
就醫，我就成了「中國版的陳文成」——甚至比當年被國民黨警
總毆打致死的陳文成還要悲慘，陳文成的屍體畢竟在臺大圖書館
門前被發現；而按照中共秘密警察的說法，若我死了，我的屍體
會被他們就地掩埋，無人知曉。

　　第三次是 2017 年 7 月 13 日晚上，我剛好結束在臺北唐山書
店舉辦的《拆下肋骨當火炬》新書發表會，從狹窄的樓梯走上
來，就接到一位西方媒體記者打來的電話：劉曉波在瀋陽市中國
醫科大學附屬第一醫院病逝。我如被重拳擊中——劉曉波真的如
我新書的書名形容的那樣「拆下肋骨當火炬」，以此照亮我們前
行的路。中共在全世界面前導演並直播劉曉波「被癌症死」的整
個過程，國際社會無所作為。幾位「海祭」劉曉波的中國知識人
被捕，而整個中國處於「殺人如草不聞聲」的沉默與冷漠之中。
「劉曉波是誰？」是一個中國式的天問。

　　從譚嗣同之死到劉曉波之死，一百多年中國在精神上毫無進
步，全然證明了中國是一個不配擁有英雄的國家。我終於頓悟
了：中國是醜陋、卑賤、殘酷、邪惡、野蠻的代名詞；它不是我
的祖國，也不是我的母國；它不值得尊重，更不值得愛。

　　頗有諷刺意味的是，那些聲稱愛中國的人，往往都居住在安
全的遠方。比如，居住在臺灣的新黨黨主席郁慕明，一邊享受臺
灣的民主自由和健康保險，一邊稱頌中國的大國崛起。新黨的春
酒大會請到一批認同中國的政客：中國統一促進黨總裁張安樂、
中國統一聯盟主席戚嘉林、前立法院長王金平、國民黨前主席洪
秀柱、國民黨副主席郝龍斌、國民黨立委費鴻泰，這些名字散發

著陰溝般的臭味。郁慕明在致詞中說，「不能背祖忘宗，否認自己的文化血脈，忘記自己是中國人，不承認自己是中國人，那就是異類，我們絕對不能接受！」他的認同方式是祖宗認同、血緣認同，種族認同，即希特勒和墨索里尼的認同方式。他的言論在社群媒體上發表後，網友噓爆，紛紛留言：「那你們怎麼還不滾回中國？」、「我不是中國人，我不想當垃圾」。

我不想當垃圾，更不想當喪屍。我必須指出垃圾的危害，更要研製「避免成為喪屍」的疫苗。從某種意義上說，我的寫作是一場自我排毒、自我痊癒之旅，也期盼能讓每一位讀者都能「因真相，得安全」、「因真理，得自由」。我點出一連串暴君、貪官、奸商、文痞和愚民的名字，帶著深深的悲憫之心，向他們發出即將滅亡的警告；我也點出遍及中國東南西北的謊言、暴行和怪現狀，以安徒生童話《皇帝的新衣》裡說出「皇帝什麼都沒有穿」的孩子的口吻，單純而真誠地告訴讀者，哪邊是地獄，哪邊是天堂。

我更期待，通過長久思想、閱讀和對話，我與讀者建立共同的願景，彼此扶持、彼此鼓勵，攜手對抗中國這頭「房間裡的大象」。中國確實很大，喪屍確實兇狠，但我們不必害怕，也不會喪膽，我們有信心打勝這場美好的仗。

第一卷

暴政肆虐

將毆打律師的警察刻上惡人榜

2016 年 11 月 30 日，「七〇九案」中被捕的維權律師謝陽的妻子陳桂秋教授在網路上發文說：「代理律師張重實成功會見謝陽，然而，律師在會見室等待時，聽到走廊遠處連續傳來被警員毆打的呼喊聲和大哭聲，有五、六分鐘之久。」

中國文化中「被許可的暴力」

謝陽到會見室後陳述，他要帶材料交給律師，警察袁進不允許，雙方發生爭執。袁進將謝陽的手銬卡緊，打發另一名警察走開，將謝陽拖上樓道拐角處，用拳頭擊打謝陽頭部數下。張律師等待會見時聽到的淒慘叫聲，就是謝陽的呼喊和求救聲。

對於張律師告知的信息，陳桂秋憤怒地譴責：「在張重實律師等待會見時，都發生如此惡劣的毆打行為，想想在之前的一年零四個多月的時間裡，謝陽到底遭受了什麼？我們強烈譴責看守所對謝陽的非人待遇！我們一定會將此事訴諸法庭，追究施暴者的法律責任！」

對謝陽施暴的袁進，是一位名副其實的「惡警」。中共的公檢法（大陸公安局、檢察院、法院的簡稱）是最邪惡的公部門，人們或許會用中國諺語「近朱者赤，近墨者黑」或漢娜・鄂蘭「平庸之惡」的概念來解釋袁進的所作所為。但是，即便在警察內

部，也並非所有的**警察**都如此之壞，也並沒有來自上級的、明確要求袁進如此作惡的命令。那麼，有必要更深入地探討袁進這樣的惡**警**究竟是如何煉成的。

中國文化向來縱容暴力，二十世紀以來的革命傳統，更加劇了對暴力的正面認知。美國漢學家羅威廉指出，中國文化內部爲「被許可的暴力」提供了充裕的空間，無論是在平民層次還是在菁英層次。暴力作爲「一種控制和征服他人的手段」，得到了文化上的充分認可，而這種容忍暴力的中國政治傳統，在中共建政之後，發展到了空前的程度——中共本來就是靠暴力奪權的，自然也要靠暴力維持權力。法治和選舉從來不是中共的選項。中共透過長期的灌輸和規訓，讓軍人向手無寸鐵的民眾開槍時不存在任何心理障礙，而**警察**對其異議人士施加酷刑的時候更是氣勢洶洶。如果沒有數百萬如臂使指的軍人和警察，中共的統治一天都難以爲繼。

平民是如何變成屠夫的

研究「惡**警**的成長史」，可供參考的著作是美國學者布朗寧所著的《平民如何變成屠夫》一書。「一〇一後備警察營」是德國治安警察部隊的一支，是未經嚴格訓練的後備部隊。長期以來，人們聚焦於那些負責管理死亡集中營的、精銳的黨衛軍，卻忽略了負責清除猶太居住區的這支人數更多且素質不高的後備隊伍。「一〇一後備警察營」的成員，大都是因爲身體、年齡和教育水準等原因的限制未能入選國防軍和黨衛軍的平民，他們被稱爲「草根階層的行兇者」。直至六〇年代，這些逍遙法外很久的成員才受到德國政府的調查和審判。布朗寧在研究相關檔案材料

時，震驚於「駭人的大屠殺罪行和一張張行兇者的面孔之間形成了如此殘酷的對比」。

布朗寧在書中提出「平民變成屠夫」的三個原因。第一，他們將加害對象視為敵人，視為畜生，視為病毒，認為猶太人對第三帝國的輝煌願景有巨大危害，故而必須加以清除。如約翰·道爾所說：「對他者的非人格化，對形成促進殺戮的心理疏離起到了不可估量的作用。」也就是說，「疏離」，而非瘋狂和殘忍，是「一○一後備警察營」行為的關鍵。對照中國的狀況，羅威廉分析說，「魔鬼學範式」是中國宗教文化最古老的積澱層，在中國的歷史經驗中，暴力行為的對象（等待懲罰的罪犯、叛亂者、敵軍，甚至現代社會中的階級敵人）總是會被妖魔化，以將針對他們的血腥行為合法化。將這個解釋用在袁進為何對謝陽施暴一事上，也可迎刃而解：袁進認為謝陽是「國家的敵人」，所以心安理得地在其會見律師之前毆打謝陽，袁進認為自己在做一件正確和正義的事情。

第二，布朗寧發現，「一○一後備警察營」成員都是平時從事各種不同職業的普通市民，並非職業軍人和警察。但是，他們是道德的「沉睡者」，是「潛在的法西斯主義者」。他們慣於為其行為製造藉口，其中最令人震驚的辯解，來自於德國不萊梅港一名三十五歲的金屬工匠之口：「我努力了，我能做到向孩子開槍。當母親領著孩子來受死時，一切就這麼發生了。我旁邊的人打死母親，然後我打死她的孩子。因為我說服自己，失去母親的孩子畢竟也活不長。這麼說讓我的良心得以釋放。」在今天的中國社會，大部分民眾也處於類似的「道德沉睡」狀態，對邪惡的橫行無動於衷，甚至半推半就地參與其中，他們不是無辜者。袁

進也會用這樣的解釋來讓自己釋懷：「我不打他，別人也會打，警察打犯人，天經地義。」袁進下班回到家中，立即「變臉」成為溫柔的丈夫和慈愛的父親，他不會思考被其殘酷虐待的謝陽也有妻子和孩子，也是別人的丈夫和父親。

第三，布朗寧發現，「一○一後備警察營」的警察非常關心自己在同志眼中的形象，遠超過他們關心與同為人類的受害者之間的連結。他們不願意被同僚輕看，當頭目在獵殺行動開始前問他們要不要退出時，選擇退出的人是極少數。反之，「猶太人存在於他們的人類責任和義務範圍之外。」這種在同事和敵人之間做出的「我們」與「他們」的兩極分化，「顯然是戰爭中的普遍現象。」用德國思想家阿多諾的話來說，這些警察已經被「權威人格」所異化。今天的中國，是另一種形式的「第三帝國」，或者說「第三帝國」之升級版。雖然沒有與敵國處於戰爭狀態，但中共政權無時無刻在進行一場對本國公民社會的「骯髒戰爭」。袁進對謝陽施暴，可以在同儕中顯示他對工作盡責、盡力，並以此作為晉升的「投名狀」。於是，在中國的警察系統中，形成一種爭先恐後「比賽作惡」的機制。

有一天中國也要有《全球馬格尼茨基人權問責法》

像袁進這樣的惡警，因為在中國境內不受任何法律的制約，就變得愈發猖狂。他們以為自己可以逍遙法外，但我們必須打破他們的心理期待，剷除滋生惡警的文化和制度土壤。中國的人權工作者應當率先行動起來，記錄袁進這類惡警的名字和相關資料，建立一個讓每個「人權侵犯者」都無處逃遁的「惡人榜」和資料庫。我們可以利用各種資訊管道，搜索出這些惡警親朋的資

料，並向他們的親朋寫信和打電話揭露其惡行，讓惡警在親朋當中扮演的「好人」角色徹底破產。我們也可以將這份資料呈送給聯合國、美國和歐盟以及各個國際人權組織，以利於以上國際組織和國家對這張名單上的惡人採取有力和有效的行動，人權問題不是任何一個國家的內政，人權是一個國際性的議題。

美國正在積極行動之中。近日，在國會舉行的中國人權問題的聽證會上，美國資深國會議員史密斯呼籲說：「我完全期待美國總統川普會嚴正並始終如一地提起人權問題，歐巴馬總統沒有這樣做。我希望川普總統將人權問題作為美國與中國關係的核心，而不僅僅是參雜在眾多議題當中。」他表示，他期望川普在就任總統後能對嚴重侵犯人權的中國領導官員實施制裁，這樣做有法可依：美國之前通過的《國際宗教自由法》中包含諸多具體的制裁條款，但從來沒有被美國政府認真執行過。「只說不做效果不大，我們需要對中國的獨裁者進行制裁，不是針對中國人民，而是針對那些實施酷刑、強制墮胎以及各種宗教迫害的共產黨官員。」

2016 年 12 月 8 日，又有好消息傳來：美國國會通過一項旨在制裁全球侵犯人權者的法案，授權美國政府對世界各國侵犯人權者進行制裁。《全球馬格尼茨基人權問責法》以俄羅斯律師謝爾蓋·馬格尼茨基命名，馬格尼茨基因揭發政府腐敗於 2009 年在被關押期間離奇死亡，該法案將問責侵犯人權官員和腐敗官員的行動擴大到全球範圍。由總統簽署成為法律之後，它將授權美國政府對世界各國嚴重侵犯人權的官員實施制裁，包括禁止這些惡棍入境美國，並凍結和禁止他們在美國的財產交易。這將是對每個酷吏和惡警敲響的喪鐘——除非他們永遠不會踏上美國的

領土，或者永遠不會把在中國巧取豪奪的財富轉移到美國，但這又是不可能的，因爲他們最知道中共政權是何其虛弱不堪的一群人，他們早已準備後路，而美國顯然是首選之地。

　　當然，在未來民主化的中國，在實現轉型正義的過程中，一定要制訂自己的「人權問責法案」，將袁進這樣的作惡者一一送上審判席。

中國警察黨衛軍化的活標本

據網路消息，現年三十一歲的遼寧阜新市海州區公安分局警察王聖元，在《知乎網》稱「公安要用子彈射殺公知和帶路黨。」王聖元說：「真要到了跟美國開幹的份兒上，你嘴裡說的小粉紅會做啥我不知道，我們公安肯定是站在國內維穩的第一線，到時候什麼公知什麼帶路黨什麼遠邪，你們刪微博也沒用，平時鬧得歡的真當我們手裡沒紀錄嗎？挨個兒敲門帶人的時候奉勸各位保持住基本尊嚴，別一看見警服就下尿褲子了。」王聖元還說：「我們公安沒有坦克，幹不過敵人的正規軍，不過我們子彈有得是，帶路狗老子見一個殺一個，管叫你活不到你見到你洋爹那天。」

王聖元的狂言引發網友強烈反彈，更觸動網友對他發起人肉搜索行動。在王聖元的微信中，大量被扒曬出來的照片顯示，他身穿日本二戰軍隊、德國納粹黨衛軍、二戰中美軍和國軍的軍服，高調作秀、耀武揚威、不可一世。

王聖元是當代中國最敢說「真話」的警察

臺灣發生過一起學生穿納粹服裝開派對的鬧劇，中國卻是警察穿納粹服裝喊打喊殺，那麼，「人民警察」和納粹黨衛軍，哪一個才是王聖元的真實身分呢？

　　遼寧警方發現網路上譴責王聖元的輿論日漸高漲，立即跟這個小警察劃清界限，聲稱「此人患有精神病，已被調離崗位。」然而，人們的疑問更大了：既然是一名精神病人，為何能當上警察？精神病人持槍執勤，會有多麼危險？中國警方是否應當來一次全國篩檢，看看有多少警察是精神病？

　　王聖元當然不是精神病人，而是當代中國最「誠實」的警察，他敢於說出官方媒體上不敢報導的真話。王聖元是中國警察納粹化的活標本，是中國數百萬公安和武警的傑出代表。王聖元不覺得自己平常上班時身穿的警服和日本皇軍的軍服以及納粹黨衛軍的服裝有什麼差別，他清楚地知道自己的真實身分就是共產黨的黨衛軍，是共產黨鎮壓和屠殺人民的工具。王聖元在網上說的這番話，在表達上可能稍顯粗糙，但內容卻無比真實。在喜歡「實話實說」這一點上，王聖元跟中共黨魁習近平很相似，如果習近平發現王聖元跟自己具有高度「精神同構性」，或許會破格將他提拔為公安部長，而不是將他送進精神病院。

　　中國警察的沉淪，轉折點是 1989 年的天安門屠殺。1989 年之前的中國，中國的警察與民眾的對立，沒有嚴重到成為「敵我關係」；在 1989 年的民主運動中，很多警察都在公開或私下場合表達對學生和市民的同情與支持及對當權者和太子黨的不滿與厭惡。很多警察消極、被動執勤，極少與遊行示威的民眾發生直接對抗；有些警察下班之後，脫下警服加入遊行示威的隊伍。鄧小平看到警察不聽指揮，驚恐萬分之下，才秘密離開北京，到武漢「運籌帷幄」，召集野戰軍進京「平暴」。軍隊大開殺戒，警察束手旁觀。

中國警察唯「黨命」是從

1989 年之後，尤其是在進入二十一世紀之後，中國的警察不可遏止地走向納粹化、黨衛軍化。原因之一是六四屠殺後，大部分中國人的良知、正義感和對未來的樂觀期望被暴力徹底摧毀，人們普遍接受犬儒主義和功利主義的價值觀，「比壞」、「比惡」、「比狠」成為「朝野共識」，成為不同階層一致認可的「生存術」。警察也是如此，他們不再以法治為信仰，不再相信「為人民服務」的宣傳，既然「人不為己，天誅地滅」，既然「吃黨的飯、穿黨的衣」，那麼「黨叫打人就打人、黨叫殺人就殺人」，他們的心理上不再有猶豫和掙扎。

原因之二，從江澤民時代開始，中國官場的腐敗日漸肆虐，中國社會的矛盾日益尖銳，中國進入了一個「暴力維穩時代」，而維穩的主力就是公安和武警。每當各地發生「大規模群體性事件」時，全副武裝的軍警被迅速派遣到維穩第一線。當局允許軍警動用戰爭中才使用的重型武器，殘酷鎮壓民眾的抗議活動。由此，警民矛盾宛如針尖對麥芒一般愈發不可調和，警民關係由「魚水情」變成「水火不容」，警察成為民眾眼中的「公敵」。

原因之三，中共為維持其政權，對特定對象採取「分贓」、「招安」和「贖買」等不同手段。比如，太子黨群體是「分贓」，知識菁英是「招安贖買」，軍隊和警察是「贖買」。當局深知，單靠洗腦教育和意識形態宣傳不足以獲得軍人和警察的效忠，軍警既然是「家丁」，就得拿足夠的「佣金」。因此，當局不斷提高軍警的待遇，每年維穩費用高達七千多億人民幣，數倍於教育和健康保險的經費。其中，相當大的比例用於提升軍人和警察的薪水

和福利水準。

　　在此背景之下，王聖元和邢永瑞這樣的警察成為警察的主流──身為昌平分局東小口派出所副所長的邢永瑞是打死無辜平民雷洋的兇手，他並非是在《水滸傳》未受過教育、粗魯無文的「魯提轄」，而是中國政法大學畢業的法學碩士，與雷洋同是成績優秀的年輕碩士，也是同齡人。據邢永瑞的妻子在網上透露的資訊，他出身西部貧困地區，家境清寒，「用微薄的工資支持弟弟妹妹上大學」（這一點存疑，警察的工資或許微薄，但基層派出所副所長不可能沒有天文數字般的灰色收入，這在當今的中國是眾人皆知的常識。）無論如何，邢永瑞確實是寒門子弟，好不容易躋身於權力金字塔的下端，如果要繼續向上攀升，他的人格模式應當做出怎樣的調整乃至變異？對此，中國評論人童大煥在題為〈你我都是雷洋，你我都是邢永瑞〉的評論文章中，提出一個發人深省的問題：「為什麼一個原本命如螻蟻的小人物，一轉身就可能變成殺人不眨眼的惡魔」，但這個問題有答案嗎？

中國式的「硬暴力」和「軟暴力」

　　維權律師王全璋「被人間蒸發」三年之久，家人和律師不知其下落，中國外交部發言人在回答外國記者關於王全璋下落的問題時說：「這一切都是依法辦事，中國是法治國家。」

　　中國不是法治國家，中國是一個神奇的國家。更神奇的是，在全國範圍內統一抓捕維權律師和人權活動人士的「七〇九」事件三週年之際，一直處於人間蒸發狀態的王全璋律師，他的夫人李文足在臉書上發文說，有律師向我透露王全璋還活著的消息。隨即，曾前去探望王全璋的劉衛國律師告訴她，王全璋在會面時

告知，他受到的待遇沒有「硬暴力」。

聰明的王全璋發明了「硬暴力」這個漢語新詞，以此向妻子透露特殊資訊。與「硬暴力」對應的就是「軟暴力」，換言之，王全璋是軟暴力的受害者。原來，在「厲害了，我的國」裡，暴力還有「軟」和「硬」的區分。

所謂「硬暴力」，大概就是赤裸裸的酷刑、拷打；就像我在中國時，在劉曉波諾貝爾和平獎頒獎典禮那天晚上被中國的蓋世太保秘密綁架並持續數小時的身體折磨，直至昏死，被送到醫院急救。當時如果延誤個半小時，我有可能就成為「中國的陳文成」——當年，國民黨特務打死陳文成之後，將他的屍體扔到臺大總圖書館前面的空地上，營造出陳文成自殺的假象；共產黨的秘密警察則宣稱，若上級下令，他們會立即將「像我這樣的反動分子就地活埋」，到時候連屍體都找不到。

那麼，什麼是「軟暴力」呢？李文足說，她一聽到「沒有硬暴力」這個說法，「心就像被熱毛巾捂著使勁擰一樣」。她舉出之前獲釋的另一位人權律師李和平的遭遇，說明「軟暴力」同樣可怕：李和平說沒有傷，沒有遭受硬暴力，但他每天被穿著白大褂的醫生盯著服藥，掰著嘴看藥吃下去沒有？他每天被迫用一個姿勢僵直站立十五個小時以上，晚上睡覺必須平躺不許翻身，如果翻身，就被叫醒。他被工字鐐銬把手腳鏈在一起，整整一個月，冬天被強迫站在空調下吹十幾個小時的冷風、冬夜在天津看守所時，只拿到薄薄的一條被子，三十天被凍得夜裡不能入睡、每餐吃兩個鵪鶉蛋大小的饅頭，餓得肚子疼，常年見不到陽光。此種「軟暴力」的結果如何呢？李和平的弟弟、另一位人權律師李春富被釋放時，精神已經失常，連妻子都認不出來，一聽敲門聲便

渾身發抖、驚恐萬分。

　　有了李和平兩兄弟的前車之鑑，李文足認為，「丈夫說沒有遭受硬暴力，就是想告訴我他遭遇了那樣非人的折磨！」

　　三年來，李文足竭盡全力營救丈夫，如同哭倒長城的現代孟姜女，如同全副武裝上陣的花木蘭，其勇銳堅貞，讓全中國男人為之汗顏。然而，劉律師告訴李文足說：「外面的任何舉動都會影響到王全璋在裡面的現狀；有些事不需要獄警出面，牢頭獄霸就解決。」也就是說，如果當局對李文足的言行有所不滿，就會懲罰獄中的王全璋。他們不用警察和獄卒出手，唆使牢頭獄霸就可以將王全璋「解決掉」。「解決」這個詞語讓人毛骨悚然，彷彿王全璋不是一個活生生的人，而只是一個小小的污跡或塵土。

　　當年，在國民黨的監獄裡面，共產黨首任總書記陳獨秀可以自由地會見文化界友人，點菜讓外面的餐廳送進去，接受友人的贈書並建立一個小型私人圖書館，甚至定期與妻子相聚，享受男歡女愛。即便是在誇張地描寫重慶國民黨監獄及共產黨人生活的小說《紅岩》中，也可以讀到坐牢的共產黨人互相串門、建立獄中黨小組的情節，囚犯們擁有針線和紅布，按照其想像縫製「新中國」的五星紅旗。他們絕對想像不到，共產黨的監獄比國民黨的監獄更加黑暗殘暴。如果他們知道今天共產黨的監獄既有「硬暴力」也有「軟暴力」，會不會為自己付出生命代價建立暗無天日的「新中國」而懊悔呢？

　　喬治‧歐威爾為想像中的「一九八四」的世界創造了一套「新語」，比如「自由就是奴役」；而比起歐威爾的「新語」，中國式的「新語」更令人觸目驚心——無論是硬暴力還是軟暴力，都是野蠻國家的象徵。

今日你維穩，明天你被維穩

中國政法大學教授王湧在 2016 年畢業典禮上的致詞，做出了精彩的回答。王湧指出，在法大校友中也有一種人，在社會染缸和國家機器中隨波逐流，迅速墮落，權力在手，肆意濫用，不問法律底線，踐踏人權，製造雷洋案式的悲劇，他們是公民的公敵，是母校的恥辱，是你們的對手。如果有一天，你無力抵禦沉淪，淪為鷹犬，逆行在法治的道路上，母校將會喊你回家——「去抄憲法！」這番沉痛的忠告，有多少政法大學的畢業生會放在心頭呢？執法者的墮落、知識菁英的「鷹犬化」，是一個社會徹底崩壞的象徵。

當然，因打死平民雷洋被「雙開」（開除公職和黨籍）的邢永瑞是不會回母校去抄憲法的，他只會發出「竊鉤者誅，竊國者侯」的哀歎。具有諷刺意味的是，就在 2017 年中國五四青年節那一天，習近平裝模作樣地到中國政法大學視察，口是心非發表了一篇重視法治的講話——與此同時，若干人權律師在獄中遭受令人髮指的酷刑，家屬活不見人、死不見屍。

2016 年年底，打死雷洋的幾名警察，包括邢永瑞在內，被北京檢方宣布「免於起訴」。據港媒報導，不起訴的結果公布後，警察們在群裡發紅包慶祝。據美國《明鏡》報導，造成此結果的一個重要因素，是北京警方有四千人提出辭職，給北京市委和警方造成巨大壓力——中共可以不顧民意，卻不能沒有家丁。

中共當局縱容打死人的警察逍遙法外，縱容在網路上身穿納粹軍裝、發布殺人言論的警察逍遙法外，就能讓數百萬軍警個個對共產黨忠心耿耿嗎？中國已邁入「互害」而不是「互愛」的黑

暗時代，在這塊混濁惡臭的鱷魚潭中，人們像鱷魚一樣彼此撕咬，一不小心就咬到自家人。

　　網路上有一個故事，清晰地揭示了中國的真相：

　　媽媽：兒子，你趕緊回家。

　　擔任武警的兒子：什麼事呀？媽媽，我正在仙桃市維穩呢！

　　媽媽：還維什麼穩，趕緊回家。

　　兒子：怎麼了？媽媽，家裡發生什麼事了？

　　媽媽：你爸在潛江遊行，抗議建農藥廠的時候，被武警打傷住院了。

看哪！這個以律師爲敵人的國家

北京市石景山司法局在一個拆遷村莊附近豎立了巨大的紅色告示牌，內容爲：「拒絕黑心律師利誘，嚴格遵守徵遷規範。」該告示牌的用意在於，警告村民乖乖接受政府及政府支持的開發商給予的低額拆遷補償款，不要嘗試找律師幫忙跟政府及開發商打官司。中共當局在對拆遷戶軟硬兼施之際，不忘對律師群體「妖魔化」，將願意幫助拆遷戶的律師稱爲「黑心律師」。

該告示牌引發律師界憤慨。中國人權律師群體在當局的殘酷打壓下，日漸凋零。但是，「壓傷的蘆葦不折斷」，他們仍然勇敢地發出「和諧社會」中的「不和諧音調」。有律師尖銳地指出，近年來，在徵地拆遷過程中，中國政府違法濫權層出不窮，當局不思改變，「將權力關進籠子裡」，卻污名化那些爲被拆遷戶提供法律服務的律師，眞是「欲加之罪，何患無辭」。

更爲荒誕的是，該告示牌是由律師協會的「主管單位」司法局所豎立。司法局本該爲律師協會提供服務和保護，但從這個告示牌中可以看出，司法局對律師這個職業何其仇恨與厭惡，恨不得像文革時代那樣廢除律師制度、取消律師職業。由此可見，中共的司法局根本就是「法盲局」。

不是律師黑心，而是政府黑心

在中國，不是律師黑心，而是政府黑心。中共政權自建立以來，就被「和尚打傘、無法無天」的法盲毛澤東深深地打上了個人的烙印。毛在公開講話中，貶低、嘲諷憲法和法律，他個人信口開河的話語卻高於憲法和法律，乃至「句句是真理」、「一句頂萬句」。當毛要打倒副手劉少奇時，鼓吹對毛的個人崇拜的劉少奇，這才想到拿起憲法保護自己，卻為時已晚，最終死無葬身之地。

習近平執政以來，樣樣學毛澤東，蔑視法律、迫害律師更是有樣學樣。「七○九案」全國範圍內抓捕維權律師事件，堪稱文革後中共對律師界毀滅性的打擊，其危害性未被中國民眾及國際社會充分認識。有評論者指出，迫害律師是習氏「頂層設計」的關鍵一步。反腐的「成績」給當政者帶來巨大的道德自負，普通民眾對程序正義的不敏感，也授予當政者錯誤的道德光環。由此，習近平以「特務政治」取代司法獨立，律師成為「維穩政策」的犧牲品。

習近平上臺之初一度倡導法治，讓那些「明君」和「青天」情結濃得化不開的文人感恩戴德、熱淚盈眶。他們卻不明白，習近平的「法治」跟普世價值的「法治」大相逕庭——習近平心中的「法」，是法家的「嚴刑峻法」，是「以法治民」。習近平宣稱「把黨的想法變成法律」，才能「依法治國」。換言之，「黨大」還是「法大」從來不是一個問題，「黨」永遠比「法」大，法律只是一黨獨裁的遮羞布。律師必須在共產黨制定的法律環境下「戴著鐐銬跳舞」，必須承認和遵守共產黨制定的法律規則。如果硬

要踩黨設定的紅線，結局就是粉身碎骨。

習近平不願將權力者關進籠子裡，反之，他要將律師關進籠子裡。關進籠子，在中國不單是一個比喻，更是讓人不寒而慄的事實：2017 年 9 月 18 日，四川律師張庭源因代理「吳太勇看守所死亡案」而自己遭「被嫖娼」。張律師在公開聲明中譴責重慶警方濫用警權，要求調查事件真相，並將提起針對天宮殿派出所和相關人員侵害公民權利的行政訴訟。重慶兩江新區公安分局天宮殿派出所民警以「根據群眾舉報涉嫌嫖娼」為由，對張庭源律師進行傳喚。期間，張律師被囚禁在鐵籠內，直至第二天中午粒米未進。然後，警方在次日下午口頭通知張律師沒有違法行為，但拒絕出具書面文書。

在今天的中國，最優秀和最勇敢的人權律師，都被共產黨當作「黑心律師」關進牢籠，這就是「法治中國」的現狀。很多參與「敏感案件」的律師跟當事人一起被關進監獄，成了國際社會救援的對象。2010 年，由荷蘭人權律師漢斯‧卡斯比克發起將每年 1 月 24 日訂為「關注受迫害律師日」的活動，以紀念 1977 年在西班牙獨裁政權之下，於馬德里受難的律師們。此後，每年關注一個有律師受迫害的國家。「關注受迫害律師日」過往曾關注包括宏都拉斯、菲律賓及土耳其等國家，2017 年聚焦中國——因為中國律師的執業環境日漸惡化，遭到「黑心政府」的「黑心化」處置，需要得到國際社會的關注和支持。

對中國人權律師來說，被逮捕是好消息？

2015 年 7 月 10 日中午十二點，人權律師李和平在北京家中被二十個警察和便衣刑警帶走，有兩人亮了警官證。李和平的妻

子王峭嶺記住了證件上的單位——天津市公安局。

此後半年多，王峭嶺與律師、親人一起踏上艱難的尋夫之路。後來，一起參與尋找李和平的親弟弟李春富也「被失蹤」。尋找名單上又多了一個人。王峭嶺也擔心自己被失蹤，預先將兩個可憐的孩子「託孤」給親朋。

7月中旬，湖南的蔡瑛律師和河南的馬連順律師接受王峭嶺委託，向天津市警方的辦案接待單位河西分局預審支隊遞交委託手續，並無數次去到天津，向接待人員趙旭警官瞭解案情。

2016年1月19日，馬連順律師發出訊息說：「好消息！和平律師找到了。據警察李斌介紹，李和平律師於2016年1月8日經天津市檢察院二分院批准，執行逮捕。以第二十三號被逮捕人家屬通知書通知家屬，但是，家屬沒有收到。這說明和平律師生命存在，也就是活著，健康狀況達到看守所可以接收的程度，不會因為身體被刑訊逼供到不能入看守所的地步。」

幾天之後，王峭嶺從郵局查到遲遲沒收到的一家兩兄弟的逮捕通知書。兩兄弟涉嫌的罪名都是可怕的「顛覆國家政權」（昔日「反革命罪」的升級換代版本）。李和平的助手、年輕的女律師趙威也收到逮捕通知書，也是涉及這個讓人揪心的罪名。《環球時報》撰文攻擊趙威是「蛇蠍美人」，後來，傳出趙威在獄中被性侵的消息，官方則不作任何確認和否認。

王峭嶺以「中國七〇九大抓捕事件李和平律師的逮捕證的合法持有者」的身分發表聲明：

我拿到逮捕通知書時，對我弟妹講：「好好存著，這個太寶貴了！」

35

　　這份通知書，是我丈夫近二十年律師生涯的最高獎賞。他曾是亞洲週刊某一年的年度風雲人物中的一位，也獲得過歐洲的人權獎項，但是哪一項都不能超過這張逮捕通知書所給他的榮譽！

　　這是在社會主義國家，在當下中國，對一個「人」的最高評價！

　　他不是偉人，他是個凡人。他做了什麼？他在整個中國司法體系習慣拿平民老百姓的性命在法庭上下做交易的時候，選擇了說「不」！

　　在他的人權律師生涯中，他再有雄辯之才，也大多是敗訴！但是我知道，上帝喜悅的是我們看見人軟弱壓傷時，願意去攙扶！

　　所以，當有朋友願以千金購買這逮捕通知書以示支持時，我心存感激。我們視這逮捕通知書的榮譽如性命一般，美名勝過大財，恕不能出售，但在此也恭敬感謝朋友了！

　　也邀請朋友，願有機會共賞！

　　李和平和王峭嶺夫婦，同一天（2003 年聖誕前夕）跟我在同一個北京家庭教會受洗。此後，李和平代理諸多人權和宗教信仰自由的案件，包括基督教家庭教會、某些有異端色彩的教派（但其公民權利仍應受憲法保障）以及法輪功修練者的案件，成為官方的眼中釘。李和平的處境愈來愈危險，曾被警察綁架、毒打並扔到窮鄉僻壤。他百折不撓，效仿耶穌基督「愛人如己」的精神，為冤屈者和底層民眾提供法律幫助。李和平是法律的捍衛者，而制訂法律的中共卻悍然踐踏法律。2015 年 7 月 9 日的全國性大搜捕，李和平成為犧牲者之一。

　　以前我所認識的王峭嶺，是一位專心於相夫教子的家庭主婦，每當我跟李和平等朋友討論中國的人權、法治問題時，她興趣不大，忙於整理繁重的家務。這一次，丈夫人間蒸發，她挺身而出，中國女子的堅毅頑強，很多時候都是專制政府逼出來的。當我讀到王峭嶺描述尋找夫婿的光榮荊棘路的文字，不禁跟當年的魯迅一樣，發出如是感想：「我目睹中國女子的辦事，是始於去年的，雖然是少數，但看那幹練堅決，百折不回的氣概，曾經屢次為之感嘆。」

　　馬連順律師和王峭嶺把收到李和平的逮捕書視為「好消息」，讓人感慨中國人權、法治狀況崩壞到何種程度！文革之後三十年，經過兩代人篳路藍縷的努力建立起來的一層薄薄的法治土壤，被習近平全部剷除。對於中國人權律師、作家、記者、上訪者而言，被正式逮捕居然是天大的好消息！因為，如果沒有遭到正式逮捕，就意味著處於被失蹤、被失聯、被酷刑的狀態。有過與李和平相似經歷的我，很容易理解王峭嶺及其他人間蒸發數月之久的人權律師的家人們，在得知親人被正式拘捕之後，反倒鬆一口氣的奇特感受。

《保護所有人免遭強迫失蹤國際公約》何時在中國生效

　　今天的中國，愈來愈像昔日軍政權統治下的拉丁美洲國家。據《拉丁美洲史》記載，將軍們解散國會和最高法院，並發起大規模的謀殺和折磨行為。僅僅在阿根廷，就有不計其數的顛覆者遭到綁架，在大約三百四十個秘密拘留所裡受到折磨、一萬多名被殺害者的屍體或從飛機上扔到山谷中，或從船上扔到大海中；有些被殺害的政治異議人士的孩子，居然還被殺害他

們的**警察收養**，一個新名詞在阿根廷的詞彙中出現──消失了
（desaparacido，意指被秘密逮捕和阿根廷獨裁政府殺害）。

若干的中國人權律師、異議者、上訪者和被中共視爲「潛在
顛覆者」的人士處於「被消失」的狀態。「被消失」成了中國人
權工作者們揮之不去的噩夢。從「被消失」到被正式逮捕之間，
就是酷刑和暴力肆虐的時間。那段時間愈長，受害者情況愈糟。
暴力和刑求是喪失了意識形態生產能力的獨裁政府維持權力和秩
序的最後手段，德國學者渥夫剛·索夫斯基指出：「暴力摧毀意志
和精神，迫使受害者在哀嚎、害怕和求饒的哭泣中失去尊嚴。」
刑求將人變成一個生物體，一塊有生命的肉，一個可以任意「操
作」的對象。在施虐者成爲疼痛的創造者以及主宰者的過程中，
他已經將受害者推向純粹的「物體化」。

1992 年 12 月 18 日，聯合國大會通過《反失蹤宣言》，「失
蹤」第一次在聯合國被宣布爲一種犯罪。2006 年 12 月，《保護所
有人免遭強迫失蹤國際公約》在聯大獲得通過，「強迫失蹤」被
作爲侵犯人權行爲予以禁止。該公約把「強迫失蹤」定義爲「政
府部門或官員，或者代表政府行事、得到政府支持、同意或默許
的團體或個人，違反當事人意願將其逮捕、拘留或綁架，或剝奪
其自由，最後又拒絕透露他們的命運或下落，或拒絕承認剝奪了
他們的自由，結果將這些人置於法律保護之外」，《保護所有人免
遭強迫失蹤國際公約》就預防強迫失蹤以及保障受害者及其家人
的權利作出詳細規定，並要求各國將犯有強迫失蹤罪的人繩之以
法。中國是聯合國安理會常任理事國，卻拒絕簽署此公約。若聯
合國堅持實踐人權價值，就應當將中國除名。中國在聯合國的存
在，本身就是對聯合國張揚的精神和價值的羞辱。

　　習近平樂意以拉美軍頭們為榜樣，假裝看不到皮諾契特等獨裁者晚年被送上國際法庭的醜態。凡走過的必留下痕跡，對於習近平試圖從肉體上消滅人權律師的作法，西方多個國家律師協會會長、律師以及前法官發表了強烈譴責的連署信。這封公開信質疑說：「您曾一再表示，中國是一個法治國家，然而逮捕律師事件似乎全然違背您的承諾。」公開信明確指出：「這些被拘留的法律工作者中沒有人獲准會見律師或親友，實際上已被失蹤。我們擔憂上述人士因缺乏法律代理或其他法律保障而面臨酷刑或其他殘忍、不人道的待遇。」然而，這樣的呼籲如石沉大海。習近平早已練就對外界的批評和質疑充耳不聞的本領；中國國內的民間社會幾經掃蕩之後，已經鴉雀無聲，習近平聽到的全是阿諛奉承、三呼萬歲。

　　儘管如此，習近平不是歷史的主宰者，人權律師們的遭遇並沒有讓所有中國公民保持沉默，有更多人站出來為之辯護和呼籲。十三億中國人必將爭取到免於恐懼、免於被消失和被酷刑的自由與人權。

虎頭蛇尾的雷洋案

　　人民大學碩士、青年學者、中產階級，這些身分讓雷洋——一名在警方宣稱的嫖娼案件中「非正常死亡」的二十九歲北京居民，於 2016 年 5 月 7 日成為中國和社群媒體的焦點人物。

　　在輿論中占下風的北京警方，為了扭轉劣勢，迅速安排被抓捕的賣淫女上電視，宣稱自己確實為雷洋「打飛機」（手淫）。警方將事件的焦點，從凌虐違法嫌疑人致死，轉向雷洋的身分是否為嫖客。

　　將受害者妖魔化是中國官方一貫作法：六四被屠殺的學生和市民被妖魔化為「暴民」，人權律師被妖魔化為挾洋自重的「賣國賊」，雷洋案發生之後的操作仍是如此。

百年前的民國比今天的中國更接近法治國

　　央視不僅是黨的喉舌，也是警方的最佳辯護士，更成為比法院還要權威的司法機構。習近平掌權以來，「電視認罪」的異議人士和人權律師數不勝數，從網路大 V 薛蠻子到著名記者高瑜，從桂民海等銅鑼灣書店人士到幫助家庭教會維權的律師張凱，都在電視上自我羞辱、遊街示眾。央視可以對任何人做出斬釘截鐵的宣判，堪稱全世界絕無僅有的奇觀。既然央視代替最高法院行使司法權，中國的最高法院就可以撤銷了。

　　人格謀殺是中共的慣用伎倆。銅鑼灣書店事件的受害者之一林榮基返回香港之後說出真相，震驚世界。中共方面的應對策略是，安排人在深圳的林榮基的女友上電視控訴林的「無恥欺騙」。即便林榮基處理個人的婚姻和感情問題有所不當，難道林榮基對中共控訴的就統統失效嗎？中共的大小官員，從毛澤東到薄熙來，哪一個是私德無虧、忠貞不二的好男兒？

　　雷洋死了，死後不得安寧，還要被潑上污水。退一萬步說，即便雷洋真有嫖娼行為，難道就該被警察凌虐致死？接手該案的京衡律師事務所創始人兼主任陳有西指出，嫖娼並非犯罪：「在中國，違法跟犯罪是兩個概念。嫖娼是一種風化行為，在中國屬於違法行為，不屬於犯罪行為，在中國沒有嫖娼罪，沒有賣淫罪。」嫖娼這種行政違法的行為，處罰只有罰款或治安拘留，最高處罰是拘留十五天。拘留十五天與被毆打致死之間，有多大的差異呢？

　　北京警方大概沒有認真研究過中共黨史——中共的創黨總書記陳獨秀是一個老牌嫖客。五四運動時期擔任北大文科學長的陳獨秀，常常出入北京的高級紅燈區「八大胡同」，當時報紙上甚至刊載過陳獨秀「因爭風抓傷某妓女下部」的花邊消息。不過，陳獨秀並沒有被中華民國的警察抓捕——民國時代的中國，嫖妓只涉及個人道德問題，而不是法律問題，國家不會對妓女和嫖客做出嚴厲的懲罰。陳獨秀在「八大胡同」的醜聞曝光之後，他只是被重視師德的北大校長蔡元培免去文科學長之職（仍然保有教授職位）。

　　不過，陳獨秀的風月喜好，確實影響了中國的歷史進程：陳獨秀憤憤不平地南下上海，一邊繼續辦愈發激進的《新青年》雜

誌，一邊在蘇俄的支持下創建中國共產黨。與陳獨秀政見不同的胡適，曾爲陳獨秀的被免職打抱不平，認爲陳獨秀因私德而受懲戒，導致「國中思想的左傾，《新青年》的分化，北大自由主義者的變弱」，「不但決定北大的命運，實開後來十餘年的政治與思想的分野」。

若雷洋地下有知，該是多麼羨慕陳獨秀啊！從陳獨秀到雷洋，一百年來，中國的人權保障並沒有進步，反倒大大退步了。

中國再也沒有仗義執言的「三博士」了

雷洋案發生後不久，又有一位蘭州大學生聲稱其因拍攝警察粗暴執法被強行帶回派出所，遭到警察持警棍毆打，後來網上瘋傳「屁股開花」這個新詞。《紐約時報》中文網評論說：「在面對警方普遍濫用暴力時，人們習慣用這類黑色幽默來應對。」但是，幽默只能稍微消除一部分人們的憤怒和驚恐，而不能拯救雷洋的生命，更不能「勸阻」公權力降低對民眾的暴力程度。

雷洋之死，讓人聯想起十三年前的孫志剛之死。雷洋死時二十九歲，孫志剛死時二十七歲，都是風華正茂的好年齡。

當年，畢業於武漢科技學院藝術系的孫志剛，在廣州市達奇服裝有限公司工作，由於剛到廣州，還未來得及辦理「暫住證」。（只能在自己的國家「暫住」的公民，究竟算是幾等公民呢？）孫志剛晚上出門到網咖上網，被查詢暫住證的警察扣留，然後送往收容遣送站。一週之後，孫志剛被發現在一家收治收容人員的醫院中死亡。官方最初堅稱孫志剛是正常因病死亡，但《南方都市報》記者陳峰、王雷，經過周密的調查發現，孫的屍體傷痕纍纍，是被人毒打致死。

2003 年 5 月 14 日，三名畢業於北大、在不同大學任教的法學博士俞江、滕彪、許志永，聯名向全國人大常委會遞交一份「審查《城市流浪乞討人員收容遣送辦法》的建議書」。該建議書認爲，《收容遣送辦法》中限制公民人身自由的規定，與《憲法》和有關法律相牴觸，應予以改變或撤銷。同年 6 月 20 日，在輿論的壓力下，國務院總理溫家寶簽署國務院令，公布新的《城市生活無著的流浪乞討人員救助管理辦法》，劃下了《城市流浪乞討人員收容遣送辦法》的廢止。

孫志剛事件迫使中共當局正式廢止臭名昭著的收容遣送制度，當時海內外輿論都認爲這是「胡溫新政」的象徵，由此人們對胡溫開啓政治改革的幻想飆至高峰。然而，收容遣送制度廢除之後，各地方政府在北京郊區設置的、專門用來關押上訪人士的「黑監獄」卻氾濫成災。收容遣送制度的廢除，並沒有帶來中國人權狀況實質性的進步。胡錦濤時代末期以及習近平執政之後，高智晟案、劉曉波案、陳光誠案、「公盟」案、高瑜案、浦志強案等相繼發生，中國的人權狀況急遽惡化。昔日意氣風發的三博士中，許志永被捕入獄，滕彪被迫流亡美國，另一位則如毛澤東所說，乖乖地「識大體，不作聲」。

2015 年 7 月 9 日，中共當局全國性抓捕、騷擾人權律師和人權活動人士，先後超過三百人受影響，數十位律師被逮捕和「被失蹤」，甚至傳出九〇後的年輕女律師趙威在獄中遭受性侵的恐怖消息。

正在成長中的中國人權律師群體的公義事業遭到毀滅性打擊。在此背景下，當雷洋案發生之時，還會有「三博士」爲之仗義執言嗎？

從苟活到枉死之間有多遠？

當年孫志剛之死，對中國的新興中產階級撼動不大。按照中國的中產階級長期在體制內（或自認為在體制內）所形成的想法：孫志剛只是一所三流大學的本科畢業生，勉強算是一名下層白領打工者，跟他們並不是同一類人。孫志剛的悲劇命運一般不會在他們身上重演。

然而，雷洋之死，對那些自以為「坐穩了奴隸」的中國中產階級刺激甚大。改革開放三十年以來，中國出現一個基數龐大的中產階級（僅僅是收入意義上的），他們攀比西方的生活方式，住洋房，有洋車，孩子吃安全的洋奶粉，妻子用歐美的化妝品，以為真的跟西方中產階級平起平坐。他們對政府的腐敗略有怨言，卻對一黨獨裁的體制沒有太大惡感。他們甚至虛情假意地擁抱民族主義，為習近平的「中國夢」搖旗吶喊——這是一個「暫時坐穩了奴隸」的群體。

孫志剛案跟這群人無關，雷洋案卻讓他們萌生「物傷其類」的恐懼與憤怒。雷洋畢業於「第二黨校」之稱的人民大學，擁有碩士學位，是一名標標準準的中產階級——連雷洋的生命安全都得不到基本保障，除了一小撮太子黨，誰在中國能安全並幸福呢？

此時此刻，雷洋的同學和朋友們，那些與雷洋身分相似的城市中產階級們，發出了歐洲黑死病肆虐時期英國牧師約翰·多恩那一句「喪鐘為誰而鳴」的嘆息。雷洋那些「出有車、食有魚」的同學們，那些宣稱「不發表負面信息」的黨的「同路人」們，就雷洋「非正常死亡」這個「負面信息」，發表了一封實名連署

公開信。這是他們第一次簽署這種有可能給自己帶來些微風險的信件——他們不會在《零八憲章》或支持天安門母親的信件上簽名，他們不知道劉曉波是誰，即便知道也會嘲諷劉曉波自不量力、螳臂當車。

　　拖了一個多月後，雷洋的驗屍報告被有限度地公開。北京檢方的通報，認定雷洋「符合胃內容物吸入呼吸道致窒息死亡」。檢方又指出，涉案警務人員在執法中存在不當行為，其中昌平公安分局東小口派出所副所長邢某某、輔警周某起主要作用，且在案發後有妨礙偵查的行為，故對兩人以涉嫌怠忽職守罪名依法決定逮捕。小嘍囉被當作替罪羊拋出來，更高層的官僚們則安全過關。

　　上海醫療律師劉曄在其微博寫道，以怠忽職守罪而不是故意傷害罪予以刑事追訴，已經預示了雷洋案的最終結果，刑期不會太高，賠償必然到位。網友「烏有偵察兵」根據驗屍報告分析說，雷洋是被暴力擊打腹部導致胃內食物倒吐，這時雷如果被掐住脖子不能順暢吐出來，是會被窒息死的。網友「葉寶密」則稱，這個國家沒有應有的正義，早晚要害人害己。可見，中國民間藏龍臥虎，到處都是一針見血的明白人。

　　當局卻早已有一套對付民間輿論的維穩策略，話題很快轉移，人們很快安於現狀。正如孫志剛案並沒有改善城市中下階層民眾的人權狀況，雷洋案也不可能改善城市中上階層民眾的人權狀況，只要一黨獨裁的制度不變，「人為刀俎，我為魚肉」的境況也不變。

　　在中國還會有更殘暴的殺戮接連發生，雷洋很快會被遺忘。作家冉雲飛說，中國人的一生，就是從苟活走向枉死。苟活者繼

續苟活，枉死者繼續枉死，少部分醒過來的、且有千萬家財的聰明者，加緊辦理移民手續。

連口罩也不讓戴的，是什麼國家？

　　隨著空氣污染的普遍化，每到冬天，中國各大城市持續數月陷入**霧霾**重圍之中，就連山清水秀的成都也發出**霧霾**警告。有成都網友發起戴口罩到市中心天府廣場「散步抗議」的號召。中共當局如臨大敵，從週邊城市調遣大批軍警，封鎖廣場及周圍道路，抓捕戴口罩等有關人士，甚至頒布即日起購買口罩實行「實名制」的命令：買口罩必須詳細登記身分證及名字。

戴口罩站崗的武警不知道他們才是那坨最沉重的霧霾

　　楊逸、木格夫婦、劉珂、黎朗、馬占東、瞿迪、張濤等幾位成都藝術家，在鬧市區的春熙路孫中山銅像下，戴著口罩排排坐了四分多鐘。在官方眼中，就連這種行動都具有顛覆性，警察立即將這些人帶到警局並做筆錄；還有更多人只是戴著口罩在街上行走，就遭到嚴厲的攔截查問，已有超過十人被短暫拘押。

　　戴口罩成了非法，家長自發為孩子在教室中安裝空氣淨化器也不允許。成都一間中學有家長集資為學生安裝空氣淨化器，卻遭到學校方面移除，引發家長嚴重不滿。中國教育部發表《關於錦江區七中育才學校匯源校區移除空氣淨化器引發部分家長異議的回覆》，認為淨化器噪音太大、影響學生學習，真是欲蓋彌彰。

　　隨即，學校發出《關於空氣淨化器不進校園的決定》，有細

心的網友發現，該文件蓋有該校「德育室」的公章，「可見如何看待霧霾和淨化器，已經成爲衡量學生思想品德高下的重要指標」。按照這個中國式邏輯可以得出這樣的結論：討論霧霾的學生不是好學生，製造霧霾的官員卻是好官員；愛護孩子的家長不是好公民，任由孩子被國家蹂躪的家長才是愛國者。

成都網友劉爾目在微信圈中發表一篇短文《戴口罩站崗的武警不知道他們才是那坨最沉重霧霾》，隨即被警察帶走。這篇文章指出：「中國的霧霾像中國人民解放軍和武警部隊一樣，都是聽黨指揮的。黨爲了政治需要，可以讓神州遍地生霾。同樣爲了政治需要，可以讓所有的霧霾分分鐘消失，各種藍就出來了。最近幾十年，偉大的黨爲了維繫統治的合法性，把整個國家綁架在他們發展的戰車上面。在取得品質極低的、僅僅數量上世界經濟第二的同時，整個環境付出了沉重的代價，霧霾就是其中之一。」作者說出了霧霾的眞相：霧霾不是自然災難，而是政治災害，在今天的中國，討論霧霾問題，討論所有的環保問題，都不能脫離政治。那些嚴格設定「紅線」、不談政治的環保領域的NGO，照樣遭到當局的查封。

毫無疑問，霧霾之害，乃是制度之害。劉爾目指出：「霧霾確實可怕，更多的人在反思，但是不敢行動，因爲所有的行動都會破壞統治大局，也挑戰統治的權威。挑戰體制權威，視爲叛亂，廣大的屬於人民黨忠於黨的解放軍和武警官兵就會起作用了。他們確實是敢殺人的，1989年殺人之後，至今對一些經歷者、旁觀者和後來者有心理陰影。如果不是迫於刀把子的威儡，我想現在成都隨時可以動員四、五百萬市民，到彭州去把那個霧霾源頭之一的石化工廠給拆了。」霧霾的肆虐驗證了四〇年代中

期中共《新華日報》譴責國民黨的那句名言「一黨獨裁，遍地是災」。

中國式科學：霧霾原來是救星

既然共產黨「就是好」，那麼霧霾也是共產黨對人民的恩賜。據《中國青年報》報導，有關霧霾的最新研究結果聲稱，森林在霧霾天長得更快。霧霾屬於大氣「氣膠」的一種，而氣膠會影響全球森林的光合作用效率，濃度愈高、光合作用的效率愈高。

相關論文於 2018 年 6 月發表在《氣候變化生物學》期刊上，論文第一作者是中國科學院植物研究所的博士生王欣。王欣和指導老師、中國科學院植物所研究員劉玲莉的研究表明：霧霾愈嚴重，森林愈是加快生長；反之，霧霾侵襲減少，光合作用會減弱，森林的生長速度必將變慢，為人類承擔減碳任務的能力將下降。

中國官方對此一「研究」結果如獲至寶。報導稱，王欣的觀察將幫助人類進一步認識霧霾。「過去，科學家對霧霾的研究多半集中在對人體健康的影響，鮮少關注霧霾在整個生態系統中引發的變化。」換言之，雖然霧霾對人體健康有所損害，但它卻可以在推動植樹造林方面做出有益的貢獻，中國民眾應當以「大局」為重，犧牲小我，成就大我，用自己的健康來換取「全國山河一片綠」，這是何其光榮的犧牲和付出。

當然，中南海裡的諸君擁有高級的空氣淨化機器以及經過提純處理的空氣，號召人民學雷鋒的超級富豪陳光標也將推出販賣「瓶裝空氣」的商業計畫。受不了霧霾的中國人，要麼「吃得苦中苦，方為人上人」，努力上進，躋身為中南海中的一員；要麼

拚命掙錢，買得起高價的「瓶裝空氣」，就能保全性命於霧霾肆虐的盛世了。

王欣博士的研究成果，即便不能獲得諾貝爾化學獎，至少也能獲得中國自己設立的「孔子和平獎」吧！這種研究，顯然不僅僅是科學，更是政治，它能改變中國民眾對霧霾的看法，也能改變中國民眾對製造霧霾的元凶的看法：竭澤而漁的經濟發展模式及其背後專制獨裁的政治模式乃是「新時代的中國特色」。

王欣博士洋洋灑灑的論文堪稱「中國式科學」的典範。科學有很多種，科學不是普世的，「中國式科學」跟具有中國特色的社會主義一樣，無疑是獨一無二、獨樹一幟的。中國式科學，讓人不禁想起當年納粹德國倡導的「日耳曼人的科學」。因為愛因斯坦是猶太人，所以愛因斯坦的相對論被排除出「科學」的範疇，愛因斯坦本人也被驅逐出國。納粹只允許那些血統純正的日耳曼人的科學家，研究那些支持納粹意識形態的科學項目。對此，因反對納粹而流亡海外的作家湯馬斯・曼指出：「在我眼裡，任何從 1933 年到 1945 年德國印刷的書籍比毫無價值還嚴重，任何人連碰都不想碰。它們充滿著血腥和恥辱，應該化爲紙漿。」這句話也可以用來形容王欣博士的研究成果。

王欣博士未來的仕途一定順暢，有可能成爲當年在蘇聯生物學界一手遮天的「科學家」李森科那樣的人物。李森科是一個沒有受過多少教育的農夫，卻成爲最高蘇維埃代表，躋身三個學術機構的會員，擔任蘇聯科學院遺傳學研究所所長。他曾三次被授予史達林獎，獲社會主義勞動英雄稱號，八次獲得代表最高榮譽的列寧勳章。

李森科掌控蘇聯生物、農業和醫藥等領域，時間超過二十五

年。李森科事件是政治干涉科學的代表事例。其間，蘇聯有良知的科學家幾次試圖反對他，都被以政治手段打擊，或勞改，或處刑，李森科的獨斷專行，使得蘇聯生物遺傳學落後世界至少兩代人時間。中國的生物界由於蘇聯的影響，一度以李森科的理論作爲遺傳學的正確理論。

王欣「**霧霾就是好**」的研究表明，在今日中國，科學完全走出政治強權的陰影，仍然是一項艱鉅的任務。控制論的創立者諾伯特·維納說過：「科學是一種生活方式，它只在人們具有信仰自由的時候才能繁榮起來。基於外界的命令而被迫去遵從的信仰並不是什麼信仰，基於這種假信仰而建立起來的社會必然會由於癱瘓而導致滅亡，因爲在這樣的社會裡，科學沒有健康生長的基礎。」習近平及中共暴政不倒，中國的科學研究不會好。

「天下未亂蜀先亂」的歷史會重演嗎？

儘管當局百般抵賴，但大部分成都民眾認爲，原本在省會城市中環境相對優良的成都，**霧霾**問題之所以變得特別嚴重，是由於 2005 年投資達三百多億元的中石油成都彭州石化基地。該工廠年產八十萬噸乙烯，以及千萬噸煉油，造成大量污染。彭州石化項目是周永康一手促成的，周永康的兒子周濱在其中上下其手、獲利頗豐。在過去近二十多年時間裡，四川是周永康私人的「封地」，從他擔任四川省委書記到升任政治局常委、「政法沙皇」，從來沒有對四川鬆手。周永康父子已經鋃鐺入獄，但他們留下的污染源卻仍然在禍害四川人民。

「天下未亂蜀先亂，天下已治蜀未治」，四川人自古即有反抗暴政的傳統。此次上街抗議**霧霾**，跟一百多年前的「保路運動」

51

一脈相承。當年，四川民眾自己籌款一千六百萬兩，修築川漢鐵路西段（成都至宜昌），清廷卻一反承諾，企圖將鐵路收歸國有。川人忍無可忍，於 1911 年 6 月組成「保路同志會」，引用光緒上諭中「庶政公諸輿論」、「川路准歸商辦」之語，拒絕官方接收。朝廷下令有「屠夫」之稱的酷吏趙爾豐強力鎮壓，「如有匪徒煽惑，擾害治安，格殺勿論」。帶有血腥味的語氣，與今日之中共如出一轍。

1911 年 8 月 24 日，川人在成都舉行「保路大會」，決議罷市、罷課、停納捐稅，革命黨及哥老會領導各州縣響應。趙爾豐連電告急，謂群情激憤，如不准所請，全國將受牽動。9 月 2 日，朝廷命令欽差大臣端方率湖北新軍入川鎮壓。7 日，趙爾豐誘捕「保路運動」領袖暨四川諮議局議長蒲殿俊及「保路同志會」暨和川路股東會的負責人，此舉宛如抱薪救火、揚湯止沸。新軍將校及哥老會組織「同志軍」包圍成都，由和平請願發展成武裝反抗，局勢一發不可收拾。

《劍橋中國晚清史》中記載：「多達十萬人的各種武裝集團打垮了政府軍，後者到 10 月初只能集中防守省會和少數城市了。一批縣城宣布獨立，有的甚至成立軍政府。」端方統帥的軍隊不聽指揮，端方、趙爾豐相繼被殺。湖北新軍的調動造成湖北守備空虛，武昌起義遂一舉成功。所以，如果沒有四川的「保路運動」，就沒有終結清朝統治的武昌起義。

成都武侯祠有一副清代官員趙藩所撰的對聯：「能攻心則反側自消，從古知兵非好戰；不審勢即寬嚴皆誤，後來治蜀要深思。」一味迷信高壓統治的中共當局從不深思和反省。既然六四屠殺換來三十年固若金湯的統治，再來一次又何妨？然而，歷史

證明，所有的暴政必然迎來其臨界點：一百多年前，四川人在「保路運動」中奮不顧身、揭竿而起；如今，「與其被**霧霾**毒死，不如爲自由而死」的四川人，終將在抗議**霧霾**的活動中爭先恐後、前仆後繼，「民不畏死，奈何以死懼之？」

習近平呼吸著陳光標生產的新鮮空氣，對**霧霾**無動於衷，更不需要戴口罩。他案頭的「內參」中，對成都口罩事件一定輕描淡寫、一筆帶過。

中亞古國花剌子模有一個習慣，報給皇帝好消息的使者要重賞，報壞消息的要斬首。當蒙古大軍浩浩蕩蕩地開進之時，沒有人敢向國王報告這個壞消息。於是，舉國文嬉武戲，亡國指日可待。

今日中國與花剌子模何其相似：皇帝斬首了送上壞消息的使者，壞消息卻不會隨之消失；皇帝不讓中國人戴口罩，**霧霾**更不會自動退卻。辛亥革命前後的歷史場景，將再度在四川及全中國上演。

中國人不能有「反骨」

中國人不能戴口罩，也不能隨便給自己取名字：名爲「反骨」的中國地下搖滾樂團的吉他手「九洲」透過微信宣布，因爲「不可抗拒因素」，樂團名稱臨時改爲「正骨」，並把巡演海報的「反」字用一張貓圖遮住。他稱：「有關部門不讓出現『反』字，樂隊改名後，才能繼續在上海、蘇州演出。」隨即，反骨樂隊亦在官方微博發文稱，「反正都是骨，尚德骨正，精氣化節，不論韭荽猶存」。

不少中國網友對此感到憤慨。有人質疑說，按此邏輯，反腐

敗豈不也要更名爲「正腐敗」。也有人對此事接力發文嘲諷，建議許多地下樂團也應該改名，以符合「社會主義核心價值觀」。比如：痛苦的信仰（痛仰）樂隊改名爲「社會主義信仰」；髒手指樂隊改名爲「洗手液」；北京暴徒樂隊改名爲「朝陽群衆」；AntiDogs 反狗樂隊改名爲「愛狗協會」。如此，天下大同，皆大歡喜。

「反骨」之說，來自《三國演義》。諸葛亮說：「魏延腦後有反骨，日後必反。」經劉備求情，魏延保住了性命，卻一直不受重用。「智而近妖」的諸葛亮說魏延有反骨，無非是嫉恨和壓制其才能的一個藉口罷了。長期被猜忌和閒置的魏延，在諸葛亮死後不久，只好「不反也得反」，這絲毫不能表明諸葛亮有「先見之明」。

在中國民間的相術中，反骨是指枕骨，又名後山骨。上面突出處，稱爲「腦杓」。下面耳後突起者，名「完骨」。一些人枕骨突起，就具備了「反骨」的基礎，側面看他們的頭像，就像一個刻意誇張了的問號。同時，反骨也可以指額頭特別突出者，叫「額前反骨」，民間俗稱「鏟兒頭」──我就有這樣的長相。

以長相論人，當然不科學。不過，如果從頭像看上去像問號，聯想到質疑和批判的精神，那麼，歷史確實證明，創新往往來自於那些「有反骨的人」，而不是逆來順受、隨遇而安者。

這就很容易理解，爲什麼中國以舉國之力都研製不出先進的晶片來，美國一旦對中芯國際禁運，如此巨無霸式的企業立即「見光死」──因爲這個國家從來不鼓勵、不允許民衆擁有反骨、具備創新意識和獨立思考能力。

專制政權希望所有民衆都是愚民和順民，都是「巨嬰」和

「類人孩」，這樣才便於統治、利於穩定。用《老子》的說法就是「古之善爲道者，非以明民，將以愚之。民之難治，以其智多」；《商君書》中更是赤裸裸地指出，「能治天下者，必先治其民；能勝強敵者，必先勝其民」，又說「民勝其政，國弱；政勝其民，兵強。」自稱喜歡讀《商君書》的習近平，當然知道這幾句話的含意。

在這個崛起的大國，人們不僅不能有「反骨」，連「腹誹」也不能──幾個普通市民在一家餐廳的包廂裡，手拉手模仿火車倒車的動作，一句話也沒有說，卻遭到警察拘捕。警察說，他們是在諷刺偉大領袖習主席「開倒車」，是故意擾亂社會秩序，統統予以拘留。

看來，在中國即便「道路以目」，也不能確保人身安全，唯有像木頭人那樣「既不說話也不能動」，才能苟活於這個「太平盛世」。

消滅信仰，中共就能千秋萬代？

——評中共摧毀成都秋雨聖約教會的暴行

2018 年 12 月 11 日，美國國務卿蓬佩奧發表聲明，呼籲世界各國保護、促進和尊重宗教自由。蓬佩奧將緬甸、中國、厄利垂亞、伊朗、朝鮮、巴基斯坦、蘇丹、沙烏地阿拉伯、塔吉克共和國和土庫曼等列為《國際宗教自由法案》十個特別關注的國家，因為這些國家的政府參與或容忍了那些「系統地、持續地而且過分地侵犯宗教自由的行為」，在這些國家，「人們僅僅因為按照自己的信仰生活就不斷面臨騷擾、逮捕甚至死亡。」

蓬佩奧語音剛落，中共當局就對成都秋雨聖約教會發動一場毀滅性的攻擊——當天晚上，成都警方出動數百名警察，破門抓捕秋雨聖約教會的上百名會友，許多被捕者遭到了殘酷的毆打。兩天以後，多個消息來源證實，王怡牧師被以「煽動顛覆國家政權罪」刑事拘留。這個罪名是昔日「反革命罪」的升級版，被冠以此罪名的人，通常凶多吉少；另外還有多間教會成員被以各種罪名刑事拘留。中共當局用這種方法回應了美國及西方民主國家對中國的踐踏宗教信仰自由的批評意見，中共早已「不要臉」了，剩下的唯有「我是流氓我怕誰」的傲慢與暴虐。

2006 年，李柏光、王怡和我，三位基督徒受邀到白宮與布希

總統會談。布希總統對我們說：「從前我風聞中國有數百萬基督徒，今天我親自見到活生生的中國基督徒弟兄，希望這次會面讓你們離監獄遠一些。」然而，布希總統低估了中共政權的邪惡。幾年之後，他接見的這三位基督徒，一位被害死（劉曉波模式），一位被捕入獄，一位踏上流亡之路，沒有一個人可以在中國的土地上自由地敬拜上帝。我們三人的命運，堪稱當代中國宗教信仰自由狀況不斷惡化的縮影。

我對中共當局重拳打壓秋雨聖約教會的舉動早有預料。成都跟北京同在一個國家，同樣在中共的統治下，「普天之下，莫非王土，率土之濱，莫非王臣」，成都不可能「網開一面」，秋雨不可能是「漏網之魚」。

中國宗教迫害的新高峰

此次事件是近年來中共對單一教會的迫害最為厲害、抓捕人數最多的一次，是中國的宗教迫害和人權倒退的又一個象徵性事件。對此一事件可從以下五個層面作出觀察、分析和評論。

第一個層面，就習近平掌權以來逼迫基督教會的政治運動而言，從美國副總統彭斯在演講中提及的「幾個月前被關閉的北京最大的家庭教會錫安教會」，到此次大量教牧同工和普通會友被抓、會堂被查封的秋雨聖約教會，中共每一次出手以及用何種方式出手，都是精心策劃、相當精準的「定點清除」行動。像錫安和秋雨這樣的教會之所以成為中共的眼中釘、肉中刺，是因為她們都是極具活力的城市新興教會。之前的「家庭教會」、「地下教會」或「非官方教會」等概念，已不足以概括它們的特質。它們立足於中心城市，吸引中產階層，以基督信仰為中心，具有強大

的內聚力和廣泛的社會影響力。

對城市新興教會的迫害，是中共迫害基督教的新高峰。正如流亡美國的溫州教會牧師鄭樂國的評論：「近四年來，三個板塊的教會形態均受到打壓，打壓線路圖清晰可見：一是 2014 年至 2016 年浙江（特別是溫州地區）拆教堂和十字架；二是 2018 年河南大規模關閉教堂、聚會場所、清除教會標記物；三是針對城市家庭教會的打壓，特別是有影響力和公共性的家庭教會。」中共迫害基督教會，不是地方官員的「無心插柳」，而是中央的統一部署。若此次中共如願以償摧毀這批代表性的城市新興教會，則近二十年來中國蓬勃興起的、類似於西方教會史上的「大覺醒」浪潮有可能戛然而止，至少在相當一段時期內陷入低潮和停滯狀態。

第二個層面，就習近平政權對中國國內各個宗教信仰團體的迫害而論，對秋雨聖約教會的打壓再次表明「喪鐘為每一種宗教信仰而鳴」。在這種無孔不入的暴政面前，不會有人是「幸運」的「倖存者」。中共進入了劉曉波所說的「精緻化維穩」階段，一方面「軟的可以更軟」——賦予完全建制化的漢傳佛教某些特權，只要對黨忠誠，酒肉和尚也可獲得重用；而對迷戀中國這個最大的「宗教市場」的天主教「左膠」教宗，中共則放下身段，拋出胡蘿蔔，使之成為一頭乖乖進入圈套的驢子。另一方面則是「硬的可以更硬」，對忠於達賴喇嘛的藏傳佛教群體、信奉伊斯蘭教的維吾爾人群體以及深受加爾文神學影響的、具有反抗精神的城市新興教會，毫不留情地使出毛時代的專政手段。

中共宗教迫害、民族迫害，讓納粹甘拜下風，正如人權活動人士楊建利所說：「七十年前，納粹德國的暴行讓國際社會高度

重視基本人權觀念、擁抱普世價值的原則，今天的中國呈現了同樣的威脅：單一和全能型的政黨、一個領袖、對媒體的全面控制、對外侵略的野心、對不同意見的粗暴鎮壓、虛構外部的威脅和敵人、沙文主義和國際政策上的偽民族主義。中共還發明了關押上百萬維族人（十分之一的維族人口）的『再教育』集中營。這是一種與共產主義、權貴資本主義和一九八四歐威爾式極權主義相結合的成熟的法西斯主義，即『中國特色的法西斯主義』。」中共當局出動警察，一夜之間抓捕上百名秋雨會友的手段，若此後向全國推廣，則與納粹德國的「水晶之夜」如出一轍。

中國人權狀況惡化的警訊

第三個層面，此次中共打壓秋雨聖約教會的方式，表明中共悍然取消了憲法中保障的公民宗教信仰自由，以及與宗教信仰自由息息相關的其他基本人權。宗教信仰自由從來不是單一的、孤島式的自由與人權，它必然與新聞出版自由（比如，宗教團體有創辦自己的媒體的自由）、教育自由（比如，宗教團體有創辦學校和教育機構的自由）等緊密相連。如果宗教信仰自由週邊的這些自由和權利被剝奪、被取消，那麼宗教信仰自由就成了一棵沒有土壤的樹，漸漸走向枯萎。

在此次被抓捕的教會同工中，還有人被冠以「非法經營罪」和「非法出版罪」等其他罪名。同時，教會主辦的三個教育機構：華西人文學院（主要培育講師）、華西聖約神學院（主要培育牧者）、學堂（兒童教育機構）的師生都受到衝擊，警察甚至深夜闖入女生寢室，騷擾和毆打女生。中共當局的這些作法顯示他們是一個全能型的極權主義政權（而不是美國的中國問題專家

黎安友所說的「韌性威權」），他們不容許教會自行出版福音資料，也不容許教會創辦教育機構，整個社會的每一個領域都必須在其直接管控之下——即便是人們的靈魂、思想和信仰，中共也要來踏上一腳。

第四個層面，取締秋雨聖約教會也是中共打擊公民社會的策略的一部分。教會是公民社會的重要組成部分。尤其是在英美文明的傳統中，宗教改革五百年以來，教會既是憲政共和的政治制度的倡導者，也是資本主義倫理和自由市場經濟的催生者。可以說，沒有新教的教會就沒有西方的現代文明。因此，中共非常害怕教會帶領公民社會「脫亞入歐美」、「因真理，得自由」，即便教會不從事實際的政治活動，中共也對教會充滿疑懼，恨不得除之而後快。

習近平政權在打壓教會的同時，也對 NGO、維權律師群體等公民社會的活躍力量辣手摧折。比如，即便是區區幾個在校大學生申請成立「馬克思主義研究會」、聲援宛如現代奴隸勞工的農民工，也遭到便衣警察的綁架，遭受「被失蹤」、「被休學」的厄運。在北京北洋政府和南京國民政府時代，大學生可以相對自由地研究馬列主義；而在號稱以馬列主義為指導方針的共產黨統治下，馬列主義卻成為大學生研討和實踐的「禁區」，這是多麼有諷刺意味的歷史與現實！

邪惡帝國，為禍全球

第五個層面，中共對教會的打壓是全方位、全球性的，不僅在中共政權的實際統治區內（包括中國本土和新納入中國統治的香港），更將黑手伸向海外華人社群。習近平掌權以來，大大加

強對海外華人社群的滲透和掌控，統戰經費宛如天文數字。幾乎所有海外華人的同鄉會、同學會、商會、協會以及大大小小的中文報紙、中文雜誌、中文電視臺和中文廣播電臺（包括西方主流媒體的中文網站，如《紐約時報》中文網、BBC 中文網、《金融時報》中文網、法廣中文網、德國之聲中文網）等媒體，都有中共黑手或多或少的介入。

　　中共肆無忌憚地在這些群體和機構傳播其邪惡的「愛國主義」意識形態、壓制異見者，進而驅使相當數量的海外華人去竊取西方國家的情報和技術。旅居加拿大的政治評論人蘇賡哲感嘆說：「義和團移了民，得到自由資訊、不再有洗腦、不再受老佛爺管，但矢志扶清滅洋如故。有學問的參加千人計畫盜竊洋人長技以制夷，沒學問的去溫哥華法院播國歌。這麼久以來，未見過喪屍變番人。」

　　就教會層面而言，中共不滿足於打壓國內教會，更試圖讓海外華人教會對其言聽計從、畢恭畢敬。海外華人教會是中共滲透、特務猖獗的重災區。海外華人教會中的信仰自由和言論自由，絲毫不比在中國國內教會更多。在很多海外華人教會中，會友不能公開表達對中共的批評意見，甚至無人敢為國內教會被逼迫的弟兄姊妹禱告。公開聲援國內教會的海外著名牧師和基督徒公共知識分子，常常受到密集式的攻擊和抹黑。

　　很多海外華人教會中，特務、五毛橫行霸道，將異議者的言論彙報給中國大使館，領取賞金；特務甚至還參與教會的財務管理，收集會友的財務資料，轉交給中國的情報部門。相當一部分海外華人教會不僅沒有遵行《聖經》的教導、成為世上的光和鹽，反倒成為中共如臂使指的傀儡，而西方各國的政府對此一國

家安全的破口也未能加以重視。

　　從以上五個層面透視中共對秋雨聖約教會的逼迫，可以看出這是中共打壓教會和整個公民社會的「大棋局」中的一個重要步驟。中共的所作所為，證明它就是超越納粹德國的「邪惡帝國」，中共的外交部長和外交部發言人，還有什麼資格將「人權」這個詞語掛在嘴邊呢？

中共為何對城市新興教會下毒手？

2018 年 12 月 16 日，成都秋雨聖約教會同工傳來消息，之前被宣布刑事拘留的王怡牧師被正式批准逮捕，但在家屬簽字後卻沒有給家屬出具法律文書。家屬擬前往律師事務所辦理委託手續，卻被警察限制不得出門。與此同時，律師被司法局緊急約談，要求不得介入此案。

據消息人士透露，成都警方把抓捕王怡牧師及秋雨聖約教會會眾的案子，列為成都近年來的一個大案。當局宣稱，王怡等人是受美國指使、煽動顛覆中國政權的境外敵對勢力在國內的「代言人」，利用基督教作為洗腦工具，傳播反黨、反社會主義言論，旨在煽動民間不滿情緒，進而達到顛覆國家政權的目的。

12 月 14 日，成都青羊民政局將秋雨聖約教會列為「非法社會組織」，發出公告予以取締。耐人尋味的是，該取締通知書使用的法規是《社會團體管理條例》，而非一年前新頒布的《宗教事務條例》，顯示當局刻意規避其宗教迫害的性質，企圖將此一「教案」世俗化處理。

城市新興教會是最後一塊抵抗暴政的磐石

習近平執政以來，以暴風驟雨之勢，摧毀毛時代之後所謂「改革開放」四十年來初具雛形的中國民間社會。以對宗教團體

及少數族裔的打壓而論，習近平可謂大獲成功：對天主教，中共成功地利誘左傾思想嚴重的天主教教宗方濟各，中梵雙方簽訂了一份臨時協議，教廷承認中共指定的「紅色主教」，並命令數十年來持守純正信仰的地下主教給共產黨主教讓位，儼然是對地下教會的出賣；對伊斯蘭教，中共將兩百萬信奉伊斯蘭教的維吾爾人及其他西北少數民族民眾關進新型的集中營——「再教育營」，離種族屠殺僅有一步之遙；對藏傳佛教，雖有數百名藏族僧俗自焚抗議，中共仍然無動於衷，世界亦無能為力。既然中共節節勝利，自然就將黑手伸向快速發展、影響巨大的新教城市新興教會。

此次中共動用強悍的國家暴力機器——上千名警察、官員、社區管理人員一起出動，侵門踏戶，抄家抓人，宛如文革的紅色恐怖，企圖將秋雨聖約教會連根拔起。近年來，秋雨聖約教會、守望教會、錫安教會等城市新興教會正在凝聚成為抵抗暴政的磐石。共產黨統治中國的七十年，中國原有的社會組織全部遭到瓦解和摧毀，民眾宛如一盤散沙，無法形成反抗的力量，而基督新教教會自宗教改革五百年以來，即具有與國家政權平行發展之趨勢，「上帝不從凱撒」，不僅在會堂之中，更在日常生活的方方面面。2000 年以來，基督新教城市教會的「井噴式發展」，讓中共感到如芒刺在背。

以秋雨聖約教會為例，它不單單是一間教會，還相繼興辦神學院、人文學院以及教會自己的小學和中學，在西方民主社會，這些作法不足為奇，但在中共的黨國體制下，則具有某種顛覆性。

對教育權的壟斷是中共的命根子，本身是中國家庭教會信徒

且長期從事律師工作的評論人雷志鋒指出：「在教育領域，以國家實施九年制義務教育的名義，使用官方統一編寫的教材，對全體國民從幼年時起，就實施無神論、生物進化論、辯證唯物主義的強制教育。每個七歲至十六歲的孩子，在接受義務教育的年齡階段中，都要加入共產黨的後備組織：少年兒童先鋒隊和共產主義青年團。那些按照共產主義和無神論標準進行編撰的教材，宣稱所授爲唯一眞理，不容許任何哪怕學術上的質疑。這些教材，幾乎僅除了數學課，其他全部課程教授的都是變換著方式花樣的上述共產主義、唯物主義、無神論以及竄改的、以仇恨中國之外的全部文明世界的歷史。這些教材，還公然醜化宗教信仰，稱宗教是人類的精神鴉片。這個國家教育機器夜以繼日的做著這一切，摧殘著所有在中國出生並成長的孩子的心靈，這些孩子們，早在成人之前，基本上都已喪失了獨立思考能力，形成了蔑視宗教信仰的條件反射。這些人在成人之後普遍都是狹隘的愛國主義者和民族主義者。」謬誤最害怕的就是眞理，極權政府最害怕的就是洗腦教育失效。所以，秋雨聖約教會從自行辦學的那一天起，就跟中共展開了一場「靈魂爭奪戰」。

中共因恐懼而改變遊戲規則

習近平上臺後不久，在一次全國宗教工作會議指出：「信不信教、多少人信教、怎樣信教，從來就不只是個人的私事，更是重要的社會事務。」很多人忽視了習近平這段講話的重要性，這才是習近平的「心裡話」。從那時候起，他就決定要廣泛地干預、打壓中國的各宗教信仰團體。只是當時他剛掌權、權力基礎尚不穩固，需要先整肅黨內和軍隊內反對派系，只好將並非迫在眉睫

的宗教問題留待稍後處理。

頗有諷刺意味的是，對習近平產生嚴重誤讀和無限幻想的法輪功團體，那幾年居然在他們的海外宣傳機構上，累牘連篇地發表吹捧習近平是「一代明君」的文章，希望習近平能為「反江不反共、反江不反習」的他們「平反昭雪」，這當然是與虎謀皮、自取其辱。

習近平對家庭教會動手，是因為深深的恐懼感和不安全感。他的生命被「敵人意識」所毒化，他無法理解劉曉波「我沒有敵人」的宣告，一定要將劉曉波置於死地。習近平大概只相信蘇共領導人、當過 KGB（蘇聯國家安全委員會）首腦的安德洛波夫的名言：「社會主義制度生存的內在邏輯是：只要有絲毫的放鬆，制度就會開始瓦解。」

習近平對宗教的看法，乃至對整個世界的看法，都是極度扭曲的。正如史達林的女兒阿利盧耶娃對其父親的描述：「這已經是一種病態，一種迫害狂 —— 源於空虛和孤獨，他極其殘酷地反對這個世界。」習近平接受過哈佛教育的女兒，敢說出這樣的真話嗎？

因為恐懼，習近平將毛時代之後管理宗教團體的所有法律法規束之高閣，以前的「遊戲規則」都不再適用了。江澤民時代及胡錦濤時代前期，中共與民間社會就某些不言自明的「遊戲規則」達成默契，中共為了在西方面前扮演「正常國家」，也為了給經濟發展爭取時間和空間，有限地允許包括教會、NGO 等民間團體在社會生長，但這種「有彈性的自由」卻是中共可以隨時收回的。

當習近平的權力「定於一尊」之後，就開始「兩手抓、兩手

硬」的政策：對有影響力的城市新興教會實施「定點清洗」，對有影響力的牧師和基督教領袖實施「定點清除」。當局一般加以刑事上的煽動顛覆國家政權罪、非法經營罪、尋釁滋事罪、擾亂社會秩序罪等莫須有的罪名，偏偏迴避宗教信仰自由這一核心議題。

對此，神學家陳佐人牧師指出：「趙天恩時代的遊戲規則——越有名氣越安全——已經不存在了。」面對愈來愈非理性的暴君和暴政，陳佐人牧師哀歎說：「我明白名聲不是護身符，我看見聲明是沒用的，我不再相信每天的貼文與手機影片是有作用的。」換言之，中國正在快速地、不可遏止地走向北韓化和伊朗化，與人類文明的主流背道而馳。

秋雨教案發生之後，西方社會的反應空前強烈。無論是西方國家的政府，還是歐美的主流教會，均對中共的暴行發出嚴厲譴責。但是，如果說「江胡時代」西方輿論的壓力對中國還多少有些作用，那麼在習近平時代這些外部的壓力已然如同石沉大海，心黑皮厚的習近平完全無動於衷。

差不多與此同時，《紐約時報》發表了一篇署名 Steven Lee Myers 和儲百亮的文章《中國為何對國際批評愈來愈無動於衷》。該文章指出：「沒有跡象表明，習近平不久將表現出更大的意願，屈從於國際社會在人權問題上的壓力。與此相反，他在更強大的安全機構的幫助下，加強了共產黨對社會幾乎所有方面的管制能力。許多政治觀察人士認為，中國在習近平的領導下已變得過於強大，但又過於沒有安全感，所以不願容忍妥協，也不願容忍那種可減輕外國批評的有分寸的作法。」在此背景之下，秋雨教案凶多吉少。

中共下一步會怎樣做？

王怡牧師在被捕前早已寫好一份聲明，他鄭重宣告說，對於中共即將到來的各種形式的迫害，以十四個「不」來回應：第一、不停止聚會；第二、不配合；第三、不服從；第四、不簽字；第五、零口供；第六、要求閱讀《聖經》；第七、不認罪；第八、不服從思想改造；第九、不繳納罰款或罰金；第十、不接受剝奪政治權利的附加刑；第十一、堅持傳福音；第十二、不接受官方指派的律師；第十三、不上電視，不與官媒接觸；第十四、要求公開審理。當然，他也在末尾特別註明一句讓人不寒而慄的話：「除非警方以嚴酷的刑訊逼供，摧毀我的健康和心志。」

以胡錦濤時代末期以來，中共當局辦理政治案件的一貫手法來看，酷刑氾濫、屈打成招然後電視認罪、公然羞辱，是中共下一步可以想像的作法。

酷刑一詞源於拉丁文中的 torquere，本意是彎曲身體，起初只是用來對付不聽話或者逃亡的奴隸，之後便發展成國家處刑的工具。在《布萊克法律詞典》中對酷刑的定義是：為了施與懲罰、獲取口供或為了施虐的快樂，而給人的身體或心理造成劇烈的痛苦。

共產黨國家的秘密警察最擅長的便是酷刑，俄國歷史學家列昂尼德姆在《歷屆外交部長的命運》一書中，描述了一個名叫賴赫林的克格勃（特工）中將，「他日日夜夜只追求一個目標：摧毀人的意志，摧毀人的生命。他相當狡猾，毫無人性，行事堅決且不知疲倦。他只受過兩年教育卻能升任中將，他自我辯護說：安全部裡職位更高的官員當中，有的也只上過四年學。」

　　在今天的中國也是如此，身為半文盲的習近平重用一群文盲和流氓，任意對異議人士施加酷刑，他認為這是最有效、最快捷的辦案方式。近年來，不管在國際上多麼有名，也不管是男女老少，一旦遭到警察的抓捕或祕密警察的綁架，必定遭受酷刑折磨，而酷刑之後，「沒有拿不到的口供」。

　　其次，電視審判和電視認罪更是習近平時代的「新特色」和「新常態」。法庭的審判已經不重要了，在法庭審判之前，中共先動用央視及地方電視臺播放「犯罪分子」認罪的畫面。比如，基督徒人權律師張凱因為幫助溫州教會維權，兩年前被警方以涉嫌「聚眾擾亂社會秩序」和「危害國家安全」的罪名拘捕。在被祕密拘押幾個月之後，張凱突然現身溫州新聞頻道，承認其被控罪行，其中包括挑唆教堂信眾抗議政府拆十字架，以及在為一百多間教堂辯護期間，接受美國公益組織「對華援助協會」的資金。

　　當時，面容憔悴的張凱在電視上說：「我違反了國家法律，擾亂了社會秩序，危害了國家安全，也違背了律師的職業操守。我對自己的所作所為表示懺悔。我認罪。希望政府能夠給我一個改過自新的機會。我會認真悔過，嚴格遵守國家法律，徹底與境外決裂。」獲釋之後，張凱在社群媒體上對自己的「軟弱」深表懺悔──其實，他不必為此羞愧，他打了一場美好的仗，他不是失敗者或批評的對象，應當譴責的是踐踏人權和法治的中共當局。

　　美國副總統彭斯在哈德遜研究所的演講中指出，美國在二十一世紀前夕向中國敞開大門，將中國納入世界貿易組織，「之前的政府做出這個決定，希望中國的自由將蔓延到各個領域──不僅僅是經濟，更是政治上，希望中國尊重傳統的自由主義原則、

尊重私人財產、個人自由和宗教自由，尊重人權。但是，這個希望落空了。」因此，美國及西方國家對中共政權的本質有了一個空前的「共識」：中共政權不單是吞噬本國十三億民眾的癌細胞，更是向全球擴展、顛覆普世價值的癌細胞，不可繼續綏靖縱容，必須用外科手術加以切除。

　　一個自由且地方自治的中國，國民才能享有真正的宗教信仰自由和其他基本人權。那一天，中國所有的教會都能像普世教會、大公教會那樣自由地敬拜上帝。

中共以銳實力操控海外華人教會

2018 年，中共在國內更加嚴厲地打壓基督教等各個信仰團體，全國數千家家庭教會遭到關閉，官方許可的三自（受政府認可的「自治、自養、自傳」）教會也經歷了一場大清洗。中共的黨組織、法制辦等進駐教堂，強迫教堂懸掛習近平的巨幅照片，拆除教堂屋頂的十字架，甚至安排佛教僧侶到教會辦講座、教育基督徒像佛教徒那樣「順服掌權者」。北京最大的家庭教會錫安教會被物業公司停水停電、取消租約、強行關閉，此一事件受到美國副總統彭斯的關注。

彭斯在一場關於中美關係的演講中特別提及此事，強烈譴責中共政權剝奪公民宗教信仰自由的作法。可以說，中共對教會的大肆迫害已經達到文革之後的最高峰。大部分海外華人教會對此噤若寒蟬，假裝什麼都沒有發生；少數敢於發聲支援國內受迫害教友的海外華人教會，成為中共的眼中釘、肉中刺，中共動用無窮無盡的資源，對這些敢於「行公義，好憐憫」的教會實行「定點清除」政策。

林國璋牧師與香港善樂堂

香港善樂堂創會牧師林國璋，「六四」時是香港中文大學崇基學院的學生，曾隨「學聯」帶物資到天安門廣場支持中國學

生。此後，「六四」情結一直讓其念茲在茲，成為牧師後，二十年來帶領這間小型教會遵循耶穌基督的教導，積極聲援和支持中國受逼迫的教會、天安門母親群體以及劉曉波等人權活動人士，也參與佔中運動等香港本地的民主運動。

林國璋牧師本人也是香港重要的民主派公共知識分子，多次邀請司徒華、程翔、劉進圖、王怡、張伯笠等具有基督徒或牧師身分的公共人物到教會講道和分享。因而，林國璋本人被香港媒體形容為繼朱耀明牧師之後，中年一代的「六四牧師」，善樂堂也成為一家最關心民主、自由、人權議題的香港教會。

中共統治香港之後，瘋狂打壓香港的公民社會，香港的自由與法治迅速崩壞。基督教界的高層人物大都被招安收買，林國璋牧師及善樂堂成為中共必除之而後快的對象。

五年多前，林牧師的妻子罹患癌症，三年前去世，在師母患病期間，林牧師遂找來朋友陳龍斌協助其工作，並於一年前按立他為牧師，萬萬沒有想到，按牧後不到一年，陳龍斌悄然組織「善樂特工」，在教會秘密進行顛覆工作，並非法召開會友大會，宣布解除林國璋牧師的主任牧師之職，並禁止林國璋牧師以及支持他的會友進入教會。

他們收集了大量林國璋牧師的「罪狀」——包括他計畫結婚而未經堂會同意，罪狀是「愛美人不愛教會」，甚至包括他用公款購買幾本不是基督教的書籍等子虛烏有的「罪名」。他們不允許林國璋牧師在會友大會上自我辯護（只給他十分鐘的時間，而之前和當日對林牧師的攻擊和辱罵卻持續數小時之久）。

有支持林牧師的會友回到教會參加會員大會，卻被告知其會友的資格已被取消，教會叫來警察驅趕這位服事多年的姊妹。教

會還召開秘密會議，公布林牧師的黑材料（以誣陷害人爲目的而暗中搜集或編造的材料，多屬不實材料），向林牧師發出多份氣勢洶洶的律師函，企圖禁止他對教會事務繼續發表個人看法，還有人匿名在社群媒體發表辱罵林國璋牧師的文章，故意將林國璋的「璋」字寫成「蟑」——這明顯是中國特務和五毛慣用的流氓伎倆。

中共勢力對善樂堂的控制，對林國璋牧師的驅逐、抹黑乃至妖魔化，就是要殺雞儆猴，在香港教會和香港社會營造一種「道路以目」、「沉默是金」的恐怖氛圍。這跟中共派遣黑幫分子在街頭將《明報》總編輯、基督徒劉進圖砍成重傷，將香港學運領袖、基督徒黃之鋒以莫須有的罪名關進監獄同屬「一盤大棋」。自此，香港的宗教信仰自由所剩無幾。

劉同蘇牧師與加州山景城教會

與此同時，美國加州山景城教會主任牧師劉同蘇在網上發布〈關於離開山景城教會原因的聲明〉：「由於該教會內部的部分人結黨，持續散布謠言，使用超出《聖經》所規定的基督徒行爲底線，並且違背教會憲章的嚴重違規行爲，致使教會的長執會無法繼續進行教會程序內的正常事奉，導致教會所有牧師和多數同工，包括長執會主席離開教會。我身爲教會的主任牧師，未能保護住眾牧師和同工們，特向他們抱歉並請辭了在該教會的牧者職分。某些人使用微信和網路社群媒體在此事上散布其捏造與歪曲事實的謠言，本人將保留對其侵犯公民名譽權及隱私權而採取法律行爲的權利。」

劉同蘇牧師既是神學家也是法學家，更是敢於爲公義發聲的

公共知識分子。多年來，他在牧會之餘，關心中國的宗教信仰自由事務，撰寫大量的文章和著述，推動中國的宗教信仰自由，他也參與起草或簽署多份譴責中共迫害家庭教會的連署信。也正是這個原因使得他首當其衝，成為中共「定點清除」策略的又一犧牲品。數年來，中共派遣若干特務潛入教會，逐漸占據要津，秘密收集劉同蘇牧師夫婦的各種黑材料，用文革式的告密信和匿名信的方式到處散發。

劉同蘇牧師辭職離開教會之後，他們還要趕盡殺絕，破壞劉同蘇牧師去其他教會應聘，並專門開設一個揭批劉同蘇牧師的網站，徵集和發表數十篇所謂的「揭批」文章。然而，外人若仔細閱讀這些匿名文章，根本找不出劉同蘇究竟有什麼實實在在的罪行。比如，有一名會友匿名「揭露」說，劉牧師三年來每週都到他家帶領他們全家查經，其實是貪圖他家的飯食。這種水準低劣的「揭批」，盡顯毛澤東時代中國大字報的卑劣手段。

更有甚者，劉同蘇牧師辭職後，教會網站立即將他多年來的講道影片全部刪除，將他在教會牧會十多年的痕跡消除得一乾二淨。同時，教會一名執事在劉牧師的個人網站留言威脅說，其個人網站不得掛上其講道影片，因為這是其受僱於教會期間的工作的一部分，講道影片的智慧產權屬於教會，若個人擅自使用就是侵權行為，教會將對其提出法律訴訟。這全然不是基督徒的思路和言語，對傳福音的「大使命」毫無興趣（劉同蘇牧師的講道影片，全球有數以萬計的基督徒點擊學習），這是共產黨赤裸裸消滅福音的方式。

張伯笠牧師與華府豐收華夏教會

2018 年冬，張伯笠牧師創立的美國華府豐收華夏基督教會，也出現疑似共產黨特務人士破壞教會合一的嚴重事件。

張伯笠早年是六四學運領袖，天安門廣場副總指揮。逃離中國之後，他成為傳道人和華人教會界著名佈道家，創建多所教會。五年前，他前往加州開拓新堂，但仍擔任豐收教會總會主任牧師。

張伯笠離開豐收教會之後，立即有身分可疑的人物來到，一開始表現積極，敬虔愛主、任勞任怨，成為教會的執事或小組長。當他們掌握一定的權力、經營一定的人脈之後，立即開始實施拆毀教會的陰謀。比如，他們未經教牧人員和全體會眾的同意，私自在教會安裝多個攝影鏡頭，甚至有個鏡頭直接對準教會辦公室。而且，此 APP 被發給近二十名教會成員，也就是說，教會有二十人可以隨時監控在辦公室工作的牧師傳道，甚至將影片轉給共產黨情報機構。

2018 年秋，當中共展開全國性迫害基督教家庭教會的行動時，張伯笠牧師領銜發起海外數百名牧師的公開抗議信，成為共產黨首要的打擊目標。疑似特務身分的多名會員，在教會中以收集弟兄姊妹意見建議為名，挑撥離間，徵集簽名，企圖大幅修改教會章程（之前，他們是認同教會章程才成為教會會友的），比如刪去章程中的主任牧師負責制，主任牧師提名董事、長老、執事的權柄等，甚至非法調查張伯笠牧師的財產狀況。

2018 年 11 月，燕鵬牧師到豐收教會分享，並有意應聘駐堂牧師。燕鵬牧師與張伯笠牧師一樣，因參與「六四」而長期遭受

共產黨迫害，之後渡海逃亡到臺灣，多年來在臺灣的神學院學習（先後獲得道學碩士、神學碩士並修完教牧學博士課程），並成為第一個在臺灣教會擔任主任牧師的中國流亡人士。

燕鵬牧師的人品、學歷、牧會經驗樣樣俱全，絕大多數會友對其十分認可。然而，某些疑似特務身分的會員，百般阻撓聘牧進程，上網收集有關燕鵬牧師的新聞報導，連燕鵬牧師在臺北自由廣場參加紀念六四晚會，也被當作一件不得被聘任的嚴重罪行——他們的思想和言行跟基督信仰背道而馳，而跟共產黨如出一轍。他們以極少數派綁架整個聘牧委員會和長執會，將聘牧過程變成一場共產黨政治審查的鬧劇。難道在美國這個自由的國家，人人（包括牧師）不都可以自由地表達其政治觀點嗎？以前是黑幫分子洗心革面成為牧師後頗受歡迎，被視為美好的見證；但現在反倒是以前參加過六四、反對過共產黨、為民主人權奮鬥過的人，成為牧師之後，卻仍然遭受刁難和歧視。參加過六四民主運動，究竟是一個人的光榮，還是一個人的恥辱？

教會中兩、三個疑似特務身分的家庭，使用在中國宮廷戲中學到各種權謀伎倆，在教會為所欲為、煽風點火，敗壞了教會中聖潔、彼此相愛的氛圍，甚至使得少數長執會成員受其矇蔽，隨之起舞。絕大多數教會會友對其惡劣行徑感到驚詫，指出其所作所為不是基督徒和文明社會的成員應當有的，並表達極大的憤慨。

在美國這個自由的國家之中的自由教會居然發生這種匪夷所思的事情，只能說明長期以來中共特務對北美海外華人教會乃至整個美國社會方方面面的滲透、操縱到了令人髮指的地步。教會目前的分歧，不是基督徒之間性格、處事風格、教會發展方向的

分歧，而是真基督徒與疑似共產黨特務之間的尖銳對立。

自由世界和自由教會必須打一場反滲透的硬仗

中共的黑手掌控大部分海外華人教會和海外華人社群，其巨額資金的投入、綿密的政治手腕，讓人防不勝防。林國璋牧師及香港善樂堂、劉同蘇牧師及加州山景城教會、張伯笠牧師及華府豐收教會，都是中共選中的一定要千刀萬剮的「箭靶子」。如果這三位牧師和這三家教會倒下了（或者即便教會還存在，但牧師被趕走，教會完全失去了光與鹽，失去「公平如大水滾滾，公義如江河滔滔」的特質，實際上便名存實亡），那麼下一步海外華人教會的「共產黨化」將全面展開。

從柯林頓時代到歐巴馬時代，美國政府長期忽視中國對海外、尤其是以美國為首的西方世界的滲透、統戰和破壞戰略。如今，中共不僅將中國變成一個空前巨大的「動物農莊」，還企圖將西方世界變成「動物農莊」之外圍。習近平對挑戰、顛覆美國的強權、文化及信仰傳統的野心已不加掩飾。

哈佛教授艾利森在《注定一戰？中美能否避免修昔底德陷阱》一書中指出，新興霸權大國的崛起以及這種崛起在既有霸權大國引起的恐懼，必定引發戰爭。「倘若繼續延續目前的發展軌跡，美國和中國在未來幾十年內爆發戰爭不僅是有可能的，而且可能性比現在專家學者所認定的更高得多」。

川普執政以來，美國政府意識到問題的嚴重性，中國的威脅超過昔日的納粹德國、法西斯日本和共產黨蘇聯，一整套的、全方位的遏制中國戰略逐漸成形。美國外交官暨學者司徒文警告說，中國勢力廣泛滲入包括美國在內的西方國家的政壇、經貿領

域和學術界。他說，要面對這種「銳實力」威脅，必須鼓勵媒體和警方要努力揭發國內各種隱藏利益與中國非法或貪腐的連接，通過立法，使中共家族成員從事後門交易更為困難，並在記者人數、孔子學院、旅行和商務限制等相關問題確保中國受到對等待遇。

2018 年 11 月 29 日，美國史丹佛大學胡佛研究所、美國亞洲協會美中關係中心與安納伯格基金會陽光之鄉信託在華盛頓共同發布〈中國影響和美國利益：推動建設性警惕報告〉。數十名研究中國問題的美國權威學者參與了該報告的撰寫，詳述中國對美國大學、智庫、媒體、僑界、企業、科研等領域的影響滲透活動，該報告承認美國的中國研究界對中國誤判，指出中國利用美國的開放民主加以滲透、大舉操弄美國政府、大學、智庫、媒體、企業和僑界，希望藉此阻斷美國對中國的批評以及對臺灣的支持。值得注意的是，作者當中不乏原來對中國存有幻想的「擁抱熊貓派」。

遺憾的是，美國主流社會還未重視到中共對北美華人教會的滲透，這是一個非常重要的戰場。信仰純正的華人基督徒首先要「信徒當自強」、「自己的教會自己救」，愛教會、愛真理、愛公義的基督徒，應當收集有關證據，轉交那些疑似特務的人所任職的公司——若他們在涉密的機構工作，可建議有關部門重新對其忠誠度審核；若他們持工作簽證來美，應當將有關資訊彙報給移民局和 FBI，對他們的身分申請進行嚴格調查。

若是教會內部的紛爭，當然可以通過《聖經》的原則，愛和公義的原則，依照教會章程來處理。但是，若是特務的滲透和破壞，教會靠自身的力量難以解決。比如，教會並不擁有調查

取證的權力，所以，若是後一種情形，需要美國政府的司法部門出面，依法幫助那些遭到中共滲透的重災區——具有象徵性的華人教會——深入調查和甄別遵循中共命令、公然在美國破壞宗教信仰自由和基本人權的人士。即便這些人士已擁有美國國籍或綠卡，一旦查實，也要以法律手段給予斷然處置，甚至實施反向「定點清除」，依法剝奪其在美國的身分、遣返他們回去他們熱愛的中國。這樣，方能讓廣大海外華人教會的信徒獲得真正的安全感，並捍衛美國這座「上帝之城」的自由與榮光。

宗教殺手夏寶龍爲何起死回生？

2017 年，中共浙江省委書記夏寶龍被中央宣布免職，坊間傳說頗多。因爲夏寶龍是習近平的舊部（習近平任浙江省委書記期間，夏寶龍任副書記），外界猜測其可能「另有重用」，會被任命爲北京市委書記或中央政法委書記。

數日之後，正式任命下達：六十五歲的夏寶龍出任全國人大環境與資源保護委員會副主任委員，屬「二線投閒置散」的職務；十九大期間亦未獲委任中央委員，甚至連人大常委的身分也未得到，令外界跌破眼鏡。

親北京的香港網媒《香港零一》評論說：「北京觀察人士認爲，夏寶龍的任命表明中共決策層在用人上遵循『政治規矩』，杜絕任人唯親。這個說法真是馬屁成精：習近平執政以來，人事佈局從來都是任人唯親、一意孤行、優敗劣勝，從不遵循任何『政治規矩』的」。

夏寶龍是拆教堂的兇手

夏寶龍在告別談話中「深情」回顧在浙江工作的十四年，甚至秀出當年赴任時的一首矯揉造作的打油詩：「精忠報國在津沽，一紙千鈞到西湖。丈夫坦蕩凌雲志，不圖名利爲蒼生。」這是典型的人大、政協體的打油詩，文采乾癟，韻律混亂，只有初

中生的水準。夏寶龍居然堂而皇之將其公之於眾，跟他的只有小學文化程度的主子倒也相配。

在此次談話中，夏寶龍反覆表達對習近平的赤膽忠心，在肉麻的八個「忘不了」中，最重要的一點是：「我忘不了，我們大家一道，學習總書記系列重要講話精神，回顧總書記在浙江工作時對我們言傳身教的那種親切表達。」而他「最大的政治抱負」就是「把習近平同志思想和總書記在浙江工作時做出的一系列戰略決策部署在浙江大地落地生根、開花結果。」大概他還想垂死掙扎，以情動人，說不定主子會格外開恩，讓他享有「金滿箱、銀滿箱」的晚年光景。

夏寶龍所炫耀的政績之一是「三改一拆」，所謂拆舊廠房廠區、舊城中村、舊住宅區及違章建築，前三項要強改，後一項要強拆。表面上是為了「騰籠換鳥」，把騰出來的土地再度開發、重新建設，但其真正目的卻是拆基督教堂及十字架。對此，溫州家庭教會傳道人鄭樂國在臉書上評論說，「夏寶龍有八個『忘不了』，但我們只有一個忘不了，夏寶龍至少拆一千五百個十字架，秘密羈押二十來位教牧和律師，傳喚數百人，重判二位牧師，羈押顧約瑟牧師。」

2007 年以前，習近平在浙江任省委書記時，曾在《浙江日報》頭版發表二百多篇評論（當然都是出自秘書之手），後來集結成書出版。夏寶龍任浙江省委書記時，在相同的版面上連續發表十幾篇為「三改一拆」涉及拆宗教場所行為辯護的報導及評論文章。其中一篇題為〈抹黑三改一拆企圖何在〉，文章氣勢洶洶地指出：「境外媒體假借涉及宗教違法建築妄評中國內政，不過是他們的又一次拙劣表演。敵對勢力越是顛倒黑白，就越暴露其

不良企圖，越證明三改一拆符合發展大局；這一類的雜音噪音越喧囂，我們就越要堅定主心骨，依法依規將拆違進行到底。」其文章風格如文革的社論，如北韓金氏王朝的檄文，夏寶龍倒是很適合擔任中共駐平壤大使，一定能跟金三胖一見如故、把酒言歡。

夏寶龍為什麼要瘋狂迫害基督教呢？甚至連官方控制下的三自教會都不放過？他並非著眼於宗教，乃是注目於權力。他一廂情願地以為，他在浙江殘酷打壓基督教，他的強硬手段會受到習近平的賞識，由此具備在官場步步高升的奠基石。殊不知，機關算盡太聰明、竹籃打水一場空。夏寶龍離任之際，浙江很多地方有民眾和基督徒放鞭炮慶賀，浙江官場和民間亦有傳說，夏寶龍可能面臨調查和指控，他與若干腐敗案件都脫不了關係。

浙江官方嚴厲打壓關於夏寶龍離職的評論，更讓人產生此地無銀三百兩的聯想。長期直言不諱地批評夏寶龍的基督徒作家、人權活動人士昝愛宗也遭警方傳訊，威脅他不得就此事接受外媒訪問。但是，防民之口，甚於防川，就能讓夏寶龍安全著陸嗎？

「政協大管家」是習近平給夏寶龍的犒賞

在 2018 年的全國政協會議上，汪洋出任新一屆的政協主席並不讓人意外。而夏寶龍「當選」政協副主席並兼任秘書長，即俗稱的「政協大管家」，卻讓外界跌破眼鏡。

習近平是否重用夏寶龍，對中國官場而言，是一個重要的風向標。如果夏寶龍能扶搖直上，則其他封疆大吏必將察言觀色、群起效仿，在打壓宗教信仰自由及公民社會方面不遺餘力，爭做「夏寶龍第二」；如果夏寶龍被閒置到底，則說明習近平在乎西方

輿論的壓力，既然打手的命運是「飛鳥盡，良弓藏；狡兔死，走狗烹」，那麼後人定會視之爲前車之鑑，在宗教迫害領域猶豫再三、裹足不前。

之前，夏寶龍被調職全國人大，只做了一個無足輕重的副主任委員，與之擔任過浙江省委書記的身分遠不相稱。卻不料，此次，夏寶龍又從人大轉至政協，成爲政協名副其實的第二把手，也位列「黨和國家領導人」。

他爲何能起死回生呢？原因不外有三。其一，當初習近平閒置夏寶龍，是因爲夏氏用中古時代的暴虐方式打壓基督教，引發海內外衆怒，習近平將其調到清水衙門，暫避風頭。但當習近平發現西方輿論只是「雷聲大，雨點小」時，發現統領天主教世界的梵蒂岡當局也垂涎於中國龐大的「宗教市場」時，就放心大膽地啓用夏氏。習近平相信，重新啓用夏寶龍未必會帶來國際社會的巨大反彈，這是中國神聖的「內政」。

其二，夏寶龍剛被調職時，人大政協早已人滿爲患，找不到理想的空缺，只能等待換屆的時候給予安排。汪洋是團派出身，非習近平的嫡系，所以成爲無權無勢的政協主席，即便如此，習近平也不願讓政協成爲由汪洋控制的獨立王國，便特別安插了夏寶龍作爲汪洋的「副手」和「監軍」。對夏，算是廢物利用；對汪，則如同臥榻之旁有他人鼾睡，不得不謹言愼行。

其三，習近平肯定夏寶龍的忠心耿耿，卻未必欣賞其在浙江那一套粗陋作法。他沒有讓夏寶龍去新疆複製浙江的作法，就是害怕激起更劇烈的民族衝突。他只給夏在政協安排一個高位，即便夏再次胡作非爲，也不至於釀成大禍。看來，習近平對於奴才，還是頗能知人善用、人盡其才的。

夏寶龍未來的下場堪比古代的酷吏

替皇帝幹過太多壞事的走卒，自古以來都沒有好下場。武則天黨政時的酷吏周興，殘害無辜被舉發，武則天命另一名酷吏來俊臣審理此案。來俊臣請周興吃飯，來俊臣問：「囚犯如果硬是不認罪，該怎麼辦才好？」周興大笑說：「這太容易了，把犯人放到甕裡，四周燃起炭火。」於是，來俊臣派人找來一口大甕，按照他出的主意用火圍著烤，然後站起來說：「來某奉太后懿旨審查於你，請君入甕吧！」周興見大事不妙，磕頭求饒。

來俊臣與黨羽之後撰寫《羅織經》，專教人羅織罪名，且發明了不少枷鎖，由最重至最輕各有名號，如「求破家」、「求即死」、「死豬愁」、「反是實」、「實同反」、「失魂膽」、「著即承」、「突地吼」、「喘不來」、「定百脈」等十個。它們令受刑者極為痛苦，而來俊臣由此拿到了政敵之「證供」。後來，來俊臣被太平公主扳倒，武則天「下詔棄市」，「國人無少長皆怨之，競剮其肉，斯須盡矣」，武則天再下令將其全家處死棄市。

共產黨時代，為黨為領袖幹髒活的酷吏、屠夫，同樣一個都沒有好下場。公安部長羅瑞卿在五○年代的鎮反運動中殺人無數，後來卻被毛澤東打成反黨集團成員，跳樓摔斷腿。心狠手辣的特務頭子康生，死掉之後，骨灰還被移出八寶山革命公墓，中央發出文件嚴詞譴責，其遺孀受盡羞辱。天安門屠殺期間大開殺戒的軍官王建平，雖然一度升任上將軍銜的武警部隊司令，在被調查後用筷子刺穿頸動脈自殺身亡。那麼，夏寶龍的未來會比他們光明嗎？

倘若夏寶龍知道六四時的國務院新聞發言人袁木被共產黨始

亂終棄的下場，大約就不會那麼賣力打壓基督教了。當年，袁木在接受美國電視臺記者採訪時表示，戒嚴部隊在執行清場任務的過程中「沒有死一個人，沒有軋傷一個人」，他巧舌如簧地為中共的屠殺辯護、掩飾，以為由此可以當上中宣部長。結果，他剛滿六十歲就被發配到政協，中共也不願重用這種千夫所指的髒東西。

據美國前駐華大使李潔明在《李潔明回憶錄》中記載，在六四後不久，袁木的女兒到美國駐北京領事館申請留學簽證。簽證官發現來者竟是袁木的女兒，故意大聲問道：「你真的是袁木的女兒？我不敢相信這麼討厭美國、天天詆毀辱罵美國的袁木，會要他的女兒到美國留學。」袁木的女兒怯生生地說：「他是他，我是我。」當然，美國不搞株連制度，袁木的女兒還是得到了簽證。

前幾年，網路上流傳一張袁木在美國打高爾夫球的照片。有網友諷刺道：「這個人晚年居然在打高爾夫球，如此享受西方生活方式」，還指袁木所使用的鐵桿為 HONMA，「日本本間高爾夫出品的世界名牌，全套十三支鐵桿，加三支木桿和推桿，價值十萬多人民幣」。

《聖經·以賽亞書》說：「惡人卻有禍了，他們必遭災難，因為他們必按自己手所作的得報應。」《聖經·以斯帖記》中，波斯帝國的宰相哈曼企圖屠殺猶太人，結果自己卻掉進了先前挖設的陷阱之中，可恥地死去。

《聖經》的故事不單單是歷史，更是活生生的現實，梁恩惠長老用八個字言簡意賅地預測了夏寶龍的未來：「哈曼一個，自我釘死。」

從光州到北京有多遠？

——韓國電影爲何打動中國觀衆？

　　韓國電影《我只是個計程車司機》上映以來，韓國三大院線統計超過一千兩百萬觀影人次，韓國總人口爲五千萬，也就是說四個人中就有一個人進入電影院觀看，該片當之無愧是 2017 年韓國的票房冠軍。

　　「光州起義」題材的電影非常受韓國導演青睞，先後拍攝了二十多部，《我只是個計程車司機》再度引發韓國民衆對光州事件的關注。對於《我只是個計程車司機》的成功，臺灣的社群媒體上出現了尖銳的追問：臺灣社會解嚴和民主化三十年了，並不存在創作自由受限和新聞審查的問題，學術界對二二八屠殺的研究也汗牛充棟，爲什麼至今未能拍出一部以二二八爲主題的、震撼人心的電影來？

中國豆瓣網封殺《我只是個計程車司機》

　　在中國，《我只是個計程車司機》不可能在電影院公開上映，很多影迷只能從其他途徑看到這部電影，並在網路上發表言論。在文青聚集的「豆瓣網」上，《我只是個計程車司機》的條目從 8 月開始建立，陸續有三萬多名網友打出平均九點一的高

分。不少網友讚揚韓國正視歷史的勇氣。但在 10 月 3 日晚九時左右，《我只是個計程車司機》詞條在豆瓣上遭刪除，點擊詞條顯示「你想訪問的頁面不存在」。

「豆瓣網」如此迅速地刪帖，顯然不是主動的，而是中共宣傳部門下達的命令。原因很簡單，很多評論將《我只是個計程車司機》呈現的光州屠殺與二十八年前北京的「六四」屠殺相提並論，這正是中共最忌諱的言論禁區。當過和尚的朱元璋當上皇帝之後，不准所有人提及「光」和「禿」這樣的字眼，共產黨比朱元璋還要杯弓蛇影。

中共是一個殺死孩子之後不允許母親哭泣的政權，「天安門母親們」至今仍遭到無邊無際的打壓，成為不可接觸的「賤民」。一生追究「六四」真相的知識人劉曉波，即便擁有諾貝爾和平獎的光環，仍然慘遭虐殺，屍骨無存。中共更是一個不允許人們聯想和類比的政權，他們的理想是「殺人如草不聞聲」，不僅談論天安門屠殺是「煽動顛覆國家」的犯罪，就連一部以別國拍攝的電影也會讓他們如坐針氈。

之前，習近平夫婦訪問韓國的時候，習夫人彭麗媛高調地表示，他們全家都是「韓劇迷」，她與女兒習明澤一集不拉地看完了冗長的韓劇《來自星星的你》，甚至認為英俊瀟灑的男主角都敏俊跟年輕時候的習近平長得很像。彭麗媛沒有提及，「日理萬機」的丈夫是否偶爾來到客廳瞟一眼這部催淚韓劇？

而真正讓我好奇的是，既然電影《我只是個計程車司機》在韓國激起如此巨大的波瀾，作為韓劇迷的彭麗媛母女會不會上網並翻牆觀看呢？當然，不懂韓文的她們，只能觀看由中國民間「字幕組」翻譯、並不合法的「中文字幕版」。如果看到這部血淚

交織的電影，聰明的彭麗媛和習明澤會不會像其他中國觀眾那樣，由光州聯想到北京呢？

建立在血泊之上的「經濟奇蹟」

1989 年那個血流成河的夏天，彭麗媛是大屠殺之後最早赴戒嚴部隊「勞軍」的軍旅歌手之一，此舉必定受到當時還是邊陲小吏的丈夫習近平的大力支持。那麼，彭麗媛看到捨生取義的《我只是個計程車司機》故事後，會為自己當年的不義行為感到羞愧嗎？

彭麗媛不會感到羞愧，正如習近平不會啟動中國的民主化進程。「夫妻本是同命鳥」，習近平和彭麗媛都是天安門屠殺的受益者，他們不會自揭傷疤。今天的韓國正走在與發動光州屠殺的軍政權南轅北轍的民主之路上，而今天的中國卻走在與製造天安門屠殺的鄧小平時代一脈相承的獨裁之路上。韓國的光州早已不是獨裁者的禁臠，中國的北京卻仍是由「偉大的豬群」統治的「動物農莊」。北京離光州的距離，絕不僅僅是地理意義上的距離，更是獨裁與民主的價值差異，這兩個城市如同「來自星星的你」那樣遙不可及。

今天中國的政治、經濟和文化邏輯，全都奠基於天安門屠殺的血雨腥風之上。「殺二十萬人，維持二十年的穩定」，不管這句話最初出自鄧小平、陳雲或王震之口，它確實是中共統治階層具有高度默契、權力遊戲的「潛規則」——在鄧小平家中召開的那次非法的「最高決策會議」，八大元老「朽木亦可雕花」，個個投出贊同開槍殺人的那一票。結局居然比他們預料得要好：只殺了數千人，就維持了長達二十八年、甚至還會更久的穩定（當然，

如今每年還要另外支付七千億人民幣以上的「維穩費」），這難道不是一筆一本萬利的「好買賣」嗎？難怪，無論是作爲黨魁的江澤民、胡錦濤、習近平，還是貌似開明的「賢相」朱鎔基、溫家寶、李克強，以及馬雲之類的紅頂商人，在回答外國記者關於「六四」提問時，都會理直氣壯、口徑一致地說，當年如果黨沒有果斷地處理那場「風波」，就不會有今天中國的「大國崛起」。

大國似乎崛起，死者卻不曾瞑目。在「六四」之後出生的中國年輕一代，喝著更濃烈的「狼奶」長大，或者根本就不相信「六四」時候解放軍有開槍殺人，或者跟太子黨一樣認爲「殺一小部分人」是值得付出的「最小代價」，這跟他們情不自禁地爲日本福島海嘯、法國巴黎恐怖襲擊和美國拉斯維加斯槍擊案喝采、叫好，出於同樣的邏輯。這樣一套僵硬、冷酷、卑劣的邏輯，在中國上層和下層社會統統暢通無阻，眞讓人悲哀乃至絕望。

中國還有渴望自由的心靈

然而，在這套鐵血的納粹邏輯之外，卻還是有未曾冷卻、未曾異化的人心與良知。在豆瓣網上的《我只是個計程車司機》條目被刪除之前，有朋友從數千則評論中蒐集了幾十條傳給我。讀到這些感言，讓我相信、乃至堅信，即便是在鋪天蓋地的黑暗中，仍然有不願屈服的微光透出：中國人並不全都卑賤無恥，並不全都是奴隸及奴隸主，還是有那麼多人渴望並嘗試做自由人：

——隔壁影廳在放中國拯救人類的中國國產電影《戰狼》，這個影廳在放韓國黑歷史。漸漸地，周圍都是啜泣聲。看到最

後，我這個歪果仁不知流淚是出於感動還是羨慕。也許兩個影廳的觀眾都會為自己的祖國驕傲，但原因大概完全不同。能讓一個國家強大的，是平凡人的良心，還是愛「國」心？

——我們幾個外國人，坐在韓國的電影院裡，哭得感同身受。回家的路上一直在說，好電影啊，好電影。非常羨慕能拍出這樣電影的韓國。同樣的黑暗歷史，在別的國家能搬上銀幕，提醒警示後世人；在我國，卻是一句根據國家法律法規不予顯示。如果不是出國，如果不是外國友人，我根本不知道我的祖國居然有那樣的過去。

——能把自己國家黑暗的一頁拍得這麼好，提起光州，韓國人都會知道這段令人心痛的歷史，這是一個國家的光明。

——不禁聯想，自己哭得稀哩嘩啦；周圍的觀眾一直在抹眼淚；終有一日你們的故事也會上大銀幕。

——光州事件讓人想起天安門。市內電話等一切聯繫被切斷，出入受制。最可怕的是城外太平盛世，所有人只能聽取政府之音或靠聽說和猜測。這種魔幻感不是太熟悉了嗎？

——作為在光州生活過兩年的人，更能體會到如今光州市民放飛自我的靈魂來源於何處。抗爭過才更珍惜傷痛換來的自由。曾經韓國政府為了封鎖518消息，不惜採取如此殘暴的手段，然而今天卻作為題材一次次搬上電影銀幕，做對比，心裡很不好受。雖然有明媚的色調和幾處搞笑情節，但是心情一點不比看《華麗的假期》輕鬆。

這些言論讓我看到中國的未來還是有希望的。

第 二 卷

官場現形

王滬寧會成爲陳伯達第二嗎？

中共「十九大」上最大的「黑馬」是三代黨魁的「大秘」，現年六十二歲的王滬寧。之前，一位資深外國外交官稱王滬寧「將卡爾·羅夫和季辛吉集於一身」，因爲王滬寧在國內和外交政策上具有重要影響力；其他西方觀察人士則更多將他比作將一生獻給皇帝的傳統儒家士大夫。

雖然如此，對於中國民衆來說，王滬寧是一個不苟言笑的「隱形人」，時常出現在黨魁身邊，卻如同影子一般。如今，這個從不對公衆發表演講、極爲低調的學者型官僚，在中南海中蟄伏二十二年之後，終於晉升爲排名第五位的政治局常委，躋身正國級領導人之列。顯而易見，王滬寧將接替前政治局常委劉雲山原來主管的任務，分管黨建和意識形態工作。在中共的歷史上，以從未擔任過封疆大吏的「南書房行走」的身分而熬成政治局常委的，之前只有一個先例，那就是毛澤東的「大秘」陳伯達。

王滬寧著作洛陽紙貴

由於「入常效應」，王滬寧於 1995 年出版的《政治的人生》一書在網路上被炒熱，好些網路書店將該書炒至幾千元人民幣，尚且一書難求，網友笑指「洛陽紙貴」。

由於中共嚴密的新聞封鎖，民衆「可以知道」的領導人的資

訊少得可憐，而王滬寧是極少數有日記類著作公開出版的領導人。找到其舊著、從中找出其生活和思想的蛛絲馬跡，就成了一門「有新時代中國特色」的「知識考古學」。

不過，有人權活動人士從中窺見中國國民之卑賤特性：「中共之所以能夠在中國長生不老、長命百歲，完全是因為得到百分之九十以上的民眾擁護。一個王滬寧升遷常委，舊作可以增值三百倍，一支叫滬寧的股票可以炒至漲停板，你說有這樣的盲信百姓，中共怎可能會垮臺？難怪習總想做皇帝。」

俗話說，不見棺材不掉淚，不到黃河心不死。直至今日，仍有不少「奴在心者」的中國人對於「習式新政」抱有一廂情願的幻想，理由之一就是此次王滬寧的上位——他們認為，當年身為復旦大學政治學教授的王滬寧，是一名帶有自由主義色彩的新保守主義者，對美國和西方有所研究；如今，王滬寧或許念念不忘作為「思想解放年代」的八〇年代，進而引導習近平開啓政改之路？此種思維方式，用一句稍稍粗俗的話來形容就是：一個明明已經去勢二十二年的公公，你偏要他硬起來跟女人做愛，會有怎樣的結果呢？

其實，即便在尚未從政的學者時代，王滬寧也是中央集權、一黨專制、國有經濟等共產黨基本教義理念的支持者。比如，在1991 年出版的《美國反對美國》一書中，他對美國完全是負面評價：「在美國資本主義體制下，不能忽視私有產權對政治民主的限制，美國重大經濟決策權主要掌握在私人財團的手裡。」由此，他對中國的願景提出規劃：「如何實現中國經濟現代化的最關鍵問題是：是否能在公有制制度下完成經濟現代化進程？」這個問題，海耶克早已做出否定式的回答：計劃經濟和公有制必然

是通往奴役之路。

1995 年，王滬寧在接受《探索與爭鳴雜誌》訪談時更明確指出：「中央集權是所有國家建立的前提和先決條件，強調中央集權不是抵制市場經濟，相反是促進市場經濟。」中央集權居然是市場經濟的推手，這不是睜著眼睛說瞎話嗎？如果這個說法成立，恐怕整個現代經濟學和政治學都要改寫了。但若非這樣的立場，王滬寧怎麼可能進入中南海呢？

王滬寧是弄臣，還是黨國領導人？

此次王滬寧入常，不是王滬寧的勝利，而是習近平的勝利。王滬寧並不是外界傳說的「三代帝師」，帝王或許真有老師，中共的黨魁則只有「化妝師」，誰敢當中共的黨魁的老師呢？中共黨魁又怎麼可能將別人當作老師？王滬寧充其量就是照本宣科的「高級秘書」而已。

江澤民、胡錦濤甚至包括鄧小平，都還沒有狂妄到將私人秘書提拔為常委的地步，唯有毛澤東和習近平敢這樣做。王滬寧成了中共權力體系中排名第五的常委，但並未改變他與習近平之間的「主奴」關係。習近平隨心所欲地讓「大秘」當常委，實際上是對常委這一身分的貶斥和羞辱，正如毛澤東將恐懼戰兢的陳伯達提拔為常委，乃為顯示政治局其他常委不是可以與之的「戰友」，而是為他服務的「弄臣」。

在這場爾虞我詐、招招見血的「權力遊戲」中，「筆桿子」是最弱勢的環節。他們沒有主政一方的履歷，也沒有根深蒂固的派系，他們的升遷榮辱都繫於主子一人。奴顏婢膝、察言觀色、揣摩上意、投其所好，是其基本的生存術。

王滬寧能夠青雲直上，不是因為他具備多麼強大的「理論創新」能力——江澤民時代的「三個代表」，胡錦濤時代的「科學發展觀」，習近平時代的「中國夢」、「新時代」，如果在任何一個民主國家作為政治人物的競選口號，都是貽笑大方、無人問津的笑料而已，這些浮誇而虛假的詞彙只能在中國這個「動物農莊」裡欺騙那些只需要吃飽飯的豬群；王滬寧之所以連續三朝而不倒且節節高升，靠的是一流的演技——比主子更聰明的奴才是活不長的，他一直假裝跟主子一樣愚蠢，最後終於真的變得跟主子一樣愚蠢了。

陳伯達是王滬寧的前車之鑑

那麼，王滬寧未來的命運會比陳伯達更好嗎？陳伯達是貨真價實的「秘書族」，為人也「灰溜溜的」，卻莫名其妙地位列政治局常委，成為政治鬥爭的主角。陳伯達的學歷雖然不如王滬寧，其才情和理論功底卻遠勝於王滬寧——當年，陳伯達所寫的《人民公敵蔣介石》、《蔣宋孔陳中國四大家族》、《評中國之命運》等書，篇篇膾炙人口，在國共內戰中勝過千軍萬馬，幫助中共擄獲不少民心，連史達林也讚不絕口，甚至引起毛澤東嫉妒。王滬寧絕對寫不出那樣的文章來，王滬寧為習近平起草的、讀一遍需要三個半小時的十九大報告，如同小腳老太婆的裹腳布，又臭又長，聽得與會者昏昏欲睡。

陳伯達只服侍過毛澤東一個主人，而王滬寧先後服侍過江澤民、胡錦濤和習近平三個主人，論忠誠度，陳伯達比王滬寧更忠誠。陳伯達當毛澤東的首席秘書長達三十一年之久，在晚年寫回憶錄時，對死去多年的毛仍崇拜得五體投地，對毛將他無情拋棄

和拔除似乎毫無怨恨。但毛從來不曾尊重和禮遇陳，始終是「娼優蓄之」，如衛生紙一般「用完就扔掉」。同樣當過毛的秘書的李銳披露說：「毛對秘書並無恩義，只是使用，因他對於知識分子打從骨子裡不信任。相比之下，毛澤東更關懷警衛、司機這些沒有文化的勞動人民出身的人，這些人也更容易崇拜毛。」毛對文化人有一種天生的猜忌和厭惡。在這一點上，習近平倒是跟毛非常相似。

不過，畢竟是「天子近臣」，陳伯達在黨內升遷極快。1949年，陳成為中央委員。1956年，中共中央政治局正式任命中共中央主席秘書，即所謂「五大秘書」，排名為陳伯達、胡喬木、葉子龍、田家英、江青，陳名列第一。在1958年的中共八大上，陳成為政治局候補委員。文革之初，陳伯達更進一步成為政治局常委，並擔任中央文革組長。他雖然排名在毛澤東、林彪、周恩來之後，是名義上的第四號人物（比王滬寧前面一位），在文革小組內卻飽受江青及其走卒王、關、戚（王力、關鋒和戚本禹）三人的公然羞辱。深知自己在黨內沒有權力基礎，陳伯達表現得平易近人，不論見到高幹還是普通工作人員，都是雙手一抱拳，如此開場。他到地方上視察，輕車簡從，粗茶淡飯，以此博得人民的好感。

然而，高處不勝寒，這個「小小老百姓」，終因靠向林彪集團，而被毛澤東視為「大大野心家」。陳伯達的垮臺，讓林彪感到「唇亡齒寒」，成為其折戟沉沙的導火線。中共九屆二中全會以後，毛澤東在〈我的一點意見〉文中，嚴厲批判陳伯達為「假馬克思主義者、野心家、陰謀家」，那麼重用陳伯達多年的毛澤東難道就有多麼英明嗎？而鄧小平對陳伯達的評價是：「這個人

很自負，很虛偽，從來沒有自我批評。他會寫東西，我從來沒有聽到他讚揚過別人寫的好東西。對於能寫的別人，他是嫉妒的，例如對胡喬木。他經常的口頭禪是『我是個書生，不行。』這就是他唯一的自我批評。他看不起沒有他參與過的文章或文件。」可見，陳伯達在毛的面前唯唯諾諾、謹小慎微，但在其他黨國大員、尤其是「不能文」的官員面前，還是頗為自己「能文」而自豪。

　　爬得愈高，跌得愈慘。文革結束後，已被關押多年的陳伯達，作為失敗者一方出庭受審，判刑十八年。獄中條件惡劣，染上一身病痛。1988 年出獄後，陳伯達在接受作家葉永烈採訪時表示：「我是一個犯了大罪的人，在文化大革命中，我愚蠢之極，負罪很多。文化大革命是一個瘋狂的年代，那時候我是一個發瘋的人。我的人生是一個悲劇，我是一個悲劇人物，希望人們從我的悲劇中吸取教訓。我不過是一個不足齒數的小小的『小人』之輩，我仍願永遠地批評自己，以求能夠稍稍彌補我的罪過。」誰能想到權傾一時的常委，會自我作賤如污泥呢？

　　今天躊躇滿志的王滬寧，或許無法體會陳伯達大夢初醒後萬念俱灰的心態。那麼，習近平會像毛澤東那樣無情無義、心狠手辣嗎？王滬寧會像陳伯達那樣被黑暗吞噬而無力掙扎嗎？將來有一天，曾經在中共三代黨魁身邊助紂為虐的王滬寧，會不會發現「中國夢」對他而言，乃是一場揮之不去的噩夢？

「團派新星」孫政才落馬
爲何波瀾不驚？

　　中共重慶市委書記、政治局委員孫政才落馬，雖然有西方媒體稱之爲「政治地震」，但人們似乎對這場「地震」漠不關心。

　　近二十多年來，因腐敗問題（其實是政治鬥爭）落馬的現任中共政治局委員，包括孫政才在內一共四人，其他三人分別爲：時任北京市委書記的陳希同、時任上海市委書記的陳良宇，以及時任重慶市委書記的薄熙來。此三人落馬所掀起的風浪，個個都比孫政才要大得多。

　　陳希同以六四鎮壓的「功臣」身分居功自傲，對鄧小平未能「論功行賞」深感不滿，對撿到便宜、從上海市委書記任上直升總書記的江澤民一直不服氣，最終被江澤民扳倒。而司法機關公布的貪污罪狀，無非是放在辦公室抽屜中的幾台高級相機，今天看來幾近兒戲。

　　從底層打拚上來的陳良宇，在上海的政績遠勝於接替他的習近平。陳良宇在上海頗得人心，本來有希望上調中央，卻因爲行事爲人過於桀驁不馴，特別是不願服從胡錦濤和溫家寶的經濟政策，而成爲胡溫藉打擊上海幫立威的犧牲品，江澤民亦愛莫能助。

　　薄熙來則是近年來唯一遭到整肅的太子黨成員。薄熙來張揚

的作風在黨內不受歡迎，被貶斥到重慶之後，以「唱紅打黑」爭取民心、覬覦大位，與胡溫及即將接班的習近平勢成水火，終因王立軍逃入美國領事館事件而身敗名裂，淪為被監禁終身的階下囚。

此三人過花車式的人生，以及所呈現出的中共激烈的派系鬥爭，成為人們津津樂道的話題。

人們對高官落馬見怪不怪

然而，此次孫政才的垮臺，卻未能像他的三名「前輩」那樣，既被國內民眾熱烈討論，又被國際媒體廣為報導。這是什麼原因呢？

首先，中國民眾及國際媒體對中國的高官落馬出現了「審醜疲勞」。習近平剛開始「打貪」時，人們對垮臺貪官的各種生活細節充滿好奇心，如周永康與央視花旦「車震」、薄熙來夫人谷開來毒殺英國情人、徐才厚家中抄出一噸黃金等等。然後，愈來愈多貪官落馬，愈來愈多離奇故事，使得人們見怪不怪，對相關報導再也提不起更大興趣。畢竟，貪官抄沒的財產一分一毫都不會分給百姓，肅貪是「神仙打仗」，跟平民無關。

習近平式的反貪，無論風暴如何猛烈，亦無法讓民眾對中共「廉政」樹立信心。有網友統計：2012 年 11 月，中共十八大選出的中央委員會，由兩百零五名中央委員、一百七十一名中央候補委員組成，迄今已有十六名中央委員、十六名中央候補委員落馬，犯罪率相當於百分之八點五一，是中國民眾犯罪率的二十一倍。這數字確實驚人，為什麼中共菁英薈萃的中央委員會居然成為壞人的聚集地呢？這表明中共高層的腐敗已然深入骨髓，各種

人才選拔和監督機制都已完全失效。

逃亡富豪郭文貴在美國頻頻爆料，其情節之腥臭、淫穢，早已超過中共官方公布的腐敗案件。即便郭氏爆料並不一定屬實，人們也寧可信其有，不可信其無。人們更願意翹首以盼郭文貴如同說書人般的網路直播，而對中共自行反貪的新聞報導興趣缺缺。

對此，旅美經濟學者何清漣在評論文章〈塔西佗陷阱正在形成黑洞：郭文貴啓示錄〉指出：「當政府部門或某一組織失去公信力時，無論說眞話還是假話，做好事還是壞事，都會被認爲是說假話、做壞事。」這種結果的出現，正表明中共已經喪失民心，「自作孽，不可活」。所以，就連官方媒體也提不起密集報導孫政才落馬的熱情來。

孫政才缺乏薄熙來「卡里斯瑪」式的個人魅力

其次，孫政才實際上早已失勢，且才能平庸，僅有「儲君」之傳說，而無「儲君」之名與實。

孫政才的前任薄熙來，以封疆大吏逼宮胡溫中央，雖然功敗垂成，卻也強悍到底。薄熙來最後一次在公共領域露面，是在法庭上突然翻供，反戈一擊，侃侃而談，上演了一齣最後的精彩大戲。

而孫政才被習近平拿下，乖乖束手就擒，連魚死網破的掙扎都沒有。孫政才在法庭上面無表情地認罪，讓整場審判毫無「觀賞性」可言。孫政才不具備與習近平對抗的勢力和勇氣，這是一場毫無懸念的政治鬥爭，觀眾自然覺得索然無味。

孫政才既是團派的一員大將，又是國務院系統的文官。孫政才的發跡，是在 2006 年 12 月的第十屆全國人大常委會第二十五次會議上，根據國務院總理溫家寶的提名，孫被任命爲農業部部

長。時年四十三歲的孫政才是當時溫家寶政府中最年輕的部長，有「少帥部長」之稱，一時間可謂風光無限。然而，孫在農業部長的任內並無太大建樹，後來任職吉林、重慶等地，亦政績平平。

坊間普遍認為，孫政才雖是學者出身，但並無才幹，是靠討好溫家寶而獲得升遷。孫在北京市任職期間，曾將北京郊區的大塊土地低價賣給溫家寶夫人開發房地產，由此獲得溫氏家族的信賴。溫家寶的兒媳生孩子時，孫作為堂堂部長，居然在床頭充當醫護人員，恭恭敬敬地端茶送水，宛如溫之家奴。

2012 年年底，溫家寶在退休前成功地將孫政才推入政治局，有意將其培養成「隔代接班人」——未來的國務院總理。然而，孫雖然有了政治局委員的金字招牌，卻未能留在中央掌握關鍵部門，五天以後即被外放重慶，接替已升任常委的張德江，繼續「肅清薄、王餘毒」。這一任命，顯示新黨魁習近平並不信任孫——重慶並不是一個可以建功立業之地，薄熙來之覆轍隨時在等待著孫。

果然在不久後，中央巡視組在重慶巡視之後，斥責重慶當局「肅清薄、王餘毒不力」，敲響了孫政才的喪鐘。愛戴名錶，女兒留學美國康乃爾大學，妻子與令計劃的妻子關係密切：不知是哪一根稻草壓倒了孫政才，但他絕對不會是最後一位「出局」的「局內人」。孫政才的垮臺，預示著團派與國務院文官系統在習近平的打擊下走向式微。

中共內鬥無關百姓日常生活

第三，過去人們對共產黨內鬥有興趣，是因為人們希望共產

黨的內鬥，讓其黑箱政治和鐵桶統治撕開一道口子，甚至使之成為中共統治崩潰的導火線。專制政府的崩解，很多時候是因為上層內鬥，內鬥到不可開交的地步，就會出現開明派與民間力量聯合，進而擊潰保守派，帶來新一波民主化浪潮。蘇聯的解體就是如此，如果不是保守派貿然發動八一九政變，軟禁戈巴契夫，就不會有葉爾欽順勢而上，走上街頭，訴諸民意。

然而，薄熙來事件之後，人們失望地發現，內鬥不僅未能削弱共產黨的統治，反倒成為習近平進一步集權的藉口。共產黨的內鬥固然殘酷無比，但中共高層暫時不會掀翻桌子，讓「先富起來」的這部分人沒有飯吃；而是經過一系列內鬥之後，重新完成派系間的妥協與平衡，形成某種「超穩定結構」。

但是，中國的情形恰恰相反，六四屠殺之後，中共上層再也沒有真正的改革派或開明派。人們曾寄望於「胡溫新政」，結果望眼欲穿而一無所有。當習近平上臺之際，又有人因為習近平的父親習仲勳算是黨內溫和派，而對習近平寄予厚望。然而，習近平的一系列倒行逆施，又讓這部分人垂頭喪氣、瞠目結舌。

習近平對薄、周、令、徐、郭集團的清洗，是文革結束後中共黨內最大規模的清洗，超過了六四鎮壓之後對趙紫陽及其班子的清洗。而這場清洗，樹立了習近平的核心地位，並使得習近平進而追求「領袖」與「統帥」的榮耀，以及在中共黨史上與毛澤東、鄧小平比肩而立的「第三人」的地位。

習近平與被他整肅的政敵（包括像孫政才這樣算不上政敵的「潛在威脅者」）之間並無是非善惡可言，雙方都是獨裁機器上的螺絲釘。所以，人們對中共黨內廝殺的觀賞興趣節節下降，孫政才落馬事件的「收視率」幾近於無。

「網路沙皇」魯煒爲何淪爲
黨國叛徒？

2018 年 2 月 13 日，中共中紀委網站對外公布一個「重磅消息」：十九大後「首虎」、中宣部前副部長、網信辦（又稱中央網路安全和信息化領導小組）前主任魯煒被「雙開」。

中共黨媒人民日報海外版微信公眾號「俠客島」評論說，這是「用詞『最狠』的大老虎」、「罕見的嚴厲用詞，可見問題之嚴重」、「對黨中央極端不忠誠，『四個意識』個個皆無，『六大紀律』項項違反，是典型的兩面人」、「政治問題與經濟問題相互交織的典型，性質十分惡劣、情節特別嚴重」等，其嚴厲程度爲中共十八大以來所僅見。

人奶宴與烏鎮大會

魯煒究竟犯了哪些「大罪」？

首先，是「以權謀色、毫無廉恥」。當下中共貪腐官員擁有情婦漸成「標配」，而魯煒在「以權謀色」上卻達到「新高度」。

之前，坊間早有魯煒陪同上一屆主管意識形態的政治局常委劉雲山享受「人奶宴」之傳聞。2013 年，新華社記者周方在網路上發表文章〈人奶原來是道「菜」！〉，揭露魯煒參加「人奶宴」。文章說：「某年某月某日，這位先生（當時爲副部級）參加一位

大老闆的宴會，席間，人奶是作為一道菜上來的，不過這道菜並非盛在任何器皿中，而是在每位食客旁邊，都來了一位全裸的美豔少婦。請客的大老闆指著少婦們對客人說：『大家請隨意，想喝奶的請喝奶，想吃人的就吃人。』在座者心知肚明。大家紛紛停止交談，專心致志地對付這道『菜』。餐廳裡傳來一片『喳喳』的聲音，有些人按捺不住，帶著自己的『奶媽』到裡間瀟灑去了。」文章又說：「『人奶』是當天宴席上最貴的一道『菜』，每位標價五千元。那位當下已是正部級的宣傳部門領導，參加這種宴席也不是一次兩次了。他本人如果記性不好，我可以找人幫他回憶，到中紀委茶室裡談或者跟老婆回家反省都行。那天請客的大老闆目前還在獄中，提審起來很方便。」

文章發表後，魯煒利用手中的職權，命令各大媒體網站迅速刪文，作者周方被新華社內部施以記過處罰。然而，魯煒雖是中國的「網路沙皇」，讓中國的網路「針插不進，水潑不進」，卻無法控制全球網路——中國領土以外的中文網站上，此消息不脛而走。

毛澤東時代，中共為消滅地主鄉紳階層，在全國樹立了一批「惡霸地主」的反面典型，其中最著名的就是四川大地主劉文彩。當局為抹黑劉文彩，說他以吃人奶的方式養生。其實，劉文彩生活簡樸，根本不可能有這樣的惡習。如今，對劉文彩的抹黑像飛盤一樣回到共產黨頭上：一度跟習近平寸步不離的魯煒，才是一個以喝人奶為樂的畜生，其「毫無廉恥」駭人聽聞。

其次，中紀委譴責魯煒「嚴重違反政治紀律和政治規矩，陽奉陰違、欺騙中央，目無規矩、肆意妄為，妄議中央」。這就屬於王岐山所說的「政治腐敗」，而「政治腐敗是最大腐敗」。魯煒

為何落下「對黨中央極端不忠誠」的大罪？有傳聞稱，這跟魯煒策劃世界互聯網大會有關。敵視網路自由的中共，不僅要在現實世界稱霸，也要在網路世界立威。為迎合習近平好大喜功的心態，魯煒主導一年一度的世界互聯網大會，浙江烏鎮能容納三千人的會議廳被作為「永久會址」。第一屆大會李克強出席，第二屆大會習近平發表專題演講。

然而，國際人權組織批評說，該會議是「中國政府向全世界遊說並推廣其網際網路管制政策的平臺」，無國界記者呼籲媒體抵制，國際特赦組織倡議全球的資訊科技業者杯葛。無奈的是，魯煒竟自作主張，讓部下網羅一些不同膚色的外國人來參會，宣傳部每天發給這些外國留學生優厚的津貼。當習近平發表主題演講時，看到「五湖四海，萬邦來朝」的景象，心花怒放。

會議期間，南京軍區裝甲車部隊進駐烏鎮，每五百公尺就有武警和公安站崗巡邏。場內只允許會務人員、志願者、記者和安檢人員入內。所有車輛進入烏鎮必須持有通行證，當地居民進出烏鎮也需登記身分證和地址，並實施三層安檢制度。習近平過足了皇帝癮。然而，會後有人向習告密，習了解真相後勃然大怒，從此不再信任魯煒。

「網路沙皇」居然比習皇帝更風光

中紀委給魯煒的定罪還有關鍵的一條：「野心膨脹，公器私用，不擇手段為個人造勢，品行惡劣、匿名誣告他人，拉幫結派、搞『小圈子』。」這才是魯煒垮臺的根本原因所在。如果魯煒只是喜歡親口喝人奶，或者在烏鎮會議上弄虛作假、欺上瞞下，未必會遭到清洗乃至淪為階下囚。因為絕大多數中共官員都

是這樣的，不這樣就不是共產黨了。但有一條紅線絕不能跨越：如果「野心膨脹」，乃至成爲「野心家」，必定是死路一條。

之前，外媒以「網路沙皇」稱呼魯煒，魯煒不僅不拒絕，還欣然接受。這是自找死路——在中國，自古以來，「天無二日，國無二主」，豈能同時有兩個皇帝呢？你魯煒成了沙皇，習近平的位置擺在哪裡？一個普通的中央委員，與之同級別的官員多達數百人，居然有問鼎皇位的野心，習近平豈能坐視不管？魯煒當然不是眞要問鼎皇位，只是享受一下「網路沙皇」這一稱呼的榮耀，但那也是僭越之舉。

明朝的太監頭子魏忠賢號稱「九千歲」，最後的下場是什麼呢？而比魯煒級別高得多的政治局委員、「團派王儲」孫政才，在落馬後，官方公布的罪名中有一條：在密室中藏有一件龍袍——宛如清宮戲中的情節。

在習近平眼中，魯煒不過是一條走狗，走狗怎麼能搶了主人的風采呢？不知中共權力模式的西方媒體，大概覺得魯煒常常有驚人之論，比語言乾癟無趣的習近平更有新聞價值，便將鎂光燈對準魯煒。

《紐約時報》曾爲魯煒製作長篇專題報導，稱之爲「中國互聯網的守門人」。更誇張的是，魯煒藉此登上 2015 年《時代》雜誌「最具影響力人物榜」。習近平訪美時，魯煒陪同習近平會見臉書創始人祖克柏，美國媒體刊登一張三人「相見歡」的大幅照片，居然只給習近平一個背影，而魯煒以「偉光正」的正面且高大的形象出現，祖克柏在旁邊對其陪笑——在中共這個「鱷魚潭」裡，這是不能容忍的「喧賓奪主」。

《紐約時報》在題爲〈中國「互聯網掌門人」魯煒訪美獲 IT

巨頭熱情歡迎〉的長篇報導中，大肆凸顯魯煒在中國互聯網領域的熏天權勢。該報導指出，魯煒在美國考察期間，在東海岸和西海岸獲得了差別懸殊的對待。在華盛頓時，美國官員不僅態度冷淡地當面批評中國開展的網路攻擊，還質疑中國審查內容並跟蹤用戶的作法。而在矽谷，魯煒獲得高科技公司高階主管的熱情歡迎，包括亞馬遜的貝佐斯、蘋果的庫克、eBay 的杜納霍等人。

在臉書總部，祖克柏帶領魯煒參觀辦公室，向他展示辦公桌上一本《習近平談治國理政》。報導評論說：「與美國高科技公司高層見面，為這位中共宣傳老將提供了大量的拍照機會，可以拿回家炫耀一番。這也表明，就算華盛頓的官員們試圖展示強硬態度，對方也可以在矽谷輕鬆找到熱切的合作夥伴。」言下之意是，「長袖善舞，多錢善賈」的魯煒，成功分化了東西兩岸的美國，可謂中共第一幹才。

或許因為新聞記者的出身，魯煒懂得如何利用媒體造勢，特別是在西方媒體面前，他一向自信而高調。《金融時報》評論說，「魯煒有時候似乎陶醉於自己對中國互聯網及其七億網友的控制」。外國科技和媒體公司高層樂於結交這位前新華社記者，希望他能幫助他們的公司進入中國市場。「見過魯煒的人士表示，他曾在私下場合吹噓自己在祖克柏家裡吃過飯，與包括梅鐸在內的媒體大亨有來往。」如果魯煒是「男版鄧文迪」，當然可以隨心所欲這樣做，但他忘記了自己首要的身分是共產黨員和宣傳幹部。

得意忘形的魯煒，陶醉於群星捧月般的氛圍當中，富可敵國的西方互聯網巨頭，對美國總統川普不假辭色，在他面前卻如小學生般溫順。魯煒真的以為自己有多麼了不起的才華，造就了

「東風壓倒西風」的局面。但他忘記了，別人對他點頭哈腰，乃是因為他所占據的位置，以及他背後龐大的中國市場。如果離開權力焦點位置，他立即就什麼都不是了。聰明反被聰明誤，魯煒還沒有央視主持人聰明——一位央視主持人實事求是地說，讓一條狗蹲在央視主播的椅子上，它亦能聞名天下。網信辦主任亦如是。

臥榻之旁豈能容他人酣睡

魯煒任職的中宣部，主要工作是「防民之口，甚於防川」，消滅真相和真話。結果，他作繭自縛：如果秉筆直書的中共黨史在中國出版，如果魯煒讀過某些著述，就能搞清楚共產黨及其黨魁的本質，從而謹小慎微、如履薄冰，不至於「暖風熏得遊人醉，直把沙皇當始皇」乃至「子係中山狼，得志便猖狂」。

魯煒最應當讀的一本書是在香港出版的《陳伯達最後回憶》，這本書是在習近平時代之前在香港出版的，在如今禁書出版業全然崩壞的香港恐怕也無法出版了。該書的作者陳伯達，是中共負責意識形態領域的老祖宗，為毛澤東服務大半輩子的「老夫子」。陳伯達以一介書生扶搖直上，在文革中被毛提拔為政治局常委，成為位列毛澤東、林彪、周恩來之後的「第四號人物」。陳伯達文采飛揚，魯煒望塵莫及。但陳伯達為何失寵乃至被毛澤東扔進監獄？若魯煒早早讀過陳伯達這本痛定思痛的回憶錄，或許不至於落得個身敗名裂的下場。

陳伯達在回憶錄中記載，毛澤東第一次對其有猜忌之心，是在訪問蘇聯期間。一天，史達林會見毛，陳伯達等陪同。在會見中，史達林忽然對陳說：「陳教授，我曾讀過你的《人民公敵蔣

介石》。」

懂俄語的陳伯達聽懂了史達林的稱讚，受寵若驚，亦欣喜若狂。還沒等翻譯譯出漢語，他就露出笑容，用俄語與史達林對起話來。

隨即，史達林拿起酒杯，來到陳伯達面前說：「爲中國的歷史學家、哲學家陳伯達同志乾杯！」

陳伯達趕緊站起來答謝說：「爲全世界最傑出的歷史學家、哲學家史達林同志乾杯！」

於是，活動的焦點由史達林和毛澤東，轉爲史達林和陳伯達。陳伯達大爲風光，毛澤東卻被冷落在一邊。只是，當著史達林的面，毛不敢也不便發作。

會見結束後，一行人回到中國大使館，毛一進門就極不高興地對身邊的侍衛說：「讓陳伯達到我辦公室。」

陳伯達還沉浸在剛才的喜悅中，以爲自己爲中共爭了光，毛會表揚他一番。沒有想到，一進門，毛臉色陰沉，大聲訓斥說：「你是個共產黨員，是代表團成員之一，是代表黨和國家來的，你應當知道自己的身分，這是政治、外交場合！」

毛整整訓斥陳二十分鐘，陳哭著出來，低著頭上樓回房間去了。

毛的侍衛李家驥在回憶錄中記載了接下來發生的事情：兩小時後，毛把李叫去，讓他去看看陳伯達在幹什麼。

李悄悄通過門縫往陳伯達房間看，見陳一邊吃餅乾一邊哭。李回到毛的房間，回報說：「伯達同志正在哭。」

毛得意地說：「也好，讓他找找教訓，長長見識。」

李沒敢說陳還在吃餅乾，怕毛不高興。看來，李是厚道人，

沒有落井下石。

　　但是，毛從此對陳不再全然信任。那一根毒刺扎在毛心靈深處，等到二十年之後才發作：陳伯達因為討好林彪，被毛視為「貳臣」，遂以雷霆之怒將其掀翻在地。林彪受驚，出逃蘇聯，途中機毀人亡。而陳伯達被扣上「國民黨反共分子、托派、叛徒、特務、修正主義分子」等帽子，關入秦城監獄。

　　可惜，在臺前像蚱蜢一樣活蹦亂跳的魯煒，偏偏胸無半點墨，不懂得汲取陳伯達的前車之鑑。中共黨魁從來就嫉賢妒能：毛澤東何其「偉大」，內心卻狹隘如芥菜種籽；習近平的「偉大」遠遠趕不上毛，必然對手下的任何一點覬覦之心都「明察秋毫」。雖然魯煒是個只會耍嘴皮子、動口不動手的弄臣，不像周永康、徐才厚、郭伯雄、令計劃、薄熙來那樣掌握實權、策畫政變，但若習近平發現他愛自己的程度勝過愛領袖，就絕不會放過此種「不臣」之人。

　　魯煒直線下跌的命運就此註定。

中共太子黨：魔鬼的輪迴

劉源為何被閒置？

中國官媒報導，中共元老劉少奇之子劉源出任中國全國人大財經委副主任，並根據新的官員任命程序進行了宣誓。耐人尋味的是，在首次舉行的宣誓儀式上，劉源擔任領誓人，他的身後有多名財經委員會和預算委員會的副主任跟他一起宣誓。除了劉源之外，這批人沒有一個擁有全國性的知名度。

就連前任（十二屆）人大財經委員會主任的李盛霖，也是一個名不見經傳的平庸官僚。李在江澤民時代擔任過天津市長，在胡錦濤時代擔任過交通部長，在習近平時代轉任人大財經委員會主任，從未有過引人注目的政績。

劉源於 2015 年年底從軍隊任職期滿退役，居然被安排到人人，屈居李盛霖之下任副職，頗有故意羞辱之意味。他又不得不擔任生造出來的宣誓儀式的領誓人，由電視新聞傳播宣誓的畫面，等於是他向全國人民表態說：「這是我心甘情願的選擇。」真是啞巴吃黃連，有苦說不出。

在習近平對軍隊展開大刀闊斧的改革之際，劉源退伍離開軍隊，被有些人當作習近平仍未切實掌握軍權的證據之一──習近平連自己的鐵哥們都不能留用，可見其仍受制於人，未必像外界

評估的那樣大權在握。

其實，在我看來，這是一種極大的誤讀。雖然習近平和劉源都是太子黨——他們的父親都是文革的受害者，但他們算不上鐵哥們。在父輩那一代，劉少奇和習仲勳雖然同為文革難友，卻並非盟友；而習近平和劉源雖然有過相似的、苦難的青年時代，此後在仕途上並無交集。習近平長期在福建耕耘，而劉源在河南任職數年之後，突然轉入軍隊發展。

劉源的鐵哥們不是習近平，而是薄熙來。薄熙來的雄圖大業，劉源曾全力支持。若薄熙來成功掌權，劉源一定能在軍中更上層樓，即便做不成軍委副主席，至少也能名列軍委委員。可惜，薄熙來功虧一簣，劉源也一度處於懸崖邊緣。

畢竟是共和國主席的兒子，而且經歷過家破人亡的慘劇，劉源的生存能力非常人能比。他很快投靠習近平，幫助習近平軍中打虎，先搞掉軍中巨貪谷俊山，再順藤摸瓜，將徐才厚和郭伯雄兩個前任軍委主席拉下馬。當年，劉源在此二人的治下，早已怨氣衝天；如今，終於讓兩個農家出身的奴才回歸奴才的本位，豈不快哉！

然而，無論劉源多麼賣力為習近平清除軍中障礙，他卻無法得到習近平的信任。他打虎得意忘形，偏偏忘記了「飛鳥盡，良弓藏」的古老道理。等到他的使命完成，習近平立即將他像衛生紙一樣丟棄。劉源不僅未能成為中央軍委委員，甚至也沒有被任命為升級之後的軍紀委的書記。他得到的人大財經委員會副主任，乃是一個連面子都沒有的閒職。

劉源的雄心萬丈，頓成過眼雲煙。而習近平的可怕，由此可見一斑。

海航醜聞背後的姚依林與姚慶

流亡美國的中國富商郭文貴在推特上爆料說，前中國公安部副部長傅政華奉習近平之命，委託他參與調查前中紀委書記王岐山的外甥姚慶在海南航空所持有的股份的情況，海航集團由此被推到輿論的風口浪尖之上。

隨即，海航集團股價在香港經歷十七個月以來的最大跌幅。海南航空公司股價在上海也大大下跌。中國媒體《財新》和《新浪》等紛紛發表評論說，海航集團的子公司海航實業股價急跌，原因在於海航頻繁併購擴張，導致公司資產負債比增加。這是以圍魏救趙之計刻意為之洗白。一天之後，相關報導的頁面又從網路上神秘消失。

被爆持有海南航空大量股份的姚慶是何許人也？姚慶不僅是王岐山的外甥，更是中共元老姚依林的外孫，原北京市長、山西省長孟學農的兒子。

孟學農和王岐山都是姚依林的女婿。孟學農官運不佳，在北京市長任上遇到 SARS 危機，在山西省長任內又遇到大型礦難，最後只好到全國政協擔任閒職。孟學農的官運雖然遠遠比不上連襟王岐山，但與膝下無人的王岐山相比，卻有一個寶貝兒了姚慶。那麼，習近平的反腐運動，會不會反到姚慶頭上？若姚慶落馬，也就意味著姚家和王家這兩個政治局常委級的大家族倒楣了，中共高層的廝殺將進入一個新的境界。

姚依林是中共保守派元老。趙紫陽在回憶錄《改革的歷程》中披露，八○年代末，姚依林差點當上了總理：「1987 年中共十三大，關於總理人選問題，很長時期定不下來，主要是人們擔心

李鵬挑不起這個擔子。也有過一種考慮,讓姚依林搞,過渡兩年。因爲姚依林對經濟比較熟,不少人對姚依林的印象不錯。但鄧小平沒接受,一是說姚身體不好,二是說姚工作面、知識面比較窄,過去主要搞財貿工作。」不過,姚依林進入了中央政治局常委會,成爲五常委之一。

趙紫陽擔任總書記時,作爲國務院第一副總理的姚依林與總理李鵬聯手對抗趙紫陽、胡啓立等改革派。趙紫陽對姚依林評價很低:「姚依林這個人,平時給人感覺老實忠厚,貌似公正,實際上是工於心計、搞小動作的人。」果然,在如何處理 1989 年的學生運動的爭論中,姚依林投下了贊同「開槍殺人」的關鍵一票。那一票也就爲他的家族買下了丹書鐵券(免死金牌)。

然而,青年時代的姚依林曾經也是滿腔熱血的進步青年。三〇年代畢業於清華大學的華裔歷史學家何炳棣在回憶錄《讀史閱世六十年》中,談及對同學姚依林的印象:「他不但在西洋通史第一次月考中成績優異,並在 1934 年秋全校舉辦的英語背誦比賽中榮獲第一名。」1935 年夏,蔣南翔與「秘密組織」商定組織成立暑期同學會,「通過選讀進步書刊、研討時事、宣傳群眾等形式進行抗日救亡活動」,其成員有姚依林、吳承明、何炳棣等人。

後來,同窗好友,分道揚鑣:何炳棣淡出學生運動,一度成爲與共產黨操縱的學生社團對立的「右派學生」,再以後,何留學美國並任教美國諸所大學,在中國古代史研究領域成就卓著;而姚依林則在中共黨內步步高陞,最終成爲「黨和國家領導人」。

我相信,「救亡圖存」時代的青年姚依林,未必會料到自己老年會成爲比昔日的國民黨官僚更加腐敗專橫的中共獨裁集團最

高層之一員：他也不會料到，在自己身故之後，女婿王岐山會成爲「一人之下，萬人之上」的錦衣衛「廠公」，幫助習近平整肅異己；他更不會料到，中共鎮壓完 1989 年以反腐敗爲名的學生運動之後，腐敗會呈現一日千里、不可遏止之勢，其外孫姚慶通過海南航空這棵搖錢樹，乾坤大挪移般地將數以萬億的國有資產納入個人囊中——姚慶當然有恃無恐，不僅因爲爺爺姚依林是奠定了「六四」屠殺之後太子黨悶聲發財局面的功臣之一，更因爲姑父王岐山是手持尙方寶劍反腐敗的「王青天」。姚慶不曾有過外公姚依林「恰同學少年，風華正茂，糞土當年萬戶侯」的青蔥歲月，生下來就口含金湯匙，視國庫爲個人帳戶，視軍警特務爲護院家丁。魔鬼就這樣完成了牠的輪迴。

李小琳的上師與少林方丈的情婦

「鳳凰網」日前轉發了李鵬的女兒李小琳參拜藏傳佛教寺廟的微信以及多張照片。微信發送者赤仁波切透露，李小琳已在佛門受戒，並獲賜法號「格丹央金措姆」，她這次拜訪赤仁波切並參拜佛祖，是爲病危的父親李鵬祈福。

中共高官或國企高層大多在退任後才公開涉足宗教場所，而李小琳不僅身爲共產黨員，現時亦是大唐集團黨組成員，卻毫不避嫌地拜佛、拜大師，並罕見地擁有法名，已然違反共產黨員不能信教的鐵律。李小琳是否因此受黨紀處分，是測試習近平能否嚴格執行「政治規矩」的試金石。

近期，多名前中共政治局常委一級的黨國領導人嗚呼哀哉，據說六四屠夫李鵬也快不行了。這些「戰無不勝的共產主義戰士」，到頭來不相信馬克思和毛澤東能救命（馬克思和毛澤東早

已在地獄中受火刑之煎熬），反倒向多年來被批判和蔑視的藏傳佛教求援，真是一幕人間喜劇，難怪有網友語帶嘲諷地說：「能靠爹時不靠佛，爹不行了靠抱佛。」

對於藏人和藏傳佛教，亦不可一味叫好。藏人中的「藏奸」，不比漢人中的漢奸少；藏傳佛教中背叛達賴喇嘛而跟共產黨合作的「高僧大德」，也不比基督教和天主教中參加「三自愛國運動」的牧師神父少。

赤仁波切是內蒙古錫林郭勒盟哈音海爾瓦寺廟的主持，數次在微博上提到李小琳，稱讚其「高雅從容、溫良恭謙、刻苦求知、向善好施」，「偌大一個能源企業的負責人，帶領大家探索著為國家貢獻，唯一步一個腳印、踏踏實實方可為之」。李小琳被降職到大唐集團，赤仁波切則是「祝福小琳在新的崗位綻放得更加燦爛」。上師將女弟子像開心果一樣捧在手中，馬屁拍得震天響，比起《環球時報》那幫御用文人來毫不遜色，哪有半點出家人的清高脫俗與遺世獨立？

其實，漢傳佛教的光景也好不到哪裡去。近日，少林寺方丈釋永信的「情婦門事件」愈演愈烈，揭發者披露其情婦和私生女的身分證件等真實資料，甚至方丈大人身體隱秘部位的顯著特徵也被繪聲繪色地描繪出來。

更讓人拍案驚奇的是，據說方丈的情婦居然是一名尼姑。看來，這一對男女施施然地將禪寺當成紅樓。釋永信這位坐賓士轎車、擔任公司 CEO、狡兔不止三窟的酒肉和尚，會不會成為第一個倒在反腐運動中的佛教界名人，且聽下回分解。從這個富可敵國的和尚身上，可以看到今天中國的宗教界何其亂像叢生。

末世妖孽多。連「改革開放的總設計師」鄧小平都跟氣功大

師親密合影，「政法沙皇」周永康更是將國家機密洩露給氣功大師曹永正；那麼，總理女兒拜活佛，少林方丈養情婦，又何足爲奇？黨國已經喪失了基本的信仰和信念，缺乏安全感的達官顯貴們，就只能和一大堆和尚、大師們一起娛樂至死。

新時代中國特色的憂鬱和墜樓亡

今天又有多少空降兵？

1959 年，中共占領上海之後，立即開始整肅資產階級。當時，任上海市長的是解放軍元帥陳毅，陳毅在中共軍頭中以儒將自居，好吟詩作賦，但其冷酷兇殘絲毫不亞於其他元帥。陳毅每天都會故作幽默地詢問秘書說：「今天又有多少空降兵？」所謂「空降兵」，是指那一天又有多少資本家跳樓自殺。

陳毅用如此輕佻的口吻談及資本家的死亡，視人命如草芥的一介武夫形象如在眼前。他卻未曾想到，此後中共黨內一波又一波的權力鬥爭，讓無數自己人也成為「空降兵」。身為外交部長的陳毅，也被國務院總理周恩來當作替罪羊拋出來，任由紅衛兵批鬥，最後在軟禁與羞辱中淒慘地死去。

鄧小平時代，中共高層內鬥的殘酷性降低，即便在政治鬥爭中失勢的官員，一般也不會被逼到跳樓的地步。然而，進入習近平時代，跳樓的中共高官的數量直追文革時期。2018 年 10 月 21 日，「高官跳樓榜」又增加了一個人：中國官方發布消息，澳門中聯辦主任鄭曉松前一天墜樓身亡，原因是「患抑鬱症」。

據公開資料顯示，鄭曉松在墜樓身亡的前一天，還在澳門辦公室內會見澳門民聯智庫負責人一行。10 月 18 日，鄭曉松在澳

門美高梅飯店出席澳門仁協之友聯誼會慶祝國慶暨十週年會慶活動，與會高官包括澳門特首崔世安、中國政協副主席何厚鏵、外交公署特派員沈蓓莉等。在這些公開活動中，看不出鄭有任何一點異樣，他神情自若、談笑風生，頗有「人生得意須盡歡」之風度。

　　鄭曉松曾在外交部和財政部任職，習近平掌權後青雲直上，先後出任福建省副省長、中聯部副部長，也是中共十九大中央委員，可以算是習近平的嫡系人馬。鄭空降澳門才一年時間，其權力凌駕於特首之上，堪稱說一不二的「澳門皇帝」。

　　澳門賭博業之繁榮超過美國拉斯維加斯，金銀如流水般漫過膝蓋，各大賭王對作為「天子代表」的鄭無不傾心巴結。按理說，鄭在此地可以花天酒地、紙醉金迷、夜夜笙歌，怎麼會患上抑鬱症呢？除非是中紀委找他談話了。

　　習近平提出「新時代中國特色的社會主義」這一拗口的「理論」，此一理論或許可以用來解釋層出不窮的官員「自殺」事件，他們的抑鬱症及跳樓、割腕、上吊，都具有「新時代中國特色的社會主義」之特徵。僅十九大之後，「墜樓」或「被墜樓」身亡的中共大小官員便有一張長長的名單：2018年1月，黑龍江佳木斯市人大常委會副主任梅振學墜樓身亡；4月，黑龍江大慶市副市長馮忠宏墜樓身亡；5月，北京市副秘書長王曉明、江西上饒市公安局長鄭金車、江蘇建湖縣老幹部局局長成萬東、浙江寧波市委宣傳部副部長胡虎森等先後墜樓身亡；6月，安徽淮北市糧食局調研員李強墜樓身亡；7月，河北張家口市人大常委會常務副秘書長高忠孝墜樓身亡……用陳毅的說法，這才是一支「我黨」培養出來的、身經百戰且不怕死的「空降兵」部隊。

將軍一跳身名裂

　　中共軍方跳樓亡的高官，比黨政機關更多，是不是說明軍人更勇敢呢？

　　據中國民間人士統計，自 2012 年底中共十八大掀開「反貪打虎」運動以來，解放軍將領（少將以上）跳樓自殺者已經多達十五人，大部分都身在後勤或者與金錢有關的崗位。其中只有少部分披露或被媒體公開，大多不為外界所知。

　　被公開報導的軍隊跳樓自殺的將領，包括 2014 年 11 月在海軍大院跳樓身亡的海軍中將馬發祥；2014 年在寧波跳樓自殺的南海艦隊裝備部長姜中華少將；2015 年 2 月 10 日跳樓自殺的前軍委總參謀部作戰部空管局局長兼任國家空管委辦公室副主任的劉子榮大校；2016 年 8 月 13 日跳樓的海軍後勤部企業管理中心主任李輔文大校等。這些跳樓自殺的高級將領，總算可以如願以償地到地獄去報到了。這樣，他們的案件就終結了，就可以不必牽涉到更高層級的長官。

　　而他們的一位前輩，當年企圖跳樓自殺卻沒有成功──對於文革前夕最早被整肅的解放軍大將羅瑞卿來說，千古艱難唯一死。羅瑞卿一度權傾一時，身兼解放軍總參謀長、公安部長、副總理、書記處書記及毛澤東安保負責人等要職，飛揚跋扈、不可一世，因此得罪了一大批老帥，終於被毛澤東犧牲掉。羅瑞卿不堪受辱，跳樓自殺，摔斷了腿。文革期間，他被紅衛兵裝進籮筐，抬進萬人會場批鬥。

　　在論及羅瑞卿跳樓自殺的舉動時，與羅瑞卿不和的解放軍元帥葉劍英幸災樂禍地說：「『將軍一跳身名裂，向河梁，回頭萬

里，故人長絕！』這是我套用稼軒詞句，把『百戰』二字改爲『一跳』，爲羅瑞卿跳樓所哼的悼語。我認爲他的政治生命已經死亡了。如果要重新做人，必須眞正地在政治上脫胎換骨。」葉之油滑、冷酷，可見一斑；而中共內鬥之殘酷、血腥，亦讓人觸目驚心。

羅瑞卿之後，跳樓自殺的將領絡繹不絕，猶以習近平時代爲最。這些養尊處優的軍方將領，寧願自殺也不願落到紀委手中，可見在他們眼中，紀委是一個比東廠西廠、蓋世太保和 KGB 更加可怕的機構。軍人當然比一般人更勇敢一些，自殺的將領當然也比自殺的黨政官員的比例更高。

習近平在南海、東海問題上橫挑強敵，但這樣一支腐敗透頂的軍隊能夠對美、日開戰嗎？據透露，習近平在近期一次內部講話中，怒斥跳樓自盡的將領是「軍人的血性用錯了地方。」在另一次對軍隊高級將領的講話中，習近平講到「軍人應該有血性」時，又專門提到這些跳樓自殺的將領，斥責他們把血性「用到了黨、軍隊、人民和國家利益的對立面」。

但是，習近平偏偏忘記自己的家人也涉嫌貪腐：他的姐姐和姐夫在巴拿馬文件上赫然有名，資產以數億美金計；其老家的地方政府更是斥資上億，將習仲勳的墓地擴建得如同皇陵一般。此等斑斑劣跡，習近平何曾向公衆做出交代？所謂「上樑不正下樑歪」，習近平沒有資格高舉反腐大旗。任何一個落馬貪官心中都會抱怨：「說你腐敗，你就腐敗，不腐也敗；說你不腐敗，你就是不腐敗，腐也不敗。」這才是中國官場的現實。

軍隊反腐只是習近平清洗前朝遺留的桀驁不馴的將領的「方便法門」。習近平亦步亦趨地學習毛澤東的統治術，但他跟毛澤

121

東最大的不同就是從未親自率領軍隊打天下。

毛澤東身邊有一群與之一起浴血奮戰、進而甘願當其奴才的高級將領，即便他們知道「狡兔死、走狗烹；飛鳥盡、良弓藏」的道理，面對毛的無情清洗也只能引頸就戮。

而在鄧小平時代之後，軍隊將領肩章上的星星都是用錢買來的，他們只效忠有買賣關係的「老闆」，如徐才厚、郭伯雄。習近平軍中打虎，其目的就是要徹底終止軍隊中這種「私人效忠」關係，讓所有官兵只效忠他一個人，如此才能實現「黨魁指揮黨」、「黨指揮槍」的權力運作模式。

北京一位知名新聞工作者根據中國官方媒體公開報導的資料，統計了中共十八大以來軍隊貪腐官員落馬的人數，發推文稱：「有人算了算，抗戰八年中共只犧牲了一位將軍——左權，但是十八大以來，軍中已隕落五十六名將軍。」表面上，習近平完成了中共建政以來最大規模的軍隊改革和軍隊反腐。但是，這支軍隊對他個人的忠誠度究竟有多高，這支軍隊對外作戰的戰鬥力究竟有多強，只有天知道。

貪官得勢的奧秘

那麼多高官憂鬱死、跳樓亡，後繼者仍然絡繹不絕。貪官愈來愈多，貪污的金額更是愈來愈高。這又是一種新時代的中國特色。

試想，若沒有大老虎，豈能顯示打虎將的神勇？若沒有貪官，習近平將會多麼地寂寞。在此意義上，習近平與貪官形成某種奇特的共生關係。習近平需要貪官，整肅貪官是除了發展經濟之外第二個彰顯中共統治合法性的方法。

對於習近平的反貪運動，一開始人們還興致勃勃地旁觀。後來，中國的網友出現審美疲勞，逐漸知道專制體制就是貪官的溫床。

有人在網路上貼出一段北周名臣蘇綽與皇帝宇文泰的對話，簡直就是如今習近平的心態寫照：

蘇曰：用貪官，棄貪官。

帝問：貪官何以用？

蘇曰：為君者，以臣工之忠為大。臣忠則君安，君安則國安。然無利則臣不忠，官多財寡，奈何？

帝問：奈何？

蘇曰：予其權，以權謀利，官必喜。

帝問：善。雖然，官得其利，寡人何所得？

蘇曰：官之利，乃君權所授，權之所在，利之所在也，是以官必忠。天下洶洶，覬覦皇位者不知凡幾，臣工佐命而治，江山萬世可期。

帝歎曰：善！然則，貪官既用，又罷棄之，何故？

蘇曰：貪官必用，又必棄之，此乃權術之密奧也。

帝移席，謙恭就教曰：先生教我！

蘇大笑，曰：天下無不貪之官，貪墨何所懼？所懼者不忠也。凡不忠者，異己者，以肅貪之名棄之，則內可安枕，外得民心，何樂而不為？此其一。其二，官有貪瀆，君必知之，君既知，則官必恐，恐則愈忠，是以棄罷貪墨，乃馭官之術也。不用貪官，何以棄貪官？是以必用又必棄之也。倘或國中之官皆清廉，民必喜，然則君危矣。

帝問：何故？

蘇曰：清官或以清廉為恃，犯上非忠，直言強項，君以何名棄罷之？棄罷清官，則民不喜，不喜則生怨，生怨則國危，是以清官不可用也。

帝大喜，嘖嘖有聲。

蘇反問：所用者皆貪瀆之官，民怨沸騰，何如？

帝汗下，再移席，匍匐問計。

蘇笑曰：下旨斥之可也。一而再，再而三，斥其貪墨，恨其無狀，使朝野皆知君之恨，使草民皆知君之明，壞法度者貪官也，國之不國，非君之過，乃官吏之過也，如此則民怨可消也。

帝又問：果有大貪，且民怨憤極者，何如？

蘇曰：殺之可也。抄其家，沒其財，如是則民怨息，頌聲起，收賄財，又何樂而不為？要而言之：用貪官以結其忠，棄貪官以肅異己，殺大貪以平民憤，沒其財以充宮用，此乃千古帝王之術也。

帝擊掌再三，連呼曰：妙！妙！妙！

而不知東方之既白。

中華人民共和國原來是
「中華淫民共和國」

　　羅馬帝國的滅亡是人類文明史上的一件大事。在帝國滅亡後的一次會議上，有人嘆息說：「雄偉的建築物被搗毀，珍貴的典籍被付之一炬，繁榮的城市被廢棄，纖弱高貴的婦人成為野獸手中的玩物。」為什麼盛極一時的羅馬帝國在短短一百年內，不可遏制地走向衰敗？有史學家認為：淫風盛行、道德敗壞是羅馬帝國崩潰的重要原因之一。《羅馬帝國衰亡史》作者、英國歷史學家吉朋記載，當時羅馬有個卡拉卡拉浴場，同時可供兩千人入浴，男女混雜，淫亂之事層出不窮。羅馬還有很多瘋狂的性節日，如妓女節、羅馬花節等，在這些日子裡，二十萬妓女同時湧向街頭，假陽具和陰戶的仿製物是狂歡的道具。統治階級的淫亂和腐敗影響到普通民眾，導致整個社會一起沉淪。

　　今天的中國正在重蹈昔日羅馬帝國的覆轍。官僚階層的腐敗深入骨髓，不可救藥；民眾對社會亂象視若無睹，一邊痛罵腐敗，一邊羨慕地說：「如果我坐到那個位置上，也會與那個傢伙一樣。」對基本倫理道德的漠視乃至蔑視，成為一種普遍現象——「沒有拆不散的夫妻，只有不努力的小三」居然是一句宛如真理的流行語。

　　在毛澤東時代，毛和特權階層瘋狂縱慾，卻強迫民眾遵行禁

慾主義的生活方式；在今天，則是全民縱慾，薄熙來找國際女星陪睡，勞工們也有固定光顧的野雞店。當年，毛澤東在天安門城樓上宣布「中國人民站起來了」，他用湖南話把「人民」念成「淫民」。如今，這個預言終於靈驗了。

沒有煙花巷，哪有共產黨？

東莞掃黃，港島震動。北上尋歡作樂的香港男士，從此裹足不前；來港打工的「北姑」以後更會絡繹不絕。

香港媒體一度傳出被捕的嫖客中有港警的新聞。警察發言人與廣東方面立即異口同聲地予以澄清。港警若是英國統治下的「皇家警察」，也許有可能遭遇此等厄運；如今北京要倚重香港警察鎮壓主張港獨的香港民眾，豈能大水沖了龍王廟，打擊警察「士氣」？

東莞掃黃，表面上轟轟烈烈，實則是習近平「圍魏救趙」之計。打虎陷入僵局，「鐵帽子王」曾慶紅這塊硬骨頭啃了幾年都啃不動，更不用說跟江澤民這個「前核心」攤牌了——江澤民在盛大的閱兵典禮上談笑風生，幾乎搶了習近平的風頭。

於是，打虎不成，退而殺雞。

習近平自詡喜愛讀書，又要求黨員幹部熟悉中共黨史。他若真對中共歷史略知一二，就不會悍然發動這場掃黃運動。因為，共產黨不是人民的「母親」（「黨媽媽」是中共宣傳部使用頻率最高的術語），妓女才是共產黨的母親。

中共創黨之父陳獨秀，風流倜儻、尋花問柳，身為北大文科學長，卻是北京的紅燈區「八大胡同」常客。北大校長蔡元培組織「進德會」，以「戒嫖」為教授立身行事、為人師表的第一準

則。陳獨秀偏偏拒不加入該組織，照樣放浪形骸、以妓院為家，最終遭到校方解聘。

　　陳獨秀一怒之下將《新青年》編輯部移至上海，思想日漸激進。共產黨在嘉興南湖的船上創黨之時，陳獨秀缺席但被擁戴為首任黨魁。有史家戲言，若北大容忍陳獨秀的好色之癖，也許就沒有日後禍國殃民的共產黨了。

　　陳獨秀時代，共產黨尚是惶惶不可終日的「亂黨」，黨魁手頭資源有限，最多花蘇俄的錢到妓院中多玩幾次；到了毛澤東時代，以「舵手」和「導師」自居的毛澤東，既然一統天下，便可「得天下美女而淫之」。

　　史學家余英時稱毛為「光棍」，即流氓也，非指其獨身。毛曾是煙花巷中的常客，且多次犯下重婚罪。其結髮妻子楊開慧將譴責負心郎的書信藏在夾牆之中，半個多世紀之後老屋翻修時才被發現。楊開慧知道滿口革命理論的丈夫，骨子裡是無恥之尤的浪蕩子，悲憤之下，不惜走向刑場、一死了之。毛掌權之後，將中南海變成天下第一淫窩，軍隊文工團的美麗女孩隨叫隨到，晝夜喧淫。彭德懷大將軍忍無可忍，闖宮問罪，埋下日後被整肅的禍根。

　　其他毛的同僚，哪個是有德之人？阿克頓勳爵有言，權力導致腐敗，絕對的權力導致絕對的腐敗。換言之，權力導致淫亂，絕對的權力導致絕對的淫亂。「人民的好總理」周恩來雖為天閹，也覬覦美貌養女孫維世，鄧穎超主動說要為之尋覓「二房夫人」；鄧小平因姦淫女護士，摔傷腿，才在批判彭德懷的廬山會議上缺席；楊尚昆有一名年輕貌美的「生活秘書」，其夫人睜一隻眼、閉一隻眼。江澤民與宋祖英郎情妾意，舉世皆知；胡錦濤

出訪，央視女主播李瑞英隨侍左右，比第一夫人還要親密；「今上」習近平，在任浙江省委書記時，與浙江電視臺的女主播發生婚外情，險些讓彭麗媛失去國母地位。

若說起廣東東莞的「春色無邊」，不僅是因爲南國「飽暖思淫慾」，更是淵源有自：廣東是葉劍英家族的地盤，在中共高級將領中，葉劍英號稱「花帥」，打仗沒太大本事，三妻四妾首屈一指。葉劍英將爭風吃醋的「小夫人」送入精神病院，然後「新人勝舊人」。遺風餘韻所及，南國在性生活方面開風氣之先，社會主義制度下的東莞，其色情業讓資本主義的香港望塵莫及。

是故，習總掃黃，難道不是掃毛、掃葉？毛、葉等「無產階級革命家」若地下有知，豈不痛斥其數典忘祖？

中共亡於愛滋病？

據海外媒體報導，正在武漢女子監獄服刑的「軍中妖姬」湯燦在例行體檢時，驗出血液中愛滋抗體呈陽性，並經二次抽血確認。由於湯燦案背景複雜，湖北當局上報司法部，司法部再與軍方聯繫，將湯燦「保外就醫」送到武漢軍區總醫院治療。

「歌唱家」湯燦一度被傳爲是中共高官的「公共情婦」，曾服侍過的主子包括已落馬的周永康、徐才厚、谷俊山、薄熙來等人，還有大批仍在位的政要，據稱以數十人計。當局已通知相關部門，要求與之有染者進行愛滋病抗體檢查。此事件在中共高層引起極大恐慌。

當年，國共爭奪天下時，國民黨攻擊共產黨「共產共妻」。其實，共產黨從未實現過「共產」，卻有「共妻」的「光榮傳統」，從江西瑞金到陝西延安，即便瀕臨窮途末路，亦不忘跳舞淫樂、

醉生夢死。中共鼓動農民參加革命，最響亮的口號就是：「打下陝北榆林城，一人一個女學生。」這比馬克思《共產黨宣言》中「全世界無產者聯合起來」的宣告更有千百倍的吸引力。

如今，中共以反腐爲名，展開新一輪殘酷內鬥，進入貼身肉搏、見血封喉的階段，遠看像是《水滸傳》，近看卻是《金瓶梅》。中共宣傳部門在互聯網上不遺餘力地「掃黃」，查封色情網站，豈不知共產黨自己的故事，就是無比精彩的 AV 劇集：薄熙來在法庭上抱怨說，妻子谷開來與王立軍之間有曖昧關係，自己也曾「亂搞男女關係」；周永康案舉重若輕，雖然殺妻再娶的罪名從起訴書中消失，但他這位「百雞王」與央視美女主播葉迎春玩「車震」的故事，讓匹夫匹婦津津樂道；徐才厚死後亦不得安寧，媒體披露說，在其被拘捕之時，仍在與軍隊文工團的美貌女戰士「挑燈夜戰」。

這些人，個個都是毛主席的好學生，否則怎麼可能位高權重、飛揚跋扈？毛澤東就是一個色情狂，爲徒子徒孫樹立好榜樣：毛的私人醫生李志綏在回憶錄中記載，有一次，他在爲毛檢查身體時發現，毛從一名文工團團員那裡染上陰道滴蟲病。但毛不願接受治療：「既然對我沒有什麼害處，那又有什麼關係，何必大驚小怪哪！」

李志綏說，一旦傳染給江青，就會成了一個不好說明的問題。毛笑了笑說：「這不會，我早就同她講，我老了，不行了，辦不了事情了。」

李志綏建議毛至少局部清洗乾淨，毛的回答很乾脆又醜惡：「沒有這個必要，可以在她們身上清洗。」毛到死前都是滴蟲攜帶者，將此病傳染給他的無數「女友」。

滴蟲病可以醫治，愛滋病卻只能等死。經過湯燦傳播的愛滋病毒，讓多少中共高官顯貴中箭落馬、萬劫不復？湯燦才是一個毀壞中共「萬里長城」的千古罪人。不過，禍國的不是紅顏，而是不受制約和監督、無法無天的權力。曾經是風光一時的奧運火把傳遞手的湯燦，未必比其他那些「軍中歌唱家」更壞──彭麗媛若不是嫁給習近平這個高幹子弟，命運很可能跟湯燦差不多，如《紅樓夢》中的《好了歌》所唱：「正嘆他人命不長，哪知自己歸來喪？」

西方的中國問題專家，從章家敦到沈大偉，幾度預言中共政權即將崩潰，其預言卻始終未能應驗。或許，中共不是亡於經濟衰退、政治專制和民心厭棄，而是亡於無色無味的愛滋病毒。

共產黨可改名為「下半身黨」

每一個落馬貪官的背後，都有一個貌美如花的情婦。中共官方媒體披露說，網路舉報的貪腐案件，三分之一以上涉及性醜聞，例如 2010 年廣西來賓市煙草專賣局局長韓峰的性愛日記在網上曝光，韓峰以受賄罪被判處有期徒刑十三年；2011 年，江蘇溧陽市衛生局局長謝志強在微博上公開邀約情人到賓館開房間，次日即被停職調查；2012 年，黑龍江省雙城市人大代表孫德江，被遭到其性侵的電視臺女主播實名舉報，被免職調查。

貪官向來是黨性和情婦兩手抓，難怪被處死的前人大副委員長成克傑在臨終前留下一句惜墨如金的遺言：「黨對我恩重如山，她對我情深似海。」

在今天的官場上，官當得好的象徵就是身邊有情婦，沒有情婦的官還能叫「好官」嗎？江西省政府前副秘書長吳志明 2011

年被抓時搜出兩本日記，記載著吳志明與一百三十六位情婦的淫亂史。第一本是「淫亂實錄」，詳細記述一百三十六名情婦個人資料。不僅有情婦照片，還包括身高、體重、三圍。此外記錄了與她們的情愛次數、地點及每一次感受、滿意度，一個情婦占一頁。第二本日記是「快樂見證」，將每個情婦的陰毛黏在內頁上，並寫下奮鬥目標：2015 年之前要玩一千個女人，良家婦女至少要占三分之一。

前福建周寧縣原縣委書記林龍飛先後和二十二位女性長期保持不正當的性關係。爲此，他專門做了一個紅皮通訊錄，記錄這些女性的聯絡方式，並取名爲「群芳譜」。2002 年 5 月 22 日，林龍飛在福州一家酒店舉辦「群芳宴」，讓二十二位身著華服、美麗妖嬈的女人在包廂裡彼此見面。席間林龍飛還宣布，每隔一年就舉行一次群芳宴，設置「年度佳麗獎」，獎給當年最讓自己滿意的女人。

情婦雖好，一旦反目，則成爲貪官的致命傷。貪官因性醜聞垮臺，共產黨的「自信」不斷受到質疑。共產黨面對最嚴峻的挑戰，不是西方帝國主義「亡我之心不死」，不是民間反對派和海外民運的「鼓噪」，而是「情婦起義」，足以亡黨亡國。

2016 年 11 月 11 日，中共內蒙古前公安廳長、政協副主席趙黎平因故意殺人、受賄、非法持有槍枝彈藥及儲存爆炸物罪，數罪併罰被判死刑，成爲中共「十八大」後首位被處死的「老虎」。據澎湃新聞披露，被害女子爲趙長期同居的情婦，因被其拋棄而揚言揭發趙，雙方條件沒談妥，趙便動手殺人，隨即將屍體裝入奧迪後車廂，開車離開赤峰市，半路上棄屍，然後在高速公路上被查獲，身上還沾滿血跡。一位接近內蒙古警方的消息人士稱，

趙應是「衝動型犯罪」，否則不會身上帶血，「他可是搞刑偵出身的。」

　　情婦要「起義」，貪官遂「衝動犯罪」，這一個多麼神奇的國度，比哈利波特的魔法世界還要讓人眼花撩亂、血脈賁張。共產黨疊床架屋地設置諸多反腐機構，結果越反越腐，根本原因在於：老虎不會做一個籠子，將自己關在裡面。民主制度的偉大，就在於其制度設計的目的，是將掌權者關進籠子裡。既然習近平明確聲稱不會學習西方的三權分立，那麼三權合一的共產黨又怎麼會「揮刀自宮」呢？

　　江澤民時代，共產黨曾想改名為「人民黨」或「社會民主黨」，由「革命黨」轉型為「執政黨」。然而，黨內左派阻力太大，改名未能實施。其實，共產黨最該改的一個名字其實是「下半身黨」。這個黨不僅因片面追求經濟增長而對中國的自然環境造成毀滅性破壞，更因為對權力瘋狂的壟斷，而對中國的人心和人性造成無可挽回的腐蝕。在不久的將來，即便共產黨滅亡了，但要救拔人心、重振道德，還需要極為艱鉅的努力。

中央編譯局化身肉蒲團

　　中共重要智庫之一的「中央編譯局」，爆出吸引民眾眼球的大新聞：三十四歲的「美女博士後」常豔，在互聯網上公布一篇十二萬字的敘述紀實文字，詳細憶述她與該局局長衣俊卿權錢和權色交易的過程。

　　常豔現為山西師範大學政法學院副教授，中央編譯局博士後，中國馬克思主義哲學史學會理事。她是中國人民大學馬克斯主義學院的法學博士學位獲得者，主要研究恩格斯社會發展理論

和馬克思主義理論等。

　　這篇題爲〈一朝忽覺京夢醒，半世浮沉雨打萍〉的長篇「紀實文學」，圍繞常豔爲進入中央編譯局就讀博士後，爲了完成從山西到北京、從「地方隊」到「國家隊」的跨越，與男主角編譯局長衣俊卿之間的情色交易。該文也涉及編譯局十多名行政官員和學術導師及其他博士後。

　　常豔獻出肉體又賄賂金錢，仍未調入中央編譯局，與衣俊卿商量「補償」未能如願，遂憤而在網上披露與衣局長開房十七次的詳情。後來，她取名爲「我是大學校長的一條狗」開微博，將自己塑造成悲劇人物：「在眾所周知的情況下，主人扔給狗一、兩塊骨頭，狗感恩戴德。機緣巧合，狗叼著其中一塊骨頭去尋找新主人了，爲了表明自己知道感恩，爲了讓校長的權威有個說法，狗想方設法、四處亂竄要讓新主人出面來說自己要認領這條狗。狗碰了天大、天大的壁，又要回扔骨頭給它的校長那裡。狗要想活在這個世界上，就要學會乖順地對執掌權力的主人們搖尾、乞憐、撒歡，而不是現在這般四處狂吠，這不應該是狗的本分。可惜，我這條在權力的圈子中轉來轉去的狗，實在是暈頭轉向、執迷不悟，直至萬劫不復。」

　　中央編譯局是個什麼樣的地方？這個衙門雖不大，卻與中央黨校、中央政策研究室一樣，是地位尊榮的中央級「智庫」，專門翻譯和編寫馬列經典和中共領袖的著作，相當於古代的「國子監」。然而，最具諷刺意義的是，身爲編譯局高級研究人員的常豔博士，其境遇卻不如一名普通妓女：通常，妓女出賣色相，可以賺錢維持生活；常博士不僅出賣色相，還要「倒貼」金錢給局長大人。

　　直到與位高權重的「衣老師」鬧翻，常艷才大發牢騷：「編譯局的博士後，還不如叫情婦團呢！以後面試，不要比學術，就比誰漂亮，誰會發嗲。為局長獻美妾者，賞！賞官位，賞俸祿。現代版《甄嬛傳》在中共中央編譯局火熱上演，馬、恩、列、斯老人家們已經掛在牆上了，可他們不忍心錯過人間大戲，就差從展覽館蹦出來與局長大人搶女人啦！」

　　常艷對馬克思等老祖宗的想像並非無的放矢：馬克思本人就是一個道德敗壞的小人，英國學者保羅‧約翰遜在《所謂的知識分子》一書中，有對馬克思有專章論述，考據出馬克思誘姦女僕的細節。馬克思是一個無權無勢、長相醜陋的社會邊緣人，只能玩弄工人階級出身的女僕，讓其生下私生女，並請恩格斯幫其撫養。相比之下，一生以「研究馬克思」為己任的「衣老師」，卻能玩弄美貌女博士，其艷福豈不讓「老祖宗」垂涎三尺？

　　常艷果然成為「給習近平提供新思想」的衣局長的仕途終結者。2013 年 1 月 17 日，新華社發出消息稱，衣俊卿「因為生活作風問題，不適合繼續在現崗位工作」，被免去中央編譯局局長職務。不過，在被免去局長職務後，他依然是中央編譯局享受「正高」職稱的專家學者。共產黨豢養的「國師」們，裝模作樣地研究「馬克思主義」，他們信仰的其實是「男盜女娼主義」。

妓院老鴇原來是警察

在一個法治社會裡，人們很難將「警官」和「妓院老闆」兩種迥然不同的職業聯繫起來，甚至重疊在一個人的身上。「妓院老闆」居然成為警察的「兼職」，真有點像是天方夜譚。但是，這樣的事情就在瀋陽真實地發生了——這位身分特殊的警察之所以曝光，最初的原因並非經營妓院，而是對妻子施加暴力。湊巧得很，這名警官的妻子正好是當地的一位政協委員。於是，紙終於包不住火，由家庭暴力的惡行順藤摸瓜地揭發出這名警察丈夫的「妓院老闆」的兼職來。

警察是社會治安的維持者，是「黃」、「賭」、「毒」等犯罪活動的遏制者；如果連警察也積極參與此類犯罪活動，則「和諧社會」受到嚴峻的挑戰，社會大眾亦將失去最基本的安全感。

惡警的暴行與上級的麻木

瀋陽《華商晨報》率先報導了一起警察丈夫毒打「白衣天使」妻子的事件：孫洪是一位護士，也是瀋陽市沈河區政協委員。十年前，二十二歲的孫洪嫁給了當警察的蔣某（由於「眾所周知」的原因，該媒體未能公布此人的全名，這是這篇報導最大的遺憾）。他們的女兒出生後，蔣某開始對妻子冷漠起來。從 2002 年開始，蔣某在瀋陽市東陵區豐樂街開辦了一家名叫「快樂足療」

的腳底按摩店，公然組織、容留賣淫女賣淫。對於妻子的勸阻，蔣某回敬的是一次次的毒打和用家中的管制刀威脅。蔣某還在南方花高價購買一支槍，每次蔣某毆打孫洪時，他都會用槍指著孫洪的頭部兇狠地恐嚇她。

2003 年 8 月 2 日，由於蔣某已經近兩個月不回家，孫洪就帶著女兒到腳底按摩店索討孩子的生活費。一進足療室，孫洪就看見蔣某正和店裡的小姐坐在床上親暱，憤怒的孫洪當場和蔣某發生爭吵。蔣某跳到地上用拳頭猛力擊打孫洪的頭部，並在孫洪反抗時，用一把尖刀刺傷孫洪的雙手，一直到把孫洪毆打到昏厥在腳底按摩店的按摩床底下，蔣某才停手。孫洪在床底下甦醒後報警。當警察趕到現場時，蔣某已逃之夭夭。

記者隨後採訪瀋陽市公安交警支隊長陳廣仁。於是，有了下面一段頗值得玩味的對話：

記者：我們想瞭解一下蔣某的職務。

陳隊長：他是交警支隊秘書處控告申訴科科長。

記者：他在嗎？我們想就他和孫洪人身傷害一案對他進行採訪。

陳隊長：他不在，他休假了。

記者：他毆打了妻子，並且還造成了傷害，難道警政單位不找他嗎？

陳隊長：我們找不到他，打他的手機、傳呼、住宅電話都聯繫不上他。

記者：那受理他傷害孫洪案件的派出所沒來交警支隊找他嗎？

　　陳隊長：沒有，辦案單位沒有來找過他。

　　記者：作為單位領導的您，對發生這樣的事件有什麼看法？準備對他本人採取什麼措施？

　　陳隊長：我們雖作為單位和組織，但沒有權力管他和妻子的事情，畢竟那是他們倆口子的事情，是家務事，我們沒有辦法，管也管不了。所以沒有權力處理他，我們能做的只有對他進行批評教育。

　　記者：但是他現在已經給孫洪造成了人身傷害，這一點警政單位沒有權力管他嗎？

　　陳隊長：至於他是否給孫洪造成傷害，那要由公安機關辦案單位來處理，能夠怎麼處理就怎麼處理。

　　記者：對於蔣某開腳底按摩店這件事情，交警支隊掌握嗎？

　　陳隊長：這一點我們真的不掌握。不過沒關係，不是有五條禁令和其他的規章制度嗎？該怎麼處理就怎麼處理。

　　從這段對話可以看出：陳廣仁不愧身為交警支隊的支隊長，經驗豐富，人情洞察，算是「老江湖」了。他回答的每一個問題，都堪稱「滴水不漏」，時而用被束之高閣的法規來搪塞，時而以單位領導不過問家務事來躲避，從從容容地將作為上級領導的職責推卸得一乾二淨。我最感興趣的是陳廣仁關於下屬經營色情場所這個問題的回答。陳搬出公安部的「五條禁令和其他規章制度」來，企圖給人以泰山壓頂之感。

　　雖然中國的**警務**部門確實存在「五條禁令和其他規章制度」，但如果沒有人實際執行，它們就是「死老虎」，沒有一個**警察**會受到約束、感到害怕。具體執行這「五條禁令和其他規章制度」

的，不就是像陳支隊長這樣的、警務部門的基層領導嗎？連作為直接上司的陳支隊長都「真的不掌握」下屬所從事的非法活動，那麼由誰來「該怎麼處理就怎麼處理」呢？在其理直氣壯的回答背後，是嚴重的瀆職和極度的無能，是一種與之「同流合污」的洋洋得意。這樣的領導還有什麼資格繼續擔任支隊長呢？在今天的公檢法系統中，充斥著此類堪稱「無知者無畏」、「我是警察我就是老爺」的官僚主義者。

後來，孫洪的母親接待記者，向記者展示蔣某經營腳底按摩店的證據。記者看到大量腳底按摩店的帳簿，記載著足療小姐正規足療的工資和向客人提供性服務的帳目。據粗略統計，短短一年間，蔣某的腳底按摩店一共有二十多個賣淫女從事色情交易，總營業額達到人民幣十幾萬元。記者還看到大量工商局給蔣某下達的「因無照經營腳底按摩店接受處罰」的行政通知書，還有一些工商局的封條等物。陳廣仁支隊長真的對這一切一無所知嗎？即便他不是包庇蔣某，至少也存在瀆職和怠忽職守之嫌。這樣一名對下屬疏於管教的警官亦當停職反省。

警察「兼職」黑社會

當記者來到蔣某家中時，更是跌破眼鏡：這是一間面積為兩百多坪的住宅，內部裝修相當豪華。鄰居告訴記者，購買一套像蔣某家一樣的房屋再加上裝修大約要花數百萬元。作為「交警支隊秘書處控告申訴科科長」這樣「不入流」的芝麻官，在瀋陽一個月的工資大概是數千元。如果用工資購買和裝修這套豪宅，粗略計算，蔣某需要工作上百年且不吃不喝。那麼，蔣某從哪裡弄來這筆鉅款呢？除了非法經營的色情場所，他顯然有更多「灰色

收入」的管道。

　　蔣某的生財之道與他的警官職位密切相關。蔣某的職位是「交警支隊秘書處控告申訴科科長」，乍看只是小小的科長，卻掌握著不小的權力。交警部門是中國目前「油水」最多的警察部門之一。我的中學同學中有幾位頗有家庭背景的，沒有考上大學，透過父母的關係都當上了交警。一開始，我感到很奇怪：為什麼這些養尊處優的少爺們願意去當交警呢？短短幾年之後，他們在小縣城裡搖身一變成開著寶馬香車、身邊美女環繞的「時尚人物」，我才明白其中的奧妙。每一輛在路上奔跑的車輛，每一份與車輛和駕駛員有關的證件，都可以從中找到滾滾財源。而蔣某執掌著處理「控告申述」事務的權力，是「有權者中的更有權者」，「狼群中的老虎」，連狼群都得巴結他，綿羊們哪能不給他上貢呢？

　　蔣某的違法犯罪活動持續很久，其上級表示不知情。這起嚴重的警察貪腐案件，乃是從家庭暴力案件中被記者刨根問底調查出來的。看來，警察部門要請媒體擔任紀律監察工作。但是，儘管我對作為他妻子的孫洪深表同情，我也感到相當疑惑：作為與蔣某一起生活長達十年的妻子，洞察了丈夫貪污、腐敗和非法經營色情場所等諸多惡劣的行徑，但她並沒有及時舉報蔣某的這些違法犯罪事實，只是到了蔣某對她施以危及生命安全的暴力行為之後，才不得不報警。或許，孫洪沒有舉報蔣某，與不到萬不得已的情況下妻子不能「出賣」丈夫的傳統思維方式有關，更與蔣某長期對其施加暴力恐嚇有關。

　　換一個角度思考：假如蔣某沒有對妻子孫洪施行暴力，在家中扮演一位好丈夫和好父親角色，他的妻子是否會默許丈夫的貪

污和犯罪行為？因為妻子也是仗著先生開妓院、貪瀆腐敗成果的「享有者」——妻子和其他親人們心安理得地居住在豪宅之中，過著「人上人」的生活。另外，蔣某的上級諸如陳廣仁等，是否會繼續對警察開妓院的可恥事實睜一隻眼閉一隻眼呢？倘若如此，是否蔣某的種種違法犯罪行為便永遠無法被揭露出來？

蔣某所開辦的妓院和所擁有的豪宅，是從家庭暴力事件中調查出來的「副產品」。警察開辦妓院在中國已不是新鮮事，人們早就失去了第一次聽到這類事件時的驚詫；蔣某價值數百萬元的豪宅，比起那些比他位高權重的官員們的超級豪宅，不過是九牛一毛。小小一名交警部門的科長，居然開辦、經營妓院、收藏和使用管制刀具及槍枝，已然表明中國警權之大已大如天。蔣某連對待妻子都拳打腳踢乃至用刀槍威脅了，那他在遇到普通百姓時，會何等飛揚跋扈？

瀋陽是中國失業工人最多的城市之一，瀋陽的許多失業工人被迫蹬三輪車謀生。大量當代「駱駝祥子」，沒有資本購買被官府所壟斷的人力三輪的「牌號」，冒著風險拉「黑車」。當像蔣某這樣的窮凶極惡的交警抓到他們時，他們的厄運便來臨了。當然，蔣某堂堂一個科長，是不用親自上街抓「黑車」，上街的通常是比他更加冷酷無情的手下。

讓誰來監督警察？

蔣某的落馬僅僅是一個「偶然」原因。他無疑是個「壞人」，正是在某種「專門挑選最壞的人掌權」的選拔制度下，像蔣某之流的流氓凶徒才能順利當上「交警支隊秘書處控告申訴科科長」。在瀋陽、在東北、乃至在整個中國，在交警部門、在公檢法部

門、乃至在所有重要的權力機關,類似蔣某這樣的大小官員有多少?他們會被驅逐出掌握著重要公共權力的部門的職位嗎?此類官員的特權何以超越其執法的某一具體領域而遍行於公共空間之中?究竟有沒有什麼力量約束像蔣某這樣身兼「妓院老闆」的警官?

這就必須正視執法者和法律之間的關係。如果執法者本身亦玩弄和蔑視法律,那麼法律的末日降臨了。任何人在法律面前必須一律平等,不允許出現凌駕於法律之上的力量,此社會方有真正的公義。英國上訴法院院長丹寧勳爵在「古利特訴郵政工人聯合會案」的判詞中這樣寫道:「對這塊土地上的每一個臣民來說,不管他多麼有權勢,我都要用湯瑪斯·富勒三百年前的一句話:你絕不是那麼高貴,法律在你之上。」公正是人類社會的一個永恆話題。

從倫理學的角度來說,它是一種理想的道德標準;從法律學的角度來說,它應該是法律的根本出發點。理論上,法律是實現公正的前提,按正當的法律程式維護社會秩序,調解社會矛盾,平衡社會利益,就能實現公正。但是,在中國,普通公民與抽象的法律發生關係最多的領域,乃是警察部門,而後才是法院和律師。因此,警察在許多時候充當法律的化身。正是在這一過程中,警察的權力過度擴張,成為一個缺乏監督和制約的「國中之國」。他們對內「官官相護」,對外封閉資訊,原本是一個為公民服務的部門,卻蛻變成一個讓大多數公民「談虎色變」的機構。

警官變臉為老鴇,不可當作喜劇而一笑置之。中國警察部門的腐敗以及若干違法犯法、扭曲法律行為,已成普遍現象。它所腐蝕的,不僅僅是自身的效能與合法性,而是整個社會的穩定與

和諧。正是諸如警察經營妓院案件、警察導演處女賣淫案件、警察製造「在家看 A 片違法」案件以及警察通過刑求逼供炮製出荒謬的「丈夫殺妻」案件等若干駭人聽聞的事件，使得警察的形象在公眾心目中嚴重受損，並導致法律被歪曲、公正被踐踏，最終使得民眾喪失對法律和社會公正的信心。於是，社會安定便陷入巨大危機之中。

六〇年代，香港警察部門也曾陷入腐敗深淵。當時，整個社會的治安處於極度惡化的狀況。通過「廉政公署」這一制度創新，香港政府有力地遏制了「警匪一家」的趨勢，重新建立高效、廉潔的警察隊伍，也重新贏得市民的信任，維護了香港「東方之珠」的國際形象。

無疑地，要真正杜絕警官開妓院的荒唐事情，僅僅靠警察機關內部的紀律約束和政治教育是不夠的，更為重要的是用立法手段對警察的權力進行嚴格限定，用輿論監督的方法對警察的執法過程進行透明化報導──讓所有警察和所有公民都意識到：警察不是「化外之民」和「法外之民」，法律在警察之上。但是，如果一黨獨裁的制度背景不改變，這一切都是望梅止渴。

「保護人權」是人權戕害者的紙牌坊

「中國人權研究會」每年都組織編寫一部《中國人權事業發展報告》（人權藍皮書）。該藍皮書由一篇總報告、十七篇專題報告、兩篇調研報告和案例研究以及兩篇附錄組成，總計三十萬字。有多少人能讀完這本大書呢？

相對於中國官方媒體大張旗鼓的報導和宣傳，國際媒體不屑一顧——中國政府發布類似報告，無論是以白皮書還是以藍皮書的名義問世，早已聲名狼藉、不足爲信。但是，既然中共當局花費如此巨大的資源炮製這份文件，對其嚴肅地考查和嚴厲的批判是必要的。蔑視謊言並不能讓謊言消失，輕視謊言的危害性是讓謊言肆無忌憚地侵蝕更多民衆的精神和心靈。

「中國人權研究會」是「姓「黨」」的「僞 NGO」

首先需要判斷的是，中國人權研究會是一個怎樣的機構？官網介紹說，它是「中國人權領域最大的全國性學術團體」，成立於 1993 年 1 月，第三屆會長爲羅豪才，副會長爲葉小文、萬鄂湘、李君如、朱穆之、陳士球，秘書長由董雲虎兼任，朱穆之爲名譽會長。中國人權研究會設有《中國人權網》網站，並出版《人權》雜誌（雙月刊，中、英文兩個版本），還出版《中國人權在行動》、《中國人權年鑑》等叢書、資料。其活動經費「主要來

源於中國人權發展基金會的資助和團體的捐贈、社會資助及其他合法收入」。

從其領導者來看，羅豪才曾任全國政協副主席，躋身「副國級」領導人行列，可見該機構非等閒之輩。羅豪才是中共御用法學家，在關於香港《基本法》的爭論中為「人大釋法」保駕護航，被香港媒體形容為北京當局的「護法門神」。第一副會長葉小文為胡錦濤時代的國務院宗教管理局局長，是迫害宗教人士的急先鋒，第一版的《國務院宗教事務條例》就是在其任上通過和實施的。名譽會長朱穆之是中共宣傳系統中左派大佬，八○年代的清除精神污染、反對資產階級自由化運動，他都是重要打手，趙紫陽在軟禁中的回憶錄中多次提及這個名字，厭惡之情溢於言表。從這三個頭目就可以看出這個機構是何種貨色。

中國人權研究會聲稱，其活動經費來自於各界捐款，卻不敢公布其財務報告。如今，習近平要求媒體姓「黨」、國企姓「黨」，NGO 當然也要姓「黨」。當局強令改造擁有掀起顏色革命潛能的 NGO，要求每個 NGO 都要設立黨組織。在這股打壓公民社會的凜冽寒風中，很多國際性 NGO 組織，或乾脆退出中國，或大規模減少在中國的活動，或被迫接受中共在其中建立黨組織的無理要求。而諸如中國人權研究會、中國作家協會等這些原本就具備「半官方」身分的「民間團體」，不需要來一次「基因改造」，它們從來就不是具有獨立地位的 NGO，而是中共用國家財政經費豢養的「偽裝的 NGO」——即「黨化 NGO」，簡稱 PNGO（P 為 party 之縮寫）。

毛澤東時代的中國，暴力革命和階級鬥爭的官方意識形態無所不在，不接受被斥為「資產階級文化」的人權觀念；鄧小平時

代在面對西方的批評時，用防守姿態回應說，人權在中國現階段是「生存權」──這個說法被人們戲稱為：在中國，沒有人權，只有「豬權」，共產黨將中國當作一個大豬圈，將中國人當作豬圈中快樂的豬，只要吃飽喝足就萬事足矣。

近十年來，中共政權則改變策略，不再排斥人權這個國際化的詞語，而打造一套具有中國特色的人權論述，與西方針鋒相對。像中國人權協會這樣的機構、像《中國人權藍皮書》這樣的報告相繼登場，就是中國在「人權戰場」上的新戰術。

幾年前，御用學者柴尚金在〈對構建中國話語權的幾點思考〉一文中，論述了中國「由守到攻」的變化：中國要表達自己的人權觀，要從戰略制高點上爭取話語主動權，打破長期以來在國際人權領域中的「被告」地位，要使中國理念凝聚成有感召力的時代話語。因為劉曉波獲得諾貝爾和平獎，柴氏憤憤然地譴責諾貝爾和平獎評選委員會主席托比約恩·賈格蘭德「人權高於主權」的說法。賈格蘭德堅信：「國際人權法和國際人權標準凌駕於民族國家之上，世界共同體有責任確保國際人權法和國際人權標準得到尊重。」而柴氏認為，這種觀念是西方顛覆中國政府的陰謀的一部分。

柴氏認為，中國不必等到被西方批評的時候才反擊，而要積極主動地與西方爭奪話語權。他聲稱：「中國人權觀在內涵深度與廣度上更優於西方人權觀，更能經受住歷史和實踐的檢驗。」這種對「具有中國特色的人權觀」的充分自信，是隨著中國經濟實力的增長而「水漲船高」的：我有錢了，也就有了不被批評的豁免權了。

那麼，如何才能「搶占話語權先機」呢？發布此類「人權藍

皮書」、派遣代表團到西方訪問、在大學設置有關人權領域的研究所、甚至在西方聘請遊說公司改善中國政府的形象，這些項目無論花費多少錢，中共都不會心疼，反正花的是民眾的血汗錢。與此同時，中共在國內鎮壓異議群體時絕不手軟，在與西方政府就人權問題展開對話時絕不示弱，即所謂綿裡藏針、軟中帶硬。

中國人活得有尊嚴嗎？

在這份「藍皮書」中，中共一改過去「人權就是生存權」的「狹窄定義」（中共自己也知道如此不足以自圓其說），大大拓寬了人權的外延，居然連「紀念反法西斯戰爭勝利七十週年之際對和平權的思考」、「在應對全球氣候變化方面中國的自主貢獻」、「參與聯合國維和行動」、「境外追逃」等都成為中國在人權領域取得的「重大成就」。中共彷彿成了點石成金的魔法師。

以「和平權」而論，中共建政以來，對世界和平究竟有過哪些貢獻呢？1950 年，中共出兵北韓對抗聯合國軍，犧牲數十萬中國軍人的生命，扶植金氏獨裁王朝，使之為害至今。六〇年代以來，中國在亞非拉國家（第三世界）輸出革命，造成多個國家陷入血腥內戰。柬埔寨紅色高棉的大屠殺，中國沒有被送上審判席，但中國就是幕後的罪魁禍首。這樣一個邪惡帝國，有什麼資格宣揚和平呢？

在這份報告中，還有一份〈中國民眾尊嚴觀念調查〉。這項看上去美不勝收的調查是如何做出來的呢？我在網上查到一篇很快就被刪除的報導：西南政法大學應用法學院「星星之火」代表隊，奉命在興隆鎮開展「中國民眾尊嚴觀」的問卷調查活動。這些經過嚴格挑選的大都是黨員大學生，用具有明顯的誤導性的問

卷，讓民眾現場作出回答。地方官員在組織民眾的時候，就已對調查對象做過篩選，那些乖乖聽話的鄉民才被允許參加調查問卷。這種調查方式並不符合社會學中既定的科學標準。

無獨有偶，之前官媒也發表過一份〈中國人幸福指數調查報告〉。該調查資料來源於中國發展研究基金會資助的、全國人大財經委員會副主任吳曉靈領導的「中國民生指數課題組」。結果顯示，七成半的被調查者自認爲「幸福」，其中女性、老年人、大學畢業以上學歷者以及負責人群體的幸福指數相對較高。該報告一發表即引起網友炮轟：身邊的人沒有一個感到幸福的，爲什麼在調查報告中有七成半的中國人都感到幸福呢？那些「幸福分子」難道是中共像女媧造人那樣用泥巴捏出來的？

絕大多數中國人活得不幸福也沒有尊嚴，他們最基本的人權都得不到保障。維權人士曹順利因爲要求外交部提交給聯合國人權理事會的中國人權報告中納入訪民意見，被抓捕並被凌虐至死。外交部的那份報告跟曹順利的生命，孰輕孰重？

這份看似比外交部的報告更具「民間色彩」的「藍皮書」，同樣是一份「謊言百科全書」。未來實現民主轉型的中國，若將毛澤東紀念堂改建成人權博物館，這份「藍皮書」可以作爲「負面展品」，在其中供後人參觀。每　個執筆者的醜惡名字，都會永遠銘記在歷史之中。

中國官員爲何害怕關於人權的提問？

中國一方面爭取在人權議題上掌握主動權，另一方面對西方關於人權問題的批評十分「敏感」。中國外長王毅在訪問加拿大期間的一次記者會上，粗魯地斥責對中國人權問題提問的加拿大

女記者康娜莉，引發加拿大全國上下的憤怒譴責。

加拿大總理杜魯多強調，新聞自由對加拿大而言極其重要，媒體工作就是要提出尖銳問題。他透露說，加拿大外交部長狄翁和加拿大全球事務部官員都已向中共外長和中共駐加拿大大使表達了加方的不滿。

加拿大保守黨影子內閣外交事務發言人甘禮明指出，王毅以外長身分造訪該國，卻以無禮的方式回應一個合理的問題，完全是可憎的行為。他認為，中國需要學習如何以文明的方式與其他國家交往。

加拿大專欄作家文達峰評論說，王毅傲慢、輕蔑、好鬥、來勢洶洶的表現，完美示範了加拿大正在和什麼政府打交道。

《多倫多星報》社論亦對王毅作出「謙卑的建議」：「如果你（王毅）想平息國際對中國人權的關注，公開地試圖要外國記者噤聲，大概不是正路。」文章指出，既然加拿大與中國有交往，加拿大將不可避免地與中國侵犯人權的紀錄搏鬥。

除了《環球時報》一如既往地叫好，以及少數憤青像打了雞血一樣慷慨激昂，王毅在國際社會的形象遭受重創。之前，王毅被國際社會視為中國外交界的溫和派，並非以意識形態掛帥，被歸入有一定文化素養和專業水準的技術官僚的行列。在王毅擔任中國駐日大使期間，他並沒有隨中國國內日漸升高的反日民族主義情緒起舞，不認同那些煽動中日仇恨的言論。他刻意放軟身段，傾心與日本社會各界交往，頗獲日本方面之好評。

然而，短短數年間，平步青雲的王毅，為何前恭後倨、判若兩人？

王毅在國際社會丟臉，在國內尤其是黨內反倒獲得讚賞，不

148

像某些日本媒體預測的那樣會下臺。這是中國政治生態中「優敗劣勝」的怪現狀。文革之後，中共再也沒有出現過像毛澤東那樣的強人，但歷屆最高領導人仍然試圖讓自己的性格、言行、思維模式和政策取向等，像戳記一樣，蓋在中國的面龐上。這種想法當然影響到官場風氣：江澤民時代的官員向江澤民學習，個個油頭粉面宛如戲子、油腔滑調宛如說書人，那是一個矯揉造作、裝腔作勢的時代；胡錦濤時代的官員向胡錦濤學習，個個面無表情如僵屍，言語無味如錄音機，那是一個呆板機械、缺乏美感和趣味的時代；到了習近平執政時，官員們又學習習近平粗鄙蠻橫、流氓無賴的作風，並以迅速「習近平化」為榮、為加官進爵之前提。

王毅亦不例外。當王毅發現之前精心打造的溫文爾雅、文質彬彬的言行方式不能適應汪洋恣肆的新時代，當機立斷開始從「文攻」到「武衛」的「轉型」過程。習近平是王毅最好的老師和樣板，正如香港政治評論人桑普所說：「王毅近年師承其主子習近平在墨西哥語驚四座的『吃飽飯沒事幹』潑辣語調，然後『用好用盡』每個外交機會，來向習近平彰顯自己的模仿功力和學習成果，把習近平『不信邪』的『痞子氣』深層地內化到自己的頭腦，盼望贏得習近平垂青，另眼相看，同聲同氣，步步高升。」討好習近平的最佳方式，不是向習近平行賄——整個中國都是習近平的，何須賄賂？討好習近平的最佳方式，乃是像習近平那樣思考、言說和行動。於是，今天的中國官場不止一個習近平，而出現了千千萬萬個習近平。

從習近平和王毅的言行方式可以看出，文革發生五十週年了，文革並沒有在中國絕跡。作為大規模政治運動的文革，如今

很難在中國全面上演；但文革的語言和思維模式，卻深深根植在中國人心中。官場的痞子化和民間的痞子化彼此融合與激盪，已然成為中國社會一顆難以根除的毒瘤。作為文革受害者的習近平，吊詭地淪為「斯德哥爾摩症候群」患者。當年作為黑五類子女的習近平沒有資格參加紅衛兵，他渴望文革重現，就像渴望服用毒品。如今，大權在握的習近平，正好再來當一次紅衛兵，「過把癮就死」。

習近平對中國的政治和文化的毒化，超過鄧小平、江澤民和胡錦濤，直追毛澤東。既然習近平要當紅衛兵，王毅之流還不緊緊跟上、寸步不離？對此，經歷過文革的老作家曾伯炎評論說：「整個文化革命運動，就是毛澤東痞子運動的升級、擴大與用更革命話語去拔高。若當年紅衛兵，在手上戴紅袖箍在文革中奪權失敗，今天混到碩士博士帽在頭上去掌權，卻勝利了，他們青春期形成的痞子價值觀，不在他們掌權後繼續發酵並頑強地表現出來嗎？文革中的公檢法與群眾專政的鬥爭，如坐噴氣式類私刑凌辱，不是繼承痞子運動戴高帽、掛黑牌遊街的侮辱嗎？今天當權了的紅衛兵，不是把遊街示眾又發展為電視認罪示眾嗎？」薄熙來只能危害重慶一地，習近平卻能禍害全國。文革並非重新降臨，文革從未離開過。

王毅和習近平一樣，聽不得別人詢問和評論中國的人權問題，認為這是人家「吃飽沒事幹」。中國從不關心別國的人權問題，管他非洲國家的獨裁者剝皮吃人，還是敲骨吮髓，只要願意跟中國站在一起，照樣天女散花般撒錢。一江之隔的北韓，若有脫北者被中國軍警抓到，立即送回死地，聽任他們被用鐵絲穿過手腕，一排一排地槍殺。連本國民眾的人權都肆意踐踏，他國民

眾的生命更是輕如鴻毛。

人權就像花粉一樣，令王毅和習近平的「過敏」到茶飯不思、夜不能寐。人權問題如同朱元璋的光頭一樣，不准天下人隨意提及。明朝洪武年間，杭州儒生徐一夔獻賀表，有「光天之下，天生聖人，為世作則」等語，朱元璋覽之大怒曰：「『生』者，僧也，以我嘗為僧也。『光』則薙髮也，『則』字音近賊也。」遂斬之。尉氏縣教諭許元有作《萬壽賀表》，內有「體乾法坤，藻飾太平」八字，但「法坤」被讀為「髮髡」（即光頭），結果許元論死。當州府學訓導蔣鎮作有《正旦賀表》，其中有句「睿性生智」，「生」與「僧」同音，被視為罵太祖當過和尚，被誅。祥符縣學教諭賈翥作有《正旦賀表》，內有「取法像魏」，惜「取法」音同「去髮」，影射「和尚光頭」，同樣被誅。因此類文字獄被殺者達數萬人。習近平和王毅何其羨慕可以隨意殺人的朱元璋！

習近平和王毅們無法像朱元璋那樣，將那名不知天高地厚的加拿大女記者抓到中國、下到詔獄。這是中國數百年來唯一的一點「進步」嗎？

習近平還在做中華帝國的千秋大夢。當習近平的「中國夢」實現的那一天，管你加拿大記者還是美國記者，你們這些目無天子的夷人的人身安全將不再有保障，天朝將到天涯海角抓捕你們，讓你們到秦城監獄服刑。

然而，中國民眾已經覺醒，儘管中國民眾並不享有「免於恐懼的自由」，他們開始戰勝內心的恐懼。聰明的中國網友創作了一段話，作為王毅答記者問的註解：

鄰居：聽說你在家打老婆孩子？

老王：他們以前連飯都吃不上。

鄰居：我問你打老婆孩子了嗎？

老王：我家現在全村第二有錢。

鄰居：我沒問你那些，我就問你打老婆孩子了嗎？

老王：隔壁老劉家打老婆孩子你怎麼不管？

鄰居：我問的是你在家打老婆孩子了嗎？

老王：你自己家歷史上就沒有打過老婆孩子嗎？

鄰居：我問的是你在家打老婆孩子了嗎？

老王：我家已經把不打老婆孩子寫進了家規。

鄰居：我就問你打老婆孩子了嗎？

老王：你這個問題充滿了對我家的偏見和不知道哪裡來的傲慢！

鄰居：我就問你打老婆孩子了嗎？

老王：你提這種問題是不負責任的。

鄰居：我就問你打老婆孩子了沒？

老王：我打沒打我家老婆孩子，我會在不打他們的時候問一下他們，這事他們自己才有發言權，你給我滾！

極惡世界人吃人

喬治·歐威爾如此結束其寓言小說《動物農莊》：「而今，不必再問豬的面孔上發生了什麼變化。外面的眾生靈從豬看到人，又從人看到豬，再從豬看到人；但他們已分不出誰是豬，誰是人了。」歐威爾沒有到過中國，但這句話就是中國現實的絕佳寫照。晚清有一部長篇小說《官場現形記》，其中的故事跟如今的官場相比如同小巫見大巫。今日之中共官場，可謂「衣冠禽獸、比比皆是」、「行屍走肉、摩肩接踵」。

但是，「多行不義必自斃」，貪官酷吏的結局大都只有兩個：要麼進監獄，要麼進地獄。哪個地方更加舒適呢？《紅樓夢》中說：「正笑他人命不長，哪知自己歸來喪！」說的不正是今天在檯面上神氣活現的中共高官嗎？

流氓與特務，尿壺與口香糖

上海灘黑幫頭目杜月笙晚年流寓香港，曾忿忿然地對身邊的人說：「蔣介石拿我當夜壺，用過了就塞到床底下。」這一說法的比喻，既是這位大亨對蔣介石的怨恨的發洩，又是其對失寵後淒楚處境的哀歎。

抗戰勝利後，杜月笙自以為幫助過國民黨剿共及抗日，勞苦功高，想撈個有影響的職位過過官癮。他把目光定格在上海市市

長上，上海是其經營二十多年的地盤，誰能與之爭鋒？杜將這一想法透露給長期合作的特務頭子戴笠，戴笠再把杜的請求轉達蔣介石，卻如石沉大海。道理很簡單，蔣雖是杜在青幫中的拜把兄弟，但蔣更是廟堂上一臉正氣的委員長和總統，不會把上海市長之要職賜予一個公認的流氓頭子。如此，才有了杜的那番無比憂鬱的感嘆。

夜壺本該塞到床底下，難道要拿到桌面上當菜盆嗎？同樣，薄熙來麾下的特務頭子王立軍，也是在歷經滄桑之後，才參透這個最簡單不過的道理。

王立軍是平民子弟出身，靠個人流血流汗地打拚，才有一片自己的天地。作家周力軍在一篇題為〈王立軍一語成讖〉的文章中說，1996年冬，他受公安部金盾影視文化中心委託，前往鐵嶺採訪王立軍後，創作電視連續劇《鐵血警魂》，並出版同名長篇小說。當時，在撫順的澡堂裡，兩人稱兄道弟，赤裸相對，王立軍對周力軍說了一番心裡話：「我心裡很清楚，我就是當官的嘴裡的一塊口香糖，嚼得沒味兒的時候吧唧吐地上，指不定黏在誰的鞋底子下。」周力軍的這篇文章中寫道：「我注意到，說完時，他急忙用手捧水抹臉，我知道他流淚了。」接著，王立軍又說：「人們都說英雄流血不流淚，我現在是流血流汗又流淚。」

這就是對王與薄之間神秘關係的最佳概括，也是周永康與江澤民之間神秘關係的最佳概括。周比王高出好幾個級別，但其本質是一樣的：他們都是主人豢養的惡犬，都是主人每日必須的尿壺，是主人口中不停咀嚼的口香糖，有甜蜜的開端，卻從未善始善終。周永康混到「黨和國家領導人」的行列，一度奴僕如雲、寶馬香車，但他比被那些他迫害的對象更缺乏安全感。如今，為

習近平服務的孟建柱、郭聲琨、傅政華們，難道日後就有好下場嗎？

杜月笙、王立軍和周永康這三個人，都出身貧寒，心懷大志，拚命往上爬。殊不知，爬得愈高，摔得愈慘。周永康作惡比王立軍多，下場比王立軍慘。王立軍或許能熬到出獄那一天，周永康卻只能在獄中終老。我有一個小小疑問：如果王立軍、薄熙來和周永康在秦城監獄放風時相遇（按照秦城監獄嚴格的管理制度，這種情況絕無可能出現），他們是相逢一笑泯恩仇、圍坐一桌打麻將；還是拳打腳踢、咬作一團？

薄和周相繼落馬，並不意味著中國的天亮了。習在意識形態上實行的，是「沒有薄熙來的薄熙來路線」；習在社會維穩領域實行的，是「沒有周永康的周永康政策」。中國的天仍是一片漆黑。

王立軍愛讀什麼書？

《南都週刊》在長篇報導〈王立軍大起底〉中，栩栩如生地描述了「魔鬼是怎樣煉成的」。

這篇報導中，有一個讓人眼睛一亮的細節：王立軍不僅是雄赳赳氣昂昂的一介武夫，也喜歡舞文弄墨、附庸風雅並以「儒將」自居。他命令重慶公安部門設置「文化沙龍」，讓警察定期去閱讀書報。他本人熱愛讀書，講話引經據典，雖然比不上貌似博學的溫家寶，至少讓重慶公安局政治部的筆桿子甘拜下風。

那麼，王立軍最喜歡讀哪些作家寫的書呢？他點出五個名字：毛澤東、余秋雨、郎咸平、孔慶東、司馬南。

物以類聚，人以群分。毛澤東是中共的老祖宗，「毛選」當

然要天天誦讀。而余、郎、孔、司馬「四大天王」，也是毛的追隨者：余秋雨用傳統文化爲共產暴政精心包裝，甚至出面訓導汶川地震中失去孩子的家長「不要給政府添亂」；郎咸平鼓吹回到計畫經濟時代，由國有企業一統天下，是毛時代早已失敗的經濟政策的辯護者；孔慶東滿口髒話，煽動仇恨西方的民粹情緒，連帶將香港人當作二等公民；司馬南則紅心向黨，將家人安置在美帝的心臟，卻以赤膽忠心的愛國者爲標榜。在薄、王呼風喚雨時期，這「四大金剛」沒少去重慶溜鬚拍馬、恭喜發財；若是薄、王扶搖直上，這四個人的著作還不人手一冊、洛陽紙貴？

好讀書的官員，未必就是好官，關鍵看其讀的是什麼書。希特勒也愛讀書，手不釋卷、胸有成竹。歷史學者提摩西‧賴貝克著有《希特勒的私人圖書館》一書，以豐富的檔案材料告訴讀者，希特勒比較出名的地方，當然在於焚書而非藏書，但出乎一般人意料的是，書籍是希特勒終身的固定伴侶，從希特勒一戰期間在前線擔任兵長開始，直到在柏林自殺前的最後幾天爲止，書籍都一路伴隨著他。《書籍評論》指出，希特勒的讀書史就是一部精巧的納粹主義思想史，提摩西‧賴貝克的研究讓讀者意識到，閱讀如何讓我們對閱讀本身的一切期待化爲烏有。《出版人週刊》評論說，這本書提出一個警告，那就是盲目堅持意識形態的危險性，以及選擇性閱讀說可能帶來的傷害。

這兩段評論都適用於王立軍，可惜他在獄中看不到了。這兩段評論同樣也適用於王立軍崇拜的毛澤東——毛澤東的臥室裡放滿書籍，但熱愛閱讀並沒有讓毛變成有一個具有敬畏和憐憫之心的人。爲什麼呢？睿智的百歲老人周有光一語道破天機：「毛澤東假如學多一點新知識，可以做許多好事情。他不僅沒有到外國

讀書，看看他的書房裡，都是平放的書，沒有豎放的書，他沒有新書，都是看老的書。」當年在北大指導過李克強學業的法學家龔祥瑞，在其回憶錄中也說：「毛澤東深知中國傳統而沒有出國受過教育，只知中國而少知世界，以二十四史治國。」換言之，毛澤東讀書的目的是尋找古代帝王將相如何整人、殺人、駕馭人的「厚黑學」，而不是將書籍當作一條通往心靈自由之路。

有趣的是，王立軍是階下囚，習近平是龍椅上的「核心」，但王立軍愛讀的書，就是習近平愛讀的書。習近平與王立軍在精神上是同構的。

周永康說，這個小子不錯的

中共南京市委書記楊衛澤落馬後，據接近江蘇省官場的消息人士透露，楊衛澤在仕途上的飛黃騰達，緣於抱上周永康的大腿。

十年前，時任無錫市委書記的楊衛澤，先是巴結上周永康的弟弟、無錫惠山區國土資源局副局長周元青，後來由周元青引薦到北京去見周永康。周元青向大哥介紹楊衛澤說：「這是咱們無錫的父母官。」時任政治局委員和公安部長的周永康，也就對楊刮目相看。

楊衛澤很會察言觀色，從此對周元青百般呵護、言聽計從。他大動干戈，不僅叫停了對周的老家厚橋鎮的大肆拆遷、保住了鎮名，還把周的出生地西前頭村打造成明星村莊，逢年過節以孝子賢孫的身分去拜祭周家祖墳。周永康聽到這些來自家鄉的消息，心花怒放說：「哎，這個小子不錯的。」

於是，隨著周永康成為權高位重的政治局常委、政法委書

記，楊衛澤的行情也水漲船高。與之搭檔的官員一一落馬，關於他被舉報和被調查的消息口耳相傳，他卻安然無事、金槍不倒，很快升任江蘇省委常委和南京市委書記，成了名副其實的「應天府府尹」。

在地方官員當中，只要有機會擔任黨和國家領導人故鄉的「父母官」，只要把黨和國家領導人的故鄉治理得「有聲有色」，就有了青雲直上的資本。比如，毛澤東挑選的接班人華國鋒，就是其家鄉湖南湘潭的地方官。

「一人得道，雞犬升天」，是中共官場的慣例。中共的幹部任命制度，不是訴諸民意、實行民選，而是自上而下任命。官員只須討好上級，無須贏得民心。楊衛澤在無錫、蘇州、南京任第一把手期間，被市民稱之爲「拆遷書記」。他公開宣稱，爲達成拆遷計畫，可以找黑社會幫忙，可以向戶主的親人施加壓力。有一次，爲了挖掉一個「釘子戶」，地方政府甚至驅使黑幫到幼稚園去恐嚇戶主年僅六歲的孩子。如此這般，其政令雷厲風行，政績一路飄紅。

如果不是周永康垮臺，作爲周永康口中「很不錯」的「小子」，楊衛澤必定前途無限。若是令計劃當上總書記、薄熙來當上總理、徐才厚當上監軍、周永康當上太上皇，「應天府府尹」楊衛澤說不定能更上層樓，當上北京市市長「京兆尹」呢。那時，他那「出淤泥而不染」的美名必定傳遍全國，成爲清廉官員之樣板。

楊衛澤的垮臺，並不是因爲他犯下所有垮臺官員被公布的諸多罪名——貪污腐敗、通姦淫亂、道德敗壞；而是因爲他站錯了隊。過去一年，南京舉辦青奧會，又有南京大屠殺之首次全國公

祭，楊衛澤鞍前馬後，將南京打理得亮麗整潔。

　　然而，習近平親自主持抗戰中死難者的公祭，並巡幸南京等地，偏偏沒有讓楊衛澤鞍前馬後地「迎駕」。那時，楊衛澤就已感到其處境岌岌可危。如今，樓上那隻靴子終於掉下來了。

章含之的腎與聶樹斌的腎

　　中國最高法院在為被冤殺多年的聶樹斌「平反」後，有網友揭露說：當年該案明明是疑點重重，當局卻執意將聶處死，因為有高官正在等待換腎手術。聶被殺後，他的腎被取走換給等待做腎移植的章含之。

　　章含之的女兒、文化界紅人洪晃撰文否認此一「謠言」。洪晃在題為〈在母親章含之換腎上我得了選擇性道德麻木症〉的文章中說：「因為我媽媽是 1996 年換腎，我可以非常肯定地回答，我媽媽換腎所採用的器官與 1995 年被執行死刑的聶樹斌無關。」但洪晃承認，換腎的過程一定存在種種驚人的黑幕：「我們有一種感覺，這個過程可能我們不想知道，可能很恐怖。當社會的『惡』給我們帶來利益和方便，我們選擇合十，說一聲阿彌陀佛，感謝老天爺的厚待。而對於『惡』，我們假裝看不見。我媽媽換腎的過程中，這的確是我們的行為。」

　　洪晃的反思點到此為止。她進而高調指責質疑者是「群氓」，「是中國社會最無知、愚蠢和恐怖的一面，這比暴君、不公正的司法等等都恐怖」。她反駁說：「群氓的社會對公正不感興趣，他們對所謂公正的關心是偽的，是一種發洩和自我安慰。群氓的社會是自私的，愚蠢的。在承受了長時間的不公之後，這種群體只需要找幾個『罪魁禍首』出來，讓大家發洩一下，批鬥鞭屍，這

種群眾運動實際上是一群長期受虐者的變態的狂歡。」彷彿她和她母親成了受害者。

洪晃的「反戈一擊」，並不能證明章含之所換的兩個腎的來源清清白白。而且，批評者並非躲在幕後的「群氓」，比如北京外國語大學教授丁啓陣就以真名發表文章〈司法殺人與器官移植〉，質疑「章含之兩次腎臟移植的腎源，是否來自兩個死囚，這兩個死囚是否有冤情」，並希望洪晃能「認真一點，不妨出示一下能證明其母做換腎手術時間的病歷之類材料」。確實，推動中國的司法進步，不單單是修改抽象的原則和條文，還要從一個個具體的案例入手，為什麼公眾不能從聶樹斌或章含之的案例入手呢？公眾有權知道真相，這並非「受虐者的狂歡」。

章含之是何許人也？她可不是普通的等待換腎的病人，而是文革時代紅極一時的公眾人物。單單以級別而言，章含之的最高職務只是外交部副司長，並非位高權重，《第一財經日報》在為之「闢謠」時即認為，章含之這個級別的領導享受的醫療待遇「恐怕還是有限的」，更不要說「特供腎源」——言下之意是說，比章含之級別更高的中共領導人就可以享有「特供腎源」以及其他各種器官了。

但是，洪晃和《第一財經日報》都刻意迴避章含之的另一個更重要的身分：毛澤東的情婦。文革伊始，章含之的丈夫洪君彥在北大慘遭批鬥，章含之與之劃清界限，紅杏出牆，後來成為外交部長喬冠華的妻子。章含之的求生術讓人跌破眼鏡：在那個嚴格考察「階級成分」的年代，她居然邁入外交部亞洲司，歷任副處長、處長、副司長，與王海容、唐聞生、齊宗華、羅旭合稱「外交界五朵金花」。然後，章含之被毛看中，當上毛的英文老

師。其實，毛無心學英文，只是以此爲幌子，遮掩與章含之的淫亂關係。章含之也由此參與中美建交會談、尼克森訪華、上海公報談判等一系列重大外交活動。

文革後期，喬冠華和章含之傾向於四人幫，奉命攻擊周恩來。文革後，兩人被隔離審查。1982 年 12 月，審查沒有作出結論，習仲勳代表中央宣布「一筆勾銷」。大概因爲涉及到毛的種種不堪入目的醜聞，中央才不得不放過章含之。

從章含之的履歷來看，她的級別雖然不高，但好歹是先帝臨幸過的嬪妃，在中南海裡面風光過，擁有一般官員望塵莫及的關係網絡，所以要拿到死囚的腎亦非難事。

章含之換的兩個腎，極有可能來自於死囚。關於這方面的資訊，中國官員們的說法自相矛盾、破綻百出。2005 年 7 月，中國衛生部副部長黃潔夫在世界肝臟移植大會上首次承認，中國的多數移植器官來自死刑犯。在同年 11 月 7 日的世界衛生組織會議上，黃潔夫再次公開承認這一事實。

然而，2006 年 3 月，中共外交部發言人秦剛在記者會上宣布：「有關中國存在從死刑犯身上摘取器官進行器官移植的情況，完全是謊言。」2006 年 4 月 10 日，中共衛生部新聞發言人毛群安亦公開表示，中國的器官移植「主要來源於公民在去世時候的自願捐贈」。2007 年 1 月 11 日，毛群安在若干證據面前卻又不得不承認「中國大量摘取死刑犯器官」。

黃潔夫從衛生部副部長的職位上退休後，繼續擔任中國器官捐獻與移植委員會主任委員，他在一個電視訪談節目上表示，中國摘取死囚器官移植，形成了骯髒的利益鏈，周永康落馬打破了這種利益鏈。也就是說，周永康控制的政法系統長期參與這一骯

髒的交易，這是一種「國家罪行」。黃潔夫又在英國醫學雜誌《柳葉刀》發表文章指出：「在中國，約有百分之六十五的器官來源於逝者，其中超過九成來自死囚。」

僅據不完全統計，中國每年進行的肝、腎等重要器官移植的手術高達數萬起，很多西方國家的富豪亦奔赴中國做此類手術。如果從黃潔夫文章中的比例來看，中國每年實際執行死刑的數字，應當遠遠高於國際人權組織估計的兩千人左右。

「可憐聶氏腎，疑入章女身」，章含之死掉了，繼續譴責她意義不大。但是，由此喚起民眾對這個黑暗領域的關注，推動司法改革、人權保障和言論自由，才能避免人吃人的慘劇再度發生。

官場志異，拍案驚奇

「共產黨既在法律之中，也在法律之下，還在法律之上」

已卸任中國最高人民檢察院副檢察長的徐顯明，出席中國法治論壇時，對多個專家發言後的點評指出：「我的理解是，共產黨既在法律之中，也在法律之下，還在法律之上。」對於徐顯明這番點評，網友譏之為「神邏輯」。

徐顯明同時又不忘提醒在場的專家學者，從中國歷代法治的角度來看，中國的法治其中一個最主要的條件，就是「一定有明君」，而另外兩個條件就是「一定有能臣」和「一定有良法」，只有這三個條件同時具備，「這個朝代就是偉大的朝代」。

從徐顯明的言論中可以清晰地看出，此類表面上信奉馬列主義和共產主義、嘴巴上說依法治國的共產黨高官，骨子裡是傳統的東方專制主義文化的擁護者。既然今天這個朝代是「偉大的朝代」，那麼首先是因為有了習近平這個無所不知、無所不能的「明君」，其次是有了王岐山這樣的「能臣」和「酷吏」，第三是有了若干專門摧殘公民社會的「惡法」（如「顛覆國家政權」和「煽動顛覆國家政權」等天羅地網般的罪名）。

徐顯明是一位典型的法盲，他是否具有法學學位改變不了這個事實。法盲當上最高人民檢察院副檢察長，是對中共宣稱建構

「法治社會」的莫大諷刺。何止徐顯明是法盲，中國最高法院院長周強不也是法盲嗎？早已落馬的「政法沙皇」周永康不也是法盲嗎？從毛澤東到習近平的中共歷屆黨魁，哪一個又不是法盲？

　　法律，包括中共自己制訂的憲法，向來都是一張用過之後就丟掉的衛生紙。中共領袖們只有到了權力鬥爭圖窮匕現的時刻，才會拿法律來當盾牌，毛澤東和劉少奇都是如此。1964 年 12 月，中共中央書記處召開討論「四清」問題的中央工作會議，鄧小平勸毛可不必參加，劉少奇則在毛講話時幾次插話打斷。毛感到被架空，惱羞成怒，一手拿著黨章，一手拿著憲法，到會場興師問罪：「一個不叫我開會，一個不叫我講話。為什麼剝奪黨章、憲法給我的權利？」

　　後來，被毛澤東打倒的劉少奇，在中南海遭到紅衛兵殘酷批鬥，被施以「坐噴氣式飛機」的酷刑。狼狽不堪的劉少奇手捧《中華人民共和國憲法》，對紅衛兵們大聲抗議：「我還是國家主席，憲法保障公民的人身自由。」可是，他的抗議引發周遭紅衛兵的哄堂大笑。因為在場的人們沒有一個人願意尊重憲法和法律，憲法和法律比起偉大領袖毛澤東的「最高指示」，輕如鴻毛。

　　毛澤東與劉少奇早已忘記了他們之前是如何蔑視法律的。1958 年 8 月 24 日，毛澤東在北戴河會議上發表講話說：「不能靠法律治多數人。我們基本上不靠那些，主要靠決議、開會，一年搞四次，不能靠民法、刑法來維持秩序。我們每次的決議都是法，開一個會也是一個法。」他還說：「要人治，不要法治。《人民日報》一個社論，全國執行，何必要什麼法律？」

　　劉少奇也從不掩飾他視法律如兒戲的真實心態：1955 年 7 月，劉少奇在北戴河向最高人民檢察院負責人指示：「我們的法

律是要保護人民去同敵人鬥爭，而不能約束革命人民的手足。如果哪條法律束縛了我們自己的手足，就要考慮廢除這條法律。」他甚至宣稱：「檢察院必須掌握在黨的手裡，這個機關同公安機關一樣，同樣是黨和人民同反革命分子作鬥爭的銳利武器，必須掌握在自己人手裡。必須保證檢察機關在組織上絕對純潔。」

上行下效，時任公安部長的羅瑞卿對法律的看法，與最高領袖緊密保持一致。擁有大將軍銜的羅瑞卿是負責毛澤東安全的禁衛軍頭目，同時掌控公安部門、檢察院和法院的大權（中共政權的強力部門從來都是「三權合一」），是一個殺人不眨眼的狠角色。

1955 年 9 月 19 日，羅瑞卿在全國二十一省市公安廳局長會議上講話中說：「公安、檢察、法院都是黨的工具，是黨的保衛社會主義建設、鎮壓敵人的工具，這點必須明確。但是在憲法上又規定了『人民法院獨立審判，只服從法律』、『地方各級人民檢察院獨立行使檢察權』，所以，關於檢察院和法院在對內和對外的講法上要分開。當然，如果有些檢察院、法院的同志以法律上的規定來對抗黨的領導，那就錯了。凡是對這點認識上有偏差的，必須糾正。」既然如此，後來羅瑞卿被毛澤東劃為「反黨分子」，跳樓摔斷腿，又被紅衛兵裝入籮筐、帶入萬人會場批鬥，也算是作繭自縛，怪不得別人。

從誕生的時候起，共產黨就是一個綁匪集團，法律只是其遮羞布。中國人不是現代社會的公民，而是此一綁匪集團手中的人質。如今，共產黨政權更是動用國家的力量，肆無忌憚地在全球範圍內實施綁架行動，從香港出版人姚文田、林榮基到臺灣 NGO 工作者李明哲，再到瑞典 NGO 工作者彼得，無論你是何種

國籍、何種膚色，都是其刀俎上任意宰割的魚肉。

徐顯明一句也不提及全國人民代表大會與法律的關係。在名義上，全國人大是最高立法機關，如同民主國家的國會。然而，在中國，就連小學生都知道，人大只是一個花瓶和橡皮圖章。英國法學家、《英國法釋義》的作者布萊克斯通在論及議會的權力和管轄範圍時這樣說：「它享有最高的、不受約束的權威去制訂、確認、增補、限制、縮減、廢除、恢復和解釋法律。」然而，在中國，黨取代了議會的地位，議會淪為黨的婢女。只要狀況存在一天，中國就離法治國家遙不可及。

「災害毀一百次，我們就建一百零一次！」

2011 年夏，汶川地震三年多以後，包括汶川災區在內的四川多個地區遭遇暴雨襲擊，導致嚴重的洪澇、土石流、山體滑坡等災害，已有數十人失蹤，救災工作困難重重。在新華社發布的一張照片上，新建的「花園城市」映秀鎮，陷入一片澤國之中。洪水之猛烈，宛如好萊塢大片中的場景，讓人觸目驚心。

汶川地震之後，中共宣稱災後重建將精心選址，讓災民再無後顧之憂。每個新建的城鎮，都將是「天人合一」的宜居、綠色、環保、可持續發展的城鎮。但是，尚未從家破人亡的傷痛中恢復的映秀居民，卻再次身陷險境。這究竟是誰之過？那些專家學者和地方官員，當初是怎樣考察周圍的自然地理狀況的？他們是否應當承擔草菅人命的責任？

當初，中共當局承諾一定會就「豆腐渣校舍」給災民一個「說法」。人們望穿秋水，當局的漂亮「說法」，十年後也沒有出爐。沒有一名官員，從建設部部長、四川省省長到災區的縣長和

鄉長，以及跟這些官員有勾結的、偷工減料的建築商人，被繩之以法。

　　相反，以民間力量去調查地震真相的人士，卻被當作「國家的敵人」來打壓，譚作人被判重刑，冉雲飛遭拘押噤聲，多名上訪的死難孩子的家長被勞動教養。這一切，最高當局難道一無所知嗎？他們當然知道，他們有千里眼、順風耳般的消息回饋機制，可以讀到特供的「內參」。這些瘋狂打壓的壞事就是他們的傑作：唯有暴政才能實現「維穩」目標。

　　胡錦濤視察災區時宣稱，麵包會有的；溫家寶視察災區時，題寫「多難興邦」四個字。然而，「麵包」落到官員的腰包裡，「多難」成為官僚們大發橫財的契機，老詩人邵燕翔說：「誰云多難便興邦，邑有凍亡嘆小康。」汶川有多個鄉級政府動用救災款項，一次性購買本田雅哥、捷豹、豐田巡洋艦等十幾輛進口豪華車。此消息被媒體披露之後，地方官員振振有辭地辯解說：「這樣做的目的，是為了以最快的速度為人民服務。」好一個「工欲善其事，必先利其器」！

　　此次面對洪水肆虐，官員們儼然有大禹的本領。《成都晚報》刊登成都市委書記李春城的豪言壯語：「這是一場異常的自然災害，看著山洪和泥石流毀壞了我們剛剛建好的新家園，大家的心裡都不好受。但是我們有信心、有決心——災害毀一百次，我們就建一百零一次！而且每一次都要建得更好！」

　　李春城的講話頗具偉大領袖毛澤東人定勝天的豪情壯志。官僚們才不在乎災民的安全呢，他們不經科學勘察，便大興土木，在此過程中雁過拔毛，利益均霑。他們也不會在乎重建的艱難，中國政府不是世界上最有錢的政府嗎？花這點錢算得了什麼！多

一次重建的機會，官員也就多一次發財的機會。所以，把民眾的新房修建在危卵之上，反倒是他們升官發財的捷徑。

中共十八大之後，貴為四川省委副書記的李春城，成了第一個垮臺的省部級貪官——他不幸選擇周永康為靠山，靠山倒了，他自不能倖免於難。欲與天公試比高的狂妄者，跌倒得比誰都快。

李春城倒下了，更多的李春城還會站起來。對於四川地震災區民眾來說，一次接一次的災難，帶給他們的是無盡的痛苦，而不是家國興旺的遠景。那些像螞蟻搬家一樣逃難的災民，心中可知道，真正「折騰」他們的，不是大洪水，而是共產黨政權。

遞句話，五千萬：省長部長不如京西賓館的理髮師

中國逃亡富豪郭文貴在新一波的爆料中，談到一個有趣的細節：在中共召開黨代會等重要會議的、由軍方經營的京西賓館，其二樓有一個非常神秘的地方：理髮店。那可不是普通的理髮店，那個地方是專門給常委級別的中共領導人理髮的，封疆大吏、中央委員級別的官員，想到那裡理個髮也不得其門而入。

給領導人理髮的師傅，因為有機會跟領導人接觸，至少在那段為領導人理髮的半小時時間內，可以在領導人的耳朵邊吹一吹風，所以黏上點「仙氣」，成了神仙座下的「斂財童子」。在《西遊記》中，那些下凡變成妖精、占山為王、殺人越貨的，往往都是神仙們寵愛的阿貓阿狗。即便是剛直不阿的孫悟空，也不敢用金箍棒打死他們，還得千里迢迢跑去請他們的主人親自來收服，並眼睜睜地看著作惡多端的寵物們跟隨主人揚長而去。

現實版的《西遊記》更精彩，郭文貴爆料說：「我曾經在盤

古被收走的時候，找到理髮師，想給領導遞個信，說說話，給當時的賈慶林書記（曾任福建省委書記、北京市委書記和全國政協主席的中央政治局常委賈慶林是江澤民的親信）。人家開價五千萬！寫一份報告轉交給領導看要花五千萬！」從此細節可知，領導人的理髮師腰纏萬貫、富可敵國。身處權力外圍的理髮師尚且如此，領導人的老婆、情婦、子女、秘書等身處權力核心的人物，能撈取怎樣的財富，可想而知。

在民主制度下，國家元首的權力受到分權機制的制衡，以及自由的媒體和輿論的監督，一般而言不可能一手遮天、為所欲為。國家元首身邊的工作人員，包括理髮師，至多就是在專業領域有卓越表現，不太可能因為與國家元首有「親密接觸」的機會，介入政治及權力運作。

美國有一部名為《白宮第一管家》的電影，是根據真人真事改編的，那位服務過多位美國總統的白宮管家，比任何一位總統待在白宮的時間都要長，聽過驚濤駭浪，也看過萬里無雲。退休後，這位前白宮管家過著普通人的生活，至多就是寫了一本回憶錄、得了一筆稿費。

相比之下，專制制度最大的特性就是「一人得道，雞犬升天」。既然獨裁者的權力不是公民通過選舉授予的，專制制度又不允許存在真正的選舉、多黨競爭、三權分立和新聞自由，所以獨裁者可以宣稱「奉天承運，皇帝詔曰」，獨裁者的親屬和身邊的侍從也能狐假虎威、呼風喚雨。

帝制時代，北宋的高俅多年擔任刀筆吏，鬱鬱不得志。後來有機會在還是王子的宋徽宗面前表演「蹴鞠」（類似現代足球的一種體育運動），從而大受寵愛。等到王子當了皇帝，高俅很快

升任軍隊統帥和宰相。有人嫉妒高俅的飛黃騰達，宋徽宗反問說：「你有高俅那樣的腳上功夫嗎？」北宋的滅亡，跟這對昏庸君臣脫不了關係。

明朝的嚴嵩靠寫「青詞」（代替皇帝寫給神仙以求長生、吉祥的詩詞）得到嘉靖皇帝的寵幸。嘉靖皇帝迷信道教、不理政事，嚴嵩父子權傾天下長達二十年。嚴嵩的兒子嚴世蕃狂妄至極，在家中寶庫內大笑說：「朝廷無我富！」《明史》將嚴嵩列入奸臣傳，說他「唯一意媚上，竊權罔利」。

小人得志，根源不在於小人之壞，而在於制度之劣。俄國末代沙皇尼古拉二世及其皇后寵信裝神弄鬼的占卜師拉斯普丁，拉斯普丁正如其俄文名字的含義，是個不學無術的淫棍。清朝的慈禧太后離不開太監李蓮英，因為李蓮英侍候她梳頭、化妝，無人可以取代。信奉唯物主義和無神論的共產黨高級官僚，個個都被號稱具有「特異功能」的神棍王林糊弄得團團轉，儘管後來王林被殺掉滅口，但王林式的人物仍然層出不窮。

中共的現代極權體制，更甚於帝制時代。小小理髮師，可以瞞天過海、胡作非為，而疊床架屋的反貪、監察機構，如政府系統的監察部、檢察院、反貪局和黨的系統的中紀委、政法委、組織部等，表面上看滴水不漏，實際上形同虛設。

若真要去除「理髮師干政」的怪現狀，唯有實行民主化和法治化。

第 三 卷

文痞說謊

北大爲何遮掩教授性侵案二十載?

1998 年，北京大學中文系發生一起性侵案，導致受害者自殺身亡。二十年過去了，加害者在學術界聲名鵲起，受害者依然沉冤未雪。2018 年清明節，自殺女學生高岩的室友李悠悠在海外發表文章揭露眞相：原北大中文系教授沈陽性侵學生高岩，導致高岩自殺。

是教授，還是叫獸?

《新京報》記者採訪揭發者，發問說：「爲什麼二十年後要出來舉報沈陽?」李悠悠回答說：「當時我及高岩的父母有過很多次投訴，都沒有結果。現在整整二十年過去了，我自己的人生也發生很大變化，但時不時在清醒或者夢裡想起她，會心痛，而且一直很愧疚，沒能爲她揭露眞相，這是我的心結。最近我看到一些女性勇敢站出來揭露，我覺得我應該發聲，爲高岩討回遲來的眞相和公道。」

記者又問：「妳的訴求是什麼?」李悠悠回答說：「我知道從司法意義上來講，性侵的取證很難。但沈陽應該承認自己道德方面的問題，而且這樣的人不能繼續留在校園。澄清的最大意義，就是希望其他的女生，不要再遭受類似的情況。」

李悠悠的回答斬釘截鐵、擲地有聲，我對這位校友、學妹肅

然起敬。而《新京報》記者的問題，在我看來是「明知故問」，是膚淺的功利主義。其實，記者最應該問的問題是：為什麼這個性侵案會被雪藏二十載？為什麼死者二十年都死不瞑目？是誰讓加害者長期逍遙法外？北大在此事件中該承擔怎樣的責任？

高岩被老師沈陽性侵自殺身亡事件發生之時，我正在北大中文系讀研究所。雖然文學與語言是兩個不同的專業，但我從多個管道聽說該事件。那時，剛剛四十歲出頭、擁有博士頭銜的沈陽，雖已成家，但外表俊朗、口若懸河，常有風流韻事傳出。中文系有一個很不好的傳統，師生戀是被允許的，甚至被當成浪漫的傳奇故事。然而，有婦之夫利用老師的身分性侵女學生，導致受害者自殺身亡，就不是浪漫的傳奇故事。

據說，當時的中文系系主任費振剛力主將沈陽開除。我相信這是費老師原本的立場。在經過歷次政治運動的中文系老一輩教授中，費老師是少有的一位風骨嶙峋的知識人。我因寫文章受到中宣部和教育部點名批評，是費老師頂住北大校方的壓力，保護我度過難關。費老師說話有些口吃，講課並不出彩，但他正直誠懇，沒有一點官場的煙火氣。

然而，中文系山頭林立，費老師雖是系主任，很多事情也不能作主。據說，沈陽的導師陸儉明百般袒護愛徒，並動用人際資源影響校方和警方的調查。最後，沈陽只被記過處分，並被安排去香港訪學一段時間避風頭，之後又返回北大任教，直到2010年調到南京大學。

這才是記者最應當深入挖掘的黑幕。此次，北大校方在巨大的輿論壓力下宣布將重啟調查，但結果如何讓人存疑。中國的事情，通常都是「大事化小，小事化了」。李悠悠在公開信中說：

「希望北大校領導、中文系領導能重視這件事情，把沈陽當年接受校黨委、紀委行政處分時開會的會議記錄，向公衆和媒體公開，也向高岩的父母和我公開，我們需要瞭解當時的歷史眞相。因爲據知情者說，沈陽當時在系裡的會議上承認他對於高岩有性行爲，也承認了他們有戀愛關係。而沈陽在近期對媒體的採訪中對這兩點是矢口否認的，他目前還在繼續顛倒黑白，把自己洗得一乾二淨，但是他再洗也不能把自己由黑貓洗成白貓。」那麼，北大校方敢於公開當年的會議記錄，將處理過程公諸於天下嗎？

若保護沈陽的幕後人物眞是語言學界「泰斗」陸儉明，陸儉明又該承擔何種責任？

陸儉明曾任國家語委諮詢委員會委員、國際中國語言學學會會長、世界漢語教學學會會長、中國語言學會副會長、北京大學漢語語言學研究中心主任、北京大學文科學術委員會委員、北京大學人文學院學術委員會委員等顯赫的學術職務，並任北京大學以及香港中文大學等十七所海內外大學榮譽教授。以常理推測，若非陸儉明這樣重量級人物出面爲其愛徒保駕護航，當時還是一名年輕講師的沈陽豈能平安過關？

陸儉明在專業上或許有傑出成就，我對語言學領域所知甚少，不敢妄作判斷。但是，他在此一醜聞中所扮演的角色，正是漢娜‧鄂蘭所說的「平庸的邪惡」。陸儉明學富五車、著作等身，但在眞理和正義這樣的終極價值上，並不比引車賣漿者流更有判斷力。

自古以來，中國的學者名流並不比普通人更能捍衛眞理和正義，他們將私人關係看得重於並高於眞理和正義——只要是親人朋友、老師、學生或同學，有著血緣或情感上的關聯，無論對方

做了什麼錯事、壞事，都要竭盡全力爲之遮掩、包庇。否則，一旦他出醜，自己的面子也連帶受損。陸儉明毫不猶豫地站在沈陽一邊，對高岩自殺身亡的悲劇視若無睹——沈陽是其親密弟子，高岩是一名無足輕重的本科學生，沈陽的學術前途比一個無名學生的生命更重要。這種思維模式和處事方式，正是中國儒家文化中最黑暗的一部分。

除了陸儉明之外，北大校方又該承擔何種責任？沈陽在接受訪問時信誓旦旦地說，舉報文章中的指責，均爲「惡意誹謗」，他將「保留控告的權利」。他還表示，北大中文系和北大黨委調查過那段往事，組織上對此事已有結論。能夠當上南京大學語言學系主任，作爲語言學家的沈陽，說話果然滴水不漏，左一個「組織」，右一個「組織」——對於黨員和官員而言，「組織」永遠是其保護傘——批評我就是批評「組織」，誹謗我就是誹謗「組織」，就差沒有給舉報者扣上「海外敵對勢力」的帽子。

當年，保護沈陽的不僅是其導師陸儉明，不僅是北大校方，還是如同無物之陣的「組織」。作爲性侵事件加害者的沈陽，在任何一個法治國家，必然受到法律的制裁，也就是說，一定會坐牢。但在中國，在最高學府北京大學，卻能將刑事犯罪舉重若輕地轉化成「行政記過處分」。高岩的母親周樹銘在一封給媒體的公開信中追問：「如果說高岩的死與沈陽無關，那請問北京大學於 1998 年 7 月爲什麼要給沈陽行政處分呢？」其實，老人家更應當追問的是：是誰讓本該被關進監獄的性侵罪犯繼續當了二十年大學教授？代表「組織」出場的北大校方和北京市公安局海淀分局的袞袞諸公的名字，都應當被公之於眾。

中國是一個什麼樣的國家，北大是一所什麼樣的大學，人人

心中自有其答案，中國人和北大人的身分，對我來說都是莫大的恥辱。苦命的、卑微的中國父母們，只能暗自祈禱：我們的孩子最好不要是女兒；如果是女兒，最好不要太聰明、太漂亮；如果既聰明又漂亮的女兒上了最高學府，千萬不要遇到「狼師」——遇到「狼師」怎麼辦呢？就只能「人為刀俎，我為魚肉」。

可以想像，這二十年來，高岩的父親過得是怎樣痛苦的生活，漫漫長夜，沒有盡頭。在此之前九年失去孩子的「天安門母親」們，何嘗又不是如此呢？中國的女兒，不是死於大屠殺，就是死於日常生活中的虐殺和謀害。

遲到的正義還是正義嗎？

短短兩天之後，北京大學及瀋陽目前任教的南京大學、上海師範大學被迫正面回應公眾之質疑。

北京大學校方承諾重新「核查」此事，承認瀋陽在高岩自殺事件中負有責任，當年即給予其警告處分。然而，如此衣冠禽獸，為何能繼續留在大學老師的崗位上？而且，2010 年瀋陽調往南京大學時，北大校方並未將此一「歷史污點」轉告南京大學。北大校方的包庇之罪及「禍水南引」的作法，在網上引發更大的批評。有北大學生向校方申請政務公開——公開校方討論處分瀋陽的會議記錄，卻遭到學校保衛處的恐嚇。

南京大學文學院在一份聲明中強調，對瀋陽過往的性侵行為並不知情，對於引進人才過程中的疏漏，向校友和公眾致歉，並決定停止不符合基本師德的瀋陽的教學工作。上海師範大學直接宣布解除與瀋陽之聘約。儘管遲到的正義很難說是正義，但色狼老師終於曝光於天下，並被趕下講臺，至少可以保護其他學生不

再成為同樣的受害者。

作為老師的沈陽對待作為學生的高岩，名為師生戀，實為性侵害，致使其懷孕之後又矢口否認，高岩羞憤之下自殺身亡。沈陽在十七年後撰寫的一篇總結其六十歲的學術成就的文章中，居然再次向死者潑髒水，說死者是精神病，他感到愧疚的僅僅是「沒有給死者更多的幫助」。這種惡劣言行引發高岩的同學們莫大的憤怒，紛紛撰文譴責這個逃脫法律懲罰的性侵罪犯。

高岩冤死二十年後，沈陽的性侵惡行何以再度浮出水面？原因有三。

其一，揭發者全都旅居西方，有了某種程度的安全感，不必擔心遭到加害者及其依託的龐大體制的打擊、報復。此次率先揭露沈陽的北大畢業生李悠悠，曾在美國攻讀法律碩士，後旅居加拿大。其他兩名揭發者都是北大中文系九五級畢業生——任教於美國斯沃斯莫爾學院的徐芃和任教於美國衛斯理大學的王敖。兩人都以實名發文表示，沈陽與高岩的死絕對有關，警告沈陽不要再說謊。高岩當年的班主任、美國俄勒岡大學東亞系副教授王宇根公開發聲，對高岩的離世表示自責和惋惜，並表達有義務追思高岩的死因。他未點名地要求與事件有關聯的人基於「良知」，向高岩的父母表達歉意。

細心的觀察者可以發現，四名揭發者都在西方社會及大學取得某種程度的成功。他們任教於西方大學，接受西方民主、自由、法治的價值觀，不依賴於中國的學術體制及利益集團，故而勇敢地站出來發聲。就連加害者沈陽色厲內荏地警告要用法律手段追究「造謠者」時，也不禁嘆氣說：「他們都在國外。」言下之意是，西方帝國主義保護這些「壞人」，「我黨」（沈陽是一名

光榮的共產黨員）不能讓他們噤聲，真是遺憾。

中國人只有到了西方，到了可以享有「免於恐懼的自由」的地方，才能「我口說我心」。道理很簡單，那些仍在中國的大學、政府或媒體工作的高岩的同學，不可能站出來揭露黑幕——誰敢挑戰深不可測的「潛規則」呢？除非你不想在這個「圈子」混了。

高岩母親在接受媒體訪問時，提及一位如今在電視臺工作的高岩的同學，這位同學多年為高岩掃墓，關心老人的生活——但老人不敢提及其真實姓名，而使用化名。她深知，在中國，好人從來沒有好報，這位女兒的同學有體制內的身分，在這個連翻一個白眼都可能失去工作的國度，誰敢不保持「低調」呢？這就是身為中國人的悲哀，在專制制度下，不能說真話，不能說真相，不能捍衛真理和正義（劉曉波的命運就在眼前），若要卑微地生存下去，就只能與謊言共舞。

其二，此一事件在二十年前波瀾不驚，二十年後卻成為萬眾矚目的新聞，還要拜網路及社群媒體所賜。網路時代，專制政府絞盡腦汁地控制資訊的傳播，卻再也無法一手遮天。二十年前，高岩自殺之後，沈陽被某些學閥保護過關，北大中文系有不少師生對此嚴重不滿，甚至有人醞釀去三角地（北大學生校內昔日宣傳活動、散播自由思想的地方）貼抗議信，但馬上被系上的老師勸阻。我本人寫過文章譴責此事，卻沒有任何一家媒體敢發表——傳統媒體都姓「黨」，知道北大的事情具有高度「敏感性」，「北大的事情再小也是大事」。那時，網路還沒有盛行，我的文章只能鎖在抽屜裡不見天日。

進入二十一世紀，網路成為新興媒體，不僅是個體表達意見的平臺，還成為一種強大的輿論監督工具。網路媒體在輿論監督

方面的作用，可以在兩個層面得到體現。第一，網路媒體透過自己的報導，揭露問題。此次事件中的幾位揭發者，都不是在傳統媒體上發表文章，而是直接將文章發表在網上，透過社群媒體得以廣泛傳播。第二，在網路上形成公眾意見，產生輿論壓力。在中國的網路上，直接批評共產黨的言論，當然立即遭到刪除，發言人會遭到警方的追究；但像類似的揭露性侵的文章，一般會有數小時甚至一兩天的生存期，即便原文被刪除，在其他地方卻已廣為流傳，進而形成強大的輿論力量。

由於習近平上臺之後，中國的網路及傳統媒體的言論尺度日漸收窄，「莫談國事」的緊箍咒愈來愈緊，媒體和民眾都處於某種嚴重的「資訊饑渴」狀態。此種新聞事件的出現，正好填補巨大空缺。而且，一般民眾樂於看到體制內的人（雖然學界算是體制之邊緣領域）出醜。於是，傳統媒體紛紛跟進，搶在被宣傳部叫停之前，對此事件給予地毯式的報導。一向高高在上的北大，在輿論的壓力之下，像擠牙膏一點一點地給出心不甘情不願的回應，卻不敢像之前那樣肆無忌憚地封殺、狀告「揭露北大淫棍太多」的經濟學教授周恒甫。

第三，此一事件發酵，其大背景是由美國輻射全球的「Me Too」運動，即以女性為主體的反性侵運動。2017 年 10 月初，好萊塢資深製作人哈維・溫斯坦的性侵醜聞被媒體曝光。10 月 15 日，女演員艾莉莎・米蘭諾在推特上寫道：「如果所有被性騷擾或侵犯過的女性都能發一條『Me Too』標籤的狀態，那麼人們或許能認識到這個問題的重要性。」此後，「Me Too」成了反性騷擾的標籤，「Me Too」運動在全球各地如火如荼地展開。各國許多女性名人勇敢說出曾受性侵、性騷擾的遭遇，挑戰男權中心主義

的架構。而許多道貌岸然的男性成功人士（包括好萊塢製片人、導演、體育教練、醫生、官員、議員乃至教會的牧師），以前一手遮天、為所欲為，如今遭受輿論譴責、司法調查，失去原來顯貴的身分。「Me Too」運動對其他掌握權力和資源、蠢蠢欲動的男性亦是莫大的警戒。

但是，在儒家男權專制文化根深蒂固的東亞，尤其是在中國，女性要維護自身權益仍難於上青天。2015 年三八婦女節前夕，五名中國女權人士計畫發起倡導大眾運輸性騷擾防治機制的活動，並印製「防止性騷擾」貼紙，提醒女性如何防範色狼，但活動還未開始，五人分別在不同城市遭公安以「尋釁滋事」罪名刑事拘留，引起中國國內以至國際社會關注和聲援。

一個月後，公安機關向檢察院申請以「聚眾擾亂公共秩序罪」，正式將五人逮捕。在國際輿論的壓力下，五人先後獲保釋候審，但從此被噤聲，甚至有人在高壓下，按照當局的口徑，發表自我否定式的言論。

此次在「Me Too」運動的影響下，中國至少在學界出現了女學生揭發導師性侵的多個案例。然而，學者呂頻在《金融時報》中文網撰文，表達了中國校園防止性侵的悲觀預期。她認為，在中國的校園中，學生與騷擾者之間的權力不對等相比，學生與學校之間的權力不對等，是導致此類性騷擾問題無法被解決的原因。這兩種權力不對等是同構和相互掩護的。其癥結在於父權性的權力體系，特點之一是對其內部各層級成員的普遍系統性的保護，這是體系對內維持效忠，對外保持合法的關鍵之一。因此，要一個這樣的權力體系、例如大學，和一個早已與其利益共生的長期成員切割，就像把相吸的磁石掰開，或者把鹽從水裡抽出來

一樣困難。

　　儘管如此，我們可以努力在一件件個案中伸張公義，慰藉受害者，揪出色狼，即便不能在法律層面使之受到懲罰，至少讓其付出聲名狼藉的代價。

假新聞背後中國民間的懦夫心態

　　日前，「北大三君子」事件在中國民間和海外媒體傳得沸沸揚揚。事件緣起於北京大學元培學院常務副院長李沉簡在微博上發表一篇題為〈挺直脊樑，拒做犬儒〉的文章，談及戊戌變法和蔡元培多次辭職等北大校史上的事件，並聲稱：「自由從來不是天上掉下來的，而是有骨氣的人們付出沉重的代價換來的，其中北大的先人多有這樣的典範。」據傳，李沉簡發表這篇文章後，稱自己和元培學院院長鄂維南、另一副院長張旭東已集體辭職。

新左派何曾為社會公義發聲？

　　然而，我對這則新聞心存疑惑。李沉簡是何許人也，我不太瞭解，但鄂維南和張旭東的背景，我多少知道一些——他們不太可能做出「自毀前途」的事情來。

　　五十四歲的鄂維南在中國科學院計算中心獲得碩士學位後，到美國加州大學洛杉磯分校取得博士學位。2011 年，鄂氏獲選為中科院院士，在今天中國學術極端腐敗的情形下能夠成為院士，顯然他在專業之外亦非等閒之輩——就連諾貝爾醫學獎得主屠呦呦也無法獲選院士，可見中國的院士評比，專業之外的因素遠遠大於專業內的因素。2015 年 8 月，北大成立大數據技術研究院，鄂氏出任院長。鄂氏參與了中共安全部門用於監控民眾的「大數

據研究」，並得到當局的多項獎勵。可見，鄂氏是一名沒有任何道德準則的技術專家，跟那些為納粹服務的武器專家、醫學專家一樣，以「技術中立」的說辭，擺脫良心的約束。這樣一名在體制內風生水起、青雲直上的人物，難道會突然之間反戈一擊嗎？我不相信。

而五十二歲的張旭東是中文系畢業生，我對他更為瞭解。張氏畢業後到美國留學，在杜克大學獲得博士學位，之後到紐約大學擔任比較文學系和東亞研究系教授、東亞系系主任、中國中心主任，然後回國在北大元培學院出任負責通識的副院長。

張旭東是跟在汪暉、黃平、甘陽後面跑的新左派中生代人物，他的一系列文學和文化研究著作，都讓我「不忍卒讀」。歐美院校的文學系、東亞系及若干人文科學系科，都充斥著形形色色的新左派理論。在資本主義社會，流行批判資本主義的新左派理論不足為怪；但這些新左派理論被引入中國之後，就變成了「張飛打岳飛」式的鬧劇——這些身居名校的學者津津樂道於批判美帝和資本主義如何邪惡，卻對在身邊發生的中共對民眾的屠殺、凌虐視而不見。

照理說，左派是要關心窮人和弱勢群體的，左派是要堅持平等埋念的，西方的新左派至少要做點這方面的秀，但中國的新左派卻連表演都懶得表演了——中共從帝都驅逐數十萬「低端人口」，哪個新左派站出來譴責過一句話？

對於新左派這種投機取巧、缺乏學術真誠的策略，經濟史學家卡爾・波蘭尼有一個很好的術語「脫嵌」可以形容。「脫嵌」指的是原來「嵌入」社會的企業為了贏得最大利益，從社會責任與義務中「脫嵌」出來，只要好處而不管社會責任。新左派知

道什麼是可以批評的（比如西方），什麼是不可以批評的（比如中共），他們只批評可以批評的對象，不會挑戰不可以批評的對象──這樣做必然付出沉重代價，劉曉波就是「負面榜樣」。

這些年來，沒有任何一個新左派學者受到學術體制的打壓，反倒個個成為當局重用的紅人。學者李劼如此批評中國新左派的「表裡不一」：「就其思潮而言（不是指個人），這些『新左派』（尤其是其中的激進派）不同於老左派的地方在於，他們並非是封閉鎖國的產物，而恰好是改革開放的得益者。他們當中不少人走出過國門，無論是短期訪問，還是長期求學，有的還在西方大學裡謀得了學位和教職。他們不是不知道西方的社會模式和那種模式對於中國社會的借鑑意味，不是不知道西方社會無論怎樣商業化，也必須承認的和法律加以保障的個人自由價值系統是如何的不可動搖。然而，他們出於某種生存策略，某種很不人文、很不精神的動機和需要，一面享受著沒有出國的學子們難以享受到的種種惠遇，一面刻意地扮演西方文化的受害者，巧妙地取悅民眾因襲的一時難以克服的仇視西方心理和仇視美國心理，以此煽動粗俗的民族主義情緒。用一句俗話來說，就是得了便宜還賣乖。」張旭東就是其中一個「過於聰明」的「學術掮客」。他怎麼可能有勇氣批判中共當局，甚至「憤而辭職」呢？除非太陽從西方出來，除非黃河之水變得清涼透明？

果然，幾天以後，香港媒體《星島日報》聯絡到張旭東，張旭東嚴辭否認辭職傳聞，直接用「胡說八道」這個形容詞，更稱自己正在與鄂維南院長一起接待來訪的耶魯大學副校長。

真英雄被遺忘，假英雄被推崇的墮落時代

「三君子」神話短短數日即破滅。在遺留的一地雞毛中，有許多值得深思的線索。

其一，中國民間猛烈炒作三君子神話，顯示人們極其怯懦和偽善的心態。當下的中國並不是沒有真正的勇士，劉曉波、李柏光、李旺陽、曹順利等人，都是為了自由和人權付出生命代價的真勇士。但是，人們故意遺忘、遮蔽他們，因為他們的存在讓人們感到羞恥、感到不安，因為弘揚他們的事蹟和精神會遭致中共當局的追究——那些海祭劉曉波的人士都被抓捕並遭受酷刑。所以，人們接受、順從甚至配合了中共當局對「當代英雄」們的封殺，轉而去讚美那些似乎跟自己距離近一些的「次級勇士」。這樣，既不會給自己帶來太大麻煩，又滿足了對於自身「高大上」的期許。

於是，從「白眼女」到「三君子」等莫名其妙的神話被炮製出來，並得到最為廣泛的傳播。人們茶餘飯後終於有了比明星八卦更加「高尚」的談話資料。可惜，把不是英雄的人當英雄，本身就是一場鬧劇。

五四時代的作家郁達夫說過：「一個沒有英雄的民族是可悲的民族，而一個擁有英雄而不知道愛戴他、擁護他的民族則更為可悲。」借用這句話，稍稍改動一下，即可用來評論此類事件：「一個刻意抹殺真英雄的民族是可悲的民族，一個有心炮製假英雄的民族則是毫無希望的民族。」

其二，人們在社群媒體上瘋傳「三君子」的故事，若干海外有影響力的媒體也輕率地做出報導。這是「社群媒體為王」的時

代才有的「怪現狀」——傳統媒體成了社群媒體的附庸。其實，傳統媒體的記者和編輯只要稍稍遵循新聞業的某些固有原則，作一些跟蹤採訪，謠言就會不攻自破。此三人都是公眾人物，不可能突然之間「人間蒸發」，只要赴北大現場採訪，不就真相大白了嗎？

自習近平上臺之後，人們每天聽到的都是壞消息，一個接一個的壞消息讓人心灰意冷、沮喪絕望。好不容易出現一個北大教授敢於挑戰習近平稱帝的好消息，人們自然是「寧可信其有、不可信其無」。然而，我仔細閱讀李沉簡那篇被吹捧成「討習檄文」的大作，卻沒有看到一句話直接針對習近平。這種小心翼翼地「打擦邊球」的文字，幾年前在很多稍稍偏向自由派的媒體如南方報系、《炎黃春秋》上都能讀到，實在是無足稱道。幾年前，文網相對寬鬆，尚可「吞舟是漏」；如今，文網日漸嚴密，人們只好「大象變螞蟻」，如此才能屈辱地生存下去。難道僅僅因為這幾年當局收縮言論自由度，民間就只能被動適應、不斷降低言論自由的標準嗎？

其三，即便李沉簡是三君子中唯一真正辭職者，唯一真有點「君子之風」者，也不宜對其評價過高。四十七歲的李沉簡在北大生物系、基礎醫學系畢業後，到美國普度大學取得博士學位，主攻神經生物及分子遺傳，曾任美國康乃爾大學醫學院副教授、紐約大學西奈山伊坎醫學院講席教授。2012 年，他被中共中央組織部「千人計畫」延招回國，任北大生命科學院教授、北大元培學院常務副院長。我想追問的是：他當年回國難道是因為「愛國」嗎？那時他對中國國內缺乏學術自由的狀況一無所知嗎？從他的年齡來看，他正好是六四之後入北大就讀的學子，不可能對那段

血腥歲月一無所知。他明知共產黨是殺人黨，仍然要回中國，原因只有一個——共產黨給他的價碼是美國大學不可能給出的，薪水和房子一定足以動搖他在美國發展的決心，甚至讓他願意犧牲孩子的教育。

我們固然可以為李沉簡如今說了幾句真話、不願繼續同流合污而喝采，但同樣不能忽略他當年自我選擇的非正義性——他應當為當年錯誤的選擇公開懺悔，他人也有權對此做出公開批評。否則，如果當年他的選擇是正確的，他如今的抉擇就是錯誤的；如果他現在的抉擇是正確的，那麼他當年的選擇就是錯誤的。

李沉簡前後兩個截然不同的行為，不可能都得到肯定。這也是我對某些黨內改革派元老「兩頭真」的「蓋棺定論」不以為然的原因：他們不可能「兩頭真」——如果他們青年時代投奔共產主義、投奔共產黨、投奔延安是「真」，那麼他們晚年發現共產主義和共產黨是謊言和暴政就不是「真」；如果他們晚年對共產黨的批判是「真」，那麼他們年輕時候成為共產黨人就是「明珠暗投」。

他們當然可以自我辯護說，當年是因為理想主義、愛國主義才參加「革命」，但這只能表示他們青年時代缺乏獨立思考能力、缺乏理性精神。他們為當年的愚蠢淺薄、年少輕狂付出沉痛代價，卻不能依舊癡迷於那種印染走向毀滅的浪漫和熱情。

李沉簡也是如此，他當然可以回到美國繼續其專業研究，但他要得到公眾的尊敬，就應當公開披露自己這些年來在北大發現殘酷真相的心路歷程，並讓這段錯誤成為後來者的前車之鑑。

毋須化妝的丑角

周小平是新時代的郭沫若

路易十四有一批器重的作家、詩人、畫家、音樂家、雕塑家和建築師，習近平也有一支類似的團隊。不過，貴族的品味與土豪的品味天壤之別。

習近平重用的作家是誰呢？是「網路愛國賊」周小平。一般人尚不知周小平是何許人也，周的爆紅乃是應邀出席習近平主持的北京文藝座談會。

當年，毛澤東導演了影響深遠的延安文藝座談會，由此牢牢掌控文宣大權；如今，習近平如法炮製一場北京文藝座談會，企圖將輿論風向扭轉過來。北京文藝座談會真個是「談笑有鴻儒，往來無白丁」，將文藝界大老一網打盡。這場演出的總導演是侃侃而談、春風化雨的習近平。那麼，充當主角的是中國作家協會主席和中共中央候補委員的鐵凝，還是中國作家協會副主席及諾貝爾文學獎得主莫言？都不是，主角是年輕的「網路作家」周小平。

在周小平出席北京文藝工作座談會並被習近平叮囑多寫「正能量」作品的第二天，中國發行量最大的報紙之一《參考消息》，用整整一個版面刊登周小平的三篇舊文：《夢碎美利堅》、《飛

188

吧，中國夢》、《他們的夢想和我們的旗幟》。一看題目就清清楚楚了，這是對納粹宣傳部長戈培爾的東施效顰。戈培爾說：「報紙的任務就是把統治者的意志傳遞給被統治者，使他們視地獄為天堂。」戈培爾又說：「宣傳的基本原則就是不斷重覆有效論點，謊言要一再傳播並裝扮得令人相信。」周小平從事的，就是戈培爾的事業。

受到習近平「親切關懷」之後，周小平躍上龍門、炙手可熱，讓馬雲、孔慶東、司馬南、成龍等「人渣榜」前輩艷羨不已。看到周小平親密地稱呼「習大大」，他們嫉妒得快要發狂了。甚至有評論指出，中國文藝的「周小平時代」到來了。

習近平的精神結構與周小平「同構」。讀一讀習近平的講話，從中可以嗅出一股濃得化不開的「周小平氣味」──那種狂妄自大、唯我獨尊的心態，那種顛倒黑白、信口雌黃的口吻，那種狹路相逢、你死我活的思維，「兩平」如出一轍。

習對周的欣賞，乃是臭味相投。之前，習必定讀過周的大作，如同秦始皇讀韓非子文章，驚為天人。兩人會面後，不禁一見鍾情、相見恨晚。習彷彿找到失散多年的私生子，比愛彭麗媛和習明澤還要愛周小平。周小平若不是習近平的私生子，習近平不妨招其為駙馬，再提拔公主和駙馬分別出任中宣部正副部長，筆桿子不就掌握在自己人手中了嗎？

有什麼樣的皇帝，便有什麼樣的裁縫。當年，毛身邊的弄臣，是陳伯達、康生、郭沫若、姚文元、胡喬木等才華橫溢的大惡人。他們的文章不是普通文字，而是見血封喉的利器。習連給毛提鞋子都不配，當小丑坐上皇位時，能指望出現具有創造力和想像力的裁縫嗎？習是山寨版的毛，不可能發現和重用陳伯達、

康生、郭沫若、姚文元、胡喬木那樣的弄臣，只能任命周小平這種不入流的裁縫爲之裁剪衣服、裝點門面。這是一個連邪惡也只能用搞笑方式實施的「小丑時代」，周小平不是康生那種「邪惡的天才」。

「渺小」這個修飾語，是俄羅斯流亡詩人布羅茨基處理惡的主題的關鍵詞，與漢娜·鄂蘭的「平庸之惡」有異曲同工之妙——不是說惡是平庸的，而是說惡的承載者和發動者是平庸的。周小平來自社會底層，夢想著像《紅與黑》的主角于連那樣躋身上流社會，他掙脫道德倫理和社會規範，一心一意往上爬，唯一相信的是「成王敗寇」、「有奶便是娘」的價值觀——習近平比他的親爹還要親。

評論人士長平曾在〈周小平風波笑點何在？〉一文中批評周小平文法不順，文章生搬硬套，強詞奪理，不顧常識的編造事實和資料。宣稱已讀了大量世界名著（儘管只是文學教科書上列出的入門讀物）同時擁有法學博士學位的習近平，竟然選擇周小平作爲榜樣，不但是一個笑話，也讓人有機會發掘習近平到底有著什麼樣的文學品味。

我在少年時代閱讀安徒生童話〈國王的新衣〉時，感嘆皇帝爲何如此愚蠢，堂堂一國之君被騙術低劣的騙子玩弄於股掌之上，偏偏由一個孩子說出「國王什麼都沒有穿」的眞相。長大以後，我才發現，國王一點也不愚蠢，國王比所有人更聰明，否則他不可能穩如泰山地統治一個王國。

在安徒生的故事裡，國王並不是被騙子欺騙和利用，反之，國王利用騙子的騙術，檢驗臣民對他是否百分之百地忠誠——他說自己穿上最漂亮的新衣，所有臣民必須重覆同樣的謊言。只有

這樣的順民，才是如磐石般穩固的統治基礎。這就跟「指鹿為馬」的典故一模一樣：儘管眼前的動物是鹿，但太監頭子趙高說是馬，大臣們就異口同聲地說是馬。如此，方能青雲直上、飛黃騰達；反之，則被打入天牢、不得超生。

入黨自有顏如玉，黨員老婆最漂亮

中共黨代會不聞政改之聲，唯聞花邊新聞不斷。莊嚴的大會變成一場赤裸裸的選美大賽，網上流傳著不少美女代表和美女服務員的靚照，讓人回憶起上次黨代會上，江澤民色瞇瞇地盯著一名端茶遞水的美女，口水直流的「豔照」。

中共十八大代表、三一重工董事長梁穩根對媒體說了一段妙語，可入當代《世說新語》。他說，「年輕男人如果是共產黨員，找物件要容易一點」、「大部分的共產黨員找的老婆都比非共產黨員的漂亮，中國的女孩子也更愛共產黨員」、「因為共產黨員有理想，有獻身精神」。

梁氏登上過富比士排行榜中國首富的位置。但在兩千多名與會者中，絕對不是真正的首富。在他之上，還有更多隱身富豪。不過，富豪搖身一變成為黨代表，可見共產黨這一名稱已然名存實亡。梁董事長是「三個代表」學說的受益者之一，若沒有「三個代表」，以工農為主體的共產黨，要「共」的就是他這樣的大富豪的「產」，他要麼像昔日的船王盧作孚那樣服毒自盡，要麼像今日的重慶商人那樣被打成黑社會。不僅被共產，還要被共妻，那麼，老婆長得再漂亮又有何意義呢？

其實，梁氏的這幾句話當由黨魁習近平來講。誰也不知道梁氏的老婆究竟有多漂亮，習近平老婆的美貌則是家喻戶曉。作為

共產黨員，習近平本人早就以身作則了：他的老婆是美若天仙的歌星彭麗媛，歌美，人亦美，誰不羨慕呢？若是將「如花美眷」寫入習近平的「中國夢」裡，一定是這個夢當中最美妙的部分，比之胡錦濤斬釘截鐵的「不走邪路」更能振奮人心。

當年，習近平還是一個名不見經傳的基層官員時，彭麗媛早已是名滿天下的大歌星。彭「下嫁」習，不就是看中他在黨內的遠大前程嗎？就外貌來說，土包子習近平配不上彭麗媛，但彭麗媛慧眼識英才，選好了「績優股」，終於當上了「國母」。在習近平這個榜樣的感召下，一定會有更多優秀的男青年爭先恐後加入共產黨。過去是「書中自有顏如玉」，如今是「入黨自有顏如玉」，誰能拒絕黨的魅力呢？

共產黨員的老婆有多漂亮？習近平在黨代會上特別提議默哀悼念毛太祖，毛太祖連續犯下多次重婚罪，老婆果然是一個比一個漂亮。然而，毛的妻子個個都「不得好死」：情意綿綿的結髮妻楊開慧，被無情的丈夫借刀殺人，死於國民黨的槍下；在長征路上受盡磨難的賀子珍，後來成為可憐的精神病人，鬱鬱而終；千嬌百媚的上海灘演員江青，一度號稱延安四大美女之一，晚年則淪為「主席讓咬誰就咬誰」的一條瘋狗，最後在軟禁中用絲襪上吊而死。

物換星移，與時俱進；美醜在天，各安其命。天上掉下個總書記帽子的江澤民，糟糠之妻難以下堂，想以宋祖英為國母而不得，乃至抱憾終生，只能在外交場合不顧禮儀，定睛美女，恨不得生吞活剝之；接到黨國領袖這個燙手山芋的習近平，雖然本人其貌不揚、肥胖如豬，但娶了擁有少將軍銜的歌星彭麗媛，在周遊列國時，終於可以靠妻子博得媒體的版面了。

共產黨官員的妻子，美貌度遠遠高於普通百姓。即便是夫妻一起淪為階下囚的薄熙來和谷開來，也曾是北大一對人人羨慕的金童玉女。至於薄熙來爆出「與多名女性有不正常性關係」之醜聞，谷開來與洋人和下屬勾勾搭搭，不是因為夫妻二人失去了「革命愛情」，而是因為搶班奪權沒有成功。

為什麼共產黨員的老婆都很漂亮呢？並非梁老總所說的「共產黨員有理想，有獻身精神」，而是共產黨員掌握了躋身權貴階層的入場券。共產黨員或為「表叔」（手上戴名錶），或為「房叔」（擁有無數房產），或占礦為王，或圈地為王，哪個女人不想嫁呢？即便當不了正房，當二奶或小三也不錯啊。

鴻忠搶筆，高升津門

當天津代理市委書記、市長黃興國被中紀委調查之後，接替者居然是地方諸侯中官聲最惡劣的湖北省委書記李鴻忠。雖然表面上看天津市委書記和湖北省委書記是平級，但天津是緊鄰北京的直轄市，天津市委書記進入政治局的機率高於湖北省委書記，所以這次調動對李鴻忠來說算是高升——他有可能憑藉天津市書記的職位，進入下一屆政治局。

歷史學者吳思曾發明「潛規則」一詞。所謂「潛規則」，指在主流意識形態或正式制度所明文規定的規則之外，人們私下認可的行為約束。中共的人才選拔制度中，充滿各種「潛規則」，比如專門提拔有污點的官員，上級使用這類把柄掌握在手的官員，可以如臂使指、收放自如。習近平時代，若干「潛規則」堂而皇之地成為檯面上的「明規則」，比如平庸、粗魯、溜鬚拍馬、察言觀色之徒，紛紛青雲直上、飛黃騰達。

　　李鴻忠是「鴻忠搶筆」這個現代成語的主角。2010年，在全國人大的記者會上，《人民日報》旗下《京華時報》的一位女記者追問發生在湖北的「鄧玉嬌刺殺淫官案」（此案後來被導演賈樟柯改編成電影《天注定》），李鴻忠惱羞成怒，當場出手搶奪記者的錄音筆，身手之敏捷，力道之強橫，宛如魯智深、李逵之流。女記者花容失色，放下錄音筆就逃跑。

　　此事引發輿論大嘩，數百名媒體人士就「錄音筆事件」發表致全國人大的公開信，要求李鴻忠向新聞界及公眾道歉並辭職，同時籲求全國人大主席團和秘書處立即啓動對其調查及彈劾程序。公開信說，「李氏表現，辜負民眾信託，有損人大威儀，於國，於黨，於民，流弊昭然」。公開信呼籲中國新聞界與知識界「同聲相應，知恥而後勇，合力聲討李鴻忠事件的惡劣影響」。李鴻忠拒絕道歉，接受廣東媒體訪問時說，這件事純屬誤會。在當局的庇護下，此事後來不了了之。

　　李鴻忠的劣跡當然不止這一樁。2015年6月，滿載四百五十四人的「東方之星」遊輪在湖北監利縣傾覆，造成四百四十二人遇難的慘劇。其中，僅僅十二人逃生，有八人是自己游上岸，兩人被村民救起。李鴻忠不顧輿論譴責與諷刺，將慘劇當作好事宣揚，下令湖北當局對參與救援的九十九個單位、兩百五十三人「大力表彰」。

　　爲什麼李鴻忠能獲得提升呢？因爲他深得習近平的歡心。李鴻忠是秘書出身，其仕途的起點爲擔任前國務委員李鐵映的秘書，身上帶有「秘書幫」成員的特點：好做秀、好溜鬚拍馬、善於察言觀色。習近平到慶豐吃包子、街頭搭計程車之後，李鴻忠也曾到農家包餃子、排隊擠公車，以此向習看齊。2016年年初，

近半數地方諸侯向「習核心」表忠，李鴻忠緊隨黃興國，表態速度位列前三甲，爭當「政治上的明白人」。

習近平用人，專門用民間輿論最差的人。習近平將民間輿論（包括海外媒體）當作「敵對勢力」，用毛澤東的話來說，凡敵人反對的我們就要支持，凡敵人支持的我們就要反對。

評論人高新指出：「在習近平眼裡，凡是『政治上強』的幹部，都會受到外部媒體的『打擊和諷刺』。李鴻忠在政治上最『知名』的作爲，就是和當時的天津市委代書記黃興國同時喊出了擁戴『習核心』的口號。而李鴻忠比黃興國向習近平獻媚的更多舉動，除了在宣傳口號上把『政治上強』昇華爲『政治上硬』，令習近平龍顏大悅以外，更多『向習總書記看齊』的具體行動，也讓習近平懷有一種再不提拔李鴻忠都不好意思的強烈感覺。」

「粗魯」是習近平在李鴻忠身上發現的美好品格，因爲習近平也對自己的粗魯感到驕傲。於是，李鴻忠的高升就在情理之中。

比日本天皇還要威風八面的中共地方官

根據日本媒體報導，天皇和皇后搭乘新幹線前往海嘯災區視察。車隊從皇宮出發後，在路上遇上一個吊車車隊，天皇指示先讓吊車通行，沒想到耽誤到搭乘新幹線的行程，讓新幹線多等了兩分鐘，影響到其他旅客的乘車時間。天皇得知後相當內疚，對國民表達抱歉，並指示宮內廳未來有出訪行程一定要提前出發。

與此同時，中國也發生了一則新聞事件：四川廣元的上班尖峰期，兩輛公用轎車在明月峽收費站拒交通行卡，滯留三十九分鐘，致使交通堵塞三個小時。一司機口出狂言：「我們領導

官大。」司機脾氣當然是領導慣出來的。《廣元晚報》頭版報導後，電子版竟遭撤稿，一片空白！網友紛紛質疑：「領導，你官到底有多大呢？竟有如此威力？」

近代以來，在日本的國家結構中，天皇具有神一樣至高無上的地位。二戰之後，麥克阿瑟主導對日本的改造，將天皇從神壇拉回人間。不過，直到今日，日本皇室仍比歐洲各王室擁有更大的權威，歐洲媒體和公眾喜歡講王室的花邊新聞，日本絕對不會出現此種情形。

日本學者安丸良夫在《近代天皇觀的形成》一書中指出：「天皇制集中代表了最具權威、禁忌性的層次，時至今日依然發揮著秩序中樞的作用。」儘管如此，天皇及皇室成員在媒體和公眾面前卻表現得謙虛、柔和。這一次，導致新幹線晚發車兩分鐘，本是微不足道的小事，且並非天皇惡意遲到，也沒有民眾要求天皇對此表態，天皇卻主動向國民道歉。這樣的天皇，難怪會受到國民的尊重和愛戴。

與之相反，中國的大小官員，個個儼然是國民的父母、尊者，是賞飯給大家吃的主人。廣元大塞車事件中，連司機都如此趾高氣揚、氣焰囂張，主人該是何等不可一世、飛揚跋扈。之後，涉事官員能讓媒體撤稿，其官職一定達到了某種級別。不過，即便當事人是廣元市委書記或市長，也不過是六、七品的「芝麻官」。「芝麻官」以「土皇帝」的面貌凌駕於公共利益之上，這是唯獨獨裁中國才有的怪現狀。

日本天皇體貼民意，中共狗官卻視國民如芻狗。湖南臨武縣瓜農鄧正加被城管毆打身亡後，有網友回憶起小時候看過的抗日電影《小兵張嘎》中的情節：張嘎在路邊賣西瓜，看見日本翻譯

196

官走來，他沒有拔腿就跑，反而大聲吆喝。日本翻譯官蹲下來吃了西瓜，沒有驅逐小兵張嘎，也沒有收他稅，更沒有打他。有沒有搞錯，當年的那個導演故意美化敵人，日本鬼子居然比城管還要和藹可親？

那場血雨腥風的抗日仗是白打了。若中國由日本人統治，至少不會出現共產黨城管這個兇殘的物種。

如果鄧正加有來生，他是願意變成日本人，有一個會向國民道歉的天皇？還是繼續成為中國人，任由殘民以逞的共產黨狗官來欺凌與虐殺？

死不瞑目的鄧正加一定選擇前者，曾經受共產黨仇日教育洗腦的我也一定選擇前者，我更相信任何一個具備理性和常識的中國人都會選擇前者。

是《環球時報》，還是《環球笑報》？

《環球時報》原來是《下跪時報》

在美國期中選舉結束後的記者會上，川普總統對媒體宣布：「中國已經放棄了 2025 計畫，因為我發現這個計畫很放肆。我對他們說這很冒犯，因為這意味著到 2025 年他們會在經濟上稱霸全球。我說這不會發生。」川普還說，中國作為一個經濟強國，本來可能兩年裡就會超過美國，但是現在還差得遠了。川普霸氣的宣告，儘管主流媒體將信將疑，卻成為社群媒體上的熱門話題。

這是中美貿易戰的第一個回合，川普完勝，習近平完敗。未來幾年，美中雙方還會有更多的回合展開，還會有更尖銳的衝突在政治、軍事和文化各個領域全方面上演。

2018 年 11 月 9 日，一向堅持極左派立場的中國官媒《環球時報》發表題為〈直面中美高科技之爭，我們想說這些〉的評論文章。文章承認「中美貿易戰爆發後，『中國製造 2025』在官方文件和媒體消失」；文章更承認中方這樣做的根本原因：「這首先是中國不希望刺激美國的表現，是我們照顧外部世界感受的一份善意。」這篇文章一改之前對美國喊打喊殺的驕狂之氣，小心翼翼地說：「中國有必要更加認真對待美國的抱怨，在實現科技

進步的方式上聽取外界意見，做出必要調整，例如解決國企補貼問題。」

這篇社評終於無可奈何地承認這個鐵的事實：「中國是高度融入全球化的國家，美國和西方又是全球最大智慧財產權的創造群體和世界最大的市場，中國仍處於相對劣勢，需要將自己的發展計畫與那些國家進行協調，否則就會面對更多困難，效率高不了」。

一篇社論還不夠，《環球時報》次日再次就中美關係發表題為〈中美緩和增加，這是有益的積累〉的社評，文中指出：「美方一直認為中國近年的姿態傲慢、富有挑戰性，中方再次坦誠解釋，闡明態度，對降低美方的疑慮應能產生一定效果。」這簡直就是《環球時報》嚴厲譴責過的「賣國賊」的口吻。

對於中美貿易戰，之前有中國經濟學家提出「鴿派」對策，認為中國沒有實力與美國全面開戰，應當接受美國提出的條件，結果遭致《環球時報》連篇累牘的謾罵。但不到一、兩個月之後，《環球時報》自己也成了「美國代言人」，對美方的立場和感受「將心比心」、「無微不至」；反之，自我反省和自我批判似乎痛定思痛、痛何如哉，要像慈禧太后當年的承諾那樣「量中華之物力，結與國之歡心」。

《環球時報》跟她的主子在言行及精神上完全同構：昨天還在舉目向天，不可一世；今天卻又屈膝下跪，苦苦哀求。《環球時報》的變臉，比川劇中的變臉還要快。我不得不佩服這家姓「黨」的宣傳機構，無論主人將飛盤往哪個方向扔，她都能準確而迅速地叼回來。

胡錫進就是中國的薩哈夫

2018 年 12 月 14 日，美加兩國在華盛頓舉行外長、防長四人會議。《美國之音》報導說，會議談及孟晚舟事件，加拿大外長方慧蘭為加拿大當局拘捕孟晚舟做出辯護，說這不是一項政治決定，只是「按照規則辦事」，她強調：「對於加拿大來說，很重要的一點，就是不把引渡協議用於政治目的。加拿大不會那樣做，我想很明顯，民主國家，包括我們的盟友美國，也會遵循一樣的規則。」美國國務卿蓬佩奧回應說，在追捕孟晚舟時，美國「每一步都在尊重法治」。

中國《環球時報》總編輯胡錫進通常比中國外交部發言人還要大聲，這樣重大的國際議題，他當然不會保持沉默。胡錫進忙得不亦樂乎，又是在微信上發言，又是親手操刀撰寫社論。他承認中國面臨的是「一場非常複雜的博弈」，並指美方在華為這件事上，絕對是「惡意找碴，試圖用美國的法律體系整華為」，又建議華為應首先認真同美國打一場「法律戰爭」，爭取在法律上駁倒美方的所有指控。胡錫進雖然用蘋果手機，卻是華為的忠實支持者，他認為，華為是「如此謹慎、守法的公司」，「決不可能惡意違反美國對伊出口的禁令」，而「美方的證據一定是漏洞百出的，華為有在美國法律體系下打贏這場官司的充分可能性」。

胡錫進一出聲，山河為之變色，他沒有當外交部發言人實在是可惜了，習近平太不善於用人了。胡錫進比現任的那幾個外交部發言人有才，他的言論真假交錯，處處禪機，如同天女散花又妙語連珠。

他首先認為，華為是一家「謹慎」、「守法」的公司，「決不

可能惡意違反美國的禁令」——這句話是法盲的語言：華為是否無罪，不由你個人說了算，而由法官和法庭說了算。而美方的證據是否「漏洞百出」，到時候看呈堂證供就好了。更荒唐的是，違法就是違法，並不存在「惡意」與「善意」之分——難道華為出於「善意」（所謂「善意」，大概就是以犧牲公司「小我」為代價，倒賣美國的高科技產品，為偉大祖國換取伊朗的石油），違法就可以被原諒嗎？

儘管如此，在萬馬齊瘖的中國，胡錫進是唯一說出一些「可以發表出來的真話」的人（說全部的真話的人，如劉曉波、李柏光、李旺陽都被中共害死了）。胡錫進一方面譴責美方「試圖用美國的法律體系整華為」，一方面又對美國法律體系的公正存有相當的信心，他居然認為「華為有在美國法律體系下打贏這場官司的充分可能性」——這不是公然讚美美國是一個法治國家嗎？

每當看到胡錫進的言論，我就情不自禁地哈哈大笑，中國再沒有比他更具搞笑能力的諧星了，就連周星馳也要甘拜下風。在這個意義上，胡錫進就是中國的薩哈夫。

人們也許忘記薩哈夫是何許人。薩哈夫是伊拉克海珊政權下的新聞部長，伊拉克戰爭期間，他每天都出現在伊拉克國家電視臺的新聞中，一身戎裝，威風凜凜，不拿講稿就可滔滔不絕說上幾十分鐘。

「巴格達沒有美軍。」當時在電臺的一位薩哈夫的同僚說，薩哈夫發表完這篇最後的演講後，立即脫掉他的貝雷帽，摘掉軍裝上的肩章，把賓士車的鑰匙扔進底格里斯河，然後就消失了。不久，英國《每日鏡報》報導說，一直被認為是絕不會投降的硬骨頭的薩哈夫，在被捕時卻向美軍低聲下氣地求饒。在被帶上一

輛美軍悍馬裝甲車時，薩哈夫說自己害怕被伊拉克人帶走，並懇求美軍救救他。薩哈夫很聰明，他很清楚一件事，美國人未必會殺他，但是如果他被伊拉克反叛軍逮到，必然會被吊死。

戰事平息之後，薩哈夫離開了他曾經「深愛」的人民，前往阿拉伯聯合大公國當「寓公」（現指寄寓國外的有錢人），他一定在海外帳戶中私藏了不少當年貪污的民脂民膏。

有中國網友感嘆說：「每當我想起世界上一些國家的發言人一臉堅毅，苦大仇深的時候，我就忍不住想起薩哈夫，他的成就，不但是整個阿拉伯世界喜歡，而且連他曾經的敵人，美國人也喜歡，甚至有美國人為他做了專門的網站。」作為中國薩哈夫的胡錫進，青出於藍而勝於藍，生命不止，搞笑不止。即便中共垮臺之後，我們也會懷念他，如同懷念那些我們與中共戰鬥的日子。

中國是綁匪之國

加拿大拘捕華為副董事長孟晚舟之後，中國先後逮捕了前加拿大外交官康明凱和商人斯帕弗，外界普遍認為這是中方的報復行為。加拿大外長方慧蘭告訴媒體，她對於兩位加拿大公民在中國被捕的的命運極為關注：「對於我和總理來說，沒有什麼比國境之外加拿大人被關押更令我們感到切膚之痛。這是我們政府目前要處理的首要任務。」美國國務卿蓬佩奧也指出，中國逮捕加拿大公民的行為「不可接受」，稱他們應獲得釋放。

中國自有其說辭。胡錫進替中共辯護說：「美國、加拿大聯手抓了孟晚舟，他們的法律程序看上去很完美。他們的潛在要求是，如果你們要抓我們的人，請像我們一樣公開透明，比如舉行保釋聽證會。他們知道，中國做不到，中國的司法體系和資訊公

開制度遠不如他們的發達。中國從昨天到今天，連續宣布對兩名加拿大公民實行『審查』，就是抓了他們，而中國政府肯定不會承認這與孟晚舟被抓有關。中國官方說他們從事了危害中國國家安全的活動，雖寥寥幾句，但和美加用一整套法律程序證明他們抓孟晚舟的合理性是一回事，只是中方沒能力像他們那樣講得很漂亮。不錯，中國的法律和輿論能力都弱，但中國的國家利益和美加的同樣真實。」

胡錫進似乎比中國外交部發言人更加誠實，他公然承認中國抓捕加拿大公民跟孟晚舟被捕有關，只是中國政府不願「承認」而已。他也承認「中國的司法體系和資訊公開制度遠不如西方的發達」、「中國的法律和輿論能力都弱」，但是，「我是流氓我怕誰」，中國不必跟西方比賽誰在法治上更進步，只用比賽誰抓的人更多──這不是洩露國家機密，什麼才是洩露國家機密？東廠西廠錦衣衛為何還不出手抓捕洩露國家機密的賣國賊胡錫進？

以交換人質的方式抓捕他國前外交官和國際人權組織成員，向來是中國的拿手好戲，這不是第一次，也不會是最後一次。中國有句古話說，「兩國交兵不斬來使」，但這句話從來只是說說而已，中國從不遵循這一原則。

近代以來，中國經歷的幾次刻骨銘心的「外辱」，如第一次鴉片戰爭、第二次鴉片戰爭、八國聯軍平拳亂等，全都源於統治者無視國際規範、殘酷對待外國使節、商人和傳教士，是為「自取其辱」，是為「自作孽，不可活」，絲毫不值得同情。

所謂「第一次鴉片戰爭」，肇始於清廷使用暴力手段包圍英國商館，軟禁英國駐中國商務總監義律、數十名英國商人長達六星期，迫使英國屈服，後來被譽為民族英雄的欽差大臣林則徐自

以為是地認為，可以像對付中國老百姓那樣隨心所欲地對付外國人。他一意孤行，完全不考慮英國人的反應。

英國歷史學家藍詩玲在《鴉片戰爭》一書中指出，那些關切英國可能有所反應的人，在中國都受到譴責，說他們是懦弱的賣國賊。「林則徐誇稱自己早就預見整起衝突。這場戰爭的每一役都證明絕非如此：每一次交戰，清方都因英國回應的威力而吃驚。」當時，義律在給英國外相的信中特別指出：「清官府無故採取強勢措施，危及英人性命、自由及財產，有辱大英皇權之尊嚴。彼等剝吾人自由，性命操在他們手上。」最終，英國決定為自由貿易開戰。

所謂「第二次鴉片戰爭」，跟鴉片毫無關係：英國要求清廷履行《南京條約》，清廷卻出爾反爾、概不認帳。談判破裂，並非因為條約的具體內容，而是在遞交國書的禮節上卡住了——仍然是半個多世紀前英國使節馬戛爾尼遇到的難題：巴夏禮堅持公使入覲「立而不跪」，清廷則堅持「此事關係國體，萬難允許」。開戰之後，清軍扣押英法使臣三十九人，對他們進行酷刑折磨，導致二十一人死亡。

扣押使臣是咸豐帝下的密旨，稱必要時可將巴夏禮及其隨從「羈留在通，毋令折回」。美國學者何偉業在《英國的課業：十九世紀中國的帝國主義教程》一書中寫道，當外交使團中的倖存者和死者的屍體被送回遠征軍營地時，親眼目擊者莫吉牧師的反應最為典型：「我從未見過比這更讓人憐憫的情景了。他們幾乎不能走路，拖著雙腿向前挪動，他們的手以一種痛苦的姿勢放在胸前，這還能叫手嗎？都已經被扭曲得變了形狀，有的手腕上的傷口已經潰爛，有的手上被繩索捆綁造成的腫脹還沒有消下去，有

的手像鳥爪子一樣蜷曲著，看上去好像已經壞死萎縮了。」倖存者身體的畸殘狀況，是由於手腳被浸濕的繩子緊緊捆在一起而造成的。由於四肢的血液循環被截斷，肌肉腫脹潰爛，傷口化膿，生滿了蛆。死者的屍體更讓人目不忍睹：「屍體本身已經腐爛，沒有一具是清晰可辨的，只是通過破碎的衣物才分辨出了幾個人。」這些消息很快就傳遍各個軍營，士兵們的情緒開始惡化，憤怒到了一種可怕的程度。

英軍總司令額爾金伯爵認為，在活著的和死去的人身體上看到的「侮辱和虐待」的痕跡，是一種暴行——這種暴行侵越了文明與野蠻之間的正常界限，「這樣對待被俘者是兇殘的犯罪」。清廷的這種暴行，直接導致英法聯軍下令火燒皇帝的行宮圓明園。圓明園被燒不是中國的國恥，而只是皇帝被打臉。

所謂「八國聯軍侵華」，則是因為清國士兵無端槍殺了德國公使克林德男爵和日本公使館書記官杉山彬（並對其腹剖心）。以文明古國自命的中國公開支持拳匪之亂，其首要戰略目標竟然是以政府正規軍為主、以拳匪為輔，一起攻陷北京的各國大使館，殺盡各國外交官（以及被使館庇護的外國傳教士、商人和中國基督徒）。按照國際公法，戰爭中應該保護外國僑民，清廷居然公開懸賞捕殺洋人：「殺　洋人賞五十兩、洋婦四十兩、洋孩三十兩。」如果不是這種殺盡外交官、殺盡洋人婦孺的野蠻行徑，怎麼會有八國聯軍的遠征？

以胡錫進的說法來衡量，中共政權絲毫不比清廷更加文明和進步。中國仍然是一個地地道道的綁匪之國。民主國家的官民，去中國之前可要記住孔子的箴言：「危邦不入，亂邦不居。」

政大為何培養出崇拜胡鞍鋼的博士？

臺灣政治大學東亞所博士包淳亮在《奇摩新聞》網站發表了一篇奇文〈中國綜合國力已經超過美國，只是人們不願承認〉。如果不是事先看過作者是誰，我還以為這是作為「義和團機關報」《環球時報》的總編輯胡錫進的傑作。包博士如此才華橫溢，可以「登陸」去毛遂自薦當胡錫進的秘書——要成為「林毅夫第二」，還有很長的路要走。

該文的主旨是為被中共當局拋出來作為中美貿易受挫的替罪羊的「國師」胡鞍鋼辯護。日前，數千名北京清華大學的校友發動連署，要學校開除「禍國殃民」的「胡公公」，偏偏包博士隔海聲援：「我得說，胡鞍鋼與真理的距離，可能比這些詆毀他的人近得多。」

那麼，胡鞍鋼說出了什麼真理呢？包博士認為，最重要的真理就是：中國的綜合國力已經超過美國。這也是包博士自己的判斷。包博士引用常去中國旅遊的、多年前同在民進黨中央黨部工作的一位同事的言論來支持這一判斷，「在不以繁榮著稱的貴州省貴陽市區，三十幾層、四十幾層樓的建築，遠遠多於臺北市。」中國「六百多個市，在格子狀的道路規劃與道路綠化與城市綠化，幾乎都是勝過臺灣所有城市的。」

不僅「硬體」如此，「軟體」也後來居上。「大陸文明進步也

是算快的，現在北京公德心已經接近臺北市。」包博士還指出，相似的認識，也見諸於一位親綠營的同輩文化人；寫作、出書，也開書店的她，最近去過上海與廣州等大陸幾個大城市，在那兒逛書店、看書展，發現大陸大城市許多文化設施已超過臺北，早非吳下阿蒙。

另一方面，包博士對美國不以為然：「若有機會搭乘紐約地鐵，開車經過過芝加哥南城、底特律市區、洛杉磯市中心南側，看過舊金山與隨便一個美國城市市中心的遊民集中區，或許會稍稍調整自己對美國的幻想。」

包博士對中國襃揚和對美國的貶斥，沒有任何精確數據和理論分析，只有來自於匿名的「朋友」在中國走馬觀花的「印象」——連第二手資料都算不上，他卻敢於下肯定性的結論，真不知道他在政大博士班接受的是怎樣的學術訓練，真個是：厲害了，包博士！他的導師理應為培養出此等弟子而感到羞愧。

臺灣讀者如何看待超級博士的「警世恆言」？

包博士的文章後面有七百多條讀者的回響，幾乎是一面倒地否定包博士的高論。看來，民眾的眼光是雪亮的。讀完博士、當上大學老師的人，不一定具備是非真假判斷的常識，難怪臺灣有那麼多博士找不到工作。我僅僅摘錄其中一、二十條留言如下：

——臺灣出這樣的「博士」，真是丟政大的臉。
——今年聽到的最大笑話。
——又是一個去過幾次大陸的大城市，就覺得自己非常了解中國的「所謂」中國專家。

——我住中國四年，中共高官兒女早已不是中國人。

——中芯、疫苗跟「被消失」，是中共國力超過美國的最好證明，確實沒有其他國家能出其右。好啦，馬屁文寫成這樣還臉不紅氣不喘，也算是夠肉麻的了，真的好棒棒，厲害了，你的國！這樣可以了嗎？

——這種發言還需要讀到博士？我家外勞也說菲律賓國力比中國強。

——哈哈哈，那我想請問這位包博士，美國綠卡跟中國居留證你選哪個？吹牛也要有限度。五毛都比你會講。

——祖國這麼好，為什麼中共高官及有錢人的兒女都要往美國送呢？為什麼送出國子女都不想回祖國呢？為什麼說祖國有多好的人，卻從不入籍祖國呢？

——這個土「包」子，看到這個共產專制國家，才剛學會西方文明的表面功夫，就愚昧的開始諂媚中共。

——支那那麼強的話，為什麼一個退休教授孫文廣，為支那廣大低端貧窮人民發個聲，就被消失？

——在此我也要以政大人身分呼籲學校應將你從政大門牆剔除，以免丟政大人臉，另方面我也建議中國科技大學將他這種治學不嚴謹、指鹿為馬資質之人，為恐他誤人子弟應予解聘。

——看來作者滿想當盧麗安第二的？臺灣最多的，就是沒走出過冷氣房的無用學者，只剩一張嘴。

——哈！難怪人家說臺灣的博士生水準低落，看到這篇文章完全了解了。

——我想清朝的僧格林沁也有話說，大清國國力遠遠超過英國。因為他的蒙古騎兵很多，這樣算，對嗎？

──臺灣博士的知識水準低到令人觸目驚心。

──看來你是沒去過大陸，井底之蛙，還博士勒，我看是「博土」吧！喔，你是在「中國」科大做助教喔，有個中國真不一樣，言論和新華社臺灣分社簡稱中時電子報一模一樣，可以去新華社應徵看看，一定馬上錄取。

──習主席下令：增設一位國家副主席給包先生。

可見，包博士的言論騙不了享受言論自由、資訊自由、學術自由並形成獨立思考能力的臺灣民眾。這下我就放心了。垃圾文章似乎不值一駁，但對於「胡鞍鋼的危害有多大」和「中國距離美國有多遠」這兩個問題，我還想進一步做少許闡發。

胡鞍鋼的危害有多大？

香港資深評論人李怡在香港《蘋果日報》發表一篇題為《他們都是胡鞍鋼》的短評，指出胡鞍鋼的問題不是胡鞍鋼個人問題，奴才的錯誤不僅僅是奴才自身的錯誤，而根源出在主子身上。「把所有罪責推給『下必甚焉』的胡鞍鋼，說他『誤導決策者』，決策者這麼容易被誤導的嗎？怎麼就不去講講『上有好者』呢？」

李怡又引用近期在網路上熱傳的一段學者李亞平播講《大明王朝紀事》的影片。李亞平講明朝覆滅的歷史時說：「兩千多年的帝國史告訴我們：每當我國皇帝的龍椅上坐著的是一頭豬時，皇帝的部下不是豬的那一部份，就會被迅速淘汰出局；剩下來的人們就會集體表現得比他們的萬歲爺陛下更像豬。」由此，李怡不免想到，香港特首林鄭月娥接受外媒訪問時說：她最景仰的政

治領袖是習近平，「他愈來愈有魅力和令人敬佩。」最後，李怡得出的結論是：「皇帝的部下，其實人人都是胡鞍鋼。」

而日前在臺灣講學的中國學者朱學勤，接受中央社採訪時感嘆：「改革到了第四十年的時候，居然還出現胡鞍鋼這樣的人，我覺得胡鞍鋼這樣的人比文革第十年的時候四人幫的那些御用班子、御用文人更加醜惡。」朱學勤認為，胡鞍鋼事件「說明我們的改革出大問題，我們的改革根本不是像他們宣傳的那樣烈火朝天」。

他進一步指出，中國的改革早就失敗、早就結束了，在第一個十年結束的時候，「隨著 1989 年的槍聲震響」，中國的改革就結束了，此後三十年是一個盜用改革名義的三十年。「我們生活在一個其實並不改革、但沿用改革年號的時代」，人們的時間都是用了「二手貨」，叫做「二手時間」，而在二手時間持續了三十年後的今天，「才會出現胡鞍鋼這樣的敗類。」

朱學勤認為，胡鞍鋼事件不是他個人的問題，而是整個中國大陸社會逆向淘汰的象徵，「什麼樣的人在大學，什麼樣的人在攫取國家資源做那些假象，就是胡鞍鋼，他再好不過的說明，這三十年來在中國發生了什麼事情。」

包博士是不會讀李怡和朱學勤的文章和言論的，因為他心繫祖國，心繫胡鞍鋼。2013 年，包博士出版《自由的兩岸關係》一書，異想天開地主張臺灣民意代表加入中國全國人大，「以一個議會主權解決兩岸爭議」。他連全國人大是中共的橡皮圖章這個明明可見的事實都視而不見，他的建議不單是與虎謀皮，而且是捨身為奴了。

2015 年，包博士又出版《一黨制國家的雙首長制》一書，對

俄國、越南與中國的政治體制進行分析比較。不知道身為國務院總理、實際上不如習近平秘書的李克強，聽到「雙首長制」這樣的天方夜譚，不知該哭還是該笑，還是哭笑不得？

2016 年，包博士又出版時論集《中國可以偉大的五十個理由》──這本書明顯是跟英國記者大衛·馬里歐&和加拿大卡爾·拉克洛伊的《中國無法偉大的 50 個理由》一書唱對臺戲。然而，那兩位作者都在中國生活多年，對中國瞭如指掌，其作品乃是：「鼓勵中國人民質疑、討論甚至面對自己國家的不足，這樣的著作有多重要？而且是在中國人自取滅亡，把日漸壯大的虛假信念硬是變成真實的存在之前（這樣的國家很難屹立不搖），趕緊振聾發聵的著作。」包博士的作品卻與中共官方出版的宣傳片毫無二致，在民主自由的臺灣能有讀者嗎？

中國距離美國有多遠？

包博士列出一些美國的貧民區，說明美國的強大只是「幻想」，而中國的強大才是事實。然而，他卻從未去過中國的貧民區，他對那些被光鮮的大城市驅逐的「低端人口」毫無興趣──而在美國，政府再偉大，也不能驅逐「低端人口」，所以就連首都華盛頓也被很多窮人和遊民占據了。

包博士對美國的蔑視大概來自於老一輩左派、統派文化人，如陳映真、李敖、陳文茜。然而，我想分享一下在美國生活了七年之久，去過美國三十多個州的城市和鄉村的經驗，美國固然有不少嚴重的社會問題，但美國的富庶和強大確實是無與倫比的。看看美國人家家戶戶的車庫裡面有多少工具，你就知道美國藏富於民、美國人個個都心靈手巧的真相了。

　　自從美國在二戰之後成爲全球唯一的超級大國之後，無論是國家實力、科學技術、文化教育，還是制度優勢、國民素質，始終是「山巔之國」。有中國網友戲稱美國是「燈塔國」，絕非過譽，美國就是自由的燈塔。而百年來與美國爲敵的國家，無論是橫掃千軍如卷席的納粹德國、軍國主義的大日本帝國，還是一度在航太和軍備等領域超越美國、且在全球擁有數十個衛星國的蘇俄，全都灰飛煙滅了。當然，那些不自量力與美國爲敵的中小型「邪惡國家」，更是淪爲「失敗國家」，如北韓、古巴、伊拉克、敘利亞、利比亞、伊朗等。

　　比習近平聰明一百倍的鄧小平在 1979 年訪美時，說過一句意味深長的話：「這幾十年，和美國做朋友的都富裕了。」鄧小平的改革開放，說白了，就是打著左燈往右開，承認美國主導的世界政治經濟秩序，搭美國的便車，「先富起來」。晚近四十年來中國的發展和進步，幾乎可以說是沾美國的光、賺美國的錢。

　　然而，當中國自以爲「強起來」，要在全球範圍內顛覆「美國道路」的時候，美國不再對中國的「西化」保持幻想。2017 年底，川普在上臺後第一份《國家安全戰略報告》中，全面推翻歐巴馬時期中美「戰略夥伴」的說法，直言要「重新辨明我們的敵人」，把中國和俄國並列爲「戰略競爭對手」──也就是敵人。這份報告指出：「過去幾十年裡，美國對華政策都是基於一種理念，即支持中國崛起和納入戰後國際秩序，將使中國實現自由化。但與美國的願望相反，中國以犧牲別國主權爲代價來擴張自己的實力。中國在世界上傳播以腐敗和內部監控爲特徵的政治體系，並且正在建設僅次於美國的強大軍隊。」這才是美中貿易戰的大背景，貿易戰不僅僅是貿易戰，而是政治制度和價值體系之戰。

在過去不到半年的時間內，中美雙方剛一交手，中國就「不再厲害」了：長期在熊市裡掙扎的股市斷崖式下跌百分之二十七，金融連環爆雷，人民幣貶值接近百分之十，可謂潰不成軍。習近平在政治局會議上驚慌失措地喊出「六大維穩」（穩就業、穩金融、穩外貿、穩外資、穩投資、穩預期），說明中國模式已經搖搖欲墜，中國前景不堪設想。與此同時，美國政治經濟形勢大好：政治上，川普支持率超過百分之五十，直追雷根，歐盟、日本、印度等國毫不猶豫地站在美國這一邊；經濟上，美國 GDP增長率高達百分之四點一，股市整體持續上揚，道瓊工業指數上揚百分之二點四五，創造了美股歷史上最長的牛市，就業率創造了近年來的新高，蘋果公司成為人類歷史上首個市值超過一萬億美金的公司。兩國之輸贏立馬可判。

就連中國自己都捲起旗幟，重新回到鄧小平「韜光養晦」的遺訓上，在此時此刻為中國唱讚歌，在時間上晚了一拍，本來是要拍馬屁的卻拍到了馬腿上，說不定被馬踢地吐血而亡。

包博士與習博士的博士學位的含金量差不多，雖然學問無足道也，但勇氣可嘉，在關鍵時刻跟「胡國師」抱團取暖，如果「胡國師」未來有鹹魚翻身的那一天，那麼包博士在中國的前途亦不可限量。

饒宗頤的一生證明了國學就是奴才學

　　香港學者饒宗頤去世後，中聯辦在其官方網站發布消息表示，「國家主席習近平、總理李克強、全國人大委員長張德江、政治局常委汪洋、副總理劉延東、國家副主席李源潮、政治局委員楊潔篪、中央組織部部長陳希、前國家主席胡錦濤、前政治局常委劉雲山、前中紀委書記王岐山等中央領導，以不同方式表示悼念並向其家屬表示慰問。」中聯辦主任王志民當日即到饒宗頤家中慰問悼念，次日再度到饒宗頤家中，「轉達國家主席習近平、總理李克強等國家領導人對饒宗頤先生的逝世表示悼念，對其家屬表示慰問。」

　　中國央視對其極盡讚譽之詞：「饒宗頤先生畢生學術耕耘不輟，藝術創作不止，文化傳承不斷，是中華優秀傳統文化的弘揚者，『一帶一路』文化傳播的實踐者，是中華文化自信的表率。他的學術造詣、藝術成就和國家情懷受到廣泛稱讚，他是香港的自豪，也是國家的驕傲。」央視甚至違反中共信奉的唯物論和無神論，形容饒氏之辭世為「文曲星歸天」。更有香港媒體評論說，國家最高領導人對一位在海外生活的學者公開表示悼念，是超規格表現。饒宗頤的追悼安排，很可能會接近前政協副主席霍英東離世時的追悼規格。

姜子牙的垂釣術

饒宗頤生前常常說自己「喜讀書，不喜交際」。然而，已經九十多歲時，他偏偏不辭辛勞，遠赴北京「朝聖」，雖然沒有見到聖上，倒是見到了兩朝宰相──一次謁見溫家寶，一次謁見李克強。李克強在中南海紫光閣當面稱讚饒氏：「近百歲高齡仍心繫國家發展，學術耕耘不輟，藝術創作不斷，是香港特區的驕傲。」當時，有北京學者認為，這或可視作繼習近平看望北京大學教授湯一介後，中共當局力圖推動傳統文化復興所釋放的又一訊號。

我對於共產黨捧的文人，首先就打一個大大的問號。因為共產黨不會輕易投入資源塑造「國學泰斗」，除非這個「國學泰斗」有益於其統治。從共產黨對待劉曉波和饒宗頤截然不同的態度可以看得一清二楚：不屈服的異議者，一定要囚禁、虐待致死，讓他人望而卻步；曲學阿世的乖乖綿羊，則可樹立為奴才之樣板，讓後繼者絡繹不絕。

饒宗頤從來不是遺世獨立的世外高人。香港評論人古德明指出，饒氏雖故作清高，但香港達官貴人聚會，常常見他身影。他更事君有道，深得中共歡心。2017年，香港易手紀念日前夕，他告訴《廣州日報》記者：「香港回歸祖國懷抱那天，我心情激動，作〈臨江仙·賀香港回歸〉一詞。」2013年，習近平提出「中國夢」，不久，他又撰《中國夢當有文化作為》一文響應。中共當局對於這些言行舉止，當然是看在眼中，樂在心頭。

饒宗頤除了與現任特首林鄭月娥關係密切之外，與香港的建制派人士也關係友好；他是全國政協副主席兼前特首董建華牽頭

成立的「團結香港基金」之名譽顧問，過往亦至少兩度捐出墨寶
予中共在香港的傀儡政黨民建聯（民主建港協進聯盟）拍賣籌款。

頗具諷刺意味的是，在民建聯於 2014 年舉行的籌款晚宴
上，拍賣饒宗頤的兩幅墨寶，分別籌得兩百萬及一百八十萬元。
時任中聯辦主任張曉明首度公開拍賣書法作品，為民建聯籌得人
民幣一千三百八十萬元，加上他獻唱一曲《敢問路在何方》，另
籌得一千一百萬元，讓饒氏望塵莫及。

事隔兩年，民建聯再舉行籌款晚會，饒宗頤同樣捐出墨寶支
持，但「只籌得」三百萬元。張曉明的字畫成交價高達一千八百
八十萬元。學富五車的泰斗被不學無術的貪官打敗，真是大大
「有辱斯文」，不知饒氏當作何感想？

香港學者蔡子強評論說，饒宗頤墨寶的藝術價值肯定較張曉
明的書法為高，然而「捐款者以高價競投張曉明的作品，是希望
討好民建聯與中聯辦」。可見，共產黨雖然用他，亦不過「娼優
蓄之」，共產黨官僚及親共的香港商人，並不是真心尊重其學術
成就及書法藝術，真是自取其辱。

國學不能讓人因真理、得自由

當代中國的「國學熱」，並非自然生成的，而是官方引導。
其源頭是六四屠殺之後，中國出現信仰及文化真空，中共當局深
知馬列毛主義對大眾失去了吸引力，只好重新抬出文革中被毛澤
東摧抑的傳統文化，即譚嗣同所說的「兩千年皆秦制」，來蠱惑
和麻醉人心。穿不倫不類的漢服、讀「弟子規」、召開全球佛教
大會、乃至抵制聖誕節等「洋節」，甚囂塵上，蔚為大觀。於是，
活得比同代人更長的季羨林熬成了「國學大師」。季羨林死後，

家人爭奪遺產，醜態百出，顯示國學大師連「齊家」這個最低標準都未實現。

由此，饒宗頤成了碩果僅存的「國學大師」。這倒符合「香港城邦論」的倡導者陳雲所說的「華夏文化的眞傳在香港」。而臺灣人對饒氏的尊崇，亦源於國民黨當年的「中華文化復興運動」，以及國民黨長期的「中華文化中心主義」的洗腦教育。中華文化的神秘化和巫術化，在香港和臺灣這兩個形式上已經實現現代化的社會，甚至比在中國更加嚴重。

據說，饒宗頤治學範圍極廣，涉及考古學、古文字學、史學、詞學、音樂史、目錄學、方志學等；且精通多國文字，包括英、法、日、德、印、伊拉克語等，並通曉梵文、古巴比倫楔形文字等——這些都是沒有多少人能懂的領域，不懂，人們自然就肅然起敬。

饒氏的弟子汪德邁指出，饒氏的工作能力異於常人，更形容老師是一座「行走的圖書館」：「驚人的記憶力，是饒公成爲卓越文獻學家的原因之一。」然而，實事求是地說，饒氏所做的，僅僅是資料收集和整理工作而已，他並沒有任何一部作出獨特思想創見的著作。他精通多種文字且記憶力驚人，在古代農耕社會固然是一大特長，但在計算機和網路普及的現代社會，幾乎不具備多大的優勢。所謂「行走的圖書館」，難道比得上連小學生都會使用的維基百科和 google 搜尋引擎嗎？

饒宗頤讀書固然很多，但沒有被眞理所光照的知識，即便汗牛充棟、滿坑滿谷，也只是某種讓他可以「貨與帝王家」的資本積累而已，而無法形成可以「因眞理、得自由」的思想和觀念。這就是西學與國學之根本性差異：西學從希臘和希伯來時代開

始，就具備了強烈的「求真意志」，以探索人的自由和解放為旨歸，故而西學能逐漸建構起普通法傳統、法治和契約精神、私有產權和人身自由的保障、代議制等近代文明的關鍵因素；而國學從春秋戰國時代開始，就是合縱連橫，奔走列國，以權術為方法，以權力為導向，所謂「書中自有顏如玉，書中自有黃金屋」，用學者黃文雄的話來說，不過是「帝王統治術、封建護身符、思想的麻藥、倫理緊箍咒。」

擺脫儒家，才能擺脫為奴狀態

當儒學成為國學的主流之後，更是成為生產奴隸和奴才的流水線。黃文雄指出：「儒教強加在百姓身上的，如君君臣臣、夫婦有別，全是合理化社會不平等的奴才道德，大部分百姓雖無力反抗，也不可能真心接受，因此只要統治者管不到，就不會乖乖遵守，所以看在外國傳教士眼裡，自然是一群被動、缺少反省與良心的『良民』。至於少部分內化儒教道德、自願當奴才的臣民，為了顯示盡忠盡孝，便以忠孝節義之名，上演一齣齣父食子、夫殺妻、割股獻君、切肉餵父、易子而食的荒謬場景，終將中國社會帶領至無以復加的變態、病態、畸形狀態。」

對此，日本明治維新時代的思想家福澤諭吉感嘆說：「一個國家社會，若儒術愈發達，儒學愈興盛，只會造成更大的惡，人們的智慧德行每況愈下，惡人與愚者大增，禍患無窮。」難怪福澤諭吉要竭盡全力帶領日本「脫亞入歐」——所謂「脫亞入歐」，其實是「脫華入歐」，也就是擺脫如硫酸般具有腐蝕作用的中國文化的影響，邁向自由獨立的西方文明。

饒宗頤是一名中了儒學之毒甚深的凡夫俗子、趨炎附勢之

徒，在遙遠的帝國邊緣的香港，至多算是一位三心二意的「幫閒」，其作惡程度遠遠比不上那些在中國「擼其袖子蠻幹」的幫凶，如林毅夫、胡鞍鋼、余秋雨、于丹、莫言之流。饒宗頤得享長壽，得益於香港作為英國殖民地的自由與法治的保障，否則，若他在中國，說不定熬不過反右、文革等疾風暴雨的政治運動，即便倖存下來，也沒有一間書房、一張書桌供他吟詩作賦。所以，他當感激的不是共產黨，而是英國人。

畸形的中國文化遵奉「人死為大」的變態原則，為什麼人死了就能享有免於被批評的豁免權呢？既然每個人（特別是公眾人物）都需要「蓋棺論定」，那麼對死者的評論乃至批評就是理所當然的。我常常在某些公眾人物離世時發出「不和諧」的聲音，如季羨林、陳映真、楊絳，惹得很多他們的粉絲乃至為數眾多的「厚道人」不快甚至憤怒。但我堅持認為，既然他們在公共領域享受了讚譽，獲得了有形無形的資源，他們就必須付出接受多元評論乃至負面評論的代價。

饒宗頤當然不是大奸大惡之徒，若是他生長、生活在歐美社會，他不過是一名普普通通的大學教授，他的學問固然有一定的價值，但不會像在華人世界那樣被視為「國寶」。美國沒有「國學」，也沒有對所謂「國學大師」的五體投地，美國是一個平等的社會，開餐廳的人並不會覺得自己比當教授的人低一等，當教授的人也並不會覺得自己比開餐廳的人高一等。而華人世界對瑣碎的知識和人的記憶力的怪異崇拜，乃是源於千年科舉制度的遺風。

雖然饒氏沒有狀元的冠冕，但最高元首習近平悼念其死亡，被人們引以為人生中莫大的榮耀。宋代理學家張載曾有所謂「橫

渠四句」，認爲讀書人要「爲天地立心，爲生民立命，爲往聖繼絕學，爲萬世開太平」，其實不過是儒生書齋中的意淫。饒氏或許做到了「爲往聖繼絕學」——然而，若這種「絕學」不能增進人類的自由和幸福，它不過是某種最低層次的「考古學」罷了。

外國作家救援劉霞，
中國作家在幹什麼？

　　中國人權活動家、諾貝爾和平獎得主劉曉波被中共毒殺之後，其妻劉霞仍處於與世隔絕狀態（編按：2010 年，劉霞在劉曉波獲得諾貝爾獎後被中國政府軟禁至 2018 年 7 月 10 日獲准出境，現居德國柏林。）。劉曉波於 2010 年獲諾貝爾和平獎之後，劉霞即遭到中共當局非法軟禁——正如劉霞所說，在中國，作為劉曉波的妻子，這就是一樁天大的罪行。

西方作家為素不相識的劉霞發聲

　　世人沒有忘記劉霞。美國筆會發表了一份要求習近平立即釋放劉霞的公開信，獲得五十二位著名作家的簽名支持，其中包括諾貝爾文學獎得主柯慈、加拿大文學女王瑪格麗特・愛特伍、英國劇作家湯姆・斯托帕德等。連署人士指出，還劉霞自由，既體現中國作為國際人權公約簽署國的國際義務，亦是中國憲法的保障，因為兩者均有條文保障民眾的言論自由及其他權利。美國筆會主席羅素珊表示，雖然中國官員聲稱劉霞是自由身，但事實是她仍受當局控制，無法接觸親朋戚友和支持者，健康更日漸轉差。

　　以我對習近平暴虐本性的瞭解，這封信不會產生任何實質性

效果。之前，早已有多封有更多簽名者的呼籲書發表，強烈要求中國政府釋放劉曉波。有的有數百名諾貝爾獎得主簽名，有的有數百名漢學家簽名，份量非同尋常。但中共從來都置若罔聞、如風過耳，信件石沉大海。捷克前總統哈維爾生前曾冒雪前往中國駐捷克使館遞交呼籲信，中國使館居然粗暴地閉門謝客，野蠻國家之本質暴露無遺。

不過，即便是「對牛彈琴」，這封公開信還是有其獨特的價值。這封信表明，世界並未忘記劉霞，儘管劉霞被迫處於與世隔絕狀態，但聲援她的聲音終將穿雲裂帛、突破鐵幕。近年來，敢於公開批評中共的外國作家和學者愈來愈少。許多「過於聰明」的西方知識分子，批評美國政府時一副大義凜然狀，面對肆無忌憚地侵犯人權的中國當局時卻做縮頭烏龜。

他們清楚地知道，批評美國政府不用付出任何代價，美國政府並未控制新聞出版，不可能阻攔其作品發表問世；批評中國政府卻需要付出巨大代價——中共宣傳部控制著世界上最大的圖書出版市場，一旦得罪中共當局，無論你是多麼知名的作家，擁有多大的市場號召力，你的作品必定無法在中國公開出版，損失的版稅將非常可觀。然而，這封公開信表明，即便中共財大氣粗，可以迫使西方學術機構將批評中國的文章刪去，但並非所有西方知識分子都願意降低道德底線、向中國卑躬屈膝。

「一口千金」的唐家三少，不覺得中國缺少言論自由

此時此刻，西方作家為劉霞呼籲，中國作家在做什麼呢？一則關於中國富豪作家在瑞士酒吧一擲千金點了杯百年珍藏威士忌的消息廣為流傳。事件主角是在網路上寫武俠的八○後作家張

威，筆名唐家三少。據《中國日報》報導，張威用「唐家三少」
這個筆名寫網路武俠小說，2015 年收入約一千六百八十萬美元。
為了那杯二十毫升、號稱來自世界僅存唯一一瓶一百三十九年歷
史的麥卡倫的單一麥芽蘇格蘭威士忌，張威花了近一萬瑞士法郎
（差不多十萬人民幣）。

當時，張威在名為「魔鬼之地」的酒吧提出要喝那瓶「酒吧
中最貴的酒」的要求。吧檯說，這酒是鎮店之寶，不賣。叫來經
理桑德羅・伯納斯科尼，他也不敢決定，就給擁有這瓶酒的父親
打電話徵求意見。「他對我說，我們下一次遇到這樣的顧客可能
要二十年之後，所以我們應該賣給他。」於是，張威如願以償地
喝到這杯天價酒，並自豪地將消息發表在社群媒體上。

一時間，這瓶酒成了新聞焦點。有人質疑酒的真假，主人拿
到專業機構去鑑定。結果誰都沒有想到——這瓶酒居然是假酒，
「作為一件收藏品幾乎毫無價值」，它很可能是七〇年代蒸餾裝瓶
的。成分分析顯示，它不是單一麥芽，是麥芽和穀物混合釀製的
威士忌。

為了挽救這個醜聞，酒吧主人桑德羅・伯納斯科尼專程飛到
中國，見到張威，當面把喝了假酒的消息告訴他。同時，也把酒
錢全數退還給張威。

故事的結尾皆大歡喜。然而，我感興趣的細節是：當時，張
威並未品出這是假酒，看來他並非品酒行家，亦對名酒背後的文
化傳統知之甚少。他執意要喝那杯酒，不是因為他有貴族氣質，
或者要「為國爭光」，而是為了滿足暴發戶的虛榮心。

這個故事的真正獲益者是那個酒吧老闆，這則新聞成了其
「誠信經商」的免費廣告。與之相比，在中國，假酒比世界上任

何一個國家都要多，喝到假酒的機率當然更高，但一般不會發生酒吧老闆全額退款的「天方夜譚」。

也有人驚訝於中國作家為何如此富裕？張威喝這杯酒的價格，相當於西部地區幾個農民家庭年收入的總和。今天的中國，愈來愈像杜甫筆下「朱門酒肉臭，路有凍死骨」的世界。

中國的各類明星、達人（當然，更多的是商人和權貴）到海外炫富事件，幾乎每天都在美國、歐洲和日本等地發生，因多如牛毛而不足以件件都成為新聞。我之所以記住這個新聞，只是它跟那五十二位西方作家發表呼籲中共釋放劉霞的聯名信同時成為新聞，由此形成鮮明的對比──一群西方作家，熱切關注跟他們並無直接關係的中國異議作家劉曉波的遺孀、本人也是作家和詩人的劉霞的命運，這才是「大愛無疆」；而像唐家三少那樣「先富起來」的中國作家，偏偏對當下中國極度匱乏公平和公義的事實視若無睹，唯一的嗜好就是紙醉金迷、聲色犬馬，「今朝有酒今朝醉」，哪管明日洪水滔天。

千古文人富貴夢

對於唐家三少和莫言這樣的中國作家來說，靠「碼字」（寫小說）躋身富貴階層是最高理想。他們不會覺得中國存在言論不自由和出版不自由，他們的每本書、每個字都可以公開出版，讀者可以到書店買到，也可以不用翻牆就在牆內的網站讀到，難道這還不自由嗎？莫言在法蘭克福書展上反駁外國記者的提問，他認為中國只存在必要的新聞審查制度，如同機場的乘客需要經過安全檢查一樣。這是典型的中國作家才有的幽默。

莫言多少還寫到一胎化政策對生命的戕害，唐家三少的網路

武俠小說就更沒有「危險」了。我沒有讀過唐家三少寫的小說，這類東西不可能具有多少文化內涵。武俠小說是一種統治者大力鼓勵民眾吸食的精神鴉片——中國的公平和正義，從來只出現在武俠小說之中。武俠小說告訴每一個被侮辱和被壓迫的人說，你們不需要自己努力，你們不需要自己吶喊，你們不需要自己戰鬥，武俠小說中永遠有一個無所不能的大俠，會替弱者主持公道，靜靜等候就可以了。「千古文人俠客夢」，豈止是文人，幾乎所有中國人，都把「武俠夢」當成「中國夢」的全部。所以，唐家三少才能有超過諾獎十倍的年收入。

自由只是為有自由需求的人準備的禮物，籠中鳥不需要自由。法國作家卡繆在諾貝爾文學獎演說中鏗鏘有力地宣布：「在人生的各種環境中，無論在短暫聲望的頂峰，還是在專制者的監牢中，或是在言論自由的時刻，作家只有全身心地為真理和為自由奮鬥，它的作品才能因此而偉大，才能獲得億萬民眾的心，贏得他們的承認。他的藝術不應屈服於一切謊言和奴役；因為無論謊言和奴役如何占據統治地位，終將陷於孤立。我們作品的價值，永遠植根於兩項艱鉅的誓言：對於我們明知之事決不說謊；努力反抗壓迫。」卡繆就是這樣做的，劉曉波和劉霞就是這樣做的，那五十二位堅守良知、在給習近不的呼籲書上簽名的西方作家也是這樣做的。

當然，我不是要用卡繆和劉曉波的標準來要求每一個中國作家。畢竟中國只有一個劉曉波這樣的殉道者。但是，為失去自由的劉霞說幾句話，並不會讓莫言和張威這樣的名作家付出坐牢的代價，最多就是被秘密警察請喝一口茶。而少喝一杯十萬元的名酒，可以幫助好些良心犯的家屬度過難關，並不會讓張威成為中

宣部禁書名單上的新人，何樂而不爲呢？

　　劉曉波和他的同仁爲了自由中國早日降臨，付出了生命的代價，中國的知識階層爲什麼不能付出一點點可以承受的代價呢？如果連一點代價都不願付出，就只能接受終身爲奴的命運了──那些躲避崇高、順從暴政、參與謊言的中國作家，即便每天都喝一杯天價美酒，即便獲得諾貝爾獎的加持，仍是一無所有的奴才。

曹長青別褻瀆劉曉波的精神遺產

劉曉波剛剛去世，之前不遺餘力地撰寫數萬字長文辱罵劉曉波及《零八憲章》運動的曹長青，立刻搖身一變，在臺灣媒體上大曬與劉曉波有過一段「友誼」，甚至秀出一張早年與劉曉波的「親密合影」。對此，劉曉波的友人莫之許憤怒地譴責：「像曹某人這樣的大字報文章，本來不值一駁，指出其無恥和扭曲只是為了告訴他及其同類，做了惡，就不要指望沒人會記得，當他再曬出與曉波合影的時候，我只想得起兩個字：『人渣』！」

曹長青是人渣或文痞，當然是仁者見仁，智者見智。但曹長青長期以來對劉曉波的惡意攻擊，確實成為共產黨虐殺劉曉波的計畫的一部分，或者說他間接地配合了共產黨消滅劉曉波的肉體和精神的大陰謀。在這個意義上，曹長青與他口口聲聲要推翻的共產黨，成了親密無間的同路人。

劉曉波是愛和自由的使者，曹長青是仇恨的奴隸

劉曉波不是聖人，不是不可批評。我是劉曉波的好友，也跟劉曉波在某些議題上存有分歧，甚至與劉曉波發生過多次激烈的辯論。君子和而不同，這是再自然不過的事情。然而，曹長青所做的，並非嚴肅認真的批評，也不是希望透過辯論達到「求真」的目標，而是刻意歪曲事實和誹謗對方，就像之前他對劉賓雁、

227

高行健、王丹、胡平以及每一個比他擁有更高知名度的人士「蜀
犬吠日」的辱罵──他居然可以將批判王丹的文字結集成一本專
書，真讓人佩服他有那麼多的時間和精力，他的「仇恨學」像野
草那樣四處蔓延、無邊無際。

然而，曹長青對有關劉曉波的論述，幾乎都是強詞奪理、
邏輯混亂，經不起推敲的。比如，曹長青說劉曉波不是真愛自
由，理由是劉曉波不願選擇流亡西方，到西方享受此生的自由，
而是要回國「享受被擁戴的感覺」，是為了「沽名釣譽」。而他自
己留在美國，才是真正熱愛自由。如此顛倒黑白，將劉曉波的勇
於承擔，抹黑為虛榮之心，這不是以小人之心度君子之腹又是什
麼呢？若是以曹長青的邏輯，劉曉波為了滿足自己的虛榮心付出
「被癌症」而死的代價，那不是太不划算了嗎？若劉曉波是曹長
青所定義的工於心計、精心計算之徒，為什麼劉曉波會選擇這件
虧本的買賣呢？

因為劉曉波不願像曹長青那樣成為仇恨的奴隸，所以曹長青
也將劉曉波當作仇恨的對象。曹長青清楚地知道，無論是將自己
拔高成劉曉波的「敵人」（劉曉波早就宣稱「我沒有敵人」，恐怕
曹長青無論寫多少大字報都無法享有此種「殊榮」），還是將自己
偽裝成劉曉波的朋友，但這樣也不足以成功地「消費」劉曉波；
唯有堂而皇之地踏在劉曉波的屍骨上──雖然劉曉波的骨灰被共
產黨灑入大海，但劉曉波留下了豐富的思想遺產──「曹長青」
這個名字才能被更多人知道。因而，醜化、貶低、解構劉曉波的
精神遺產，成了曹長青的當務之急，甚至比他紙上的「反共大業」
還要重要。

就這樣，曹長青成了名副其實的「食屍人」，連沒有屍體的

劉曉波都不放過，其寄生本領之高強，堪稱舉世無雙。

劉曉波求仁得仁，曹長青與共產黨「精神同構」

　　劉曉波去世之後沒幾天，曹長青急急忙忙地拼湊出一篇曠世奇文──〈別再胡扯「暴力、非暴力」的假議題了！〉他毫無同情和悲憫之心，亦喪失了基本的、正常的人性。在這篇文章中，曹長青模擬了與劉曉波的一場對話：「曉波，你不是痛斥中國人『生活在荒誕中卻沒有荒誕意識』嗎？從你給皇上遞諫言狀子《零八憲章》到被重判十一年；從你高喊『我沒有敵人』、要『非暴力、消除仇恨』，到你走向死亡、被葬身大海的整個過程，難道不是太荒誕了嗎？在你最後清醒的時光裡，是否真真切切地感受到這種荒誕呢？」所以，曹長青的結論是：「劉曉波用生命的代價，徹底否定了他那一堆錯誤的言論。」

　　荒誕的不是劉曉波，而是曹長青自己。劉曉波的生命和思想世界，對曹長青這樣「精緻的利己主義者」來說，真是「夏蟲不足以語冰」。以曹長青的怯懦卑賤、狹隘偏執，豈能理解劉曉波飛蛾撲火、求仁得仁的殉道選擇？劉曉波用生命實踐了「我沒有敵人」和非暴力抗爭的理念，不僅不荒誕，而且崇高而偉岸。劉曉波的殉道，使得以暴易暴、以惡勝惡、成土敗寇的中國二千年專制史有了轉向的可能性。

　　從「八九」學運到《零八憲章》將近二十年的時間，劉曉波的個性從狂放變得謙卑，從銳利變得溫潤，但其始終不變的是非暴力的理念。非暴力對劉曉波來說，不是策略，而是價值和信仰。用劉曉波自己的話來說，「那是一種直面暴虐的超常勇氣，一種忍受痛苦和屈辱的超常能力，用仁愛面對仇恨，以尊嚴面對

羞辱，以寬容面對偏見，以謙卑面對傲慢，以理性面對狂暴，最終逼迫加害者回到理性和平的規則中，從而超越『以暴易暴』的惡性循環」。在此意義上，劉曉波與印度和平運動者甘地、美國民權運動領袖馬丁‧路德‧金恩、南非人權運動者神學家屠圖主教、西藏達賴喇嘛等非暴力的倡導者比肩而立。曹長青若要否定劉曉波，必然也要同時否定這群偉大的哲人和行動者。

歷史選擇了劉曉波，而沒有選擇曹長青。劉曉波的思想是中國民主化道路上的一塊「閃光石」，曹長青的謬論卻是中國現代化過程中必須躲開的「爛泥塘」。若生活在文革期間，曹長青必然是姚文元、余秋雨式的「毛主席的棍子」。幸虧曹長青「生不逢時」，在中國公共知識分子群體中早已聲名狼藉，唯有在臺灣偽裝出「比綠更綠」、「比獨更獨」的模樣騙吃騙喝。不過，這種騙術是無法持久的，臺灣公共知識分子楊憲宏、胡忠信、林保華等人，近期不約而同地評論說，曹長青身上充滿了共產黨特有的氣味。

未受洗禮的劉曉波比自稱基督徒的曹長青離上帝更近

劉曉波從基督精神中取來火種，致力於在中國宣揚愛與公義，而愛與公義唯有在基督信仰中才能得到完美的平衡。正如臺灣學者葉浩在為我的書《不自由國度的自由人：劉曉波的生命與思想世界》所寫的序言中所論：「九〇年代之後的國際上討論轉型正義的文獻，也經常處理『原諒』或『饒恕』與『正義』之間的兩難。學界主流向來認定愛與正義乃不可兼得，甚至必然衝突。但基督教倫理學立場卻傾向指出，『愛』是超越以牙還牙這類的應報性思維，也不該淪為平等互惠之類交易邏輯，雖然拒斥

敵我對立的惡性循環，但也絕不等於認同爲惡者，或取消了爲惡者的惡之所以爲『惡』。」這樣的精神境界，是未來中國民主轉型過程中重要的思想資源，卻是被仇恨所主宰、從來沒有過一個朋友、滿目皆是敵人的曹長青聞所未聞、見所未見的。

在探索基督精神的旅途中，劉曉波是其同代人中走得最遠的一位。劉曉波曾在一篇文章中指出：「耶穌成爲殉難的榜樣：面對權力、財產和美色的誘惑，耶穌說『不』；面對被釘十字架的威脅，耶穌仍然說『不』。更重要的是，耶穌說『不』時，沒有以牙還牙的仇恨和報復，反而滿懷無邊的愛意和寬容；沒有煽動以暴易暴，反而堅守非暴力的消極反抗，一邊馴順地背起十字架，一邊平靜地說『不』！」

未曾受過洗禮的劉曉波，比自稱基督徒的曹長青離上帝更近。曹長青號稱基督徒，卻並不熟悉《聖經》，也不研讀神學，不懂得什麼是愛和犧牲，不懂得什麼是謙卑與奉獻，他尊奉的是共產黨教給他的那套比狠、比毒、比惡的生存方式。他在自由的美國生活了數十年，卻永遠是共產專制思想的囚徒，從不曾眞實地體驗過劉曉波所酣暢的那種大自由和大喜悅。

曹長青是典型的法利賽人和「口炮黨」。他對戳穿「口炮黨」眞相的劉曉波充滿刻骨仇恨，甚至超過了對共產黨的仇恨，正如青年一代人權活動者古懿諷刺的那樣：「他們在大洋彼岸做夢都想著殺死自己的敵人，但劉曉波在他們敵人的籠子裡說：我沒有敵人，於是劉曉波就成了他們的第二個敵人。在劉曉波殉難的時候，他們才把劉曉波稱作朋友，因爲他們需要用劉曉波的生命點燃怒火，燒死第一個敵人。」幸運的是，劉曉波雖然離開了，卻不會輕易被他們利用，劉曉波的思想遺產像鏡子一樣照出曹長青

之流的「小」來。

曹長青孤家寡人，劉曉波後繼有人

　　卑賤是卑賤者的通行證，這似乎成了卑賤者成功的秘訣。曹長青的卑賤就在於，他的每一篇文章都始於深不見底的「幽暗意識」，並忠於捷克作家克里瑪所說的「陰溝中的氣味」。在這篇惡意橫流的文章中，他貌似幽默地寫到：「沒人逼民運領袖劉曉波、胡平們去搜刮步槍、手榴彈，別先嚇尿褲子了，打出白旗，把老百姓們全攔回去了！」這句話影射劉曉波當年在天安門廣場上勸說撿到戒嚴部隊槍枝的學生和市民交出槍，並在人民英雄紀念碑前親自砸毀的往事。

　　槍枝來歷不明，或許是軍方有意丟棄，讓市民和學生撿到後使用，軍隊就有了開槍殺人的理由。那幾支槍無法對抗擁有重武器的野戰軍，卻能使留守廣場的數千名和平示威的學生和民眾陷入巨大的危險之中。劉曉波的決斷之舉是明智的，挽救了最後撤離廣場的大批民眾的生命。這一點早已被歷史學者所肯定。然而，當時並不在廣場上的曹長青，卻躲藏在遙遠的黑暗角落大肆鼓吹暴力反抗，反正死亡的都是那些跟他沒有關係的無辜者。這種讓人齒冷的冷血與殘酷，跟當年宣稱要用獻血喚醒民眾，但絕對不能流自己的血的學生領袖柴玲真是不分高下。

　　曹長青不僅故意扭曲歷史，而且猛烈攻擊殉道者劉曉波及其同道是「懦夫」：「劉曉波為了自己的活命，也為了做自己的『高級秀』，整出這一堆什麼『非暴力、沒有敵人、沒有仇恨』的景兒，於是一幫對諾獎叩頭的人們就真跟著唱和起來了。鬧不鬧呵！不讓端著刺刀的共產黨笑話嗎！」曹長青驕傲地在其文章的

232

末尾署上寫於「美國夏威夷」的備註，具有諷刺意味的是，鼓吹暴力革命的，偏偏是像曹長青這樣在美國安居樂業者，因為他們永遠不會光臨前線，為他們當炮灰的都是沒有面目的「老百姓」。

其實，稍稍具備一點常識的人都知道，在今天的中國，暴力革命既不具備現實可行性，也不能達成民主憲政的願景。共產黨害怕的，從來不是居住在安全的美國、口頭上鼓吹暴力革命的曹長青，而恰恰是主張非暴力抗爭的劉曉波。共產黨清楚地知道，曹長青是一個色厲內荏、人格破產的孬種，曹長青在外面喊叫一萬聲，也不會威脅到共產黨一絲一毫。

近年來，曹長青日漸成為顧影自憐的孤家寡人，而劉曉波的精神遺產正被愈來愈多中國知識分子和民眾所接受、所承襲、所高舉。

劉曉波的友人、學者金雁在北京舉行的劉曉波追思會上指出：「曉波走了，我們還活著。我們要硬氣的活著，我們要替死者活著，因為他們有沒有做完的事情需要我們去做。東歐的民主運動中，有很多人先後離去，或者被送到了精神病院。他們中間有一句話：在生者和死者之間，有一個道德契約。活著的人有義務把死者的事情完成。」金雁的告白，在天堂的劉曉波一定能聽到，一定深感慰藉。

金庸就是韋小寶

　　一個人的老爸被某個幫派殺掉了，他不去謀劃如何報仇，卻投靠該幫派充當其走卒，如果在金庸的武俠小說中，此人必定是一個禽獸不如的小人、賤人，比如《射鵰英雄傳》中的楊康。因為，無論是出於「殺父之仇，不共戴天」的儒家忠孝倫理，還是按照「盜亦有道」的江湖規矩，不報殺父之仇，就不算是人。

　　然而，極具諷刺意義的是，金庸與共產黨之間就有殺父之仇：金庸的父親單單因為是大地主，就在土改中被共產黨槍決了。據傳國涌所著《金庸傳》中披露，金庸在香港知道父親1951年在海寧縣鎮反中被處決，「曾哭了三天三夜。」弟妹知道金庸心中的痛，他們對他說到這段往事的冷靜感到驚訝，他們推測作為政論家的兄長，以理智為先，「父親的死和慘烈的國共內戰中陣亡的一員將士沒有二致。」金庸的父親在1985年獲得一紙「平反」，金庸本人則有一篇俯首感恩的致謝信，稱「這是大時代翻天覆地大動盪中極難避免的普通悲劇」——很有點龍應台《大江大海》的味道。

　　逃到香港苟全性命的金庸，等到依靠英國的良好制度而功成名就之後，偏偏挖空心思擠入共產黨外圍組織，晚年甚至冠冕堂皇地教導媒體要乖乖向解放軍學習。金庸不單說，「新聞工作者首要任務同解放軍一樣，也是聽黨與政府的指揮，團結全國

人民，負責保衛國家人民，不受外國的顛覆和侵略。」還指稱，香港人珍惜的新聞自由是「新聞事業老闆的自由」；並用大量事實「痛斥西方所鼓吹的新聞自由、人權大於主權的極端荒謬性。」他完全忘記了自己曾經在 1989 年的天安門屠殺之後，怒髮衝冠、拂袖而去的經歷，而他所讚美的解放軍就是當年開槍殺人的解放軍，只此一家，別無分店。

所以，2018 年金庸的死亡跟之前李敖的死亡一樣，我都漠然無感，儘管我少年時代曾癡迷過金庸的武俠小說以及由此改編的香港電視連續劇。

我與金庸的一面之緣

我與金庸有過一面之緣。那是 2000 年在北大召開「金庸小說國際研討會」的時候，嚴家炎教授邀我出席並發表論文。我還在北大唸碩士班，是出席會議的最年輕的論文作者。我也是唯一一個在大會上指出金庸作品的思想與價值缺陷的發言者。我在論文中將金庸與古龍作比較，認為古龍的作品具有西方現代主義的特質，表達了捍衛個人主義、生命尊嚴、自由精神的現代理念；而金庸的作品傳達的仍是儒家大一統觀念、君臣父子倫理，是《三俠五義》傳統之延續，俠儒合一，俠道互補，不是顛覆，乃是維護既有的帝國秩序。

有趣的是，學術研討會期間，金庸一直坐在臺下傾聽學者們的發言——他不會不知道他在現場的存在，本身就是對發言者的言論自由的某種無形束縛。那些「成熟」、「圓融」的學者們當然不會當面提出批評性的意見，只有我是初生牛犢不怕虎，直抒胸臆，不留情面。當我發言完畢後，金庸特意走上前來，微笑著跟

我握手，客氣地表示感謝。這是典型的儒家所追求的「君子」人格。

然而，在「君子」溫文爾雅的表象背後，隱藏著人性的幽暗。作為小說家的金庸與作為政治掮客的查良鏞（金庸的本名）之間，存在著明顯的裂隙。金庸長期居住在香港，最瞭解他的當然是香港人。金庸去世之後，有三位不同世代的香港人，對其一生作出了最為深刻的剖析。

比金庸年紀稍小一點的香港資深評論人李怡，一生所走的方向與金庸背道而馳：金庸早年反共，晚年投共；李怡早年是左派，晚年不僅反共，而且邁出贊同港獨、反對大一統的關鍵一步。李怡敏銳地發現，1981 年與鄧小平會見，使金庸在政治上向中共回歸。金庸第一次去北京開會後回港，寫了〈參草漫談〉，大意是：香港九七後只要維持法治、自由就好，民主非必要且有害。當時，李怡即撰文反駁說：香港的法治自由，是源於宗主國英國的民主保障；九七年後換了沒有民主的宗主國，香港的法治自由如何保障？金庸無法回答李怡的反問，遂用邀請李怡為《明報》寫專欄的方式來拉攏。李怡豈不知金庸肚子裡的小算盤，「吃人嘴軟，拿人手軟」，得了稿費，失去的就是言論的自由和獨立。他立即對金庸的「好意」婉拒，此後一直與之保持君子之交淡如水的關係。

中國的韋小寶與香港的陌生人

香港大律師、曾代表民主派當選立法會議員的吳靄儀，早年在《明報》當過副總編輯，跟金庸有過長期間、近距離的接觸。吳靄儀特別指出，金庸筆下韋小寶的這個角色，勾劃出極權下領

導人的「諍友」最終可能處的位置。她在對比不同版本的金庸作品後發現，金庸在修訂新版《鹿鼎記》的過程中，甚至在其後的評論解讀，把韋小寶寫得愈來愈容易接受，甚至可愛，在文學上、在政治觀上都令人遺憾。「在政治觀上，美化韋小寶的角色是不道德的，寫實就是寫實，即使出於政治需要，有時要做出違反原則的事情，也不必將它說成無傷大雅，甚至值得欣賞。」由此可知，金庸對韋小寶的肯定，就是對自己的肯定。當金庸愈來愈走近生命的終點之際，發現自己跟韋小寶這個人物具有高度「同構性」，於是不惜耗費所剩無幾的時間和精力修訂舊作，力求將韋小寶重新「英雄化」。

　　而更年輕一代「天然獨」的評論人盧斯達，更發現金庸在精神上是一名「香港的陌生人」：與其說金庸是香港人，倒不如說他是北京人。金庸一生都沒有走出的陰影是：中華人民共和國成立時，他在北京報考外交部員工卻慘遭失敗。他日後參與《基本法》之起草，無非就是向北大人作出「浪子回頭」的表示。

　　正如盧斯達所說，金庸最大的弱點在於「永遠無法融入東道主的社會，對保護者的價值觀缺乏起碼的尊重，隨時準備恩將仇報，只是因為自身的軟弱，不足以構成任何人的威脅，才保證了自身的安全，但為了假裝自己非常重要，無比熱愛生活在別處的遊戲。」在此意義上，金庸跟習近平享有同一個「中國夢」：「除了 1990 年代以前的氣功大師，世界上沒有幾個人享受的崇拜能超過返鄉的金庸。他付出的代價，不過是順著共產黨的口風說話而已。他畢生的夢想，到暮年才終於成真。」

　　金庸寫不出《悲慘世界》中尚萬強那樣「正面的人物」來，他筆下那些「俠之大者，為國為民」的正面人物，如郭靖、陳家

洛等，大都是蒼白平面的「單向度」的人；反倒是那些壞人，如楊康、岳不群和韋小寶，個個都栩栩如生、神采飛揚。因為人性本惡，因為金庸在潛意識裡將他的愛與怕全都投射到那些「壞人」身上。

金庸與鄧小平之間發展出「友誼」，從之前他大肆讚美周恩來就可見端倪。1986 年，香港評論人金鐘發表〈另一個周恩來〉一文，批判周的忠君思想，金庸在社評中批駁周恩來對毛愚忠的看法，稱讚周「顧全大局維繫政權」，「不止是中共和中共政權的大功臣，更是中華民族的大功臣」。金庸未能趕上被周恩來接見，卻驚喜地得知鄧小平喜歡讀自己的小說，能不受寵若驚嗎？於是，鄧小平成了英明神武的康熙皇帝，金庸則以充當在康熙皇帝身邊插科打諢的韋小寶為一生中最大的光榮。

作爲「制度套利者」的李敖

李敖的死訊傳出，我唯有搖頭而已。對我來說，李敖不是死於 2018 年，而是死於 2005 年——那一年，聲稱一輩子不離開臺灣的李敖展開了「神州文化之旅」，由反對國民黨的鬥士，淪爲諂媚共產黨的奴才。

反對國民黨的鬥士，諂媚共產黨的奴才

臺灣中年以上的讀者，早年受過《文星》時代李敖文化思想啓蒙的文化人，談起李敖來，多少還有些懷舊的意思。我在中學時代也是李敖迷，不過經過六四屠殺的洗禮，思想日漸成熟；進入北大後，我對極權主義的思考，已超過了李敖對威權主義的國民黨的嬉笑怒罵。然後，就是看到李敖的這趟「毀滅之旅」。

李敖回到了闊別半個多世紀的中國，來到他曾經生活過的名爲「皇城」的北京。這個舞臺比臺灣人千百倍，這裡的聚光燈也比臺灣亮千百倍。

然而，在我看來，與其說那是一次「文化之旅」，不如說那是一次「商業之旅」和「統戰之旅」。這是一個在業已初步實現民主化的臺灣找不到位置的過氣人物，不甘寂寞的「最後一秀」、「最後一搏」，宛如白先勇筆下的金大班的最後一夜。這一場耗費中國納稅人無數金錢的輝煌之「秀」、輝煌之「搏」，卻「秀」掉

了、也「搏」掉了李敖在臺灣白色恐怖時代靠坐牢積攢下來的所有老本。

為什麼說李敖此行是「商業之旅」呢？九〇年代初以來，李敖作品的市場已悄然轉移到中國：在已經擁有新聞自由和言論自由的臺灣，他那些罵罵咧咧的大膽言論，無法繼續為他贏得滿堂喝采，民主化之後的臺灣需要建設性的、前瞻性的思想；而在言論不自由的中國，劉曉波等真正的自由思想者都被消音了，一般讀者只能透過閱讀李敖謾罵蔣家王朝的文字，來發洩對更加暴虐的共產黨的不滿，這就是李敖在中國走紅的特殊原因與背景。

另一方面，作為中共國安背景的香港鳳凰衛視的雇員，李敖的中國之行由鳳凰衛視一手策劃，鳳凰衛視獲得全程追蹤報導和播放的特權。

李敖與鳳凰衛視的關係，從來都不簡單。一直以來，鳳凰衛視都是中共「大外宣」戰略中的一枚棋子，是中共在海外的統戰機構。它願意為李敖的行程買單，不是敬仰李敖的才華，而是以此完成黨交付的任務，同時製造傳媒焦點，提升收視率，獲得更高的廣告報酬。李敖與鳳凰衛視的合作，無疑是中共對臺統戰的一大成果。對雙方而言，這種合作如同「周瑜打黃蓋，一個願打，一個願挨」。李敖為了保住這份工作，在這趟行程中刻意呈現「留在黨外」的「編外黨員」的角色，這樣中共才會視之為一支「績優股」。

李敖不是「文化使者」，而是精明無比、善於投資的「另類臺商」。為了商機，商人可以沒有祖國；為了版稅，李敖可以沒有立場。在九〇年代以來中國的圖書市場上，李敖長期是一線暢銷書作家，他十分看重在中國圖書市場占有的份額（龍應台等人

也是如此）。為了保持和拓展在中國圖書市場的利益，李敖不惜克服他渲染的「飛機恐懼症」，飛到中國作這場大秀。李敖到中國，跟數十萬在中國掙錢的臺商一樣，熙熙攘攘，人來人往，無非為了一個「利」字。

李敖在中國所享受的待遇絕非獨立知識分子、作家和學者所能享受到的。且不說在釣魚臺賓館住宿、在人民大會堂的宴會廳舉辦家宴，如此「頂級派頭」全都得到中共高層的首肯；單單是一路上數十名來自中央警備局、熊腰虎背的保鏢貼身護衛，其派頭就不亞於到北京朝拜的連宋等政黨首腦。我不知道「中南海保鏢」的費用由誰買單，當然不會是李敖本人掏腰包——大半由中國納稅人出錢。在中國，納稅人的錢莫名其妙地成了中共的「私房錢」。為了「統戰」需要，中共不會吝惜這點小錢。

中共的錢是燙手的，是需要回報的。「拿人錢財，替人消災」，難怪李敖一啟程就高調宣布他是來「向黨中央報到」的，也難怪李敖一到北京機場便對中外媒體大罵臺獨勢力、鼓吹「祖國統一」，難怪李敖在「屠殺的現場」的天安門城樓上寫下「休戚與共」（「共」，李敖解釋說，亦暗示「共產黨」）的媚詞。真可謂「投之以桃，報之以李」。

李敖訪問中國，足跡只是停留在北京和上海，連他的東北老家都沒有回去。北京和上海，用經濟學家何清漣的話來說，是中共苦心經營的「現代化的櫥窗」，像孤島一樣突兀於廣袤而苦難的中國之外。一貫標榜關心民生疾苦的「大陸型知識分子」李敖，為什麼不到北京上海之外、真實的中國大地上走一走呢？去看看河南上千個愛滋病村，去看看雲貴山區數百萬的失學兒童，去看看老家東北失業工人居住的貧民窟，這才能讓號稱「一百年

來白話文寫作第一」的李敖獲得豐豐富富的寫作素材。

李敖沒有資格批評索忍尼辛

　　平心而論，李敖在北大的演講比我想像中的好——因為他晚年的表現太糟糕了，讓中國有良心的知識分子早已對他不抱任何幻想。他偶爾說幾句人話，反倒會讓人刮目相看。李敖是絕頂聰明的才子，他沒有像中國某些御用文人那樣肉麻地、拙劣地吹捧中共，吹捧得讓被吹捧者感到不舒服。李敖深知，不批評中共無法顯示其勇氣；但他更深知，中共的秦城監獄比臺灣的綠島恐怖千百倍。於是，他對中共的批評採用「扛著紅旗反紅旗」的方式，甚至大段引述毛語錄為自己壯膽。不過，李敖總算抓住「言論自由」的主題，申明言論自由對一個國家民族有益無害，也暗示他知道「祖國大陸」是沒有言論自由的——李敖的作品在中國出版時就經常遭刪節，如他很得意的《孫中山研究》仍不被允許出版，因為中共要保留孫文這個神主牌，不容李敖褻瀆孫文。李敖從來不抗議中共宣傳部對其作品的閹割，他敢得罪「民主無量，獨裁無膽」的國民黨，卻不敢得罪「和尚打傘，無法無天」的共產黨。

　　北大講臺上那些驚人之語很快回饋到主人那裡——中宣部哪裡容許你如此插科打諢？你又不是美國總統。中宣部將鳳凰衛視的高層主管找去訓斥一番，李敖晚上也睡不好覺了，趕緊鞠躬道歉、反省認罪。此後在清華和復旦的演講，立即變得規規矩矩的，連「扛著紅旗反紅旗」的言論亦蕩然無存了。

　　中共這個心胸狹窄、睚眥必報的主子，可比臺灣挑剔而善變的選民更難伺候，李敖總算領教了一回。在接下來的行程中，李

敖絕口不提自由主義，而津津樂道於愛國主義。如《聖經》所說，「那入口的不能髒人，那出口的才能髒人」——李敖愛的是哪個國家？李敖拿的是哪個國家的護照？

　　人心確實比萬物都詭詐。從本質上來說，李敖不是自由主義者，也不是任何一種價值觀的持守者。他是精明的買賣人，只做對自己有利的事而罔顧是非善惡的價值判斷。在評論中國問題時，李敖從來都是「小罵大幫忙」。他的中國之行，對中共而言，利遠遠大於弊。李敖在臺灣指名道姓地大罵蔣介石、蔣經國、李登輝、陳水扁、馬英九、蔡英文等歷屆總統，卻不敢對毛澤東、鄧小平、江澤民、胡錦濤、習近平等中國獨裁者有任何一點不敬的言辭。他知道「入鄉隨俗」，更知道「柿子挑軟的捏」。

　　李敖曾經撰文嚴厲批評七〇年代到臺灣訪問的蘇俄作家、諾貝爾文學獎得主索忍尼辛。李敖認為，作為《古拉格群島》的作者，索忍尼辛訪問在威權主義統治之下的臺灣，沒有為臺灣獄中的良心犯呼籲，此一行動是對臺灣當局的支持，也是對臺灣的異議作家同行們的傷害。對於索氏這位反抗專制的鬥士來說，那趟臺灣之行是其生命中的一大污點。

　　如今，三十年河東、三十年河西，李敖對索忍尼辛的批評變本加厲地回應到他自己身上，這是多麼具有諷刺意義的一幕。李敖在面對國民黨和共產黨時的不同態度，與其說是他本人的重大轉變，不如說這生動地顯示出共產黨比國民黨邪惡、詭詐一百倍的事實。國民黨對付不了李敖，共產黨卻將其玩弄於股掌之中。

　　從那時起，我便宣布廢除之前對李敖的所有讚揚——我曾經將李敖視為北大精神和五四傳統的繼承人，他也是我早年引用警句最多的作家之一。向李敖告別，似乎是我走向成熟的重要步

驟。而那趟到中國的「敗德之行」的十三年之後，早已如一具行屍走肉的李敖，終於風光不再地離開了這個世界。中國的社群媒體上唯有一片罵聲。

李敖不值得臺灣政府褒揚

其實，早在十多年前，李敖在中共安全部背景的鳳凰衛視說「六四屠殺有理、大饑荒是中國強大的必要付出、中國人沒有褲子穿也要造核彈、中共可統治一千年」等高論時，他在靈魂上就已經死了。正如香港評論人蘇賡哲所說：「李敖支持六四鎮壓、支持共黨吞併臺灣、反對香港占領行動。有此三罪，再講什麼都多餘。」

李敖晚年不僅媚共，而且對臺灣民主充滿刻骨仇恨，以「大中國」的變態情懷肆意辱罵臺灣人民追求獨立自主的努力。他甚至沒有陳映眞「眞誠」：陳愛中國，就跑到中國去「安度晚年」，中國作協名譽副主席所享有的副部級醫療待遇，當然超過臺灣普通人的健保水準；李愛中國，卻留在他無比厭惡的臺灣，這不是精神分裂又是什麼？

然而，致力於轉型正義的臺灣文化部長鄭麗君，卻希望民進黨政府褒揚李敖。蔡英文在臉書上亦高度讚揚說：「李敖是個勇於挑戰體制、對抗權威的作家。他對權力者不假辭色，犀利的文筆、特異的言行，都讓同時代的年輕人佩服。可以說那個因為威權壓迫而寂靜無聲的時代，臺灣社會因為有李敖這樣的人，而不再沉悶。」

那麼，李敖筆下的蔡英文又如何呢？他說：「李登輝手下一個老處女，叫蔡英文，替李登輝推出兩國論，同樣一個老處女蔡

英文，今天變成陸委會主委，外國記者問蔡英文是不是中國人，蔡英文說，作為學者研究，我是中國人，作為政治立場，我就不是中國人。真是莫名其妙！難道說你老處女蔡英文，進了女廁就是女人，出了廁所就是中性人、就是男人嗎？」

這種骯髒醜惡的文字，已經溢出論戰的範疇，是赤裸裸的女性歧視和人格侮辱。從這個例子可以看出，姑且不論政治立場，僅僅在文字方面，李敖的影響也是有毒的——我本人在少年時代中遭受過這種毒害。

在萬馬齊喑的九〇年代初的中國，想讀有點叛逆思想的書，大概只有李敖的書可以找得到。有一段時間，李敖的文字讓我心醉神迷，但我逐漸發現此種粗糙、自戀、邏輯混亂的文字禍害無窮，我又像關公刮骨療傷那樣，將此種毒素從自己的思想中剔除掉。

民進黨政府若真的褒揚李敖，就是自取其辱。這不是大愛寬容，而是價值錯亂、「轉型不正義」。李敖不僅為六四屠殺的劊子手塗脂抹粉，還否認二二八屠殺的歷史真相，此等妄人，即便在西方保護言論自由的國家，也會受到法律的追究——在德國，否認納粹屠殺猶太人的事實，不是言論自由，而是犯罪。

李敖不是文學家，不是歷史學者，不是政治評論家，更不是「大師」，他只是精心算計、醉心名利的文化掮客而已。

出版人富察評論說：「骨子裡他一直具有某種傳統中國文人的特質，才子風流是一方面，另外一方面則是機智圓熟的無根遊士，遊刃有餘地周旋在各種政治勢力之間。他被視為大師，恰恰是不出產思想家、而盛產遊士的中華土壤之果實；他能夠影響一兩代人，反過來說明今日的華夏世界在思想方面依舊不可救藥的

屛弱和蒼白；他是民主自由的啓蒙家，凸顯了華夏世界古老專制威權傳統的厚重和凝固。」換言之，李敖的走紅，只能從反面說明華人世界缺乏原創性的思想，滿足於從魯迅到李敖的「罵人的勇敢」——當勇敢成爲衡量知識人的唯一乃至最高標準，新的思想觀念的發明與創造，就成了遙不可及的奢望。

而用學者何清漣的話來說：「李敖是遊走於臺灣與大陸之間的制度套利者。這種『制度套利』，從羅曼·羅蘭訪問蘇聯就開始了，可以舉出一大把例子，包括寫《西行漫記》的斯諾及其帶動的一大堆訪問延安的美國左派都是如此。沒有中共的禮遇，就沒有他們在美國政治中的位置。臺灣作家中的制度套利者，還有比李討巧得多的人。」

我很喜歡「制度套利者」這個名詞，它極爲準確地描述出李敖之流的本質。此類人物利用中國言論不自由的環境與海外言論自由的環境之間的差異，賺取個人利益的最大化。

比李敖更討巧的人是龍應台。李敖畢竟還坐過國民黨的牢，龍應台則從來不曾爲言論自由付出代價，以德國媳婦和高等華人的身分遊走華人文化圈。有一次，應澳洲華人文化團體邀請前去演講，提出頭等艙和五星級酒店的奢華待遇，那還是她當文化部長之前的派頭了。龍應台發表文章，常常在後面加以標註：本文同時發表於臺灣（如《中國時報》或《聯合報》）、香港（如《明報》）、中國（如《南方周末》之類的所謂自由派媒體，其實鐵桶一般的中國，唯有黨營媒體，哪裡有自由派媒體）、新加坡（如《聯合早報》）四地。這說明什麼呢？一個能在四個不同的地方同時贏得喝采的作家，我首先就要打上一個問號。這個事實當然說明這位作家影響力巨大，但更說明這個作家善於經營，在不同的

國家、民族、價值認同之間遊刃有餘，而自己根本沒有牢固、穩定的信念和價值。

與之相比，像劉曉波這樣的知識人，在以上四地都是「高度敏感」的人物，文章在以上四地的大部分媒體都不能公開發表，而且最終以身殉道，是不是太「愚蠢」了呢？

「制度套利者」古已有之，於今為烈。或為「挾洋自重」，或為「站在中國的肩頭耍弄西方」。李敖、龍應台、侯孝賢、成龍、饒宗頤等人利用他們在臺灣、香港的名聲，撬動擁有十三億人口的龐大市場的中國：一本書銷量數十萬，一幅字畫標價百萬，一部電影票房上億，當然都要得到中共宣傳部的放行乃至支持。而張藝謀、艾未未、賈樟柯、汪暉等人則反向而行，先在中國扮演體制外文化人、孤獨的反抗者的角色，以此在西方贏得巨大的名聲，然後再向中共賣身求榮，這樣就能賣出個好價錢。

李敖死了，李敖式的人物不會滅絕。在中國日漸脫離世界文明主潮的今天，此類「制度套利者」還會層出不窮。

第四卷

奸商吸血

肖建華、孔慶東與王丹：
三個北大人的人生歧路

肖建華的紅頂商人之路

2017 年春節前夕，「金融大鱷」肖建華（戶籍登記爲肖建華，但夏輝村宗祠和族譜仍使用蕭姓）。在香港被神秘人士帶回中國大陸。

據香港《南華早報》報導，中國相關人員到香港四季酒店探訪肖建華，勸其與北京合作，但沒有強逼。報導指出，肖建華事件涉及 2015 年有人操控中國股市，最終導致市場崩潰。另外，這次調查也涉及之前落馬的前國家安全部副部長馬建。而馬建的後臺是前國家副主席、有「造王者」之稱的曾慶紅——曾慶紅是江澤民的左右手，據說也是習近平上位的推手，但習近平執政之後，兩人的關係迅速惡化。

中共寧可踐踏香港基本法、掀起軒然大波，也要帶走肖建華，可見肖建華已經成爲最高層政治鬥爭的關鍵棋子。肖建華被脅迫回到中國「協助調查」，是否象徵著習近平與曾慶紅、江澤民之間的矛盾加劇，甚至有可能在中共十九大之前發生一場更大的火拼？

如果抓走肖建華的是習近平的人馬，那麼是不是習近平要殺

人滅口呢？據《紐約時報》報導，肖建華聯合創立的一家企業，曾收購習近平姐姐和姐夫持有的一家投資公司的股份。換言之，肖建華參與習氏家族的理財，是其幕後的「錢袋子」。在黨內鬥爭劇烈之際，習近平先下手為強，將肖控制在手中，使敵對勢力無法從其口中撬出對自己不利的訊息。

如果抓住肖建華的是習近平對立派系的人馬，那麼至少說明習的權力並不如北韓金三胖那麼穩固。習近平的把柄若被其他派系所掌握，他在十九大上的「話事權」必將大大受限，突破兩屆任期的企圖也可能受挫。

在《富比士雜誌》公布的財富排行榜上，肖建華擁有四十一億美元的個人財富，但據說他能調動的資金超過萬億，連馬雲這個級別的人物也受其操控。肖建華的「明天系」已形成以明天科技、西水股份、華資實業、愛使股份等上市公司和交通、能源、媒體、影視、機場、飛機租賃等為核心的實體產業橫軸，以恆泰證券、新時代證券、包商銀行、哈爾濱銀行、濰坊銀行、天安財險、天安人壽、生命人壽、華夏人壽、新時代信託等為核心的金融產業縱軸，確立了產融結合的架構。據《新財富》雜誌調查，「明天系」掌控九家上市公司，控股、參股三十家金融機構。肖建華及「明天系」長期隱形存在，神秘而低調。

近年來，中共高層的權力鬥爭和政治清洗，都是從官商勾結的線索展開：先是巨富被抓，然後是高層落馬。跟清末的胡雪巖一樣，肖建華靠官商勾結而富可敵國，常年在水邊走，不可能不濕鞋。據香港《端傳媒》報導，2013 年傳出肖建華遭相關部門通緝，他避居日本，後來回到香港，以月租五十萬元的費用，長期租住香港四季酒店服務式住宅「四季匯」多個單位，足不出戶，

五名保鏢寸步不離。

誰知，道高一尺，魔高一丈，此次北京動用香港黑社會，成功將肖建華帶回內地「協助調查」。消息傳開，「明天系」的股票應聲而倒，其商業帝國土崩瓦解並非聳人聽聞。如同在孤寂潦倒中慘死的胡雪巖一樣，肖建華的未來不容樂觀。

肖建華的事業始於 1989 年的民主運動。這位出身貧寒之家、刻苦己身、十五歲考上北大的少年人，十八歲已是北大官方學生會的主席，可見他不僅成績優秀且性格早熟、心思縝密。學運高潮期間，肖建華審時度勢、緊跟官方，受同學唾棄，一度心灰意冷，躲入圖書館苦讀。

當鄧小平血腥鎮壓了天安門廣場的抗議活動之後，全國的媒體鋪天蓋地似地發布二十一名學生領袖的通緝令，他們指控的罪行是煽動反革命暴亂。位列名單之首的是跟肖建華同齡的王丹——王丹成立了一個與肖建華領導的官方學生會對立的學生自治組織，以便動員同學參與民主運動。

學運期間，王丹萬眾矚目，肖建華默默無聞。但事後肖建華卻因禍得福，其忠誠表現受到北大校方的讚賞。依照慣例，北大或清華的學生會主席在畢業之後，會上調「共青團」中央工作，為日後的飛黃騰達奠定第一塊基石，胡錦濤、李克強等人的仕途就是如此展開的。然而，不知什麼原因，原本可以在仕途上順利發展的肖建華偏偏棄政從商，是不是六四屠殺的鮮血讓他深感政治的險惡？

然而，在中國經商，官商勾結是唯一的終南捷徑。中國出不了比爾·蓋茲和巴菲特這樣靠自己技術和能力致富的商人。所以，肖建華還是無法絕緣於政治。他雖為寒門子弟，卻成功打入

太子黨集團，幫助多名中共政治局常委一級的大人物的子女經營財產，自己也積攢了驚人的財富。

如同電影《無間道》中的臺詞，「出來混，總要還的，」知道太多秘密的人，最後無法全身而退。所謂「鳥盡弓藏、兔死狗烹」，聰明如肖建華，不可能不知道這個最簡單不過的道理。或許他早已料到會有這一天。此時此刻，不禁讓人想起《紅樓夢》中《好了歌》的詩句：「金滿箱，銀滿箱，展眼乞丐人皆謗。正嘆他人命不長，那知自己歸來喪！」

孔慶東的賣身文痞之路

六四是一個重要的分水嶺。六四之後，那一代的北大人和所有大學生的人生之路迥異。如果說，肖建華走的是一條紅頂商人之路，那麼孔慶東走的便是一條賣身文痞之路。

我與孔慶東相識，始於九〇年代中期。當時，我在北大攻讀碩士學位，孔在北大攻讀博士學位。我聽到不少有關孔的故事：在天安門學生運動期間，孔曾當選北大研究生自治會主席，但很快淡出學運核心圈。在網路上還可查到一張王丹在演講、孔慶東在旁邊傾聽的照片。儘管如此，六四後，孔慶東還是遭到清算，被剝奪念博士的資格，發配到北京郊區的一所中學教書。幾年後，才重新考博士、回北大。

1998 年，北大百年校慶期間，我的處女作《火與冰》幾經周折出版，一石激起千層浪。之後，我將孔慶東的文章推薦給書商，孔的處女作乃問世。我們成為大學生追捧的青年才俊和敢言知識分子，曾結伴赴十多所大學演講和簽名售書，在八九之後沉寂許久的文化界掀起幾許波瀾。

　　然而，我很快發現，孔慶東的身上有著強烈的功名利祿之心，民主自由只是他利用的旗幟而已。在世紀之交中國的劇烈轉型中，孔慶東猛然發現，唯有搖身一變為左派，才能將自己賣與「帝王家」。之後，我們便漸漸疏遠了。再後來，孔慶東不僅肉麻地歌頌毛澤東以及「唱紅打黑」的薄熙來，還對金正日和卡斯楚佩服得五體投地——金正日和卡斯楚死掉的時候，他悲痛欲絕地前去兩國駐華使館弔唁。

　　左派的「鬥爭對象」當然是右派。孔慶東進而攻擊倡導法治的北大教授賀衛方，穢語辱罵《南方人物週刊》記者，由此贏得「三媽教授」之綽號。他變得愈來愈有名，愈來愈有錢，職稱由講師躍為教授，連妻子也換了好幾個。我痛心地寫下了給孔慶東的絕交書，如同昔日嵇康給山巨源的絕交書。

　　孔慶東最出格（離譜）的言論是「罵香港人是狗」。有中國遊客在香港港鐵車廂內吃東西，幾位香港本地人警告他們違反了港鐵附例。陸客反過來辱罵港人，進而在網上引發一場罵戰。

　　孔慶東在名為《第一視頻》的網路電視臺評論說：「很多香港人不認為自己是中國人，總是開口就說我們香港啦，你們中國啦，這種人給人家英國殖民者當走狗當慣了，到現在都是狗，你們不是人。」

　　之後，香港《明報》刊登孔慶東的一篇專訪，孔修正說，他是說「香港有一部分人是狗」。他又反問，他說過不少地方的人「有一部分是狗」，都沒事，為何香港「老虎屁股摸不得」？他又指責說，「部分香港人擁有殖民地優越感的心態，缺乏國家意識。」

　　這段言論已超過了言論自由保護的範疇，是公然宣揚仇恨和歧視。香港各界紛紛譴責孔慶東的言論，但他拒絕道歉，北大亦

未對他作出處罰。這不僅因為北大校長自稱孔的忠實讀者，更因為孔的想法代表了中南海裡習近平的想法。

孔慶東不是吃飽了飯沒事幹，而是「奉旨罵人」。作為睥睨天下的中興之主，習近平對不馴服、愛搞亂、鬧獨立的香港人心存厭惡。在習心目中，港人就是英國人豢養的「走狗」，雖已被收歸中國，卻不肯為新主人服務，而眷戀舊主人，這樣的「狗」，不使勁敲打行嗎？孔慶東投其所好，說出了習近平的心裡話，應當重賞，豈能懲罰？由此，習近平原諒了之前孔慶東為薄熙來辯護、稱薄被捕是「反革命政變」的出格言論；而孔慶東也從薄家的家丁，轉換為習家的家丁，正如魯迅所說「城頭變幻大王旗」，奴才不愁無主人。

王丹的民主自由之路

肖建華出事後，因為《紐約時報》在一篇報導中提及「六四」期間肖建華與王丹同在北大唸書，便有人找在臺灣任教的王丹詢問肖建華的「塵封往事」。王丹在臉書上說：「我要說明的是：第一，我在北大的時候，肖確為學生會主席，但是我跟他是敵對雙方，素無來往。事實上，我還曾經試圖發動學生會改選，把他拉下馬，可惜功敗垂成，八九民運就爆發了；第二，事後至今，我也跟他沒有任何往來。」

中國人重視同學、同鄉關係，各種同學會、同鄉會在海內外數不勝數。即便身在海外的華人，也忘不了參與同學會、同鄉會湊熱鬧。其實，同學和同鄉不是自我選擇的人際關係，而是被動的、由偶然因素形成的微弱的關聯性。即便北大有蔡元培開創的「兼容並包，思想自由」的傳統，北大人與北大人之間，照樣天

壞之別。

　　北大畢業生中，有在共產黨體系內熬成宰相的李克強，有熬成封疆大吏的陸昊、李書磊，有肖建華式的超級富豪，也有王丹、許志永、滕彪那樣的抗爭者。

　　經歷過「六四」試煉的北大學子之間的分化，以及同一個人身上「以今日之我反對昨日之我」的變化，讓人眼花撩亂。當年，通緝令上面的二十一名學生領袖，在超過四分之一世紀之後，「大路朝天，各走一邊」。有的重新投向共產黨的懷抱，寫下悔過書回中國淘金；有的在國內生活，長期受到打壓、監控，鬱鬱不得志；有的放棄政治理想，改為追求學術之不朽，在書齋中其樂融融；有的轉換人生跑道，被上帝呼召成為牧師，傳揚福音；有的繼續從事民主和人道事業，捐出薪水幫助國內異議人士及其家人……他們的故事足以寫成一本精彩的「合傳」。

　　其中，王丹是少數仍然走在民主自由之路上的天安門一代，正如他在臉書上的自我定位：「一個不可救藥的理想主義者；致力於做一個溫和、堅定、建設性的政治反對派；期待未來的中國，能夠重建政治秩序和生活秩序。」他逃亡、被捕、入獄、被迫離開中國，甚至連累母親也入獄，他是政治流亡者，他永不放棄。

　　1989 年的民主運動悲慘地失敗了，但參與那場民主運動的學生和知識分子並非是一無是處的失敗者。在肖建華出事之前，很多人或許會認為，如果拿肖建華與王丹相比，順從共產黨的肖建華是成功者，反抗共產黨的王丹是失敗者，當然要以成功者為榜樣。

　　而在肖建華出事之後，更多人猛然發現：原來，肖建華擁有的金山銀山，包括加拿大護照，都不能保有他的人身安全和人身自由，他在共產黨面前只是一隻隨時可以被捏死的小螞蟻；反

之，王丹在中國之外的土地上，活出了精彩的人生——教書育人（任教於多所大學），出版雜誌（《知識分子》季刊），組織論壇（「中國沙龍」），運作 NGO（華人民主書院），件件都風生水起、有聲有色。王丹在帝國邊陲的臺灣慢慢積蓄力量，終有一天，他和他的學生們會對中共暴政發出正義的反攻。

從臺灣的太陽花學運到香港的占領中環運動，王丹或親臨現場，或隔海觀察。他的學生陳為廷等人成了太陽花學運的先鋒，他也與學生們一起出現在被占領的臺灣立法院的議場之內。我想，在王丹和他的同道人心目中，六四不是過去式，當年那些死難的學生和市民仍未瞑目，繼續為民主自由而奮鬥，是唯一可以告慰死難者的好消息。而比王丹稍稍年輕兩歲的我和王丹都堅信，民主和自由之花必將在中國綻放。

最近幾年，我每年都有機會到臺灣訪問，王丹通常會邀請我去他的課堂上給學生們講課，來聽課的大部分是臺灣學生，也有少許陸生。我們跟年輕學子之間，有坦誠的辯論，思想火花的碰撞。我相信，啟蒙的種子由此播下，我們的努力不會白費。

三名當時北大學生的不同選擇，亦象徵著那一代中國青年以及此後更多的中國青年的不同選擇。肖建華的紅頂商人之路，遭逢了滅頂之災；孔慶東的賣文為奴之路，宛如漆黑的隧道；而王丹的自由民主之路，即將迎來燦爛的黎明。

我願與王丹一路共勉：我們必須接受這樣的事實——六四我們失敗了，零八憲章我們失敗了，我們不能自欺欺人說我們勝利了。我們的人生就是一連串的失敗。但是，我們對自由的熱愛一點都沒有變，我們在失敗的打擊中彰顯生命的價值。在最黑暗的時代，我們沒有放棄對光的渴求。

爲什麼中國民間對陳小魯
出現兩極評價？

　　在海航事件舉世矚目之際，與海航淵源最深的陳小魯，在海南島的一家高級酒店猝死。陳小魯雖然是一介布衣，卻是中共元帥、國務院副總理陳毅的兒子，身分極不尋常。

　　陳小魯死後，中國民間呈現兩極評價。

陳小魯對誰忠誠？

　　陳小魯身分特殊，是個話題人物。不僅因爲他是根正苗紅的「頂級紅二代」——「太子黨」，更因爲他在八〇年代參加趙紫陽組建的「體改所」，六四後受審查而脫離官場下海經商，前幾年公開爲文革中紅衛兵的暴行向當年的老師道歉，並一直與體制內外的開明派保持聯繫，甚至不憚於接觸像六四後唯一坐牢的中央委員、政治局常委會秘書鮑彤等「超級敏感人物」；還有一層原因，他被外界視爲安邦集團的實際控股人之一，在安邦董事長吳曉暉被捕的關鍵時刻突然身亡，更是引起各界矚目。之前，《自由亞洲電臺》曾報導說，安邦案發後，陳小魯也因在該公司報銷巨額出國費用，以及由安邦耗費鉅資出版紀念其父陳毅的書籍，也被官方約談並被限制出境。

　　曾因批評習近平而入獄、被譽爲中國最勇敢的女記者高瑜，

在推特上對陳小魯作出極為正面的評價：「鮑老的生日宴上，他說，上邊這次查安邦也把他查了個底掉，前幾天通知他結論是『沒有他什麼事』，別人要說什麼就隨人家說吧，他要出去旅遊了。那天結束後下樓，我看到他竟然是騎著一輛破舊的自行車來赴宴的，還給他拍了照，和他開玩笑。哪知此一別便成永訣！」

而毛時代的公安部長、總參謀長羅瑞卿的女兒羅點點亦撰文悼念陳小魯，隱晦地提及陳小魯一度在上海失去自由，接受調查，後來才得以脫身。文章中還點出一個耐人尋味的細節：「討論輓聯時，有一句引起爭論，『民能問國，忠能直諫。』有位大哥提出不喜歡這個『忠』字，我卻覺得小魯頗有天下為公的家國情懷，一時激動，就說『建議不改，小魯大哥身上有忠啊，我們都有，雖然都不喜歡』。」

這兩段評價很有意思。高瑜與陳小魯有私人交往，對其作出頗有感情的正面評價，可以理解。但推文中披露出陳騎「破舊的自行車」去赴宴的細節，卻匪夷所思。

這個細節可以感動高瑜，卻不能感動我。我判斷人與事的首要標準是，它是否符合「常識」，凡是不合「常識」的人與事，必然有偽。因為北京普通的中產階級都有私家車，而陳小魯即便不是安邦的大股東，多年來也利用父親的蔭蔽和關係網絡，賺得「金滿箱、銀滿箱」，之前陳還告訴記者說，「他和太太（粟裕將軍的女兒）經常出國旅遊，已經走過了一百零五個國家與地區。每年外出旅遊平均一百天。」由此可見，陳小魯豈是沒有豪車、騎自行車出門的平民百姓？那麼，他為什麼要騎自行車呢？或許他知道這一次會見的都是一群備受打壓的「窮書生」，就故意騎自行車來赴宴，以便貼近這個群體？這就太過造作了。

　　陳小魯的死訊在海外也掀起一些波瀾。陳小魯剛剛死去時，海外有一些「民運人士」，準備藉著追思陳小魯並追查其非「正常死亡」，當作「討習」的藉口。後來看到陳小魯盛大的追悼會才作罷。

　　中國很快傳出陳小魯追悼會的詳情：陳、粟兩家兄妹和子女全部參加。習近平、曾慶紅、王岐山、馬凱、習遠平、習橋橋送了花圈。習遠平、劉蒙、張翔、羅援專程參加。陳的妹夫、外交系統的前高官王光亞說，三月三日政協開幕式結束後，習近平握著他的手說：「小魯是我多年朋友，聽聞小魯去世，深表關注，希望處理好後事！家屬節哀！」

　　由此可見，陳小魯身上雖然沒有覆蓋黨旗（級別不夠），但「生是黨的人，死是黨的鬼」這一點是毫無疑問的。王光亞特意放出習近平親自致哀的消息，這個久經官場的老油條這樣做別有深意在，以此顯示習近平並未因為安邦事件而與昔日地位比他更高、知名度比他更大的知名太子黨陳小魯翻臉。陳小魯從安邦事件中脫身，無疑是得到了習近平的親自批准。陳小魯有沒有問題並不重要，重要的是習近平認為他沒有問題。

　　有趣的是，很多民間人士對陳小魯的評價，既不同於中共官方，也不同於那些知名公知和海外民運人士。或許既沒有個人情感，也不用考慮派系鬥爭等因素，他們的言論坦坦蕩蕩，脫口而出：

　　有人說：「慶豐為他爹修了陵園，陳小魯也準備為他爹修紀念館，如果他們真的有反思，就不該以他們的爹為榮，因為他們爹的成功奪權，是建立在很多炮灰的鮮血之上的，暴力血腥，沒啥好驕傲的。」

也有人說：「陳小魯本就是一壞蛋，出生在土匪世家，怎能不壞？看看他是怎麼反思的，就知道他的思想基準線在哪個地方。什麼不歸罪毛，不歸罪黨，現在只要有點兒道歉反思的意思，便成了需要大肆宣揚的事情，好意思嗎？做完惡魔再來做好人，怎麼做怎麼有理？」

還有人說：「陳小魯在浙江嘉興的杭寧杭州南京高速公路及嘉興標準公司坑農民工群體，拖欠耍賴不給農民工工資，被告上法庭還耍賴，典型土匪強盜派頭。」

看到普通人對陳小魯的評價，就知道公知和民運群體如何脫離中國基層的民意。中國民眾對太子黨、紅二代的厭惡已經到了無以復加的地步，即便是陳小魯這樣「相對較好」的太子黨、紅二代，也在民間得不到絲毫的尊敬和好評。

陳小魯從未走向公民社會

陳小魯對當代中國政治體制、特別是毛澤東、共產黨的認識，從之前英國《金融時報》中文網總編輯張力奮撰寫的一篇訪談中可以看得一清二楚。

談到對毛的評價，陳小魯說：「他是領袖型人物。毛主席和很多共產黨領袖一樣，有救世主的情結，要改變世界，救民於水火，他有他的一套理念，並為這套理念而奮鬥。當然他這個人很特殊，一般人做不到：你既然打下了天下，應該功德圓滿了。他卻搞一場文化大革命，把自己建立的那套東西再打掉。」陳小魯又說：「在重大的哲學問題上，我相信他是真心的。」

對毛的功過問題，他又說：「有功有過，功大於過。經過革命戰爭，建立新中國，最後把中國整合起來的是毛澤東。後來改

革開放取得的很多成就，國際地位的上升也好，和那時的共產黨和毛主席打下的基礎，還是有關聯的，而且不是一般的關聯。他還是一個領袖吧，有功有過。而且，他對中國的影響將是深遠的。」

這樣的評價，基本上在曾當過毛澤東秘書的黨內開明派大佬李銳的三句話「革命有功，執政有錯，文革有罪」的框架內，也符合習近平所說的「前三十年」（毛時代）與「後三十年」（鄧時代）不能割裂的觀念。如果這樣的說法放在德國，就成了「希特勒幫助德國從一戰失敗的陰霾中走出來是有功的」、「希特勒建立第三帝國，修築高速公路，對以後德國的發展是有利的」、「希特勒的《我的奮鬥》說的是真心話。」在德國，這樣的表達不是言論自由，是會被法律治罪的。然而，在中國，陳小魯在此種思維方式下的「道歉」，居然獲得滿堂喝采，為什麼中國的道德和法律底線如此之低？

在我看來，陳小魯的道歉，根本算不上道歉，而是第二次掩蓋真相和真理。正因為中國尚未實現民主化，尚未經歷轉型正義，這樣猶抱琵琶半遮面的道歉，才在民間得到廣泛讚譽。人們認為，不管其認識如何，道歉總比不道歉好吧。這是何其可悲的奴性思維。

從本質上講，陳小魯是「救黨派」，而非民主派或自由派。正如羅點點對「忠」這個概念的認識，陳、羅等革命元老之後，對黨永遠忠貞不渝，即便這個黨吞噬了他們的父輩，即便這個黨屠殺了數千萬的國人。

陳小魯當然不可能徹底否定毛澤東、否定共產黨。因為否定毛澤東，也就意味著否定毛的打手陳毅，否定他們的父輩「打天

下，坐天下」的道路，也就否定他們自己非富即貴的特殊身分。如果沒有毛澤東和共產黨，他們擁有的一切立即化為烏有。這就是陳小魯和其他一些似乎「覺醒」的紅二代——如陶斯亮、秦曉等人——的歷史侷限。

對於「紅二代」在民間口碑不好，陳小魯做了如下這番辯護：「其實，沒當高官的『紅二代』，生活都很普通。他們中的大多數人也就是中等收入，生活得很好的不多，當高官的，發大財的不多。為什麼很多『紅二代』願意參加外地的紀念活動，一個原因就是他們連自己旅遊的錢都沒有。當然了，他們的日子比老百姓好一點，但也有限。像我們這樣經了商的，好一點。話又講回來，像我的企業，我是納稅人，我不吃皇糧，我是自食其力的，我們八中（北京市第八中學）的『紅二代』，很多副部級以上的幹部貪腐的比例很少，說明這代人受過傳統教育，有他的擔當，有他的抱負，也有他的自律。老百姓對『紅二代』有這樣的情緒我也很理解，比如最近審判薄熙來，老百姓好像認為『紅二代』都跟薄熙來一樣，可能嗎？」

這段表述更是荒腔走板、欲蓋彌彰、愈描愈黑。紅二代固然不是個個都「腰纏十萬貫，騎鶴下揚州」，但大部分都屬於空手套白狼的權貴階層。

美國媒體《彭博社》曾經發表長篇報導〈毛澤東繼承人是今天中國頂尖資本主義新貴〉，披露中共八大元老子孫控制中國、累積驚人財富。《彭博社》報導披露，毛澤東繼承人的二十六個紅色後代，控制了中國頂尖國有企業。其中包括國務院已故副總理王震兒子王軍、中共已故領導人鄧小平女婿賀平、已故元老陳雲的兒子陳元，光這三人在 2011 年就掌握達一點六兆美元資

產。《彭博社》追查中共「太子黨」一百零三人的背景、財務與親戚關係，並指出至少有二十六位「紅二代」掌控中國大型國有企業。

這篇報導發表後，中國當局立即封殺《彭博社》網站。中國當局究竟害怕什麼呢？聲稱很多太子黨、紅二代過著「平凡生活」，「受過革命教育」，「很自律」的陳小魯，與其空泛地為太子黨漂白，不如拿出證據來反駁這篇報導中提及的每一個事實，提供中國數百個太子黨家族的財務狀況，這才能讓人信服。

而陳小魯自己，不妨捫心自問：若在西方自由市場經濟的環境下，能如此輕鬆地發財致富嗎？若不是靠著「元帥之子」的身分，怎麼可能一夜暴富呢？陳小魯居然還振振有辭地以「納稅人」、「自食其力」來自我辯解，真是「無恥者無畏」。

記者在這篇訪問的最後，還特別提到一個細節：「在提到臺灣、香港、澳門時，他都特別在每個地名後加上『地區』兩個字。陳毅當過近十年的中國外長，小魯是武官出身，這些國家利益的細節表述至關重要。」

可見此人仍然是一名崇信「大一統」觀念的國家主義者。對他來說，國家主權高於人權，他不會認同聯合國憲章中確立的「住民自決」原則。

陳小魯號稱走過一百零四個國家，但他似乎沒有從近年來取得獨立地位的科索沃、東帝汶那裡得到什麼啟示，也沒有觀察和思考過加拿大魁北克地區、蘇格蘭及西班牙加泰隆尼亞地區的獨立運動及全民公投。他愛中國，愛中共，愛毛澤東，也愛自己的特權地位。

葉簡明是商業奇才或邪教教主？

　　在中共對「粉紅色資本」的新一輪毀滅性打擊中，不可一世的「石油王子」葉簡明淪為人皆不齒的竊國賊和階下囚，他創立的龐大商業帝國「中國華信」也被收歸國有。

　　2016 年，中國華信入選《財富雜誌》評選的世界五百強企業，年僅三十九歲的葉簡明是名列世界五百強的中國公司中最年輕的掌門人。這個出生於福建省建甌市普通家庭的年輕人，二十二歲就已身家不菲，他的發家史則神秘莫測、眾說紛紜。有傳說指葉簡明是中共元帥葉劍英的後人，但葉簡明親自否認，後來證實此說法確為子虛烏有。

　　多年來，葉簡明一直籍籍無名，真正讓他走到臺前的是 2006 年拍賣廈門華航石油公司百分之百的股權。葉簡明以此為起點，建立中國華信能源有限公司，進入石油行業，用葉簡明自己的話來說：「俄油的四千兩百萬噸權益，仕阿布達比一千三百多萬噸權益，再加上查德、哈薩克，總共超過了八千萬噸原油權益，華信已經是中國乃至世界上擁有最大規模的石油權益的公司之一了。」

　　中國華信公布的年收入超過四百億美元，其中包括中東的石油生產、中歐的金融資產、新加坡的貿易以及中國的戰略石油儲備倉庫。

僅在石油行業，華信在短短數年間就成為僅次於中石油、中石化、中海油的第四大石油企業，而且是唯一的「民營企業」——他與軍方的關係盡人皆知，一位知情人士透露，中國華信是中國人民解放軍的供應商，而華信的若干高官也都是軍方退役將領。

華信的後臺老闆是軍方嗎？

華信在早期就成立了兩個基金會：在上海成立「華信公益基金會」，由前一年剛退休的上海警備區原政委李光金擔任執行理事長，中央軍委辦公廳管理局原副局長王宏源擔任常務理事；另外在香港成立「中華能源基金會」，聘請香港民政事務局原局長何志平任秘書長。很多不方便由企業出面做的事情（比如賄賂），就由基金會這個白手套來做。此次華信冰山消融，始於葉簡明的智囊何志平因行賄罪在美國被捕，由此華信陷入全球性的大醜聞。中共隨即拿下葉簡明，算是捨卒保帥、壯士斷腕。

華信表面上是一個「崛起於隴畝之中」的民營企業，卻率先建立黨委和紀委，骨子裡儼然就是一家國企乃至央企。

2012 年，葉簡明在華信籌建黨委，由退休的武警上海總隊原副政委、武警上海政治學院原院長蔣春余擔任黨委書記。當時，上海市正在針對「兩新組織」（新經濟組織和新社會組織）開展黨務工作，這是共產黨黨建的新領域，也是長期以來共產黨的薄弱環節。葉簡明知道在中國是「黨管一切」，正如騰訊的馬化騰所說「我們的公司就是黨的」，他立即命令華信配合上海市委的政策，對接「兩新組織」的黨務工作。

華信投靠軍方，早在福建時期就埋下伏筆。華信早期的一

位核心成員透露，華信進入上海跟原福建高官李光金調滬保持同步。李光金 2006 年起任福建省委常委、省軍區政委，2009 年 5 月調任上海警備區政委，並於次年 7 月退休。「華信剛到上海時，搞了很多將軍書畫展，都是李光金的作用。」葉簡明在福建發展的階段，即拜李光金為靠山，李到了上海，葉亦步亦趨地追隨，「李光金給了葉簡明很多指點。」

跟黨站在一起，跟軍隊站在一起，是在中國做生意的秘訣，如此華信當然能順風順水、扶搖直上。

華信黨委書記蔣春余稱：「華信善於跟國家行為捆綁在一起。」他說，武警執行任務地方化，他在地方有資源優勢，組織、宣傳、紀檢、保衛，都比較通，「如果你人頭不熟，對接會慢些。」蔣也為此獲得了豐厚的回報，華信高層張奇稱，「可能蔣春余一輩子在軍隊拿的工資，都不如他這幾年拿得多。」

在民營企業中，極少有華信這樣敢於「僭越」的——直接使用民企少見的「中國」來冠名。更為奇特的是，其最高管理層董事局的執行董事們早期被稱為「常委」。

對於野心勃勃的葉簡明來說，大概「董事」這一稱呼不足以體現其八面威風，非得用「常委」才能心滿意足。自稱「常委」，他就有了共產黨政治局常委「普天之下，莫非王土，率土之濱，莫非王臣」的滿足感。

只是到了後期，為了避嫌，葉簡明才悄悄去掉稱呼管理層為「常委」這個「公司文化」。但他個人的「常委夢」並未破滅——他的桌面上放著一臺紅色電話，特意模仿著共產黨的最重要成員用來接入安全通信線路的著名「紅機」。雖然他的紅色電話無法打進中南海習近平的辦公室，但「紅色」本身就給他帶來權力的

滿足感。

葉簡明最崇拜毛澤東，最害怕成為胡雪巖和李自成

兩年前，入股俄油經媒體公布出來，華信成為媒體焦點。對此，葉簡明表示，入股俄油後，華信現在貌似輝煌登頂，其實是「三面懸崖」。

葉簡明沒有受過完整的教育（他像習近平那樣用特殊的方式搞到了眩目的學歷），但他講話的氣勢磅礡、高屋建瓴，頗有領袖氣派。他聲稱，要繼續擺正（平衡）華信與國家、華信與商業夥伴、華信與國外朋友的關係，「絕不能重蹈胡雪巖的覆轍！」他未必讀過高陽的《胡雪巖》，至多讀過二月河的《胡雪巖》，或者看過電視連續劇《胡雪巖》，但他深切地知道，在中國的專制制度之下，「紅頂商人」危機四伏，稍不留意，就可能車毀人亡。

當華信「無限風光在險峰」之際，葉簡明在一次公司內部的講話中說道：「因為你成為焦點，就意味著你的每一個言行都會被放大，特別是缺點和不足，你不知不覺中就把人得罪光了；上到山頂可以登高望遠，卻也意味著：向上你已經無路可走，三面可能都是懸崖，一失足會成千古恨。如果山頂正處於嚴冬之中，你一旦遲鈍很快被凍僵，成為失敗的標本。入股俄油讓華信的發展步入『盛夏』，大家現在的心情也如同『盛夏』，其實整個傳統油氣業的『嚴冬』已經到來，這時候是最危險的。」

葉簡明又說：「如果我們驕傲自滿，好事就會變成壞事，就像李自成打到北京去，成功了，他這個點力量很大，但是因為他的思想意識沒跟上，新階段的戰略管控沒跟上，很快在山海關慘敗，而且一敗再敗，再無翻身之日。毛澤東就非常警惕李自成式

的失敗，在抗戰勝利的時候，就強調我們不學李自成；在解放戰爭快勝利，要進北京城，多次提醒隊伍是『進京趕考』，務必保持謙虛謹慎、戒驕戒躁、艱苦樸素的作風。這才能很快放下解放戰爭勝利的包袱，直接轉入更艱苦卓絕的抗美援朝戰爭，最終奠定了新中國的長青基業。」看來，葉簡明「講政治」比搞經濟更在行，這樣的人才，不去從政，只是經商，太可惜了。

用胡雪巖的例子來自我警戒，在中國商界司空見慣，不足爲奇；用李自成和毛澤東這兩個一負一正的例子勉勵公司同仁，暴露出葉簡明「志不在此」，還有更爲宏大的「帝國夢」。不做李自成，要做毛澤東，是中國若干民營企業家的理想。

在中國，毛粉最集中的地方，不是「烏有之鄉」那樣的「毛左網站」，也不是做白日夢的落魄文人圈，而是商界。從華爲的任正非，到阿里巴巴的馬雲，中國的企業家很多都是毛澤東的崇拜者——前者在公司實行毛澤東式的軍事化管理，後者乾脆自己穿上文革樣板戲的服裝上臺演唱。更年輕的葉簡明也不例外，他不可能讀過馬克斯·韋伯的《新教倫理與資本主義精神》，更不知道西方商業文明的淵源和傳統，他的教育背景和知識結構，決定了他的偶像只能是毛澤東——習近平也一樣。

著有《崇拜毛》一書的德國學者丹尼爾·里斯指出，毛澤東死後出現的多種面目的毛澤東崇拜，可以歸因於不同因素，包括幻想破滅、懷舊情緒、復興了的民族驕傲、宗教傳統的合併、商業利益等，所有這些因素，共同把那位前任的中共主席變成白杰明所說的「萬用毛」，毛的陰影將持續不斷地出沒於他的後繼者之中。他在中文版的序言中寫道：「儘管我在本書的結尾處留下了悲觀的評論，預測在中國未來的政治中個人崇拜的問題可能捲

土重來，但政治事件卻進行地比預測得要快得多。」習近平對毛的拙劣效仿，居然得到全黨的支持和民間的默許，而支持者中包括了葉簡明這樣的人物。

葉簡明與習近平及「一帶一路」之關係

《紐約時報》在一篇長篇報導中指出，葉簡明擴張策略，依託的是將習近平宣導的政策轉化成商業機會。幾名受訪人物提及了他與中國軍方及其情報機構之間關係的證據。在習近平大力推進中國「一帶一路」計畫的情況下，中國華信在布拉格設立了歐洲第二總部，並大舉收購歐洲房地產、銀行、保險公司的股權，還收購了一家足球俱樂部。

葉簡明自己反覆強調華信的擴張，得益於習近平「一帶一路」的國家戰略：「我認為，華信如果最後參股俄油成功，七分是有賴於國家『一帶一路』的戰略大勢，兩分是華信對『一帶一路』戰略的敏銳，主動走出去服務國家能源戰略的的初心，不惜代價實踐『一帶一路』的決心，最後的一分是過去十幾年華信民間公共外交積累的全球人脈，華信在能源領域以光明正道積累的商譽以及華信人為實踐『一帶一路』倡議的持續奮鬥。中國建立更廣泛友好的國際關係，推動構建人類命運共同體等等。華信是做石油天然氣的，理所應當要當仁不讓，要為國家分憂，要為人民服務，全力以赴地去實踐『一帶一路』。」他的講話中大量引用習近平的說法，幾近於向習近平表功——在民營企業中，我們是「一帶一路」的最積極的實踐者。

在公開活動中，作為民營企業家的葉簡明，總是跟外國政要走在一起。他曾與以色列總統裴瑞斯、土耳其總統艾爾多安、查

德總統德比、歐盟委員會主席榮克等世界領導人合影，受阿布達比王儲的接見、保加利亞總理也設宴歡迎他。葉簡明還是首位擔任歐洲總統顧問的中國商人：2015 年 4 月，他獲聘擔任捷克總統齊曼的「對華經濟、外交與投資事務顧問」，並協助安排習近平 2016 年對捷克的訪問。在多幅公開新聞照片中，出現葉簡明隨侍在習近平旁邊的鏡頭，簡直搶了習近平智囊王滬寧的風頭。

葉簡明還刻意顯示他與習近平發展出某種親密的個人關係。根據《財富雜誌》的文章披露，葉簡明上海辦公室的牆上掛著一幅裱起來的習近平書法作品──習近平不是書法家，也不像毛澤東那樣喜歡秀書法，葉簡明弄到習近平「一字千金」的毛筆字，顯然不是「踏破鐵鞋無覓處」的結果。

然而，當華信在美國遭到調查、名聲掃地之際，中國也開始對「粉紅色財團」的新一輪打壓──一種比五〇年代「公私合營」更嚴厲的經濟國有化政策箭在弦上。被調查和被定罪的那些一度富可敵國的商業大亨們，其商業王國一夜之間就被政府接管，政府是「愛你沒商量」。葉簡明發誓「緊密圍繞在習近平周圍」，也未能倖免於難。

據一位知情人士的說法，中國領導階層討論了華信案，習近平的一名助手向美國傳達了一個資訊：「中國華信不被支持。」

葉簡明裝神弄鬼宛如李洪志

葉簡明的垮臺，不單單是經濟上的原因──中共不再需要代理人了，直接打赤膊上陣，所以他只能像衛生紙一樣，擦完就被扔掉。葉簡明的垮臺，更是政治上的原因──之前，中紀委高官明確警告說，中國商人不能有非分之想。然而，葉簡明偏偏裝神

弄鬼，宛如法輪功首腦李洪志，以教主和精神導師自居，這就被中共視為潛在的威脅。

在華信內部，葉被描述成隱士一般的國王，即便是董事級別的高層，也甚少有見他的機會。《財新》記者在一篇訪問中寫道，葉簡明多數時間像石像一樣面無表情。「在周圍金黃色的建築基調中，他腳上的素色僧鞋格外顯眼。」他稱不是自己想擺架子，確實有太多人要找他了，「國內那麼多省長、書記，你說他們不想見我嗎？」

在中國華信官網上，葉簡明的簡歷缺乏任何細節，他的職業被概括為「實業家、慈善家」。他的來歷和華信真實業務狀態在內部也顯得模糊。「他的管理是切割式的，其他版塊永遠對你保持神秘，這樣就不會出現資訊上的串通。」一位瞭解葉的人士稱。

隨著財富的幾何級增長，葉簡明本人的榮譽也不斷增加份量。僅 2017 年 6 月底的一次韓國之行，他就拿到了韓國京畿大學名譽政治學博士學位和韓國佛教太古宗「首席金剛大護法」兩個頭銜。

很多中國文化程度有限的商人，財大氣粗之後，自我膨脹的第一個動作，就是扮演思想家、哲學家乃至宗教家角色，不惜故弄玄虛、裝神弄鬼。葉簡明對記者說：「坐在這裡的人，只是肉身的我，在宇宙的另一端還有一個我，他就是思想體。」並且認為，「你的思想能不能打通他，能不能吸收天地的精華，這就是你的悟性。如果你有這種悟性，另外一個我是能為你加持，給你力量的。」

被追問到這種判斷力和決策力是如何修煉出來的時，葉簡明

開門見山：「應該是漸悟和頓悟的結合。」他說自己從來不做什麼研究，也沒有什麼特別愛好，也不迷信，但很多東西，他就是很快就通了，懂了，一眼看到底。「像基督教、佛教、道教。別人看起來像天書一樣，我基本上一下子就讀懂了。」他覺得這就是悟性存在的證明。這些似曾相識的言論，原來法輪功的發明者李洪志就說過。

葉簡明號稱神機妙算、博古通今，如此英明神武，豈不是挑戰了偉大領袖習近平？對於共產黨來說，黨魁同時也是「偉大導師」，毛澤東將昔日由儒家士大夫承擔的「精神導師」職位奪取過來。從此以後，唯有共產黨有資格對人民進行教化和訓導，唯有共產黨有權力對人民的大腦進行洗腦、對人民的精神進行控制，如果其他人和組織妄圖篡奪此權柄，一定會被共產黨這個名副其實的邪教定義為「邪教」。於是，自以為掌握宇宙真理的葉簡明的滅頂之災就降臨了。

華爲的文化就是共產黨文化

毛澤東是華爲的靈魂

2018 年 12 月 18 日，華爲輪值首席執行官胡厚崑呼籲美國、澳大利亞和其他國家的政府提出證據，來支持「華爲產品構成安全風險」的指控。胡厚崑強調，對華爲設備安全性的指責，源於「意識形態和地緣政治」；他警告說，從 5G 網路通信中排除華爲產品，將增加成本，阻礙創新。

西方各國自然會陸續公布華爲替中國政府和中國軍隊服務的證據。胡先生不要著急，心急吃不了熱豆腐。華爲不是一家普通的、正常的、健康的私營企業，華爲與共產黨、解放軍和安全部門有著千絲萬縷的聯繫。而華爲的創始者任正非，早在十多年前就公開宣稱，華爲的文化就是共產黨文化。

一向低調的任正非，有一次在歐洲接受記者訪問時脫口而出：「華爲的文化，某種意義上講，不就是共產黨文化嘛！以客戶爲中心不就是爲人民服務嘛！爲共產主義理想衝鋒在前，享樂在後，不就是奮鬥者文化嘛！董存瑞和黃繼光都是光榮的，共產黨不是長期艱苦奮鬥嘛！共產黨沒有大起大落，豪華生活。」

作爲一名解放軍的退役軍官，任正非非常注重政治學習，熟讀《資本論》等著作，而研讀最深的還是《毛澤東選集》。一名

跟隨任正非多年的老員工說，任正非一有閒工夫，就琢磨毛澤東的兵法怎樣成為華為的戰略。而之前，任正非在部隊期間就是「學毛標兵」。

有左派和毛派人士更撰文指出，仔細去研究華為的發展，以及任正非的管理思想、戰略方法，不難看到毛澤東思想的深深印記。1995 年 12 月 26 日，毛主席誕辰紀念日，任正非在市場部整訓大會上發表了〈目前的形勢與我們的任務〉，題目與毛澤東在 1947 年發表的文章完全相同。而兩篇文章的誕生背景也頗為相似，都是完成了「農村包圍城市」，開始向更大目標攻堅的關鍵時期。

1998 年，任正非寫了一篇〈華為的紅旗究竟能打多久〉，標題就是來自毛澤東在井岡山時期的那篇著名文章，只不過一個是革命樂觀主義精神，一個是深沉的危機意識。

同年，在華為舉行的「產品研發反幼稚大會」上，任正非以《希望寄託在你們身上》為題發表講話，用毛澤東五〇年代訪問蘇聯對中國留學生所講的這句名言，鼓勵華為的年輕研發人員對未來充滿信心，相信華為經過努力，一定能夠發展壯大，成為與國際巨頭比肩的企業。

除了這些，任正非還寫過〈反驕破滿，在思想上艱苦奮鬥〉、〈要從必然王國走向自由王國〉、〈在自我批判中進步〉，他的講話裡還經常可以看到諸如「統帥」、「將軍」、「正規軍」、「土八路」、「新兵蛋子」、「炮火」等軍事詞彙。

對此，美國加州州立大學商學院教授孫滌亦指出：「顯而易見，任正非的精神導師是毛澤東。從理念到概念，乃至行文風格和詞句表述，毛澤東的直接影響無處不在。事實上，有不少企業

家正在自覺或下意識地運用毛澤東的管理哲學、方法、風格,任正非是其中出類拔萃的一位。」

在西方,沒有一個企業家敢說,我們的文化就是納粹文化,希特勒是我們企業的靈魂。然而,任正非卻一邊洋洋得意地宣稱華為的文化就是共產黨文化,毛澤東是華為的靈魂;然後,一邊希望西方民主國家向其敞開大門,任其攻城略地,並將其當著一家跟蘋果、通用一樣的遵循自由市場經濟的法則的企業來對待。西方國家當了太久的「東郭先生」,如果任由這種情況發展下去,華為這頭惡狼必定會在中共的指揮下,咬斷西方的脖子。

孟晚舟事件是民主世界吹響的「狼來了」的第一聲號角。美國、英國、加拿大、澳大利亞、紐西蘭等「五眼聯盟」,以及日本、法國、德國、比利時、捷克、印度等愈來愈多的國家一起向華為說「不」,也就是向中國說「不」。

法盲孟晚舟

被加拿大羈押的華為副董事長、首席財務官孟晚舟,被加拿大法庭准許以一千萬加幣的金額保釋,這讓她可以在溫哥華的家中等待是否會被引渡至美國的命運。

孟晚舟被迫接受法庭開出的若干嚴密監控條件,獲釋後,迅速更新微信朋友圈,留言難掩興奮之情:「我在溫哥華,已回到家人身邊。我以華為為傲,我以祖國為傲!」

孟晚舟是華為的長公主,坐擁數百億美元財富,當然以華為為傲。但她宣稱「以祖國為傲」,就顯得太過矯揉造作了:祖國並沒有派出飛簷走壁、降龍伏虎的「戰狼」,前往溫哥華營救白雪公主——連電影《戰狼》的主角、精通十八般武藝的明星

吳京，都因為逃稅上億人民幣，已被司法人員約談並限制人身自由，正在焦頭爛額地籌款補稅，連出國境的自由都沒有了，哪有心思殺到楓葉國，實現台詞「犯我中華者，雖遠必誅」的豪情壯志。

孟晚舟持香港護照，算是特區居民、高等華人，且法庭證實她並不擁有加拿大護照——她的加拿大永久居民身分早已失效，她所說的祖國當然是中國。但她的丈夫和孩子，要麼是加拿大永久居民，要麼擁有加拿大國籍。一個以祖國為傲的母親，為什麼跑到大洋彼岸去生孩子、讓孩子擁有異國國籍呢？而那些聲援孟女士的中國愛國者們，用污穢不堪的語言辱罵加拿大，他們忘記了加拿大是孟女士的孩子們的祖國，如此行徑讓孟家人情何以堪？

儘管孟女士的愛國心顯得虛情假意，但大度的祖國並沒有忘記孟女士。法庭開庭期間，若干華人面孔的人士在法院外高舉「釋放孟晚舟」的標語，還有人在法庭旁聽時故意不關手機、播放中國國歌。孟女士回家之後，中國駐溫哥華的領事立即上門探訪，這是絕大多數在國外遭遇困境的中國公民不可能享受的優待——之前遭到「伊斯蘭國」恐怖分子綁架的中國平民，一直到被斬首，盼星星、盼月亮，也等不來「偉大祖國」的拯救。

此刻，中國官媒《環球時報》當然不會閒著。《環球時報》發表社評說，孟晚舟被戴上手銬、腳鐐，是受到「粗暴且有辱人格的對待」。《環球時報》和中國外交部長此時才高調聲張人權了。然而，同樣是中國人，享受的人權卻大不相同。被稱為「中國最勇敢的女律師」、曾在「七〇九大抓捕」中被拘的王宇在推特發文，指自己被抓捕時曾被七日七夜戴手銬腳鐐，連續五日五

夜不讓睡覺，就連孩子都被戴手銬腳鐐，反問《環時》說，中共的這些舉措「又算什麼」？

孟晚舟身居高位，卻是一名法盲，她應當感謝的不是祖國和人民，而是加拿大，若加拿大不是一個司法獨立的法治國家，她的命運如何可想而知。如今，她處於加拿大政府保護之下，不會像薄熙來的金主徐明那樣蹊蹺地死在監獄中，也不會像海航董事長王健那樣「拍照失足而死」——在中國，富可敵國的人，往往命懸一線，有人如此嘲諷說：「中國企業家是最可憐的一群人，祖國不抓的人美國抓，美國不抓的人祖國抓。都不抓的就在法國離奇死亡。」

為什麼孟晚舟的披薩無人吃？

加拿大拘捕孟晚舟之後，中共先後以不同罪名抓捕了三位加拿大公民，拿出了「一哭二鬧三上吊」的耍潑精神來威脅加拿大。加拿大政府反應克制，但宣布驅逐一百多名非法取得加拿大居留權的中國人。因著孟晚舟事件，中國與加拿大及西方世界的外交衝突愈演愈烈。

美國華盛頓大學法律學院教授克萊克在《華盛頓郵報》撰文指出，中國拘留加拿大公民，將無辜的人作為人質向加拿大施壓，希望加方不將孟晚舟引渡到美國。人質要脅最重要的元素，就是綁匪挾持人質者並告訴你，他要達到什麼要求才能釋放人質。在該事件中，中國官方和半官方的消息已經很清楚了——中國駐加大使不但承認這是人質事件，而且投書《加拿大環球郵報》公開聲稱，那些反對康明凱等人被拘留的人，「應該反省一下加拿大做了些什麼。」克萊克說，這足可證明，這是中國的人質要

脅，反映出中國是一個「流氓國家」。

此次的外交糾紛背後，乃是文明與野蠻、法治與獨裁的價值觀的衝突。在美國和加拿大，有數以萬計的中國留學生，他們很多都是中國權貴的子女，但他們和他們的父母親從來不必擔心他們會成為人質。美加兩國政府就算有意這樣做，也缺乏司法的基礎和權力。

就孟晚舟一案而論，孟晚舟被捕之後，享有一切應得的權利，包括聘用律師、保釋外出、並且可以在一個公平和獨立的法院上作出答辯。然而，被捕的加拿大公民卻沒有這方面的權利。

據路透社報導，康明凱被捕後，不但不准交保，也被禁止會見律師，且每天三餐時間都要受訊問，晚上睡覺不准關燈。康明凱被關押的地點秘而不宣，每月只有一次領事會見，也不准親友探視。

與中共拘捕的加拿大公民相比，孟晚舟的境遇天壤之別：她獲得保釋，還可以外叫義大利披薩享用。據加拿大通訊社報導，孟晚舟保釋回家後，在溫哥華的家中叫了六份披薩外賣，其中四份是為蹲守在自家門口的大批記者點的。但記者們沒有接受這份禮物，孟晚舟只好將披薩給建築工人們享用。

孟晚舟給記者們點披薩，是中國式的「會做人」，是中國宮廷戲中的場景；然而，記者們不接受其饋贈，則是持守西方新聞自由、客觀報導之基本原則。雞同鴨講，弄巧成拙，這又是「文明」與「不文明」之鮮明對照。不知孟晚舟會不會因此學了一堂公民課？

在被保釋期間，她透露要去大學修課，也要讀一批之前沒有時間讀的世界名著，其實更重要的是，與她的子女一起好好學習

西方民主與法治的入門課。

不少中國網友就「披薩事件」發表評論說：

——聽說記者們沒吃送給建築工人了，有受賄之嫌。加拿大記者又給夢公主上了堂法律課。

——好似銷售公關。

——缸民們又拿天朝醬缸國的價值觀去看西方，又會鬧出笑話。俺就不信，美國、加拿大那些報社和電視臺的記者可以去吃孟姐買的PIZZA？他們一吃，報導的公正性還會存在？想起天朝醬缸國的一笑話。二十年前，山西煤老闆的小煤窯老是出事死人，中國記者就去採訪。於是，煤老闆就在礦上發紅包，而記者呢，就排隊領紅包。

——媒體肯定不敢吃，誰吃誰就有了吃人手軟的問題。媒體失去中立客觀的公信力。

披薩不是滿漢全席、山珍海味，拿披薩來說事，似乎小題大作。比披薩重要的，是孟公主身上必須佩戴的GPS定位儀。銀冠資產管理機構首席策略分析師、前清華大學教授程致宇在推特發文稱，「好消息：孟晚舟在取保候審期間，將不得不戴上GPS定位儀。壞消息：這是華爲做的。」這則貼文被大量轉發，有的以中文譯文的形式，重新加工之後轉發——「說反了吧？應該是：壞消息：孟晚舟在取保候審期間，將不得不戴上GPS定位儀。好消息：這是華爲做的。」不知孟公主自己對「好消息」和「壞消息」的解讀是哪一種？

華為高層變身海軍首名女艦長：華為確實是軍方企業

中國《解放軍報》報導，四十歲海軍女副艦長韋慧曉，即將參加艦長考核，將成為中國海軍歷來首位女艦長。

報導指，韋慧曉是中共黨員，南京大學大氣科學本科畢業，其後在中山大學取得地球科學碩士及博士學位，曾加入華為擔任行政管理工作。後申請加入海軍，海軍方面讓她加入當時正在組建的航母接艦部隊。由此，她成為中國第一艘航母「遼寧艦」成員，並獲任命為航海部副航海長，成為航母上首個女副部門長。

2015 年 4 月，韋慧曉成為「長春艦」實習副艦長，通過考核後於 2016 年 3 月，成為海軍首個女副艦長。2017 年 9 月，她再因表現優異，獲任命為「鄭州艦」實習艦長。

這位七○年代後期出生的知識女性，為何願意捨棄在華為的高薪工作，加入待遇相對菲薄的中國海軍？這位學生時代曾經赴西藏義務支援偏鄉服務工作的廣西壯族女性，難道從未發覺藏族和壯族等中國境內的「少數民族」所受之種族歧視？

韋慧曉加入「厲害了，我的國」、「厲害了，我的軍」的大合唱，絕非偶然。不要跟我說什麼「忠黨愛國」、「保家衛國」之類的大話，他們都是錢理群教授所說的「精緻的利己主義者」，他們知道像獵豹一樣猛力一撲能夠獲取什麼樣的獵物。對於此類「自願為奴」者，我早已放棄了苦口婆心說服他們愛真理、愛自由的企圖。在他們眼中，愛真理、愛自由的人都是傻瓜。

不過，我願意提醒他們：如果他們懂得「翻牆」，也敢於「翻牆」，就去看一看鎮江退役老兵被現役軍人血腥鎮壓、多人死亡、數百人受傷、上萬人被拘押的真相吧。中共願意拿出百億鉅

281

資去收買臺灣的那些在年金改革中利益受損的國軍退役官兵，以示統戰；偏偏對參與過對越戰爭的殘疾老兵一毛不拔，甚至不許發聲。這樣的政權值得用生命去捍衛嗎？鎮江退役老兵的今天，就是韋慧曉們的明天。

這則新聞更引起我注意的是，韋慧曉從華爲「跳槽」到海軍，宛如到隔壁串門一般方便；從華爲工程師到海軍軍官，宛如川劇變臉一般容易。從這個細節中可以發現，華爲不是眞正的民營企業，而是中國軍方的「隨附組織」和「人才培養基地」，或者說，就是軍方創辦並幕後操控的企業。

華爲董事長任正非及若干高層都是退役軍官，任正非管理企業的方式，全部照搬軍隊中「軍人以服從命令爲天職」的那一套，公司內部以「常委」稱呼高層管理者，以「某某方面軍」稱呼各大部門，任正非本人儼然就是一個縮小版的毛澤東。華爲既不上市，也不公布財務報告，比海航、安邦更神秘莫測。

所以，美國國會通過決議，禁止美國政府部門購買華爲產品，絕非杞人憂天、無的放矢。西方各國對華爲的拒絕和封殺，也是捍衛國家安全的必然舉動。使用華爲的產品（如手機和其他通訊產品），就等於在中共面前裸露敞開所有的資訊與隱私。在《一九八四》的世界裡，華爲就是「老大哥」那一雙無所不在的眼睛。

「血酬定律」是主宰中國的最高原則

歷史學者吳思曾經提出「血酬定律」的概念，以此解釋中國的歷史與現實。所謂血酬，即流血拚命所得的酬報，體現著生命與生存資源的交換關係；血酬的價值，取決於所拼搶的東西，這就是「血酬定律」。

吳思指出，在專制的中國，「合法傷害權」是官家安身立命的本錢。這種「官本」一旦「主義」起來，甚為蠻橫，說什麼便是什麼，說多少便是多少，越過邊界一味地自我擴張。「合法傷害權」說白了，就是對「合法暴力」的「合法應用」。各個社會集團，以及各集團內部，根據加害能力分肥，各種資源也追隨著這種能力流動。所以，真正能阻止官吏成為酷吏的，既不是上級，也不是良心，關鍵在於如何分配損害。換言之，就是要看「我是否惹得起那些我打算損害的人」。所謂惹不起，就是損害他們的風險很大，我可能因此遭到相同甚至更大的損害。所謂惹得起，就是損害他們是件有賺頭的事。

在這一理論框架下，分析郭文貴與中共「竊國集團」之生死搏鬥，許多疑惑立即迎刃而解。

「掛靠」國安系統的商人

在《美國之音》廣播網的專訪中，郭文貴說：「中國安全部

對一些有影響力、可以利用的商人進行所謂的『商業掛靠』，就是『讓你幹啥你幹啥』，當然不會讓你搞情報殺人，我不是特務，只是利用我的海外資源辦事，協助他們建立海外關係，還有聯絡海外的敏感人士，像是達賴喇嘛和民運人士。」當《美國之音》記者詢問郭文貴，前國安部副部長馬建是否為其「靠山」時，郭不願接受「靠山」這個帶有貶抑的說法，他換了「領導」這個充滿敬意的名詞。《美國之音》記者抓住「領導」這個稱呼，繼續詢問郭是否為國安部的工作人員？善於自我保護的郭文貴立即否定這個身分：「國安用我辦公室也不付錢，讓我到海外調查，我見達賴喇嘛的飛機費用都花了三個多億。他從來沒給過我一分錢。如果我是安全部的工作人員，他應該給我辦公經費啊。」郭特意挑選「商業掛靠」這個極具當代中國特色的語彙，來定義自己與國安部之間的複雜關係。

郭文貴與國安系統的關係有一個「三步走」的演變過程。一開始，郭文貴是國安機構的獵物，被動地接受「商業掛靠」的命運，用郭文貴形象的說法，不存在所謂的官商勾結，如果說官是老鴇，商就是妓女，兩者在權力關係上完全不對等。第二階段，郭文貴逐步發現「商業掛靠」到國安門下，自己可以「吃小虧，佔大便宜」，便積極主動地與國安機構同流合污、瘋狂斂財。第三階段，當郭文貴的官場保護傘在政治鬥爭中失勢時，郭本人立即淪為人人喊打的過街老鼠，偌大之中國，沒有寸土可以容身。

郭文貴及其商業帝國二十年的興衰史，充分表明在中國這個警察國家，有權有勢的人物無不跟強力部門有或多或少的關係，其本人即便不是秘密警察招募的對象，也是有「掛靠關係」的「編外警察」，否則就不可能依據「血酬定律」，獲得顯赫的地位

和豐厚的回報。

郭在私底下幫助國安做一些國安自己不方便做的事情，並為國安的「小金庫」提供資金；投之以桃，報之以李，國安也幫助郭打擊和掃除商場上的對手，甚至為之開拓財源。從獲取土地到從銀行貸款，任何一個環節，只要遇到難處和障礙，一旦有國安高官出面關照，立刻一路順風。

《新京報》在一篇關於郭文貴的報導中說，在北京商界，郭文貴擁有「戰神」、「加勒比海盜」等稱號。「在這些暗黑交易中，他就是那個躲在權力的霾影裡的幻影，一個性格多面，難以捉摸的操控者。」報導更指出：「多次，郭文貴將幫助他的人送進監獄，完成對巨額資本的搶奪，爾虞我詐，形如大騙。」而馬建對郭文貴的評價也證明這一點：「郭文貴從商人本質上講，是很自私、很逐利的人，也沒有道德底線，他可以為了追求自己的利益，損害別人的利益，從他同肖建華、車峰、李友合作的事情上都能看出來，但是對郭文貴有幫助的人員，比如對我，他都是言聽計從，並且可以為我揮金如土，給人感覺他很有親和力，很講義氣。」

換言之，郭文貴就是一個「流氓大亨」。儘管如此，郭文貴未必比目前那些仍在舞臺上長袖善舞、多錢善賈的「企業家」——如馬雲、馬化騰、柳傳志等更「壞」，因為他們賴以生存的土壤是一樣的。

郭文貴「入夥」之後，與中共高官稱兄道弟，打得火熱。對於國安部副部長馬建，郭文貴言聽計從、低眉順首，如今馬建雖已入獄，並在視頻中揭批郭，但郭對馬仍不乏敬意，親切地形容馬建是「一名兩袖清風的老公安」。

285

　　而對另一位政法系統的「合夥人」、職位比馬建低一級的河北省委常委、政法委書記張越，郭文貴則頤指氣使，可謂「招之即來，揮之即去」。馬建說：「對張越，郭文貴總是破口大罵，張越總是對他唯唯諾諾。」郭文貴知道，他既然賣身給了國安部，就可以靠國安部的招牌，在其他官僚面前逞威風，這是他的那一份「血酬」。

　　就在郭文貴宣布爆料前夕，2017 年 4 月 20 日，中國江蘇省常州市中級人民法院一審公開開庭審理張越受賄一案。這絕非巧合。中國官方媒體披露，張越收受賄賂共計折合人民幣一億五千八百多萬元。之前，張越長期在北京國保部門（政治保衛處）任職，很多著名的異見人士和人權活動家都曾是其監控、騷擾的對象，很多人對這個人還有清晰的印象。如今，張越被他所捍衛的體制無情拋棄，所獲之刑期將比大部分他所迫害的「國家敵人」還要長，這也算是當代中國的黑色幽默之一。

　　郭文貴公開談論的內容，半真半假，亦真亦假，既不能全部當真，也不能全都不信。比如，郭文貴說他為了完成中國政府交託的跟達賴喇嘛見面的任務，光飛機費用就花了三個多億；又說要拿十億美元，跟向他發出「紅色通告」的國際刑警組織打官司。這些誇張的說法和數字，顯示出當代中國富豪階層揮金如土、大言不慚之本性，他們尤其喜歡用天文數字般的財富來嚇人。

　　通常情況下，作為國安部的一名「馬前卒」，郭文貴不敢跟國安部以及掌控國安部的常委級人物為敵。他深知，他所擁有的數千億財富，大都來自國安部的神秘權力，否則他永遠只是一個靠倒賣摩托車起家的、縣城級的房地產商而已。中國沒有獨立

的、依託於自由市場經濟的商人階層，商人是官僚的附庸，商人
與官僚都服膺於「血酬定律」。

在馬建垮臺之前，中國境內的公開資料，查不到郭文貴的照
片和基本資訊，由此營造出郭背景深厚、能量很大的神祕光環。
一些因經濟糾紛被抓的富豪，只要求郭文貴出手營救，往往最後
都能大事化小，小事化了。

但郭文貴不會白白幫忙，將人撈出來之後，對方必須將公司
控制權乖乖奉上。在此意義上，如果說，中國政府的強力部門是
綁匪，那麼郭文貴則扮演了綁匪之掮客的角色。以生意而言，郭
獲得的回報比在正常的市場中的贏利要豐厚千百倍。這樣的一
個巧取豪奪的國家，怎麼能被國際社會承認為「市場經濟國家」
呢？

什麼力量在主導中國社會的運作？

從郭文貴崛起和逃亡的路線圖中，可以清晰地發現究竟是什
麼力量在主導中國社會的運作。中國培育不了比爾‧蓋茲和賈伯
斯式的人物，也不會有洛克斐勒、沃爾瑪式的商業家族或家族企
業。郭文貴之於馬建（以及馬建背後更高層的大人物），猶如清
末的胡雪巖之於左宗棠，民國的杜月笙之於蔣介石。不過，晚
清和民國是「盜亦有道」的時代，胡雪巖和杜月笙基本算是全身
而退。而今天的中國，官場不守官場的規矩，江湖不守江湖的規
矩，一團亂麻、一通亂戰。郭文貴想當杜月笙而不可得，想當胡
雪巖更不可得。他不願像多次榮登中國首富座次的國美老闆黃光
裕那樣成為階下囚，更不願像薄熙來的金主、大連實達的老闆徐
明那樣死於非命，所以唯有「三十六計，走為上計」。

赴美之後，郭文貴深居簡出，密切關注中共對他的態度。在爆料初期，他步步為營，點到為止，最多只是「打死老虎」。他的諸多家人還在中共的魔爪之中，他的兩個哥哥被關押多日之後雖已釋放，但經酷刑折磨，身心俱疲、不成人形。中共搞株連九族的把戲，比古代的皇帝還要嫻熟。郭文貴投鼠忌器，還想跟中共談判，達成一個對自己有利的妥協方案。

然而，中南海對郭文貴的出格言論惱羞成怒，不願與之談判，乾脆將整個棋盤掀翻，將郭文貴逼上絕路。中國的獨裁者及其統帥的國安部、中紀委、政法委、公安部等強力機構，具有超然於法律和憲法之上的權力，可以對任何人實施「合法傷害」。從死後骨灰罈上只有化名的國家主席劉少奇，到被非法軟禁終身的總書記趙紫陽，一直到薄熙來、周永康，誰能逃避「血酬定律」？

據傳，2017 年 4 月 23 日，在北京沙河總政看守所，武警原司令、前副總參謀長王建平上將，用一根筷子戳進頸動脈自殺。王建平因涉嫌腐敗，於半年前被拘查，他涉嫌與已落馬的前軍委副主席郭伯雄和徐才厚有關，與前「政法王」周永康也關係密切。

據網路爆料，1989 年 6 月 4 日，時任陸軍某旅參謀長的王建平率領部下，手持衝鋒槍橫掃抗議群眾，因行事心狠手辣，得到上級欣賞，從此官運亨通。當年殺人不眨眼的王建平，今日有沒有膽量用如此可怕的方式自殺，抑或是像徐明那樣「被自殺」，在中共垮臺前，這將永遠是一個謎。習近平弄死王建平這樣一個曾統帥八十萬武警部隊的上將易如反掌，在其眼中，紅頂商人郭文貴豈不就是一隻小小的螞蟻？

早在八〇年代，郭文貴家族就曾與基層警察發生暴力衝突，

郭的一個弟弟遭警察當場開槍射殺。應當從那時起，郭文貴就深知共產黨之殘暴，「血酬」絕對不是一個形容詞，不是槍戰電影中替代人血的雞血或顏料，那就是淋漓的鮮血。應當從那時起，郭文貴就「煉」成了一名不怕死的「光棍」，若一個人不怕死，從恐懼的陰影中走出來，他就能成大事。既然橫也是死，豎也是死，郭文貴遂不惜背水一戰，說不定還真能「螳臂擋車」、「螞蟻戲大象」，正如他在推特上所說：一切剛剛開始。

我們當然不奢望靠郭文貴的力量，終結中國的「血酬定律」，唯有在中國建立一套民主與法治的政治制度，才能將依「血酬」運作的「潛規則」掃入歷史的垃圾堆。

郭文貴就是習近平，崇拜郭文貴就是崇拜習近平

很多反共多年看不到希望的人士，看到郭文貴橫空出世，立即將郭文貴當作救星。然而，人權律師滕彪在〈德性、政治與民主運動——郭文貴事件述評〉中指出，所謂「郭氏推特革命」，其實是一次「網路義和團」，反映出群民的「強人崇拜綜合症」。對領袖、超人、英雄、聖人的膜拜超過了一定程度，就會成為專制的沃土。在相當一部分華人那裡，「強人崇拜」往往不分善惡，希特勒、史達林、賓拉登、海珊、習近平，只要有權、有名、有錢到一定程度，都被當作「成功者」、「偉人」甚至「神」去崇拜。

滕彪批評說，對超級富豪網紅郭文貴，郭粉不關心他財富積累過程的罪惡，不關心他的道德、人格、政治立場；崇拜本身是一種需要。也有清醒的網友指出：「聖人崇拜、英雄崇拜之外，還有痞子崇拜。痞子崇拜還是愈演愈烈，毛太祖時達到高峰。對

郭文貴的痞子崇拜，規模小得多，也會很快結束。」、「單說郭粉因虛假希望的投射而饑不擇食，並不能完全解釋這些煞有介事的頂郭言行，以及對質疑者荒誕透頂的低級謾罵。長期浸淫於極權環境下，對醜惡的熟稔和對文明的無知塑造了這些人——憎惡顯而易見的邪惡，卻又輕易被另一種邪惡所吸引。尤其令人難以忍受的是，他們一擁而上時，竟然毫不掩飾自己糟糕的審美。」

與腐敗、荒淫、謊言、酒精、奢侈品、語言暴力形影不離的郭文貴，是中共黨國體制所生產出來的惡之花。推友「統一目標」說，郭文貴集中了國人之惡，「欺騙，殘忍，勢力投機，無知狂妄，貪婪小氣，愚蠢狡猾，無法無天，傲慢驕橫，暴躁易怒，囂張跋扈，猥瑣卑劣，下流無恥，兩面三刀，睚眥必報，撒謊成性，反覆無常，不擇手段，花言巧語。郭粉在郭文貴身上不是找到了希望，而是找到了內心真正的自己，郭文貴說出了他們平時不敢說出的假話謊言，表達出他們不敢表達的厚黑觀念。」

在此意義上，郭文貴就是習近平，他們都是共產黨這個超級醬缸中生長出來的蛆蟲。所以，對郭文貴的崇拜就是對習近平的崇拜，那些跟隨在郭文貴身後起鬨或牟利的人們，也是一群自以為仰望星空的蛆蟲。

民主憲政的建立，不是靠一紙憲法，也不是靠強人扭轉乾坤，而是靠成熟的公民社會以及多數擁有「公民美德」的公民的身體力行。在郭文貴和習近平身上，只能看到中國專制文化和制度的惡，而用放大鏡也找不到一絲一毫的「公民美德」。

海航事件背後的「習王體制」

　　1992 年，鄧小平發表「南巡講話」，中國人掀起全民經商的浪潮，中共當局與民營企業（中國的大部分大型民營企業的背後都是太子黨，唯有太子黨才能「先富起來」）進入一段「蜜月期」。這種狀態一直持續到江澤民時代及胡錦濤時代中期。胡溫當政後期，尤其是 2008 年全球金融危機爆發，中國的經濟發展選擇了一條回頭路：國企、尤其是央企強勢反彈，民企受到壓制，中國經濟表面上持續高速增長，在全球一枝獨秀，但內在活動已蕩然無存。

　　在此背景下，少數與中共當局保持密切關係的民企仍然勢頭強勁，甚至上演「蛇吞象」之奇蹟。萬達、復星、安邦、海航是中國民企海外併購「四大天王」，其中海航的表現最為「動物兇猛」。2016 年，排名前十大的海外併購交易中，海航系占據三席，海外投資高達四百五十億美元。中國外匯存底從四萬億下跌至三萬億美元的暴跌中，僅海航一家就貢獻了百分之四點五。

　　就在海航在全球範圍內攻城略地、無限風光之際，中共上層的權力鬥爭出現異變，海航原有的庇護傘出現了漏洞。中國官方媒體發布了一個危險信號：國務院發展研究中心企業研究所副所長、國有企業改革基礎領域首席專家張文魁發出「中國要警惕粉紅財團，否則可能發生危機」之預警。此人擁有強硬的官方身

分，發言當然不是「個人意見」。

張文魁指出，中國經濟的「微觀病灶」包括「僵屍企業」和「財團企業」，嚴重的問題是第二個病灶既沒有得到政府、也沒有得到學者的應有重視。大部分信貸資源到哪裡去了？一部分被僵屍企業消耗掉了，大部分信貸都被大企業集團拿走了。這些大集團許多是國有的，還有一些是民營的。現在國有企業、特別是央企的財團化非常嚴重，幾個大企業合併起來，就列入中國五百大甚至世界五百大，獲得貸款和發行債券就容易了，然後就去搞金融、搞房地產、搞貿易，並熱衷於資本運作，就成了大財團了，這些是「紅色財團」。一些大民營企業集團也透過類似方法，實現了財團化，如中國民營企業五百大榜單中，許多都成為財團，其中與政府或政府官員有密切聯繫的，可以算是「淺紅色財團」。

張文魁質疑說：這些大財團動輒上千億甚至幾千億的貸款，但是它們的償債能力和透明度怎麼樣？它們的生產率和經營健康指標怎麼樣？大部分都很差。這類問題已經愈來愈多地暴露出來。張文魁警告：「對這個微觀病灶如何處理，事關十九大和中央經濟工作會議提出的打贏防範化解重大風險隱患攻堅戰這一重大任務。」何時處理及如何處理這些「粉紅色財團」，端看習近平與王岐山的「風險評估」。

被撤稿的〈海航「危機史」〉

人人都知道，海航與姚依林、王岐山家族關係密切。耐人尋味的是，2017 年底的中共十九大上，王岐山退出政治局常委會，隨後若干國內媒體認為海航失去了庇護者，遂發生對海航的若干內情進行挖掘，進而公開口誅筆伐，海航一時間搖搖欲墜。

　　然而，2018 年春天，王岐山又出現在全國人大代表名單上，成為政治局常委之外的「第八號人物」，退而不休，實權猶在多名新科常委之上。王岐山像《魔鬼終結者》中的阿諾·史瓦辛格那樣再度「回鍋」，海航似乎又柳暗花明。國家開發銀行一位負責人聲稱，海航若出了問題，對誰都沒好處，他們預計將在某個時候介入，伸出援手。國開行每年給海航的貸款有一千億之多。

　　頓時，中國的媒體不敢對海航說三道四。2018 年 2 月 9 日晚上，《南方週末》記者黃河、王偉凱撰寫的長篇報導〈海航「危機史」〉被編輯告知，在已經上刊的情況下被「無故撤稿」。所謂「無故」，就是高層有「不足為外人道也」的理由。作者悲憤交加，選擇直接在網路上發布調查報導與記者手記。

　　這篇差點不見天日的報導揭露：「回顧海航集團過去十餘年中的多輪併購擴張，除了早期為了生存而被迫收購地方航空公司之外，2004 年之後的海航，似乎被套上了一雙安徒生童話中的『紅舞鞋』，在越滾越大的負債與不斷爆發的危機中不停奔跑。」海航崛起的秘密在於：「海航之前十餘年的併購擴張，本質上就是通過將低價獲得的要素資源，通過資本市場估值轉化為激進收購的擴張資本。」海航奇蹟只能出現在當下的中國：過去三十年中，正是制度經濟學所謂「公地悲劇」帶來的巨大「租值消散」，成為了相當一批「市場要素掠奪型」企業（圈地、搶金融牌照、爭奪上市指標等等），造就其「不敗神話」的真正源頭。

　　記者對海航在新的政治經濟週期下的前景並不看好：「草莽式的混業金融業態，正面臨著統一監管的新約束，負債式收購的『轉槓桿』滾動模式已無法持續；信貸資金回表對銀行帶來巨大不良資產壓力，逼迫銀行們不斷收縮信貸規模；以房地產為代表

的資本市場，在統一監管的短期限制和租貸並舉長效機制下，也將在整體上進入資產價格平穩下行階段。」所以，記者警告說：「面對這一輪全新的宏觀經濟背景，過去十餘年中，以持續不斷的『負債式收購』擴張到今天的海航們，是到脫下那雙『紅舞鞋』的時候了。」

然而，這篇報導被撤稿的命運，表明海航的神話還沒有破滅，記者的預言過於樂觀。海航神話不會破滅，不是海航有乾坤大挪移的本事，而是其幕後老闆王岐山「起死回生」，王岐山與習近平的政治盟友關係並未結束，習近平離不開王岐山。在這個意義上，海航既是王岐山的私人財富，也是習近平的私人財富。

王健之死與陳峰回朝

海航集團成立二十五年來，創造了奇蹟般的增長。1993 年，海航的創業資產僅有一千萬元；2016 年，其收入已超過了六千億元。海航官網稱：「海航集團用了二十多年的時間，創造了商業史上的奇蹟，成功實現了從傳統航空企業向巨型企業集團的轉型。」海航集團在 2015 年進入《財富》世界五百強企業榜，2016 年再度入榜並位列第三百五十三位。海航主席陳峰宣稱，再過兩年，海航便可打入世界一百強企業榜，然後直追蘋果公司。

海航的老闆陳峰迷戀佛教和老莊，要求員工個個都要背誦南懷瑾的「真言」。有人評論說：「坐飛機都要盤腿打坐的陳老闆，之前說話有多佛系，你們是不知道的。他三句話不離佛法，兩句話就要講老莊，一言不合就要幫你精進人生。如果說做區塊鏈的人，都跟進了傳銷組織一樣，那去海航的人，就跟去了日月神教差不多。」用儒家、佛教或個人崇拜來塑造「企業文化」，是中

國變態的民營企業慣有的伎倆。

航空界給陳老闆送了個外號叫「八爪魚」，他控制的海航集團旗下，如今有八家 A 股上市公司和三家港股公司。大家談到他都眾口一詞：「沒有陳老闆辦不成的事。」但陳峰並非海航眞正的老闆，陳峰早年是王岐山的手下，是王岐山在商界安置的一枚重要棋子──與馬雲一樣，陳峰是由若干太子黨幕後操縱的臺前傀儡。如果太子黨想讓此類馬仔在一夜之間一無所有，他們必定從天堂跌入地獄。

這一次，風頭浪尖上海航的替罪羊不是陳峰，而是陳峰的副手王健。2018 年 7 月 3 日，海航董事長王健在法國公務考察期間，於南部旅遊城市普羅旺斯的博尼約村遊玩時，意外跌落導致重傷，經搶救無效，終年五十七歲。法國警方表示，王健和家人照相時站在牆的邊緣，因失足急速從十五米高牆上跌下。王健之死疑點重重，比陳小魯之死還要讓人懷疑別有隱情。

如果說陳峰是毛澤東，那麼王健就是劉少奇。王健是海航「彎道超車」、全球擴張的實際操作者，近年來，陳峰已經退居二線，海航日常的決策都由王健來主持。陳峰曾經對海航高層訓話說，他與王健宛如「一人之分身」，已經不分彼此。但是，在王健去世半個月後，陳峰匆匆調整董事會成員：原海航集團董事局主席兼董事長陳峰出任董事長，不再兼任董事局主席一職，董事局主席的職位被撤銷。陳峰之子陳曉峰被任命爲海航集團副首席執行官，負責國際業務。而一個叫陳超的高層接替王爽，成爲海航集團首席投資官，同時被任命爲海航國際執行董事長。

彭博社援引知情人士的消息稱，海航集團新任命的首席投資官陳超，是董事長陳峰的侄子。王健任命的其他數十名高官全部

遭到解職，宛如毛澤東在文革初期擊潰劉少奇、鄧小平為首的官僚集團一樣。

王健生前曾說過：「做企業很難，好也不行，壞也不行。好，有人來搶你，壞，有人害你。如果別有用心的人來害你、搶你。你給不給？你告訴我怎麼辦？」他自己也沒有答案，大概死亡就是唯一的回答。

王健死亡，陳峰回朝，海航的危機並未解除。如今，民企「四大天王」的命運日薄西山：復星郭廣昌被失蹤一次之後，變得非常低調，他沒有像馬雲那樣表態說：「資產本來就是國家的」、「計畫經濟就是好」之類的昏話，卻不斷表示願意配合政府的經濟調控政策；安邦不再姓吳，吳曉暉被逐出鄧家家門、丹書鐵券失效，鋃鐺入獄，自由無期；萬達狂賣海外資產，即便是虧本買賣，亦在所不惜，繼而宣布投資延安，將延安打造成「紅色遊樂園」——此舉當然是討好曾經在延安當過知青的習近平；海航也大肆出賣在國內、香港及歐美的地產，數月之內套現數百億之多。

包括海航在內的「四大天王」，以及更多同質的「粉紅色財團」的下一步命運究竟如何，與習王體制的運作方式息息相關。

若中國的經濟大致上還能勉強向前，習王就不會做出更大的動作，不會直接宣布這些財團的「死刑」，因為這些財團是他們予取予奪的「私人金庫」；然而，若中國經濟運行出現嚴重問題，習王或許就要「捨卒保帥」，重手打擊這批財團，以「殺富」來哄騙民心、轉移視線，有如沙烏地阿拉伯王儲沙爾曼主持的「反腐行動」——將數十名王室成員及部長抓到五星級酒店軟禁，日夜審問，迫使其「拿錢買命」。以此而論，陳峰比王健命長，但陳峰的下場未必會比王健更好。

開著賓利轎車進地獄

　　昔日的巴比倫已經滅亡了，中國就是今天的巴比倫。在諸多似乎可以證明中國已然崛起的論據當中，北京和上海交替舉辦的國際車展上超豪華車的熱銷便是其中之一。兩大車展一開幕便賣出數十輛超級豪華車，標價兩億的凱迪拉克「豪車套餐」，甚至包括送車主到瑞士美容的服務。價值四千萬的布加迪剛剛運到，便被一名神秘買主訂購，而瑪莎拉蒂、藍寶堅尼等也是供不應求。

誰買了超級豪華轎車？

　　作為英國皇室御駕，賓利汽車堪稱轎車中的極品。賓利中國董事長麥炯添表示，中國有五萬個億萬富翁，並且每年將以百分之八的比例增長。此外，中國超豪華車的消費群偏年輕化也是一大特點。據麥炯添介紹，賓利在華持續數年保持百分之一百以上的增長率，增長速度位居全球之首。「中國整個汽車市場同比上升大概百分之七十左右，而超豪華車市場的增幅是跑贏大盤的。」瑪莎拉蒂的銷售總監高孟雄表示，瑪莎拉蒂的銷售增幅在百分之八十左右。據高孟雄介紹，瑪莎拉蒂中國車主的平均年齡只有三十五歲至四十歲，比該品牌全球車主平均年齡低十歲至十五歲。

有人「蟻居」，有人買豪車，這就是中國特色的社會主義，讓資本主義瞠目結舌的社會主義。中國媒體喜歡報導像賓利等超級奢侈品熱銷的消息，一方面滿足普通民眾的好奇心，一方面也藉以展示大國崛起的富貴氣象。賓利等豪華轎車在中國都熱銷了，洋鬼子都謙卑地上門來叫賣了，誰還敢否定中國已崛起的鐵的事實呢？

賓利等豪華轎車在中國的熱銷，讓習近平爲自己的政績感到舒心，也讓中國的超級富豪群體浮出冰山一角。習近平及政治局同僚的座駕不是賓利，但他們座駕的改裝費用，足以購買若干輛豪華版賓利。那麼，在中國，究竟是什麼人買了賓利等豪華轎車呢？

購買豪車的，就是鄧小平所謂的「先富起來」的中國人。有學者估計，中國超級富豪約有十萬人左右，中國六成以上的財富被五百個家族所控制。在每年發布的幾種不同版本的富豪榜上，「富人中的富人」輪番出場亮相，其財富數量的增長，遠遠超過中國 GDP 的增長。

知情人士透露，若干實力派人物並不在排行榜上，由於中國資訊不透明、稅務制度存在缺陷，眞正的大富豪安然躲藏在陰影之中。

對於此一「新階級」的出現，中共當局沒有等閒視之。江澤民提出「三個代表」的理論，主要是要讓中共由「無產階級政黨」轉型爲「全民黨」（此「全民黨」，其實是「富豪黨」），以此爲這一階層「正名」。

江規胡隨，胡錦濤也不敢輕易觸動這個階層盤根錯節的利益，因爲江澤民和胡錦濤的家族，早已蛻變爲這一階層的中堅力

量。習近平的反腐，只是反掉一些敵對派系及其金主，也不可能跟整個富貴階層爲敵。

爲了顯示「權力」永遠高於「金錢」，當局時不時地整肅幾個不那麼聽話的、過於招搖過市的富豪。近年來鋃鐺入獄的大亨，有差點成爲北韓新義州「特首」的楊斌、上海房產界首富周正毅、陳良宇的小弟張榮坤、健力寶的總裁張海、科龍的老總顧雛軍、國美的老總黃光裕、薄熙來的金主徐明、最富有的女星范冰冰、華信石油的老闆葉簡明等人。

雖然不能說所有超級富豪都是罪犯，但相當一部分超級富豪暴富的秘訣，確實是「血酬定律」且爲富不仁；雖然不能說每個富豪的每分錢都是「不義之財」，但相當一部分超級富豪「看不見的財富」，確實像膠捲一樣不能放在陽光之下。

他們致富的方法，就像是玩魔術一樣，用一百萬賄賂，可換來價值一億的地皮，用一百萬現金可買下價值一億的工廠。他們不是官僚，打一個電話就能將省長、市長召到飯桌上陪同；他們不是洋人，卻拿著若干國家的護照在國際航班上飛來飛去。

作為印鈔機的「天上人間」夜總會

北京和上海車展上，像賣白菜蘿蔔一樣熱銷的超級豪華轎車，便是這些「高等華人」炫耀財富的座駕。當中國建設銀行前董事長張恩照落馬之後，第一個受到牽連的，是三十七歲的神秘人物覃輝。覃輝是何許人也？就是在北京國際車展上唯一一輛標價八百八十八萬元人民幣的賓利加長「七二八」的買主。

此人不是明星級富豪，但身分並不簡單：他是北京無人不知的「天上人間」夜總會的老闆，短短數年間便連續控制內地和香

港的四家上市公司。他以「一擲千萬」購買豪車的派頭、與香港明星李嘉欣「訂婚」的消息，以及在影視傳媒領域的幾次大型收購，讓一些媒體對其大加吹捧，不惜給予「中國的梅鐸」及「民間第一傳媒大亨」之美譽。然而，這個色彩斑斕的肥皂泡沒有維持太長時間。

在張恩照「辭職消息」公布之後的第二十五天，不可一世的覃輝在北京被警方帶走。隨後，《財經雜誌》以「上層背景和黑道面紗被拿掉，覃輝傳奇終於收場」為標題，作了專題報導。覃輝出身於四川達縣一個普通家庭，據說妻子是北京一位退休高官夫人之侄外孫女。「他的背景不算深厚，但他把這點關係用到了極致。」一位接近他的人士評價說。

覃輝穩穩掌控「天上人間」夜總會長達十年之久，顯示其背景和力量非同一般。「天上人間」夜總會坐落在北京長城飯店內，不僅充滿奢靡氣氛，更以「美女如雲」著稱。該夜總會給覃輝帶來的不僅僅是現金流，更有大量的關係和機會。他藉著這一交際場，結交了數不勝數的權勢人物、銀行行長和社會名流。集結於此的模特兒和美女，成為其「事業」的巧妙助力，因此「覃輝把這個隊伍稱為馬子隊。」

中國的賓利車主們並沒有賓利車的「高貴血統」，也並不具備歐洲世襲貴族的高雅氣質。他們不遵循基本的商業倫理，更不會像比爾·蓋茲那樣將財產捐獻給慈善事業。他們是不遵守任何規則的冒險家，中國是他們最後一搏的樂園。

對於覃輝、張海、黃光裕等三十多歲即坐擁金山的富豪來說，他們的財富不是在市場上打拚而來，而是從國家那裡挖牆角挖到的。國有銀行就像是他們家裡的印鈔機——國有銀行的負責

人施施然地將金庫的鑰匙贈送給這些富豪,「化公爲私」的把戲在一夜之間完成。

於是,這些超級富豪們享受著不勞而獲的巨額財富,日子過得比海灣國家裡依靠祖傳油田的阿拉伯王子們還要愜意。他們沒有爲這個社會創造財富和價值,只是厚顏無恥地消耗著大量奢侈品。

在日本 NHK 電視臺所拍攝的紀錄片《激流中國》中,出現了若干富豪油頭粉面的畫面。他們駕駛著賓利或與之類似的豪華轎車,飛馳在中國擁擠的街道上,吸引無數人豔羨的目光。他們飆車、酒後駕車、撞人之後逃逸,又成爲網友憤怒聲討的對象,以及中國社會階級撕裂的信號。

「大哥」背後還有「老大哥」

中國的富豪們對天價豪華轎車的占有,往往需要經過一番激烈的「爭奪」——富豪的數量大於進口超級豪華轎車的數量,可見豪華轎車公司低估了中國富豪的購買力。可以預測,中國在「歷史悠久」和「地大物博」之外,將擁有一項新的金氏世界紀錄:中國將超過美國,成爲全球擁有最多超級豪華轎車的國家。然而,即便這些超級豪華轎車威風如坦克,亦不能給富豪們帶來眞正的安全感。

在風雲詭譎的商海上,在畸形的「市場經濟」的環境下,這些富豪是最缺少安全感和自信心的一群人。除了少數太子幫之外,在政府眼裡,再大的富豪也可以讓他一夜之間成爲窮光蛋:這些富豪既是可以稱兄道弟、甚至吸收入黨的「社會主義中的勞動者」,也是可以隨時隨地被投入監獄的「奸商」與「罪犯」。在

民眾眼裡,他們構成了一個充滿神秘色彩的、讓人羨慕的特權階層,同時又是紙醉金迷、野蠻兇狠的「壞蛋」。這些富豪只能透過對賓利轎車等奢侈品的占有,來獲得暫時的心理滿足,「只要曾經擁有,哪管天長地久。」

中國的富豪們像黑社會的「大哥」。殊不知,「螳螂捕蟬,黃雀在後」,「大哥」背後還有「老大哥」。黃光裕的遭遇便是前車之鑑:黃光裕經常以光頭形象出現在記者會上,雙手抱拳,謙卑地對眾多記者說:「在座各位都是我大哥。」同時,他又坐在椅子上,刻意表現出一副大哥的模樣。

今天的中國是一個比賽誰更膽大的「江湖」與「叢林」,不當大哥,就只能當小弟。黃光裕一個人關在四百平方米的巨大辦公室裡,他在想什麼沒有人知道。作為天主教徒的黃光裕,早已忘記《聖經》中的教導:「躲避恐懼聲音的必墜入陷坑;從陷坑上來的必被網羅纏住。」最終落得個鋃鐺入獄的下場。

在超級豪華轎車銷售出現「井噴」的背後,隱藏的不是中國「第三條道路」的經濟奇蹟,不是萬國來朝、鐵樹花開的「漢唐盛世」,而是貧富懸殊日益擴大、貧富對立日漸尖銳的現實。中國未來的希望,是否可以寄託於幾千輛超級豪華轎車之上?中國和平崛起的論據,難道就是這些昂貴得讓人咋舌的超級豪華轎車嗎?本來,這是需要由經濟學家來回答的問題。可惜,今天中國經濟學家大都成了官的幫忙與幫閒、商的幫忙與幫閒,他們以被邀請乘坐超級豪華轎車為榮,當然不會揭示其背後的秘密。其實,這個秘密只是一個常識罷了:在一黨獨裁的政治格局之下,缺乏新教倫理為價值支撐的權貴資本主義,乃是一種強取豪奪的資本主義、無法持續發展的資本主義和傷害社會公平與正義的資

本主義。

諸多超級豪華轎車在中國的熱銷，並不能表明中國的強大和富足：中國的超級豪華轎車的數量可以趕超美國，但中國若不解決一黨獨裁的致命難題，則永遠不可能變得如美國那樣自由與強大。

這個時代的企業家：人肉盛宴的陪客

　　1992 年，鄧小平「南巡講話」之後，中國由此進入政權與民營企業的蜜月期，這種狀態一直持續到胡錦濤時代中後期。2008年全球金融危機爆發之後，中共當局強勢扶持國企，民企備受壓制，中國經濟表面上繼續高速增長，但內在活動蕩然無存。

　　到了習近平執掌政權，習看到民營企業與公民社會之間斬不斷的聯繫，決心對民營企業家痛下殺手，尤其是那些「踩過線」、「妄談國事」的人物，如薛蠻子和王功權。

　　政治評論家陳子明在〈中共為何劍指民營企業家〉一文中指出：「薄熙來『唱紅打黑』絲毫沒有被清算，全國『亮劍』行動卻又指向投資網路的民營企業家，這不但是新一輪對政治表達的殘暴鎮壓，也是對民營企業的無情摧殘。」他的結論是：只要當局選擇對公民社會「亮劍」這條路，就必然進入惡性循環——愈是打壓民營企業家，愈是加速民營企業家的離心離德。這是一條死胡同，一條不歸路。

　　在此高壓之下，「過於聰明」的民營企業家們，紛紛選擇「選邊站」，絕大多數站在當權者一邊，以換來身家之安全，以及在人肉宴席上分享殘羹冷炙的席位。

黃光裕比劉曉波安全嗎？

中共對民營企業家的打壓，以國美的老闆黃光裕為開端。

黃光裕與劉曉波在相近的時間裡失去自由，而且一開始是被非法手段剝奪自由。黃光裕在 2008 年 11 月 19 日被北京警方帶走，隨後以涉嫌操縱證券市場罪，對其監視居住；一週以後，以涉嫌操縱證券市場罪刑事拘留。

黃光裕一案，牽扯出公安部部長助理、經濟偵查局局長和副局長等一系列高官。黃光裕出事，政商兩界的許多知情人早已在意料之中：常在河邊走，哪能不濕鞋？中國的富豪榜上那些腰纏萬貫的名流們，哪個的財富是乾乾淨淨的呢？兩年以後，黃光裕被以非法經營罪、內幕交易罪、單位行賄罪等，三罪並罰，判處執行有期徒刑十四年，罰金六億元，沒收財產兩億元。

劉曉波是在 2008 年 12 月 8 日、世界人權日前夕，因為參與起草和組織《零八憲章》而被警察帶走，剛開始警察口頭宣布刑事居留，後來又口頭告訴家人為監視居住。到了 2010 年聖誕節，劉曉波被以「煽動顛覆國家政權罪」判處十一年重刑。《零八憲章》是「六四」之後中國人發出的追求民主自由的最強音，為未來中國實現憲政共和勾畫出可以操作的藍圖。當局驚慌失措，拘押並重判劉曉波。

黃光裕與劉曉波，這兩個人看似風馬牛不相及：前者是富比士中國富豪榜上位居首富時間最長的大老闆，後者是靠寫作維持生活的異議知識分子的領軍人物；前者被公眾視為空手套白狼、違規貸款、一夜暴富的奸商典型，後者則是自「六四」以來二十年如一日地批判專制制度的「中國的脊樑」。然而，不管是與狼

共舞的黃光裕，還是說出「皇帝什麼也沒有穿」眞相的劉曉波，兩個人在中國都不安全。

黃光裕失去自由幾個月後，偵辦方不接受媒體訪問，不透露任何案件的細節。黃光裕的妻子和兄弟等人被帶走調查，他本人被關押在何處，乃是「國家機密」。律師是否見到他，也無人知曉。一個曾叱吒風雲的人物，就這樣人間蒸發，縱有億萬家財，亦買不到基本人權。

劉曉波在「失蹤」的幾個月裡，被安排與妻子會見兩次，究竟被關押在何處、被冠以什麼罪名、是哪個部門在辦案等，連安排會面的北京警方亦一無所知。人權律師莫少平給北京市公安局發去律師函，居然被退回，理由是「上面怎麼處理此案，我們還沒有接到命令」。

如果說黃光裕被查在某種程度上是「罪有應得」，那麼劉曉波則是在爲中國的民主自由而受難；但是，在捍衛基本人權的意義上，既要爲劉曉波這樣的「義人」呼籲，也要爲黃光裕這樣的「壞人」呼籲。

中共政權太強大，強大到可以蔑視憲法和法律，強大到可以踐踏人權和輿論，甭管你是超級富豪，還是知識分子領袖，要你消失，你就消失；要你沉默，你就沉默。這哪裡是依法治國，這分明就是黑社會。

萬隆萬歲，雙匯不倒

深陷「瘦肉精醜聞」的雙匯集團，在其總部所在地河南省漯河市召開萬人職工「誓師大會」。根據公關公司的策劃，會上有一個環節是雙匯董事長萬隆鞠躬道歉——道歉的關鍵人物（消費

者）卻一個也不在場。更讓人瞠目結舌的是，董事長剛剛道完歉，大會便安排來自全國各地的經銷商作「即興」發言。多位經銷商表示對雙匯充滿信心，一位來自遼寧的經銷商竟然高喊「雙匯萬歲，萬隆萬歲」。

被譽為「中國的屠夫長」的七十一歲的萬隆，雖然姓萬，但絕不可能萬歲。比萬隆厲害千百倍的偉大領袖毛澤東，儘管全國人民異口同聲地祝願其「萬壽無疆」，但還是駕崩了。直到今天，毛澤東的屍體還在曝光展出，可謂死無葬身之地。萬隆難道想成為毛澤東第二嗎？萬隆在會上信誓旦旦地說：「我們不會成為下一個三鹿！」

但是，消費者可不這樣看。有網友評論說：「雙匯不倒，三鹿不服。」還有網友斥責說：「按說，雙匯的行為已經涉及危害食品安全犯罪了，其掌門人怎麼還在接受三呼萬歲？」

中國的許多企業家都崇尚獨裁、精通權術，以「小毛澤東」自居。比如華為的任正非、巨人的史玉柱，管理企業如同管理軍隊般冷酷無情。他們對西方的現代企業制度嗤之以鼻，他們深知，在中國這片特殊的土地上，毛澤東的那一套厚黑之術最管用。當過鐵道兵的萬隆，亦是其中之一。

公關公司將雙匯的萬人職工大會包裝成「道歉大會」，但公眾感覺不到道歉的誠意。有分析人士質疑說：「大會竟然沒有消費者代表參加，也沒提購買了問題產品的消費者該怎麼辦。」在大會上所說的「生死攸關」，其焦點不是吃了含瘦肉精雙匯食品的消費者生命健康，而是雙匯自己的前途和命運。

在此次大會上，萬隆披露說，雙匯在瘦肉精事件中的損失達一百二十一億元。他還特意強調說，三月份減少各類稅收八千五

百萬元，給地方財政造成一定影響。言下之意是：我們的利益跟地方政府的利益乃是「一榮俱榮，一損俱損」，在此危難關頭，地方政府豈能袖手旁觀！萬隆聚集萬名職工開大會，也隱然有向地方政府示威之意：如果雙匯垮了，上萬名職工失業了，看你們怎麼辦？

地方政府視稅收為生命，更堅信「穩定壓倒一切」，當然不願雙匯倒掉。中央政府通過六千多億維穩預算，卻不願將其中的零頭用於食品安全的防微杜漸，這才釀成一個接一個食品安全危機，所以他們不願打自己的耳光，讓作為國企「長子」的雙匯關門大吉。萬隆的「自信力」還是有來頭的，他才不管三鹿服不服呢！

中國的食品安全問題，正如中國國歌所唱，讓「中華民族到了最危險的時候」。當政府及有關監管部門缺位時，唯有靠民眾自救，如果消費者都拒絕購買雙匯產品，雙匯和萬隆還能萬歲嗎？

陳光標是當代活雷鋒，還是企業界的薄熙來？

一個薄熙來倒下了，還有更多的薄熙來站起來。

2012 年 4 月 1 日，南京黃埔防災減災中心熱鬧非凡，上千名來自全國各地的網友身穿雷鋒裝，戴著紅星帽、紅領巾，戴毛澤東胸章，浩浩蕩蕩踏著正步，前往大廣場獻血、植樹。

組織此次活動的是一向高調的企業家陳光標。他親自帶領千人齊唱歌曲《學習雷鋒好榜樣》，大喊三次口號：「向雷鋒同志學習，做中國好人。」他的父母也從家鄉趕來，與兒子一起登臺唱歌朗誦。陳光標對媒體說：「愚人節我們沒有說謊而在行動。我

要用雷鋒精神推動八○後、九○後，助他們成功。」

陳光標在微博上號召百萬粉絲學雷鋒，並承諾給到現場的每人免費發放一套雷鋒裝。陳光標的這一作法，跟薄熙來在重慶的「唱紅」如出一轍。道德高調加小恩小惠，對價值真空的民眾，有立竿見影之麻醉功效。

耐人尋味的是，中共向來對網友聚集如臨大敵、嚴防死守，此次卻對如此大型的民間活動網開一面。2010 年 10 月，劉曉波榮獲諾貝爾和平獎的消息傳出，區區一、二十人聚在一起「飯醉」，即遭到國保警察之驅散乃至抓捕。在「茉莉花風潮」時，只是在網上轉了幾條作家冉雲飛的微博，就被抓捕並關押半年之久。可見，網路言論自由日漸塞逼，將網路上有限的自由拓展到現實生活中更是難於上青天。那麼，為什麼陳光標可以自由自在地召集上千人，當局偏偏不聞不問呢？

因為陳光標的作法符合中共當局「學雷鋒」之號召。以「當代活雷鋒」自居的陳光標，在毛澤東「向雷鋒同志學習」題詞五十週年紀念日，身著雷鋒樣式軍裝接受「搜狐網」訪談時稱：「我和雷鋒的最大差距是缺少毛主席題詞。」這是向黨效忠的貼心話。當局當然喜歡聽，胡錦濤和習近平都是毛的好孩子。他們一邊收拾敢於「不與中央保持一致」的諸侯薄熙來，一邊繼續推行全國範圍的「唱紅打黑」。

胡錦濤、溫家寶、習近平等與薄熙來之間的纏鬥，並不是路線鬥爭，而是權力鬥爭。雙方分享同一種意識形態和精神資源。當局拿下薄熙來之後，拿出來拯救世道人心的策略，又是「學雷鋒」，不脫毛時代之本色。雷鋒若不是死於非命，習近平必定會任命其為宣傳部長或文化部長。

但是，雷鋒救不了中共這艘行將沉沒的鐵達尼號。九〇後的大學生劉一舟評論說：「改革開放以後，在社會主義基本教義體系自身不斷調整的情況下，道德話語也配合調整。但在意識形態體系本身都已經是泥菩薩過江的情況下，道德話語體系想求自保也已經很難了。我們可以看到官方最近的努力，比如『八榮八恥』的提出，已經基本不起任何教化的作用。」

讓人民都成為雷鋒，成為心智欠缺的孩子，對統治者來說，就好管理了。這正是中共當局的小算盤。陳光標摸透了獨裁者的心思意念，大膽地召集民眾學雷鋒。他不是一個本分的商人，他想成為商界的薄熙來，祝他早日與薄熙來同居一室、握手言歡。

王健林跟誰是哥們？

中國是個謊言帝國，官府欺騙人民，人民欺騙官府，人民之間也互相欺騙。尤其是那些油光可鑒的權貴、名流與賢達，更是將說謊技術操練得爐火純青。說謊變成一種生存的本能，他們隨時隨地都能不假思索地脫口而出。

不過，那些聰明絕頂的人們啊，有時也會百密一疏，一不小心說出幾句真話來。

在海南三亞的財經論壇上，國家能源委專家諮詢委主任張國寶，說前央行副行長吳曉靈曾被朋友揶揄，人行政策造成大量銀行壞帳，吳曉靈情急之下回擊，「沒有那麼多壞帳，中國哪來那麼多富人？」

吳曉靈情急之語，卻道破天機：鄧小平所謂的「讓一部分人先富起來」，不是讓普通人勤勤懇懇、自力更生地富起來—在中國，靠智慧、勞動和勤儉，永遠無法「富起來」。先富起來的關

鍵要件，是你有沒有「富爸爸」，你能不能打贏「拼爹」之戰。

中國的「潛規則」是：讓「太子黨」和「關係戶」們肆無忌憚地蛇吃鯨吞，以空手套白狼的方式，將銀行裡的國有資產和民眾的血汗錢，變魔術似的轉入自己腰包。由此，三十年來，造就富可敵國的權貴階層。

在權貴階層中，萬達集團的董事長王健林是最新放榜的「首富」。當眾人紛紛質疑他與薄熙來的關係時，在央視舉辦的一場晚宴上，他特意作了撇清。

據《財經網》報導，1992年，創立僅四年的萬達集團，在時任大連市長薄熙來等的鼓勵下，承接市政府的拆遷改造工程。王健林說，那個項目不僅未能獲利，反倒讓萬達差點破產：「我一衝動就接下來了，覺得都是哥們。結果我運氣不好，1992年底發布了六號文件，停止房地產一切融資，當時我協議都簽了。老百姓們鬧事、靜坐示威，市政府出面開會，決定給我融資，可是融資遲遲不能到位，那段時間簡直是夜不成寐。」

王健林的意思是，他沒有從薄熙來那裡撈到好處，還大大虧了一筆。不過，那倒不是薄熙來有意坑他，而是中央的經濟政策有了變化。他本來想以此跟已淪為階下囚的薄熙來劃清界限，不料卻說漏了嘴──「覺得都是哥們」這六個字，可謂擲地有聲、金聲玉振。

什麼人才能狂妄到與市長大人稱兄道弟、勾肩搭背？若王健林是一個從不走歪門邪道、嚴格遵循商業倫理的好商人，薄熙來又怎麼會跟他是「哥們」？王健林沒有像薄熙來的另一名金主徐明那樣被薄熙來案件拖下水乃至命喪獄中，只能說明他有著更加敏銳的觸覺，像鐵達尼號上的老鼠一樣，即時捕捉到船要沉沒的

資訊，立即棄船而去。

你若不是太子黨，銀行的金庫怎麼能變成你的囊中物？你若不是太子黨的「哥們」，你如何能脫胎換骨成為中國的首富？

李嘉誠爲何逃離中國？

香港不是「李家城」

曾獲香港政府授予大紫荊勳章的香港首富李嘉誠，雖然沒有擔任中國和香港官方的名譽頭銜，其次子「小超人」李澤楷卻是北京市第十一屆政協委員，所以李嘉誠也算是「議員之父」。

一直以來，作爲地產商的代表，李嘉誠都與港府和中央政府的立場保持「高度一致」。在接受中國《財新網》專訪時，李嘉誠談論香港的政治及社會現況，指出香港近年民粹主義像野馬易放難收，「照這樣下去，用不了五、六年就會面目全非」。他又批評香港「像寵壞了的孩子」。

這是北京最愛聽的「心裡話」，這話跟成龍大哥的名言「中國人就是需要管的」相映生輝。那麼，在香港，誰是「被寵壞的孩子」呢？李嘉誠這樣的頂級富豪當然不是，他們都認爲自己辛辛苦苦、兢兢業業爲香港創造財富和工作機會，是港人的衣食父母。「被寵壞的孩子」大概指那些失業者和無家可歸者。香港有那麼多底層民衆沒有房住、沒有飯吃，在天橋下棲身，基督教善樂堂的林國璋牧師每週抽一個晚上到天橋下陪伴他們，爲他們送去食物和祝福。難道是林國璋「寵壞了」他們嗎？

李嘉誠在訪問中又表示，「社會的重點是如何解決問題，而

不要停滯在憤怒情緒的階段。」這句話說得似乎很有理，但香港的問題究竟是什麼呢？是北京的強橫遙控，加劇了香港社會結構中本來就存在的政商勾結、地產霸權和社會不公。新聞自由的喪失和法治的敗壞，使得香港人原有的「一心賺錢，不問政治」的外部環境亦蕩然無存。既然都已經沸水煮青蛙，青蛙能不奮力一跳嗎？

李嘉誠認爲，香港近年的社會情緒由「崇商」轉向「仇商」。表面看確實如此，但仔細梳理香港的社會思潮就能發現，香港人並不反對充分競爭的自由經濟和市場經濟，這也正是香港作爲自由港的活力和魅力所在，但香港人反對那種壟斷資本主義、權貴資本主義和裙帶資本主義，也就是催生李嘉誠式的「亞洲教父」的不公正的政治和經濟體制。

資深中國問題觀察家喬·史塔威爾在《亞洲教父》一書中，披露了不少「李嘉誠式」富可敵國的人物發跡史和生意經。他發現「李嘉誠們」的生意集中在港口碼頭、電信服務、公用事業、賭博娛樂和物業發展等領域，這些領域只需要搞定掌權者，就能規避競爭，組建卡特爾（壟斷利益集團），從而財源廣進。這些富豪並沒有像比爾·蓋茲和賈伯斯那樣以技術和創意推動社會的進步。正如香港評論人林行止所指出的那樣，香港並非自由經濟，許多重要行業都受管制，成爲既得利益集團的「獨家生意」。在香港基層民眾的眼中，李家壟斷了香港人生活的周遭，他們不得不生活在以李嘉誠爲首的霸權陰影之下。在此意義上，香港不是普通人的香港，香港是一座「李家城」。

近年來，李嘉誠一方面站在北京的立場上批評香港民主派，另一方面又將在中國和香港的資產紛紛變賣，轉移到歐洲和美

國。李嘉誠棄船逃離的行為，讓中國《新華社》和《人民日報》連續發文對其口誅筆伐，指其只可同甘而不可共苦。這些批判文章也透露了李嘉誠的暴富來自於北京給予的「政策照顧」。也就是說，來自於不公平的競爭環境。如今，李嘉誠對習近平失望，習近平對李嘉誠翻臉，雙方陷入敵對態勢，對於香港民眾來說，乃是「神仙打仗，凡人遭殃」。

而對於香港來說，李嘉誠不是問題的解決者，而是問題本身。香港只有擺脫「李家城」的魔咒，才能散發青春與活力。

李嘉誠對習近平的明褒暗貶

從文革後即參與中國的「改革開放大業」的香港首富李嘉誠，未能在中共紀念「改革開放」四十週年的慶典中入選「百名風雲人物」，表明李嘉誠與習近平的關係已經破裂。

當李嘉誠大量撤資中國和香港之際，中國官媒連番炮轟，頗有殺雞儆猴之意。中共害怕其他海外富豪跟隨李嘉誠「跑路」，威脅他們乖乖地「共體時艱」。

而李嘉誠所作出的公開回應，則是決絕地表示「落花有意，流水無情」，與北京當局半個世紀的友情，自此畫上句號。

君子絕交，不出惡言，不是因為李嘉誠是太平紳士、風度翩翩，而是他還不敢在檯面上跟北京完全撕破臉。他的回應，不是寫給那些炮製「討李檄文」的作者看的，而是寫給御用文人背後如臂使指的習近平看的。

在鄧小平、江澤民、胡錦濤三朝盡享尊榮的李嘉誠，對共產黨內部權力運作的方式可謂明察秋毫。李嘉誠當然知道，以習近平強勢統治的作風，若非其親自首肯，《新華社》、《人民日報》、

《環球時報》這些察言觀色的中共官媒，斷然不會自作主張，對「統戰對象」發起如此尖酸刻薄的人身攻擊。這不單單是有可能「喧賓奪主」的「毫無根據的口舌之爭」，也不單單是「不代表國家方向」的「個別人士的言行」，而是來自習近平授意的「奉天承運，皇帝詔曰」。

此番「非李運動」來勢洶洶，是習近平上臺之後整體政治經濟政策中不可或缺的一個環節。首先，就文革結束之後「改革開放」的國家政策而言，習近平的態度和決策是，政治上絕不改革，經濟上加快「國進民退」。故而，歐美跨國公司倍感風聲鶴唳，港臺商人更是坐立不安。外資的好日子到頭了。

其次，就李嘉誠與習近平的關係而言，兩人雖然還沒有到針尖對麥芒的地步，但漸行漸遠乃是不爭的事實。三年前，在香港特首競爭中，李嘉誠不願支持習近平選中的梁振英，而執意公開擁戴唐英年，讓習近平耿耿於懷，此後不再像鄧小平、江澤民、胡錦濤那樣給李嘉誠單獨觀見的機會。人際關係一旦破裂，就像破碎的瓷器一樣，再也無法修補。

李嘉誠這篇回應文，直指那些批判文章「文理扭曲，語調令人不寒而慄」，是「沒有建設性的語言討伐」。而這正是習近平一以貫之的語言風格和思維方式。

習近平還是王儲之時，在訪問墨西哥的途中，公開大罵西方國家對中國「說三道四」，是「吃飽飯沒事幹」，十足一個街頭痞子「子系中山狼，得志便猖狂」的嘴臉；執掌最高權力之後，先拋出殺氣騰騰的「七不講」，在祭出畫餅充饑的「共產主義理想」，不正是李嘉誠不願相信的「文革式思維復甦」嗎？

雖然李嘉誠在文稿中七次讚揚習近平，尤其強調「對習主席

沉穩的領導能力深感佩服」，但他的心裡話其實是：從此以後，你走你的獨木橋，我走我的陽關道，一拍兩散，各不相干。

網路上有一個笑話：王健林、馬雲、馬化騰、劉強東、許家印和李嘉誠相約一起賽跑。幾個人都嘲笑說，李嘉誠年紀大，腿腳不利索，肯定跑不快。結果，最後卻是李嘉誠跑了第一。大家都在奇怪為什麼他能得第一，李嘉誠大笑說，誰讓你們聽到槍聲才跑的？

聽到槍聲才跑，當然就只能中彈倒地了。而沒有聽到槍聲就跑，或許能夠「逃出生天」（2013 年中國與香港合作的一部電影名）。李嘉誠在習近平開始新一輪的「打土豪、分田地」之前，就將主要資產撤離中國及香港，轉往歐洲和美國，顯然不是出於其小聰明和小伎倆，而是他對中共之本質有著清醒的認識。

據英國檔案處最新解密一份 1987 年李嘉誠檔案揭示，和英國上議院議員（兼和記黃埔歐洲董事總經理）德溫特在致英政府密函中，直指李強烈反共。英國外交部香港處當時也形容，李雖與北京關係良好，但他做生意時還是會忠於自己。德溫特指李很著重華人身分並感到自豪，但強調他「當然是強烈地反共」，又指他對北京官僚「評價甚低」，「但另一方面，李絕對是現實主義者，他可與中國高層保持良好關係，甚至在家鄉汕頭捐錢蓋一所大學。」

李嘉誠眼睜睜地看著近年來香港政治、經濟、文化、教育全方位的崩壞，而這一切，始於法治的失守和言論自由的喪失。

動物農莊裡，誰是肥豬？

中國人是香港人的肥肉嗎？

香港旅發局主席林建岳談及陸客訪港人數下降時，形容中國市場是「肥肉」，周圍的國家都在搶奪這塊「肥肉」，但偏偏香港人「食齋」，所以「就自然會瘦，大家都要勒緊褲頭」。

林主席將中國形容為「肥肉」，不知是褒是貶？或許他真心實意地恭維中國，大國崛起，富得流油，隨便撒點殘羹冷炙，就夠香港「吃到飽」；或許他無意間透露出內心深處其實瞧不起中國，雖然爆發戶模樣的陸客滿坑滿谷，港人賺到大錢，卻從不尊重他們。

現任臺灣國民黨籍的高雄市長韓國瑜跟林建岳的想法如出一轍：既然國民黨奉行「兩岸一家親」的政策，「大國崛起」的對岸放些珠光寶氣的陸客過來旅遊，高雄豈不就可以賺到金山銀山？即便肥肉染有非洲豬瘟，也在所不惜。

那麼，北大人若聽到「肥肉」這個比喻，會是怎樣的感受呢？若是惱羞成怒，則林主席官位不保；若是欣然接受，則林主席高枕無憂。

說起「肥肉」，我不由想起與之相關的另一個詞語「肥豬」來。

　　中共靠打家劫舍起家，據毛澤東所寫〈井岡山的鬥爭〉一文中透露，每月發給士兵一萬多現洋的油鹽柴菜錢，「全靠打土豪供給。」在建立遂川縣紅色政權時，毛澤東為慶祝大會寫的對聯是：「想當年剝削工農，好就好，利中生利；看今日斬殺土劣，怕不怕，刀上加刀。」毛統治井岡山的十五個月期間，紅軍的主要活動是到週邊搶劫，與普通土匪山寨不同之處是，更為殘酷血腥、規模更大、殺人更多。

　　紅軍第一叛將龔楚在《我與紅軍》一書中披露，中共為了生存，搞起綁票勾當。他們綁架了有錢人，通知家人來贖，直到撈足油水並將對方榨得乾乾淨淨為止。有一次，紅軍綁了寧岡縣鄉紳父子三人，勒索兩百五十元，鄉紳家人東借西湊了一百二十元加上首飾珠寶交給紅軍贖人。紅軍收錢後逼迫家人再交五百元，家人交不出，紅軍便殺害了三人。又如，1928 年，朱毛紅軍綁架了天主教神父愛德華，勒索兩萬美元未果。愛德華逃走，但中國會友人質多被殺害。

　　香港人稱呼中國人是「蝗蟲」，中共官媒怒斥這是「種族歧視」。然而，當初共產國際的領導人明確指示毛澤東過「吃完一個地方再換個地方去吃」的游擊寄生性生活。布哈林教唆紅軍說：「到這個地方住一些時候，殺一殺土豪劣紳，吃一吃飯，喝一喝雞湯，再到另一個地方，照樣的殺土豪，吃雞，過了相當時間之後再前進。」中共元老陶鑄的夫人、與毛澤東關係曖昧的曾志，在回憶錄中說：「前方打了土豪，就給我們後方留守處送來一些穿的，有男人穿的長袍馬褂，有女人穿的很寬很大還鑲著花邊的舊式女衫，什麼顏色都有。」曾志回憶說，有一天在路邊看到幾頭足有三百多斤的大豬，眾人動手捕捉，將「地主的肥豬」

沒收回營，做成大碗紅燒肉，叫來毛澤東一起會餐。第二天，豬主人找上門告狀，原來人家並非地主。

九〇年後，滄海桑田，共產黨變成了肥肉，香港的林主席變成了井岡山的劫匪。

賭王四姨太勇上井岡山

江西井岡山是毛澤東的發跡之地，中共黨史稱之為「中國革命的搖籃」。胡錦濤時代，中共在井岡山大興土木，興建所謂的「井岡山革命傳統教育研究院」，定期組織大小官員來此「憶苦思甜」，以此降低黨內腐敗程度，卻收效甚微；習近平時代，反腐運動驚濤拍岸，官員們紛紛將出國行程改為去井岡山和延安，井岡山遂車水馬龍、人滿為患。

據《中國新聞網》報導，2015 年 4 月 23 日，江西省政協常委、澳門博彩股份有限公司常務董事梁安琪攜近百名員工在江西井岡山接受愛國教育。當天下午，梁安琪在開班儀式上表示：「澳博是一個愛國企業，我作為澳博負責人，帶動員工加深對祖國的瞭解，提高員工『愛國愛澳』的精神，是我的責任之一。」

梁安琪還說，她作為江西省政協常委、江西省僑聯副主席，更希望澳博員工能夠認識中國紅色革命之路如何走過來，如何建立新中國，成為現今繁榮富強的大國之一。「希望大家通過這次愛國教育培訓，能夠將井岡山精神中的胸懷理想、堅定信念、勇創新路的思維，融會在日常的工作中，提高大家對公司的向心力，與澳博攜手共創未來，為祖國及澳門的建設及經濟發展盡力。」

讀到這則看似莊重嚴肅的新聞報導，我不禁想起賈樟柯的電

影《天注定》中那個發生在「黃色之都」東莞的故事：那些前來尋花問柳的達官貴人，希望獲得更有刺激性的服務。於是，紅色懷舊風格的夜總會如雨後春筍般地出現了，裡面所有的漂亮女孩都穿著紅軍服裝、唱著革命歌曲，嫖客們儼然成了革命領袖。

梁安琪與井岡山，如同妓院與紅軍搭配，立即產生陌生化的美感。梁安琪上井岡山這一幕，充分顯示了當下中共意識形態的空洞、虛偽與荒謬。梁安琪何許人也？她是澳門賭王何鴻燊之「四姨太」，若是嚴格執行中國現行的婚姻法，這對夫婦包括其他的三名妻妾早該一起被以「重婚罪」關進監獄。但是，既然賭王閣下主動幫助澳門回歸祖國，這種私德上的小小瑕疵，道貌岸然的北京領導人也就視而不見了。

梁安琪是廣州人，少年時代是文工團的舞蹈演員，移居澳門後曾同時打四份工才勉強度日，直到以出色的舞姿吸引賭王、「勾搭成姦」之後，才麻雀變鳳凰躋身上流社會。她為賭王生下三子二女，因為傳宗接代有功，備受丈夫寵愛，乃至成為澳門社會黑白通吃、長袖善舞的聞人。

梁安琪不僅靠舞姿贏得丈夫，更因為陪中國國家主席江澤民跳舞而登上生命的巔峰。澳門回歸之日，江澤民在慶祝晚宴的眾目睽睽之下，情不自禁地與梁安琪翩翩起舞。那一刻，戲子本色的江澤民忘記了今夕是何年，也忘記了自己作為共產黨總書記必須謹守的「四項基本原則」；而梁安琪也成為澳門最幸福、最榮耀的女人，從此在澳門的地位宛如萬里長城永不倒。

中國各省的政協委員、常委，一般都是省內非富即貴的社會賢達，還有少許籍貫為本省的海外統戰對象作為點綴。梁安琪與江西似乎本無淵源，卻能通過種種幕後操作，成為江西省政

協常委、江西省僑聯副主席,其能量之大,讓澳門社會各界刮目相看。從此,誰還敢輕看她卑微的出身,並挑剔賭博業不是「正行」?

當年,毛澤東在《湖南農民運動考察報告》中發誓說,一旦奪取權力,一定要到地主家小姐、少奶奶的牙床上去風流一番;如今,澳門賭王的四姨太主動走上井岡山,要將井岡山精神活學活用到賭博業當中,可見共產黨的魅力勢不可擋,共產黨的經驗屢試不爽。下一步,梁安琪是否考慮與井岡山革命傳統教育學院合作,共同在井岡山開設一家賭場,讓來井岡山進修的各級官員,白天學習,晚上賭博,工作娛樂兩不誤?

不過,不久前習近平曾專程去毛澤東奪取軍權、建立軍中政工制度的「古田會議」舊址朝聖,他不會不知道毛澤東於 1929年 12 月親自起草的「古田會議決議案」中,嚴格規定「凡有政治觀念錯誤、吸食鴉片、發洋財及賭博之行為而屢戒不改者,不論是否幹部一律清除出黨」。那麼,作為革命聖地的井岡山,又豈能容許賭王的四姨太跑來玷污呢?

杜拜王子在中國的豬肉餐

據北京《新京報》報導,上海知名餐廳「西郊 5 號」的一張八人吃掉四十萬元人民幣的「天價帳單」,引爆網友關注。

爆料人為富二代蔣鑫,是在港上市的中國稀土控股有限公司主席蔣泉龍的兒子,也是泛亞環保的總裁。事發當晚,蔣鑫和朋友在該餐廳用餐,並自帶四十八萬元的酒水。

該餐廳老闆是被稱為「明星廚師」的孫兆國。孫表示,這頓價值四十萬元的「天價」晚宴,實際上是「杜拜王子請中國人吃

飯」，所用的食材，都是「很早從各地私人訂製」，由孫兆國親自下廚。對於晚宴的價格，孫兆國稱，「在杜拜這根本不算什麼。」

有網友看到帳單後被嚇到了：「有錢人就是牛呀」、「一頓飯四十萬，可以夠我吃好多年的泡麵了」。

杜甫的詩句「朱門酒肉臭，路有凍死骨」，已不足以描述今天的中國了。今天的中國真是一個比科幻小說還要神奇的國度，神奇之一是：杜拜王子到這個國家，居然可以破除伊斯蘭教戒律，大啖他一輩子都沒有吃過的豬肉——菜單中，除了那些山珍海味之外，有一道豬肉做成的燒酒醬肉。海灣國家的王子們，向來都是富可敵國、揮金如土，不足為奇，正如孫大廚所說，數十萬一餐在杜拜只是小菜一碟。但在杜拜，絕對不會有人敢公然違背伊斯蘭教戒律，賣豬肉、做豬肉、吃豬肉。

神奇之二是，中國明明就是全世界最敵對伊斯蘭教的國家——敵視程度遠遠超過以色列，這位杜拜王子卻將中國視為親切盟友、生意夥伴，千里迢迢跑到中國來請中國人吃飯。就在他與中國人把酒言歡之際，跟他同樣信仰伊斯蘭教的教友們——數百萬計的維吾爾人——正被中國政府關押在堪比「納粹集中營」的「再教育營」，或家破人亡，或生不如死，他們的中國憲法所保障的宗教信仰自由，早已被軍警踐踏在腳下。西方媒體報導，有拒絕吃豬肉的哈薩克族學生被中共警察關進了專門儲藏豬肉的冷凍庫。

英國《金融時報》亞洲版主編吉密歐在北京採訪中國外交部副部長樂玉成，樂玉成談及「新疆再教育營」時，揚言說：「我們主張有病就要早治，不要等到病入膏肓。對有些人，發現有宗教極端思想的苗頭，就要幫助他去除，不能眼看著他走上害人害

己的道路。」他只差沒有說出要將所有伊斯蘭教徒關進監獄的豪言壯語了。如此看來，不是維吾爾人有病，而是樂玉成和共產黨有病，是病入膏肓的獨裁病，是無藥可救的極權病。

神奇之三是，將天價帳單曝光在網路的，是掌握中國具有戰略地位能源稀土的富二代少爺。中國是稀土蘊藏豐富的國家，每逢與西方交惡，就有人建議不再向西方出口稀土，以打擊離不開稀土的西方高科技行業。然而，現在看來，稀土根本不是「愛國牌」，而是供「一小撮人」過上與杜拜王子並肩的奢華生活的「硬通貨」（強勢貨幣）。這些靠裙帶資本主義一夜暴富的家族，不知道何謂低調和遮羞，更不顧忌公眾的感受，如此公然炫富，幾乎可以跟習近平與金三胖狂飲百萬一瓶的茅臺酒有一拚了。

第 五 卷
愚民下跪

中國就是告密之國

近日，中國人民大學副校長吳曉求在畢業典禮上致詞，標題是「堅守人生的底線」，勸告學生不要當投機鑽營的告密者。

吳曉求說，人生的底線，就是道德的底線、良知的底線、人性的底線。他特別強調良知的底線，或者說道德的底線。他認為主要有三點：第一點是不撒謊，第二、不告密，第三、不獨利，而不告密尤其重要，「要做一個光明正大的人、堂堂正正的人、心中坦蕩的人。」他指出，「告密者，一般都投機鑽營，靈魂和心理都是扭曲的。告密者的眼神是游離的、黯淡的、陰沉的」。

極權主義統治的秘訣：挑動群眾鬥群眾

吳曉求的講話引起了轟動，在中國的網路上瘋傳。這本身就是一個讓人悲哀的事實：在任何一個正常和健康的國家或社會裡，大學校長的畢業致詞，都不會以勸告學生不要告密為主旨，因為在一個正常和健康的國家或社會，不會有鼓勵、支持、倡導告密的制度及文化，人們理所當然地鄙視和厭惡告密，告密者也不可能通過告密，從掌權者那裡換取什麼利益和好處。

然而，在習近平掌權後的中國，文革中風行一時的政府鼓勵民眾告密和民眾爭相告密的情形又死而復甦了。中國校園裡正流行著告密風暴，告密風暴已導致十多名大學教師被開除、被取消

教師執照、被處分。大學校園裡，風聲鶴唳，人人自危。

　　文革從來沒有離開過中國，文革的象徵之一就是告密盛行、防不勝防。作家章詒和曾經揭露說，名噪一時的翻譯家和作家馮亦代就是一個告密者，此事讓中國文化界為之震驚。其實，豈止是馮氏一人，上至毛澤東的副手周恩來、周恩來的副手鄧小平，下至引車賣漿之流，告密者無處不在，充斥了中國社會的每個角落。

　　共產極權主義的統治特徵，就是「挑動群眾鬥群眾」。史達林時代的蘇聯也是一個告密者組成的社會。英國學者奧蘭多・費吉斯就此一主題寫了一本厚厚的書《耳語者：斯大林時代蘇聯的私人生活》。「這些世界在威脅我們，像一顆顆顫抖的葡萄粒，懸掛著，像被盜的城市，像金色的失言，像告密……」經過改造的蘇維埃人，既恐懼政治權力，又對它無比崇拜。費吉斯指出，他們幾乎每個人都成了「耳語者」——或藏身於角落竊竊私語、互訴衷腸，或暗中迎合，成為向當局告密的舉報人。

　　《耳語者》列舉了一個關於告密的典型案例：十五歲的蘇聯少先隊員帕夫利克，向政府舉報了自己的父親特羅菲姆・莫羅佐夫，出售假證件給那些特殊定居地的「富農」流放者。帕夫利克當眾譴責父親的罪行，並告訴法官：「他曾經是我的父親，但我已不再認他為父親。我這樣做，不是作為誰的兒子，而是作為一名少先隊員。」特羅菲姆被送去勞改營，後來遭到槍決。

　　由於帕夫利克在這次的舉報上受到了表揚，後來變得愈加大膽，開始接連舉報周圍村民隱藏穀物或者反對集體農莊，引起了公憤。1932 年 9 月 3 日，帕夫利克被發現死於他們村莊附近的森林，據說是被他們親戚刺死的。最終，莫羅佐夫整個家族受到了

審判，除了伯父逃過此劫，他的祖父、祖母、堂弟和教父，全都被槍決。帕夫利克死後，成為一代人的英雄，高爾基呼籲為這位年輕的烈士建造紀念碑，號召全體小學生學習這種完美的少先隊員精神。

對告密者的讚美和頌揚，毒化了一代人的心靈世界和精神生活。費吉斯在《耳語者》中寫到：「整整一代的孩子們從帕夫利克的身上學到，與親人之愛及其他個人關係相比，對國家的忠誠則是更為高尚的美德。舉報朋友和親戚不是可恥的，反而是愛國熱忱的表現──這種想法借助於這場個人崇拜，植入了千百人的腦子，成了每個蘇維埃公民的切實期待。」所以，他們告密的時候，不會有任何心理障礙和愧疚感，而是理直氣壯的，甚至被自己大義滅親的舉動所感動。

那個時代的蘇聯，對許多普通人來說，被捕是沒有理由的，有可能是被你的鄰居舉報了、有可能是你的親人被捕，你是家族的一份子同樣要被捕流放，有可能你發了一句對最高領袖的牢騷恰好被路過的人聽到，各種荒唐的緣由不一而足。這種「隔牆有耳」或者「小心你的舌頭」成了耳語者產生的條件。隨時被捕的那種提心吊膽的恐懼，構成了大清洗時期的公眾常態。這個時候，你甚至渴望被捕，因為一旦被捕就意味著塵埃落定，你不需要抱有任何幻想，等待命運的判決，或生或死，或流放或槍斃。

《耳語者》中，一位被捕的電影編劇回首往事，他對這種狀態有個很好的形容，他覺得大多數人因為恐懼陷入了癱瘓：「像是處於一種催眠狀態，實在想不到抵抗或逃跑。」

「告密者國家」比「警察國家」更可怕

俄羅斯人已然告別了被告密者主導的時代，中國人卻仍然深陷在告密文化中無法自拔。習近平理想中的中國社會，就是靠民眾自我審查及彼此監視來維持。對於統治者來說，「告密者國家」的模式比「警察國家」的模式更加高明——如果有人膽敢用墨水污染統治者的畫像，根本不需要警察用各種高科技的刑偵手段去破案，一定會有目擊者主動去有關部門告密。很多時候，作為志願者的「朝陽大媽」，比專職的警察還要管用。習近平的統治基礎，是數百萬全副武裝的軍警，更是數千萬無所不在的告密者。

生活在遍布告密者的環境中，對於堅持說真話的人來說是極為痛苦的。當年我在北京生活的時候，除了每天要面對安裝在我家門口的攝影鏡頭之外，小區的保安、國保警察僱傭的「聯防隊員」以及那些假扮成熱心讀者前來與我見面的密探，成了如同我的家人一樣與我如影隨形的人物。當國保警察審訊我的時候，他們的面前通常擺放著一疊厚厚的資料，就是那些告密者每日撰寫的關於我的一言一行的報告。

早在十多年前，作家冉雲飛就開始收集資料、計畫撰寫一本《中國告密史》，但迄今為止仍未完成——大概資料太多了，汗牛充棟，讓人咋舌。如果完成，一定是一本比《耳語者》更厚重、更黑暗的書。寫這樣的書是痛苦的，甚至比寫《南京暴行：被遺忘的大屠殺》的張純如還要承受更多的痛苦，所以需要非常堅強的意志力和心理承受力。張純如寫的，是已經定格為「過去式」的事情；「告密史」寫的，是仍在繼續上演的「正在式」的事情——冉雲飛和我一樣，都是告密惡行的受害者。

雖然《中國告密史》的完成遙遙無期，但冉雲飛在〈目前的告密運動〉一文中，一針見血地指出：「告密是專制社會常用的手段，其統治成本相對較低廉，所以幾千年來中國史不絕書。告密是利用資訊不對稱來掌控他人權利，而使統治者自身利益最大化的方式，更是對『囚徒困境』的一種極端運用形式。利用告密方式統治國家和社會，固然可以拘捕到那些統治者的反對者，在某種程度上肅清異見，但通過告密達到的最佳效果，卻並不是顯性的懲處。告密如果所告屬實固然也令人恐懼，更重要的是因為各種利益摻雜其間的誣告，令民眾在生活中防不勝防。這防不勝防，與『防人之心不可無』的制度文化結合起來，不僅成為中國人處世態度的一部分，也從側面證明告密溫床在中國有著深廣的傳統，對我們追求幸福生活造成了極大的破壞。」可以說，哪裡有告密，哪裡就有獨裁和暴政，哪裡就沒有自由和安全。

告密固然是幽暗人性中的一部分，人類存在一天，它就不可能絕跡；但是，如果統治者鼓勵和獎賞告密，讓告密成為其精巧的統治術的關鍵組成部分，那麼，這個社會的敗壞和沉淪就指日可待。這就是今日中國社會的現狀。

陳情表是中國公知退出
歷史舞臺的象徵

2017 年冬天，北京當局以一場火災爲藉口，使用暴力手段清理「暫住」北京的數十萬所謂「低端人口」，在首都上演了一齣「反華」鬧劇。

在北京強勢驅趕「低端人口」之際，有兩份呼籲信在網上悄悄流傳。一份是〈知識界人士就近日北京大規模驅趕『外來人口』事件致中共中央、全國人大、國務院、全國政協信〉，這封信指出：「我們強烈呼籲中央政府基於依憲治國依法治國的莊嚴承諾，對北京強力驅趕主要是底層民衆的『外來人口』這一惡性事件進行緊急干預，以防止次生災害升級及蔓延全國。」

另一份則是由身在美國的中國人民大學校友魯難發起的公開聯名信，通過微信等社群平臺徵集海內外校友簽名。該公開信重提共產黨爲人民謀幸福的使命和初心，提醒北京政府應善待勞動者，並引用習近平一再強調的「他最牽掛的就是困難群衆。」據說，該公開信的簽名者多是以中國人民大學、北京大學、清華大學等高校校友爲主體的「高端人士」。

公車上書的時代過去了

這兩封信的形式與內容都讓人搖頭嘆息。中國公共知識分子

對中國社會脈動的感知，總是慢上一大拍。「零八憲章運動」遭北京當局強力鎮壓之後，繼續談朝野共識、和平轉型，就是自欺欺人；劉曉波被習近平政權凌虐至死之後，繼續搖頭擺尾、上書中央，無異於與虎謀皮。

其實，從 1989 年天安門屠殺之後，中共暴政已完全喪失了全部的合法性，「改革開放」就已變臉為殺人越貨。中共政權唯一的、必然的結局，就是被顛覆、被推翻、被終結。任何有良知、勇氣和智慧的知識分子，所要做的最重要的事情就是從事各種顛覆事業，加速其滅亡，而不是繼續以虛幻的「馴獸師的激情」來「上書中央」。

為什麼我認為這兩封貌似大義凜然、政治正確的呼籲信，是中國公知退出歷史舞臺的象徵呢？

首先，公知們「上書中央」的前提，乃是承認「中央」統治中國的合法性。第一封呼籲信的收信方很具體——「中共中央、全國人大、國務院、全國政協」（其實這四大機構的傳達室不會收取這封「大不敬」的信件），如果以後共產黨成立第五個國家級機構「國家監察委員會」，是不是類似的信件還要再加上此一新的國家級機構呢？這封公開信將此四大機構預先設定為受信對象，就是自動放棄「無代表，不服從」的公民抗命權。棄權的公民社會不再是公民社會，而淪落為奴隸社會。

按照近代人類普世價值中民主、共和、代議制的原則，所謂「中共中央、全國人大、國務院、全國政協」，根本就是非法存在的、未經被統治者授權的機構。若是貨真價實的公民，絕對不能向它們卑躬屈膝，懇求它們施加恩惠；反之，公民應當拒絕承認它們的合法性，並公開抵制。

起草呼籲信的人士，雖然飽讀哈維爾等歐洲公民社會領袖的論著，口口聲聲標榜獨立思考，骨子裡依然是濃得化不開的臣民意識和順民意識。對此，資深媒體人賈葭在臉書上感嘆說：「我認真想了一下，為什麼不願意在崔師姐（崔衛平）那份陳情表上簽名。如果這個文本是告全國公民書，向社會發言，直斥驅離低端人口之謬誤，呼籲全社會救助，我會毫不猶豫地簽名。可惜，就是個陳情表。」平心而論，「陳情表」這種皇權專制世代精神上跪著的文人擅長書寫的文體，原本就不該存在於現代文明社會。

改革開放從來就是海市蜃樓

其次，這兩份「公知宣言」的另一個共同點是：因為習時代太過壓抑，起草者就夢想出一個根本不存在卻無比美好的「改革開放的鄧時代」，乃至苦口婆心地勸告習元首說，您不要回到毛時代了，還是向鄧小平靠攏吧，如此才能你好，我好，大家好。而這種思路的潛臺詞就是：毛鄧之間有著本質的不同，如果說毛是壞人，那麼鄧就是好人。

那麼，鄧小平真的是「改革派」乃至「總設計師」嗎？《BBC中文網》在一篇梳理鄧小平遺產的特稿中，雖然也為鄧塗脂抹粉，但還是指出鎮壓「西單民主牆」運動和八九民主運動的黑手就是鄧小平本人，因為鄧當時是最高決策者。「毛澤東去世後第一次來自民間的思想解放與反思，激烈噴勃，卻心有餘悸地快速收縮。這一蟄伏就是十年，再次爆發已是 1989 年的春天 —— 彼時，數以萬計的學生帶著更強烈的民主訴求，再一次觸及四項基本原則，鄧決定用武力一勞永逸地結束運動，維護政府權威。

他的女兒鄧林曾說，不管鄧小平受到多少批評，他從未懷疑過自己，作出的決定是正確的。」鄧不愧為毛心目中「開鋼鐵公司」的強人。

勸說如脫韁野馬般的習近平乖乖回到鄧小平時代，並不是中國的出路。鄧小平絲毫不比毛澤東仁慈。曾任趙紫陽秘書的鮑樸直率地指出，鄧小平在政治上延用毛澤東的制度和思想方法，他在 1989 年對待學運的態度，與 1956 年匈牙利革命事件時中國態度相同。當時蘇共還未考慮派兵鎮壓時，中共已經建議派兵。所以說，鄧與毛在政治上是一貫的，即用無產階級專政，用權力達成社會共識，把異議消滅掉，這一本質從來沒有變化。

皇帝比貪官更壞

第三，這兩封呼籲信嚴格遵循中國兩千年來一以貫之的「只反貪官、不反皇帝」的敘事策略，彷彿皇帝永遠英明偉大，問題只是因為奴才貪功冒進，或者說，經是好的，只是下面歪嘴的和尚將經唸偏了。前一封信的意思是說，這次的事件只是北京市政府犯的一個低級錯誤，如此睿智的中央肯定不知道。若中央出面制止，必定能扭轉乾坤，結果就是壞事變好事、皆大歡喜。

然而，北京就在「天子」腳下，北京的一舉一動，「天子」難道一無所知嗎？「今上」難道不是明察秋毫嗎？更何況，此次事件的始作俑者、新任北京市委書記蔡奇，乃是習近平的心腹。驅趕「低端人口」的雷霆行動，已經在多個城市展開，不是北京的突發奇想，而是中央早已佈置好的「大棋局」。依靠中央出手來防止其「蔓延全國」，簡直就是懇求食人魔從此吃素。

至於後一封信就更是等而下之。作者大量引用習近平的「初

心」和「講話」，彷彿他是習近平的親朋好友，可以跟習近平促膝談心。大概因爲作者在美國生活太久了，將習近平當作可以傾訴衷腸的心理醫生。作者之前曾爲雷洋事件組織連署簽名，但並沒有爲冤死的校友雷洋爭取遲到的公義。爲什麼那一次的沉痛教訓，還沒有讓他們認清中共政權的邪惡本質呢？

更有意思的是，在此信件上簽名，似乎還需要具備人大、北大、清華等名校校友的資格，以此彰顯「高端人士」的「愛心」、「善心」。其實，名校出身又如何？即便是習近平的校友又如何？中國只有習近平一個人是眞金白銀的「高端人士」，從黃光裕到肖建華，從薄熙來到周永康，哪一個不是行走在刀鋒上，誰有自由、誰有平安呢？

這些「過於聰明」的公知們偏偏忘記了，此次北京驅趕「低端人口」，不是第一次，也不是最後一次。中共打敗國民黨，就是靠煽動「低端人口」消滅「高端人口」。然後，原本是「低端人口」的毛澤東們（毛澤東當年就是在北大圖書館當臨時工的、居無定所、吃了上頓沒下頓的「北漂」）搖身一變成了「高端人口」，而這些新進的「高端人口」的統治秘訣就是：餓死、殺死、圈養、奴役、驅趕「低端人口」，如此就能維持動物農莊永遠繁榮昌盛。

聰明反被聰明誤，這些公知們究竟是在「爲了蒼生說人話」，還是充當「官的幫忙和幫閒」，「低端人口們」個個看得一清二楚。

中國中產階級的崩壞

劉曉波被中共政權慢性謀殺，挫骨揚灰，而中國國內一片寂靜，大部分城市中產階級繼續過著「歲月靜好」的生活，只有很少人在社群媒體上用隱諱的語言謹慎地表達哀思。

劉曉波去世十多天之後，中共當局無視國際輿論的批評，照樣非法軟禁其遺孀劉霞，除了少數外國媒體記者到劉霞居所之外拍照，很少有國人願意冒著被抓捕的風險前往探視和聲援。

從陳光誠事件到劉曉波事件：官方打壓的強化與民間抗爭的弱化

劉曉波的死亡以及中國死一般的寧靜，再次表明劉曉波是中國「不配擁有的人」。廣州作家黎學文在臉書上哀歎說：「這次去瀋陽探視、悼念劉曉波的不超過 20 個人。對比當年探望陳光誠時候的踴躍，民間行動力已經奄奄一息，冰河時代的來臨，由此可見一斑。」黎學文還對知識分子圈的怯懦、冷漠和偽善作出嚴峻批判：「曉波先生獲諾獎以後，我在北京那幾年，聽到過很多人包括很多名流自稱是曉波的學生和好友，這些天來，有幾個自稱他的學生好友站出來為他發聲、聲援或行動呢？中國盛產投機客和欺世盜名者，他們不配是曉波先生的朋友，因為他們自甘為奴，不配稱人！」

一個星期之後，黎學文在廣東參與一場小規模的劉曉波頭七海祭：約十位維權人士在廣東新會海邊祭奠劉曉波，並在網上發布了一段短暫的影像資料。之後，參與者衛小兵在汕尾陸豐被騙下樓後，遭大批警察拘捕，住所也被搜查。何霖在同一時間在廣州住所被圍捕，並被搜去手機、電腦主機和十幾本書籍。卓玉楨的住所被搜查，但本人當時不在家。同時，佛山女網友汪欣（網名汐顏）、黎學文、律師陳進學等多人失聯。黎學文為了作為自由人的良知，付出了失去自由的代價，而這正是劉曉波選擇的那條「少有人走的路」。

精於算計的中國中產階級群體，很少有人願意選擇這條「光榮荊棘路」。他們不但不願在高牆與雞蛋兩者之間選擇後者，甚至還會嘲笑雞蛋說：你不必飛向高牆，你那麼脆弱，你對高牆造不成任何傷害，為什麼要不自量力、以卵擊石呢？他們對那些「螞蟻挑戰大象」的努力始終抱持旁觀乃至嘲諷的態度：大象一抬腿就能踩死千百隻螞蟻，螞蟻怎麼可能對抗大象呢，還不如躲藏在洞穴裡面安穩過日子呢。

所以，大部分的中國中產階級從未聽說過劉曉波的事蹟，也不知道劉曉波是諾貝爾和平獎得主。中共當局的資訊封鎖是一回事，更重要的是，中國的中產階級大都在財力和技術上可以輕鬆實現翻牆，他們卻內在地缺乏尋求真實資訊的慾望和意願。他們並不覺得中國存在言論不自由的狀況：不能用臉書和推特，就用微信吧，微信不是跟臉書和推特有同樣的功能嗎？不能用谷歌和維基百科，就用百度吧，百度不也是最強大的蒐尋引擎嗎？

正如黎學文所說的那樣，數年前，到山東東師古村探訪陳光誠的各界人士（大都是中產階級）絡繹不絕，他們願意冒著被國

337

保和國保僱用的流氓毆打的風險,向陳光誠表達支持;但是,幾年後的今天,公開支持劉曉波和劉霞的人士大大減少。首要的原因是官方對公民社會的打擊力度大大加強。

胡錦濤時代,當局面對勃然興起的公民社會採取守勢,前去探訪陳光誠的人士儘管可能被便衣攔截甚至毆打,但一般都不會有牢獄之災;而習近平時代,對公民社會採取雷霆打壓、分化瓦解的策略,在很多審判維權人士的案件中,即便只是前往「圍觀」的人士,也會遭到逮捕,遭受到跟他們要聲援的人士同樣下獄的命運。這種嚴厲的打壓,使得大多數人望而卻步。

中國的中產階級為何未成為民主化的支持者?

自九○年代中期,西方採取的對華政策,背後的觀念是中產階級興起,經濟發展必然帶來民主化的一整套政治學理論。這是柯林頓政府深信不疑的理論,故而柯林頓強力支持中國加入世界貿易組織,他相信中國成為經濟全球化的重要一員之後,政治民主化也就會水到渠成。

這套理論相信,經濟現代化和政治民主化之間存在必然的聯繫,隨著社會現代化的展開,個人收入和教育水準得到提高,社會經濟流動加快,對自由的預期也大幅上升。所有這些特徵反過來會推動非民主化社會中的民主化進程,強化民主社會中的民主制度。因此,學者認為,「正在崛起的中產階級身上普遍體現了這些特徵」,充當了「民主化運動的中流砥柱」。換言之,社會經濟的現代化催生了中產階級,中產階級反過來成為非民主社會中民主化進程的開路先鋒。

這一理論或許適用於臺灣——臺灣當年的黨外運動,如果離

開中小企業主的經濟支持是不可能成功的。而**臺灣中小企業的迅猛發展**，又為經濟力量與政治反對運動的結合，提供了良好的外部條件。在民主自由的普遍要求之外，這兩個群體有著共同的訴求：本土化乃至**臺灣獨立**，反對作為外來政權的國民黨的統治。這一明確而堅定的願景，為臺灣結束國民黨一黨獨裁並走向民主時代提供了源源不斷的動力。

然而，在中國缺乏這樣的共識與願景。官方的共產主義意識形態雖已衰亡，但民族主義和愛國主義成為新的強心劑。中國的中產階級長期受到官方的洗腦教育和宣傳，大都是偽善的民族主義和愛國主義者，不願接受帝國邊緣地帶的獨立或高度自治的選項，寧願由共產黨來維持大中華的穩定和富強。另一方面，中國經濟的發展也讓中產階級分到一杯殘羹冷炙，這點殘羹冷炙讓他們心滿意足：如果在一線城市擁有兩套房產，這樣的中產階級的中上層就是千萬富翁，他們當然支持政府哄抬房價的經濟政策。

美國《政治研究季刊》發表了學者陳捷一篇題為《中國的民主化和中產階級：中產階級的民主態度》的論文，這篇文章以大量的抽樣問卷調查的數據為支援，得出如下結論：中國城市的中產階級在何種程度上支持基本的民主價值和制度？一方面，和大部分下層階級的民眾一樣，大多數中產階級對與自己切身利益密切相關的個人權利很警醒。然而，另一方面，當這些權利「有可能會」破壞社會秩序時，大部分中產階級都不願意行使其政治權利；他們沒有意願對政府事務發表意見以及在發起政治變革中發揮作用；他們似乎只支持當前一黨主導和控制的選舉制度下的差額選舉。從比較視角來看，城市的中產階級在整體上對民主原則和制度的支持度不如下層階級。

陳捷的研究結果表明：儘管中產階級或許「希望有一個相互制衡的制度來有效地約束黨的權力」，以免自身的經濟和社會利益受損，但他們並不樂意支援和參與促進民主的政治變革。

打破沉默是中產階級自救的第一步

大眾的沉默是極權主義肆虐的溫床。中國的中產階級認為，只要沉默，就能倖存。然而，「割韭菜」的刀總有一天會落下。

香港歌手陳百強有一首老歌，名叫《沉默是金》，很好聽。然而，沉默不是金子，而是致命的毒藥。魯迅說，沉默啊，不在沉默中滅亡，就在沉默中爆發。《聖經》中的約伯也有過斬釘截鐵的話語：「請你們轉意，不要不公；請再轉意，我的事有理。我的舌上，豈有不義嗎？我的口裡，豈不辨奸惡嗎？」

美國社會學家伊維塔·澤魯巴維爾寫過一本討論「生活中的沉默和否認」的書，名字叫《房間裡的大象》。「房間裡的大象」為英國諺語，大象用來比喻某種巨大，因而不可能被忽視的真相，房間裡的大象則表明，儘管人們無法否認該事實確鑿地存在於我們的日常生活中，但是依然刻意迴避，故作不知。

「六四」屠殺是房間裡的大象，法輪功是房間裡的大象，劉曉波是房間裡的大象……既然讓人不舒服，乾脆就當他們不存在。

通往動物農莊的道路，是由民眾的沉默鋪成的。馬丁·路德·金恩說過，我們看到真相卻一言不發時，便是我們走向死亡之日。那些自私的人們，對正在發生的罪惡掩面不顧，心中甚至還有一絲竊喜：感謝上帝，那個受害的人不是我。然而，下一個輪到的人呢？會是你嗎？

　　沉默不是中立，道德和良知從來不可能保持中立。伊維塔‧澤魯巴維爾指出：「沉默會使道德腐化，因為它為醜陋行徑開方便之門。難怪沉默和保密是壞人們的重要武器。畢竟殘酷和腐敗都是在暗中滋長壯大，要想把它們去除掉，需要我們用最明亮的光束去照射。」那麼，是繼續沉默，讓邪惡大行其道；還是直截了當地對邪惡說，「你就是邪惡，你必須停止作惡？」

　　結果將截然不同。邪惡很在乎我們對它的態度，邪惡並沒有外表看上去那麼堅不可摧，很多時候，它外強中乾，如紙紮的房子。正如伊維塔‧澤魯巴維爾所說：「恰恰是我們否認大象如影隨形的存在所做的共同努力，才使得這些大象成為龐然大物。一旦我們開始承認大象的存在，它們便神奇般地縮小。只有我們不再商量好了去忽略這頭所謂的大象，才能最終把它趕出房間。」柏林圍牆就是這樣倒下的。習近平也會這樣倒下。

從「中國版的王炳忠」
看「國粉症候群」

據《自由亞洲電臺》報導，中國「八〇」後反共網紅「蔣罔正」赴慈湖蔣介石陵寢三鞠躬，並現場直播。他感嘆，中國大陸很多人對生活不滿，還會痛怪當年蔣介石「剿匪不力」，羨慕臺灣有老蔣守住自由民主淨土，民進黨蔡政府反倒「去蔣化」，真是「圍城之內，圍城之外」。

「國粉症候群」是一種嚴重的精神疾病

蔣罔正本名「尹科」，浙江省嵊州市人，母親姓蔣。因感嘆當年「蔣公剿匪不力」，自己以「罔正」之名，在自媒體闖蕩「剿匪」，意在彌補老蔣在反共上未竟的使命。他在蔣陵接受電臺採訪說：「如果中國大陸還是蔣公統治，至少我們活得像臺灣人民一樣，至少我們有自由，至少我們有民主。」

看到現在改名「兩蔣文化園區」的慈湖陵寢，成為上百個在臺灣被「撤掉」的老蔣銅像「集中營」，蔣罔正痛批民進黨政府大搞「去蔣化」是「屁股決定腦袋」：「至少蔣介石先生給我們華夏兒女，留下了這樣一塊自由民主之地。可能有些臺灣人說，我在臺灣，你們那個反共，關我們什麼事？那是因為，你們在圍城之外，我們在圍城之內。」

　　蔣罔正原本對推友大肆預告，要到蔣陵跪拜念祭文，但前一天他先到在臺北的「中正紀念堂」銅像跪地磕頭，卻被多名推友「指正」現在這樣做會被嘲笑，他只好自嘲說：「哎呀，怪自己在『匪區』被洗腦太久了！」

　　臺灣有王炳忠，中國有蔣罔正，蔣罔正就是「中國版的王炳忠」。他們的一致之處為，他們都是死忠的國粉。他們不一樣的地方則是：臺灣的王炳忠不僅不反共，而且拿共產黨的錢罵臺獨；而中國的王炳忠一心反共，卻以為國民黨還是反共的中流砥柱，跑到臺灣來搬救兵。若「兩個王炳忠」相遇，會碰撞出什麼樣的火花呢？臺灣媒體真該為這兩個「有志青年」安排一場有趣的對談。

　　反共當然沒有錯，我也以反共為志業。但是，反共並不意味著必須成為國粉、蔣粉，將反共的期望寄託在昔日一敗塗地、今日亦萎靡不振的國民黨身上，只能是一廂情願、明珠暗投。共產黨固然蠻橫殘暴，但國民黨難道就遵紀守法、天下為公嗎？

　　「國粉症候群」不僅出現在資訊嚴重匱乏的中國，還出現在海外華人社群媒體中——甚至有不少經歷過六四屠殺腥風血雨的所謂民運人士，張口國父，閉口蔣公，古墓陰風，撲面而來。

　　國粉和蔣粉所持的是一種可怕而可悲的摩尼教（傳自波斯，古老的拜火教）思維方式——摩尼教認為，在太初時，存在著兩種互相對立的世界，即光明世界與黑暗世界。初際時，光明與黑暗對峙，互不侵犯。中際時，黑暗侵入光明，二者發生大戰，人類世界因此產生。後際時，恢復到初際時相互對立的狀態，但黑暗已被永遠囚禁。換言之，摩尼教的核心是一種善惡二元論思想。此種思維方式若用在對蔣毛和國共的評價上就是：既然共產

黨是壞的，那麼國民黨就是好的；既然毛澤東代表獨裁暴政，那麼蔣介石就代表民主自由。世界頓時變得無比簡單了。

「國粉症候群」是一種嚴重的精神疾病，其患者往往是那些「巨嬰國」中永遠長不大的「類人孩」。

給「國粉」開藥方

我不知道什麼「特效藥」可以醫治「國粉」，姑且開幾種藥方試一試。蔣罔正先生或許可以去國家人權博物館白色恐怖綠島紀念園區和景美紀念園區參觀，他就會知道老蔣和小蔣絕對不是自由民主的倡導者，恰恰相反，追求自由民主的人們都被兩蔣關進監獄、備受折磨。

蔣罔正先生或許從來沒有聽說過陳文成和鄭南榕的名字，他該去陳文成紀念館和鄭南榕紀念館「取經」——既然自詡為中國的民主人士，他就該學習陳文成和鄭南榕挺身對抗暴政的勇氣。蔣罔正先生也可以去臺灣的書店買一套我寫的《臺灣民主地圖》系列，按圖索驥，來一趟真正的「臺灣自由行」，而非「臺灣拜鬼行」。這幾帖藥不知能否醫好蔣先生——不，應當是尹先生——的精神疾病呢？

我也建議所有的「國粉和蔣粉症候群」患者，時常去看看臺灣人權工作者、白色恐怖受害者洪維健（洪先生已於 2018 年 4 月 1 日逝世）的臉書。共產黨的紅色小說《紅岩》中，有一個跟隨父母被關押在重慶國民黨監獄的孩子「小蘿蔔頭」，這個故事的真實性姑且不論，但洪維健在白色恐怖的臺灣就是一名如假包換的「幼童囚犯」。

多年來，洪維健研究白色恐怖的歷史，出版書籍、策劃展

覽、拍攝紀錄片，他本人堪稱一部活的白色恐怖史。他指出，白色恐怖時代，兩蔣在臺灣抓捕的所謂共產黨，根本沒有幾個是真的共產黨，十有八九都是冤案：「蔣經國自己就是共產黨，他的所作所為，都是共產黨對付異己的反動手段，可是國民黨裡面，卻沒有人敢放個屁。」

以臺共而論，組黨於 1928 年，受日共節制，跟中共關係不大。1931 年，總督府大舉逮捕臺共主要幹部，隨後，臺共被迫停止運作。可是，國共之間慘烈鬥爭的「延長賽」，卻在 1945 年後，繼續登臺演出。從「老俄共」轉成國民黨特務頭子的「麻子阿哥」蔣經國，為了搶皇位，跳進來，不分青紅皂白，亂抓，亂關，甚至亂殺一通，這才揭開「白色恐怖元年」的序幕。

我還建議所有的「國粉和蔣粉症候群」患者，去臺灣國史館參觀「曲折的 70 年 —— 國史館現藏國寶與憲政史料展」。此展覽中提及蔣經國扮演的角色，並公開一份在五〇年代擔任國防部政治部主任的蔣經國，呈給蔣介石一份破獲「匪諜案」的書信。蔣經國以向「父親大人敬稟」的口吻，指出「政治部在馬公破獲由日本共產黨員領導之匪諜案，該匪已押解來臺北正嚴密審辦中」，又「總統府警衛團破獲匪諜機關，人犯已拘押亦在處理中」。在這封書信裡，蔣經國還向蔣介石呈請「擬具徹底改造情報機構之意見」，以及政工幹部畢業班參與軍官團的訓練活動，要「恭請父親大人訓示」等內容，文末並寫下「兒經國跪稟」等敬語。

由這封信函看出，蔣經國以「父子關係」身分，直接向蔣介石報告情報業務，而非正式的官職，以政府公文層層上報總統。國民黨不僅「黨」、「國」不分，而且「家」、「國」不分。另外，

蔣經國當時擔任的國防部政治部主任，並非屬於司法機關，卻能親手操辦「破獲」、「押解」、「審辦」等業務，由此看出蔣經國所擁有的極大權力，完全凌駕於法律之上。

蔣經國大幅擴大政工人員的職權，尤其是軍隊命令的副署權，以及監察、保防工作的推動，一時有「猛虎出柙」之勢。美方當時估計，有高達二萬五千名政工人員滲透各部隊，直接向其政工主持人密報，**轟**動一時的孫立人冤案，就是蔣經國一手炮製的——抗日名將孫立人因反對在軍中設置政工幹部，而成為蔣經國陰謀的犧牲品。

國民黨和蔣介石絕對不是中國的救星。國民黨沒有共產黨那麼邪惡，只是因為其力有不逮，絕不意味著它天生就比共產黨仁慈和寬容。臺灣的民主化，不是國民黨或蔣經國的恩賜，而是陳智雄、陳文成、鄭南榕等民主先驅者以生命為代價換取來的。那些崇拜國民黨或蔣經國的中國所謂「反共人士」，不過是以此掩飾道德上的怯懦，卻又暴露出智力上的缺陷。

且看中國人的吐痰術

　　爭議不斷的中國「廣深港高速鐵路」香港路段通車了。不料，香港《蘋果日報》記者發現，竟有中國乘客一下車就立即在月臺上吐出一口濃痰，嚇壞目擊的記者，坦言見證了中港之間的「文化差異」。

　　而香港《明報》記者攜帶攝影機過關時，在中國口岸區的海關櫃位被扣查二十分鐘，兩名海關人員詢問記者來意，又問及記者的報導是「正面還是反面」；海關人員還要求查看記者攝影機內拍攝的內容，並要求記者填寫「進出境旅客行李物品申報單」，為攝影機申報。

　　其實，港人毋須大驚小怪。之前，就有港人分享在中國搭高鐵的經驗，稱有旅客竟大喇喇在走道上煮方便麵，而他本人的座位居然被人強占，火車上的服務人員根本不管，幾經交涉，對方才悻悻然離開。該香港人警告，在高鐵開通後「大家自己保重」。

從隨地吐痰到隨地大小便

　　被作為中國「新四大發明」的高鐵（核心技術都是從西方偷竊而來），在習近平的「一帶一路」外交戰略中，充當領頭羊角色。儘管近期若干國家廢止了之前引進中國高鐵的巨額合同，但這點小小的挫折不足以動搖習近平的雄心壯志。高鐵進軍香港，

被視爲將香港「中國化」的重大步驟，如同在港人的脖子上設置一道項圈，港人想逃都逃不掉了。

然而，香港媒體居然不遵循特首林鄭月娥的命令，對高鐵做「正面報告」，而是「一葉障目，不見泰山」地報導中國乘客吐痰的細節，眞是「不知天高地厚的辱華」。

當年，香港記者張寶華在記者會上詢問江澤民，是否內定董建華爲特首，江澤民惱羞成怒，夾雜普通話、廣東話和英文，對其破口大罵了好幾分鐘，「我告訴你們，我是身經百戰的，見得多啦，西方的哪一個國家我沒有去過，你們也知道美國的華萊士（著名記者和媒體人），比你們不知高到哪裡去，我跟他談笑風生。只是媒體也要提高自己知識水準，識得唔識得呀！（廣東話，知不知道啊！）你們有一個好，全世界什麼地方，你們跑得最快，但是問來問去的問題呀，too simple（太簡單），sometimes naive（無知），懂得沒有？」如今，如果習皇帝看到香港發表的中國人吐痰的報導，該如何訓導不愛國的香港記者呢？

「爲什麼中國有了高鐵，中國人卻做不到不隨地吐痰？」這樣的提問早已落伍，中國人不僅隨地吐痰，還要隨地大小便，以至於瑞典的一家電視臺在旅遊節目中建議說，鑑於中國遊客愈來愈多，瑞典旅遊部門應當廣泛設置一種有圖畫及中文說明的、禁止「隨地大便」的象徵。時值中國老頭、老太大鬧斯德哥爾摩青年旅舍的新聞不斷發酵之際，中方看到此一節目更是怒髮衝冠。

中國駐瑞典大使桂從友屬聲譴責說：「瑞典電視臺有關節目內容和羅恩達爾（《瑞典新聞》節目主持人）的言論赤裸裸散播、宣揚種族主義和排外主義，公然挑起煽動針對中國及其他族裔的種族仇視和對立，使用的中國地圖缺少臺灣省及西藏部分地區，

嚴重侵犯中國主權和領土完整。有關節目已經突破了人類道德底線，嚴重挑戰人性良知，嚴重違背媒體職業道德。」簡直就要將瑞典說成是納粹了。

然而，一副紅衛兵面孔的桂大使似乎忘記了，正是中共當局將上百萬維吾爾人關進堪比「納粹集中營」的「再教育營」，中國外交部副部長聲稱「有病就要治」（自以為華佗再世），而國際人權組織譴責說，這是種族滅絕之前奏。日前，在中國社群網路上廣為流傳的一段影片：山西省大同市上訪人員被截訪的警察和官員強行拉上一輛公車，每個人的脖子上都套有一根繩子，一個繞一個，無一倖免。究竟是誰「突破了人類道德底線」？中共從未將其治下的十三億人當作「人」來對待。人類當然有人類道德底線，但中國人有另外的一種道德底線。

鄧小平靠吐痰嚇退柴契爾夫人

吐痰是中國的「國粹」，香港人和西方人太過大驚小怪了。吐痰技術最高超的是「改革開放的總設計師」鄧小平。

曾任美國駐華大使的羅德回憶說，「鄧小平坐在椅子上雙腳僅僅及地，他是個煙鬼，並隨意使用痰盂。」曾跟鄧小平會面的白魯恂教授則記載如下：「他坐在墊得厚厚的大椅上，腳勉強碰到地面，當他俯前使用痰盂時，甚至是雙腳懸空。」前加拿大駐美大使伯尼 1986 年陪同當時加拿大總理穆爾羅尼訪華，在會見鄧小平時，他觀察到，「會上，鄧小平煙抽個不停，偶爾使用痰盂，彈無虛發。」

普通中國人吐痰可能是無意識的行為，但領袖的痰從來都不是白吐的。鄧小平在很多時候會借助吐痰以示鄙夷。

　　卡特總統時代任安全會議中國事務主管並親北京的奧森柏格這樣形容鄧小平，「他經常吐痰，聲情並茂。一次，他為了罵蘇聯的擴張主義罵得更起勁，就向痰盂吐了一口痰。」而一位泰國外交家這樣描述鄧在入侵越南前夕的表現：「鄧對越南恨入心脾，他使勁向痰盂吐了一口痰，把越南人罵成狗。」就連「中國人民的老朋友」季辛吉在其回憶錄《白宮歲月》中也有不少「辱華」言論，他形容鄧小平是個「nasty little man」（骯髒小矮人），「鄧放個痰盂在前面，並不時向著痰盂吐痰。」

　　要是連洋男士都對鄧小平當眾吐痰感到不安，洋女士料必更感困擾。英國首相柴契爾夫人因香港前途問題到北京會見鄧小平，整個過程如受酷刑。後來，她在自傳中說：「鄧小平堅持要在我們中間放個痰盂。到底他是否知道或者是否真的不知道，西方客人會對這感到非常噁心？知道也好，不知道也好，反正他吐了很多次痰就是。」

　　被鄧小平的痰盂搞得失魂落魄之餘，身為「鐵娘子」的柴契爾夫人出門後就在人民大會堂外的臺階上摔倒了。中國人開心地看著她摔倒的那一刻，人人都會想起毛澤東時代的那首兒歌「帝國主義夾著尾巴逃走了」。

　　鄧小平一痰值千金。就像中國古人用屎尿作武器一樣（中國古書中稱之為「金汁」），鄧小平的濃痰打敗了高傲的英國人，在收回香港主權談判時，發揮了至關重要的作用。當時，坐立不安的柴契爾夫人根本就忘記了捍衛香港人的自由和權益，對鄧小平俯首稱臣，只求趕緊脫身。如此追溯起來，香港今日之淪陷，跟鄧小平的痰還真脫不了關係。

　　也難怪今天的香港媒體，如此在意中國高鐵乘客到香港之後

吐出的第一口濃痰。若是有人覺得鄧小平或許多中國人認為吐痰是「不文明」（這種看法是超級「政治不正確」，不符合西方左派的「多元文化」觀念──既然吃人肉都是多元文化之一種，吐痰為何不能算是多元文化之一種呢？），但這比起滿清重臣李鴻章訪問歐洲時拒絕使用痰盂、執意把痰吐在名貴地毯上，似乎已是「巨大進步」了。

接著查考古書，李鴻章其實也沒有那麼糟糕，風雅的《世說新語》裡面記載，皇族苻朗直接把痰吐到侍從嘴裡（即「肉唾壺」），與之相比，李鴻章算是十分「近代化」了。

中國人的本領不止於吐痰。瑞士《二十分鐘報》網路版以《女遊客掐天鵝脖子》為題，報導了一段琉森天鵝廣場湖岸邊的錄影：鏡頭中，兩名中年亞洲女性遊客向天鵝餵食，並緊緊掐住天鵝的脖子，以擺拍「精彩合影」。雖然全文沒有提及當事人的國籍（大概瑞士人看到瑞典人被中國霸凌的遭遇，不得不謹言慎行），但兩位遊人的對話清晰可辨：她們說的正是字正腔圓的普通話。在影片中還可看到，在事發地點兩米處便設有明明可見的「禁止投餵」的英語標示牌。

看來，中國遊客到世界各地隨地吐痰、隨地大小便乃至「焚琴煮鶴」的日子已經不遠了。厲害了，你的國。

誰，又不是那個失去記憶的女人？

　　看了張藝謀的新片《歸來》，忽然發現當年拍攝《紅高粱》和《活著》的張藝謀，靈魂部分地歸來了。張藝謀迷失四分之一個世紀，一度淪為比希特勒的御用導演里芬斯塔爾還要拙劣和粗鄙的法西斯主義者，淪為中共殺人政權的「首席化妝師」（不是「國師」）──用網友刻薄的說法就是，「無非是個開染坊的老流氓，銀幕上揮毫潑墨，銀幕下亂搞『謀女郎』（張藝謀電影的女主角們）」。

　　那麼，是誰把張藝謀的靈魂叫回來的呢？是電影原著的作者嚴歌苓嗎？不，是張藝謀自己的記憶。對以張藝謀、陳凱歌、姜文為代表的第五代導演來說，中共建政以後一系列慘烈的政治運動，構成他們青春時代無法迴避的經歷。那個所謂的「陽光燦爛的日子」，其實天上懸掛的是「毒太陽」（典故來自俄國導演尼基塔·米哈爾科夫的電影《毒太陽》，史達林是毒太陽，毛澤東也是毒太陽，所有獨裁者都是毒太陽），一不小心，人就被它照瞎了眼睛。

　　《歸來》的時代背景，橫跨反右和文革這兩個毛時代的政治運動。絕大多數場景都在破舊的居民樓和火車站之間展開，沒有張藝謀後期電影中的宏大場面和豔俗色彩。主角只有三個人：打成右派發配大西北勞改的丈夫，留守持家苦苦等待的妻子，盼望

在樣板戲中登臺演出的女兒。這是一場在巴斯特納克的《齊瓦哥醫生》和阿赫瑪托娃的《安魂曲》裡被預言過的人倫悲劇：女兒為了拯救因出身不好而被貶入另冊的人生，舉報逃亡途中的父親與堅貞不屈的母親的密會，由此拉開悲劇的序幕。這也是一個關於愛和自由的故事：人奮起捍衛的自由，必然包括愛的自由；人一旦失去自由，就失去愛的可能。極權主義害怕愛，也害怕自由。獨裁者千方百計要毀滅的，就是愛與自由。

極權主義是家庭的殺手

父親歸來後，女兒丹丹告訴父親：「是我舉報你的。」父親平靜地說：「我知道。」女兒失聲痛哭：「都怪我。」父親說：「怎麼能怪你呢，都怪我。」在這遲到的和解背後，大家都明白究竟應該怪誰。

極權主義的災難最集中體現在何處？跟肉體消滅比起來，極權主義對家庭倫理的摧毀更為嚴酷。極權體制總是把魔爪伸向家庭，而且「從靈魂深處」讓社會成員們「自發」地肢解家庭。在極權主義的語境裡，「個人」無處遁逃，勾連「個人」情感的最基本連結——家庭倫理——自然也是黨國必欲除之而後快的。極權主義者不僅要消滅社會的中間組織，還要解體以血緣連結形成的家庭，這樣才能將每個社會成員都變成孤立無援的、乖乖聽話的「螺絲釘」。

毛澤東親自挑選的革命戰士的典型雷鋒，就是一個沒有親人的孤兒。只有那些丈夫和妻子、父母和子女、兄弟和姊妹之間心甘情願地互相揭發的老百姓，才能構成讓獨裁者放心的「群眾基礎」。

其實，不僅儒家文明重視家庭倫理，西方的基督教文明更重視家庭倫理。凡是「文明」，無不小心呵護家庭的價值；反之，法西斯主義和共產主義等反文明、非文明的社會制度，視家庭為仇讎，視親情為革命的障礙。所謂「大義滅親」，「義」無非是統治者的利益罷了。

思想史學者、最早提倡建立「五七學」（反右運動專題研究）的錢理群，曾反省當年與漂泊在臺灣的父兄「劃清界限」的精神歷程。他反問說：如果一個人可以任意傷害、甚至殺害自己的親生骨肉，那還有什麼傷天害理的事不能做呢？這樣為一切罪惡、反人性的行為開路的倫理哲學，竟在文明社會裡打著革命的旗號風行一時，至今仍有影響。這難道不應該引起人們的警覺與深思嗎？

在電影《歸來》中，「組織」是無所不在的「超級駭客」，如同歐威爾《一九八四》中眼觀六路、耳聽八方的「老大哥」，如同村上春樹《1Q84》中操縱信徒、長袖善舞的「教主」。「組織」賦予每一個原子式的社會成員最基本的生存權利，每一個成員必須對它感恩戴德、頂禮膜拜。它既讓你看不見、摸不到，又化身為一個個騎在你頭上的人物。

街道幹部在共產黨的權力體系中，只是不入流的神經末梢，但在《歸來》中，那個神情嚴肅的女街道幹部，為了讓失憶的馮婉瑜接受從勞改營歸來的丈夫，語重心長地對她說：「你相信組織嗎？我是代表組織嗎？那你是不是應該相信我？」這個強大的三段論式邏輯，淋漓盡致地道出「組織」具有的無上權威——即使在個人記憶、心理創傷這些最私密的領域中，「組織」的決斷亦斬釘截鐵、不容置疑。在中國，從來沒有心理學，因為心理學

僭越了「思想政治」的功用。那個好心的醫生只能提示男主角陸焉識以自學的方式展開自救。

古代的中國，先有家，再有國，再有皇帝，所謂「民為貴，社稷次之，君為輕」，又所謂「國破山河在，城春草木深。烽火連三月，家書抵萬金。」當代的中國，則先有黨，再有國，再有家，所謂「個人服從組織，組織服從中央，中央服從領袖。」

吊詭的是，六四期間一度相當活躍的自由派知識分子的領軍人物甘陽，近年來以荒誕不經的「通三統」（打通儒家傳統、毛傳統與鄧傳統）之說賣身投靠，卻並未賣得好價錢。既然甘陽早就清楚地知道「中國文明數千年形成的文明傳統，即通常所謂的中國傳統文化或儒家傳統，這在中國人日常生活當中的主要表現，簡單講就是注重人情、鄉情和家庭關係」，那麼他怎麼會相信共產黨的意識形態與重視家庭倫理的儒家文化能融為一體呢？這兩者格格不入。

極權主義是愛情的殺手

「執子之手，與子偕老。」這是《詩經》中最美好的詩句，然而，對於男主角陸焉識和女主角馮婉瑜來說，這卻是一個可望而不可及的理想。陸焉識幸運地從流放地歸來，沒有像夾邊溝農場的大部分右派那樣變成一堆無名的白骨；但是，他與失去記憶的妻子如同兩條並行的鐵軌，相伴前行，相依為命，卻終生不再相識。陸焉識離妻子最近的一個身分，只是隔壁的那個「唸信的同志」──他為她唸的，是那些他當年無法寄出的、早已泛黃的家書。她卻不相信，這個唸信的人，其實就是寫信的人。

精神與肉體受到來自「組織」的雙重戕害的馮婉瑜，選擇逆

時而行，生活在僅存的那一張丈夫青春時代的照片中，生活在那個還沒有共產黨之前的美好的「舊社會」。她心存盼望，因為丈夫在一封信中告訴她，回來的時間是五號，每逢每月的五號，她便風雨無阻地去火車站接丈夫。相對於馮婉瑜大腦的一片混沌，陸焉識的日子更加悲苦，這是清醒和自覺帶來的、不得不一個人扛的悲苦。對於陸焉識來說，歸來之後的日子，名義上一家團聚的日子，卻比那在青海的戈壁灘上的二十年更加難熬。

在西方文學中，能與「執子之手，與子偕老」這句《詩經》中的詩相媲美的，有葉慈的詩句——「只有一個人愛你那朝聖者的靈魂，愛你衰老了的臉上痛苦的皺紋。」以及拉金的詩句——「在所有的臉中，我只懷念你的臉。」極權主義要竭力扼殺的就是上帝賦予人類的愛的能力以及愛的渴望。

在毛澤東統治下的中國，何處尋覓美好的愛情？要麼像傅雷和妻子朱梅馥那樣雙雙自殺身亡，「質本潔來還潔去，強於污濁陷渠溝」；要麼像老舍的夫人胡絜青和孩子們那樣，殘忍地逼死丈夫、父親，以換取卑瑣地存活下來，並在老舍獲得平反之後，繼續享用其名聲和版稅。愛人們都死去了，剩下的是一群磨牙的野獸。

獨裁者剝奪別人相愛的權利，自己也只剩下動物赤裸裸的性欲。毛澤東愛過任何一個人嗎？他從來沒有愛過自己的父母、妻子和孩子，他只愛他自己。反之，也沒有人愛過毛澤東——江青愛毛澤東嗎？張玉鳳愛毛澤東嗎？她們不過是一群追逐腐肉的烏鴉罷了。毛澤東占有張玉鳳的身體，張玉鳳在毛澤東死掉之前的兩、三年，一度狐假虎威地對全國軍民發號施令，就連德高望重的周恩來也在她面前低三下四。這是一個怎樣骯髒而潰爛的宮廷啊！

　　觀看這部電影的過程中，我很害怕出現一個中國觀眾都很喜歡的大團圓結局——經過水滴石穿的努力，功夫不負有心人，陸焉識終於喚醒馮婉瑜的記憶，兩人像童話裡的王子和公主一樣，從此過上幸福美滿的晚年生活。如果是那樣的結局，整部電影就被毀掉了，就成了「春晚」的一個小品。

　　張藝謀畢竟沒有愚蠢到這個地步。影片結尾，是在大雪紛飛中，陸焉識吃力地蹬著三輪車，載著馮婉瑜去火車站接那個不可能接到的「風雪夜歸人」。陸焉識虔誠地舉著那張寫著自己名字的紙牌，兩人一起眺望著車站的門口，默默無言，直至鐵門再度重重地關上。這是一幕比貝克特的戲劇《等待果陀》更加荒誕的場景，但這就是過去半個多世紀裡千千萬萬中國人真實的生活狀貌。

　　在鋪天蓋地的政治災難中，誰不是那個失去記憶的女人？誰又不是那個與之相依為命的丈夫？愛情是一個過於奢侈的禮物，我們都是馮婉瑜，能夠記起來的永遠是那個當年與自己兩小無猜的男子；我們也都是陸焉識，努力讓愛人記起那個消失在幽暗的記憶深處的自己。

極權主義是記憶的殺手

　　《聖經》說，瓶子在泉旁損壞，水輪在井口破爛。記憶與遺忘的鬥爭，是人類社會的一個主題。控制人的記憶、控制歷史的書寫，是極權統治者必備的政治技巧。歐威爾的《一九八四》中，有一個「真理部」專門負責改寫過去的報紙，其理念是：「誰控制了過去，誰就控制了未來。」村上春樹的《世界盡頭與冷酷仙境》中，世界盡頭的人沒有記憶，記憶被存放在圖書館的獨角

獸頭骨中，居民從來沒有想過要探究世界盡頭的外面是什麼。

馮婉瑜的「心因性失憶」，是因為國家暴力以及代表國家暴力的方師傅對她凌虐的結果。電影中最大的敗筆，是陸焉識知道方師傅對妻子的暴行之後，怒氣衝衝地找上門去報仇，卻被方師傅那個潑婦式的妻子淒楚的叫罵折服。方師傅的妻子，還在等待方師傅的歸來；仍被關押的方師傅，似乎也成了受害者。在這裡，加害者與受害者的界限變得模糊不清。

在政治體制尚未實現轉型，更談不上「轉型正義」的中國，張藝謀用這種自欺欺人的方式，實現了沒有真相、也沒有正義的「和解」。這就是鄧小平所說的，歷史宜粗不宜細——作為責任僅次於毛澤東的反右運動的急先鋒，鄧小平從未道歉、從未懺悔。在此背景下，當代中國人集體陷入比馮婉瑜更加嚴重的失憶之中，人們載歌載舞地穿越「希望的田野」，大步流星地「走進新時代」。

比起嚴歌苓的小說《陸犯焉識》來，電影《歸來》跳過那些「風蕭蕭兮易水寒」的銳利段落，也許是因為中宣部的揮刀閹割，也許是張藝謀及同仁們的「自我審查」。對中國國情稍有理解的人，不會指望在一部公映的電影中看到怒目金剛或血跡斑斑之類的鏡頭。這只是一碗被嚴重稀釋的中藥，大家都可以仰頭喝下，不皺一下眉頭。

在迫近嚴峻的歷史真相方面，即便是嚴歌苓的小說《陸犯焉識》，也遠遠比不上楊顯惠的《夾邊溝記事》和高爾泰的《尋找家園》——中國作家不需要想像力的支撐，隨手從歷史與現實中摘取一些素材，就足以驚天地、泣鬼神。

所以，看完《歸來》之後，還應當去看紀錄片《星火》。《星

火》是一份地下刊物，1958 年，一批被打成右派的大學生被送到甘肅的窮山溝裡勞教。他們看到鄉村的餓殍遍野，於是油印地下刊物《星火》，反思和批判中共的專制體制。這份只傳播了一期的刊物，釀成「蘭州大學反革命集團大案」，先後有二十多人被捕，其中林昭和張春元遭到槍決。

張春元的初戀愛人、未婚妻譚蟬雪在度過十四年牢獄生涯之後，出獄便開始盡全力收集資料、追索這段歷史，用二十一年時間寫成《求索：蘭州大學右派「反革命集團」紀實》。曾拍攝《尋找林昭的靈魂》的紀錄片導演胡杰，在此書的基礎上，用五年時間完成紀錄片《星火》。與當年的刊物《星火》一樣，今天的紀錄片《星火》只能在地下悄悄傳播。這一事實本身就說明，共產黨的極權主義本質，並沒有因中國實施經濟自由化政策而發生絲毫的改變。

僅僅看到《歸來》就眼淚紛飛的好萊塢大導演史蒂芬·史匹柏，真該接著看看《星火》，那麼他的眼淚會不夠用的。香港評論員張潔平哀歎說：「五十年過去了啊。黃土地上的刑場、批鬥場、勞改營早就變成了車站、樓房、礦場，死於饑荒的幾千萬屍骨，早就被大國崛起的工地嚥得乾乾淨淨。而年輕的、什麼都不知道的我，只在淚光中永遠不敢相信：這是什麼樣一個國家，讓孩子死在槍口下，讓母親折損一生，讓奶奶直到墳前，仍啞口無言。」譚蟬雪的這本書只能在香港出版，胡杰的這部紀錄片只能在香港放映，而香港所擁有這種自由，究竟還能持續多久，誰也不知道。

當然，我們不能拿胡杰、劉曉波和「天安門母親」的那種甘願為真理捨命的標準來要求張藝謀。從這一次《歸來》遭到中共

喉舌的攻擊就可以看出，《歸來》是張藝謀對自己曾經助紂爲虐的猶抱琵琶半遮面的懺悔。即便懺悔的深度不夠，懺悔的姿態也值得鼓勵。每個人都有必須面對愛和自由的時刻，在大醬缸中折騰大半生的張藝謀亦不例外。

也許，張藝謀的懺悔，始於他悲哀地發現，即便擔任過奧運會開幕式的總導演，也不能換來多生幾個孩子的丹書鐵券。這個黨，控制人們的記憶，控制人們的愛情，控制人們的生殖，更要控制人們的靈魂。

捍衛記憶需要戰勝恐懼，戰勝恐懼是一個相當漫長的過程。作家慕容雪村爲那場小小的紀念六四的民間研討會寫了一篇書面發言，當他得知多名與會者失去自由時，毅然前去派出所「投案自首」。

他在〈我在北京被「喝茶」〉一文中寫道：「我依然心懷恐懼，我曾深入看守所調查，知道那裡的生活有多麼貧瘠和殘酷，如果我被捕，那就將是我的生活。我是否能夠承受那種暗無天日的生活？我將如何面對親人的戚容和淚水？我不知道。但與此相比，我還有更大的恐懼，那就是正直之士身陷囹圄的中國，一個無人敢於發聲的中國，一個法律與正義背道而馳的中國。」

《歸來》中的人們，以及拍攝《歸來》的人們，哪一個不是處於恐懼的陰影下呢？有些人被恐懼徹底征服，有些人竭力與恐懼周旋。但是，恐懼從來不是自我保護的靈丹妙藥，埋葬肆虐的中國的中共暴政，才是我們共同的使命。

中國足球何以潰敗？

極權政府是全能政府，管天管地、管股票、管菜刀，當然也管體育。

在納粹德國、共產黨統治的蘇聯和東歐各國，足球和其他各項體育運動，是國家主義和民族主義的亢奮劑，是政權合法性的一大基石。政府投入巨資提升體育競技水準，世界冠軍、奧運金牌成為其孜孜以求的目標。在「舉國體制」之下，這些國家在國際競技場上賺得金牌滿缽，民間的愛國主義情緒也隨之高漲。然而，這種體制無法持久，各種弊端層出不窮：運動員普遍服用興奮劑、孩童接受非人道的魔鬼訓練、龐大的體育官僚系統出現驚人的貪腐現象，這一切最終讓「政治體育」的輝煌如肥皂泡一般破滅。

正如德國作家亨利希・曼所說：「一個建立在強制勞動和奴役大眾基礎上的政權，一個積極備戰而只靠宣傳謊言而存在的政權，怎麼能尊重體育運動和運動員呢？請各位相信我的話，那些去柏林的運動員，只能成為那個以世界之主自居的獨夫民賊的角鬥士、階下囚和笑料。」

中國也不例外，體育從來都是「舉國體制」，而且與領導人的好惡直接掛鉤。中共歷屆領導人各有其喜好的體育項目，毛澤東除了「革命家、政治家、戰略家」等頭銜外，還是詩人、書法家和游泳健將；鄧小平不僅是「改革開放的總設計師」，更是

橋牌高手，丁關根陪同鄧小平打橋牌，就能混個部長當。胡錦濤在共青團工作期間就愛好乒乓球，溫家寶經常當眾表演棒球和籃球。習近平則對足球情有獨鍾，到國外訪問時，每次都忙裡偷閒，特別安排與西方足球巨星會面。他甚至不顧西裝革履的打扮和過於肥胖的體型，興沖沖地跑到草坪上踢一腳，向西方民眾顯示，他是熱愛體育的好好先生，而不是面目猙獰的獨裁者。

「中國足球改革領導小組」是個什麼機構？

習近平嗜球如命，不能眼睜睜地看著中國足球困在國門之中。鑑於中國足球長期不振的現實，他下令對原有的足球體制實施一系列重大改革，比如將中國足協從國家體委獨立出來，賦予其更大的權責。

這還不夠，既然習近平迷戀「小組治國」的模式，足球領域也要設立小組。2015 年 4 月 30 日，《中國足球報》報導說，中央下令成立「中國足球改革領導小組」，由副總理劉延東擔任組長。之前一個月，中共中央政治局批准了「足球改革總體方案」，領導小組的成立，更顯示當局對足球改革的高度重視。

小小一顆球，牽動習近平的心。習在一次關於「中國夢」的講話中，提出「中國夢」必須包含「衝出亞洲、走向世界」的「足球夢」。「楚王好細腰，宮中多餓死」，習總愛足球，大小官員聞風而動，開始了實現「足球夢」的「萬里長征」。由國家元首親自過問足球，只有獨裁國家才有此種奇觀。

然而，習近平在足球領域設立新的權威機構，會讓奄奄一息的中國足球起死回生嗎？習的反腐運動波及足球領域，多位高官、教練、球員受到懲罰，倖存者無不俯首貼耳。但是，之前二

十多年，瀰漫於中國足球界的假球、黑哨、球員吃喝嫖賭、俱樂部爾虞我詐等惡習，都能一掃而空嗎？

在中文網路上，民眾對「中國足球改革領導小組」這個新的機構並不看好。中共黨報《人民日報》體育部主任汪大昭在接受英國廣播公司訪問時，忍不住脫口而出——「中國足球改革領導小組」的成立「沒有意義」。這是一句讓習近平顏面無存的真話。中共陣營內部的知情者反戈一擊，足以讓習近平的「足球夢」如同「落花流水春去也」。

有趣的是，習近平身兼數十個職務不嫌累，他明明無比熱愛足球，卻沒有出面擔任「中國足球改革領導小組」組長。大概身為球迷，他比一般官僚更知道中國足球之沉痾，即便砸下金山銀山，中國足球未必能在一夜之間「雄起」。若本人出任組長，折騰幾年，直至其任期結束，中國足球仍無起色，豈不灰頭土臉、有苦難言？

因此，習近平特別挑選他並不喜歡的團派大員劉延東出任「中國足球改革領導小組」組長。若中國足球真有起色，劉不敢貪天功為己有，功勞仍歸於習——劉只是執行者，若非習總的英明領導，豈能獲得佳績；反之，若中國足球仍不爭氣，那麼，敗軍之責便可推到劉延東身上——人了了將其免職祭旗。

這下可苦了劉延東這位目前中國職位最高的女性，本是風光一時的政治局委員和副總理，卻不得不越界主管屬於「男人圈」的足球事務，真是一個燙手的山芋，如何是好？可是，這是習近平「點將」，劉延東豈敢推辭？

習近平玩的不是足球，而是權術。對他而言，足球不僅是愛好，更是政治。

振興足球，習近平當學伊拉克

英國威廉王子訪問中國，受到習近平接見。據英國外交部門
透露，威廉王子不會和習近平談及中國的政治及人權等敏感話
題。這是英國式的聰明——英國是最少關心中國人權問題的西
方大國。英國對中國人權問題不聞不問，其實是一種更加隱蔽的
種族主義思維——你們是跟我們不一樣的族類，我們只跟你們做
生意，至於動物莊園裡的迫害和殺戮，跟我們無關，為了心安理
得，先讓我們閉上眼睛吧。

年輕的威廉王子若談政治議題，哪裡是老謀深算的習近平的
對手？所以，威廉王子與習近平會面必須談別的話題。他們共同
的話題就是雙方一致的喜好——足球。習近平說，他很喜歡足
球，中國願向包括英國在內的世界強隊學習，中英足球合作進行
了很多有益的嘗試。

媒體沒有報導威廉王子對習近平這番表白的回答，這場關於
足球的談話，似乎是習近平一個人的獨角戲。習說得天花亂墜，
卻無法填補中國足球隊與英國足球隊的天差地別。一個國家足球
水準之強弱，有其自身發展規律，也有背後的文化和價值因素。
足球是最能體現一個國家綜合體育實力的項目，中國在乒乓球、
羽毛球、跳水等項目上風光無限，卻無法讓足球突飛猛進。即便
習赤膊上陣，也無法帶領中國足球隊「過五關、斬六將」，奪冠
歸來。

習近平對足球的熱愛，對中國足球而言，未必是件好事，更
可能是一場災難——如同伊拉克獨裁者薩達姆・海珊父子對足球
對熱愛，給伊拉克足球帶來十多年的暗無天日的歲月。

　　兩伊戰爭之後，海珊突然發現，發展足球這項運動可以一舉三得：第一，戰後生靈塗炭，民生凋敝，足球可以轉移國民注意力，讓大家享受這種不用花錢的娛樂；第二，足球可以煽動國人的愛國主義情緒，讓離散的民心重新聚攏，而愛國情緒當然是政權鞏固的混凝土；第三，足球可成為個人崇拜的一部分，每當他本人出現在球場上時，數萬觀眾都向他鼓掌歡呼，如同古羅馬競技場上的帝王一樣。

　　當時，伊拉克足球隊在每次比賽前都要履行一套儀式：先是由隊長帶頭呼喊：「勝利，為海珊！」然後所有隊員一起高唱：「我們把生命和鮮血獻給你，我們將為你贏得戰鬥。」

　　既然足球如此重要，海珊便任命同樣熱愛足球的大兒子烏代擔任伊拉克的足協主席和國家奧委會主席。在烏代這個「足球暴君」主政下，伊拉克足球陷入低谷。烏代將足球運動員視為其家僕和奴隸，隨意使用酷刑懲罰比賽中失利的球員：有的人遭受嚴刑拷打，有的人不讓睡覺，有的人像狗被關在籠子裡，有的人被戴上鐵面人式的面具。烏代還強迫輸球的隊員使勁踢水泥牆，甚至踢用水泥灌注的「水泥足球」，直到將腳踢得血肉模糊為止。

　　球員無時無刻生活在惶恐之中，哪能好好踢球？前伊拉克國腳卡爾斯回憶說：「在烏代的時代，足球是可怕及恐怖的，球員時刻都感到負面的心理壓力，這是最壞的時代。如果我們輸球，通常要接受一些不人道的懲罰，恐懼大大影響了我們在球場上的發揮。記得有次輸球後，我被囚禁了足足一個月，被打、被折磨。」

　　海珊政權灰飛煙滅之後，伊拉克足球隊的球員們再也不必在生命受威脅之下踢球，可以享受足球這項運動本身純粹的快樂了。近幾年，伊拉克足球隊在亞洲盃杯和奧運會等重要賽事上表

現優異，不僅在亞洲杯奪冠，而且在奧運會名列前茅，其亮麗的成績讓中國隊看了眼紅。中國官媒大肆報導沒有海珊的伊拉克如何動盪不安、民不聊生，卻從不報導伊拉克足球隊「因自由而勝利」的佳績。

從伊拉克足球隊的興衰史可以看出，習想用海珊的方式振興足球，恐怕是黃粱一夢。

足球要從娃娃抓起？

足球要從娃娃抓起，這是鄧小平生前的名言。可惜，鄧小平等了幾十年，也沒有等到中國足球「衝出亞洲、走向世界」。如今，接力棒又傳到習近平手上。

既然習近平重視足球，中國教育部等六部門便聯合發布紅頭文件〈關於加快發展青少年校園足球的實施意見〉。其宗旨和舉措包括：整體推進青少年校園足球發展；提升校園足球運動發展的科學化水準；建立校園足球競賽體系等。根據《實施意見》的規劃，截至 2025 年，中國將建成五萬所青少年校園足球特色學校，重點建設二百個左右高等學校高水準足球運動隊，並把足球作為學生綜合素質評價參考。緊接著，教育部公布了全國青少年校園足球特色學校及試點縣（區）名單，八千多間中小學校入選。

對此，在紐約城市大學任教的政治學者夏明評論說，中國政府將體育運動、特別是足球賦予很強的政治色彩：「現任中國領導人延續了中共一貫的思維方式：體育是國家用來爭光、揚眉吐氣、立於強國之列、可以戰勝其他民族的政治工具。」換言之，「足球民族主義」或「體育民族主義」是中國官方控制民眾心靈的一大法寶。中國的運動員參與國際比賽，缺乏體育本身的競技

精神，每個人都背負十三億人民的期望，網球巨星李娜是少有的堅持「為自己打球」的運動員，她的個人主義立場，常常遭到愛國憤青的攻擊。

有了政策，還要有錢。富起來的中國，錢不是問題。國家有資源上的傾斜，民間富豪更是樂意投入重金。本身就帶有原罪的中國富豪階層，想盡辦法博得習近平千金一笑。當他們發現習酷愛足球之時，他們對足球的興趣亦「忽然」大增。

中國富豪在國際上擲出重金，購買球隊、招募球員，目標是「師夷長技」，引入訓練機制或協助中國球員「走出去」。他們隱秘的想法是，做了習喜歡的事情，等於購買了一張「護身符」。

這些新聞報導會不會上達天聽呢？北京合力萬盛國際體育發展有限公司收購荷甲老牌勁旅海牙隊，董事長王輝直言：「是想在海外的高水準俱樂部當中，建立一個中國青少年的培養基地，借人家的青訓體系、設施和理念來培養我們中國青少年的足球運動員。」基地將建在北京八一學校，「如果可實現，那國家隊水準會突飛猛進地發展」。

被《富比士雜誌》評為中國首富的萬達董事長王健林的目標是收購三家體育公司，「今年完成這些併購，萬達在體育產業方面就是世界第一了」。王健林曾與中國足協簽約，在三年內出資五億元人民幣支持振興足球。王健林還說，如果政府決定申辦世界盃，萬達一定支持。

有政策、有金錢，還有喜歡踢球的娃娃們，中國足球從此就能麻雀變鳳凰？習近平不是無所不能的上帝，他既不能讓股市蒸蒸日上，也不能讓中國足球勇奪冠軍。即便他成為中國的終身帝王，也看不到足球夢實現。

不要相信大多數中國人是善良的

我為什麼不同情低端人口？

2017 年冬天北京郊區的一場大火之後，中共當局趁機驅趕所謂的低端人口。所謂「低端人口」，說白了，就是沒有北京戶口和居住證的農民工。

原來我住北京的時候，一到春節，低端人口回鄉過年，北京城一片蕭條。那些低端工作沒有人要做，連快遞業都沒有員工、下水道堵塞了也找不到人疏通。那時，北京的高端人口才知道低端人口是不可或缺的。

然而，我跟低端人口打交道最多的時候，偏偏是被非法軟禁在家的時候。在門口守候的，是八小時換一班的「輔警」——他們晚上睡在寒冷的走廊裡，將煙頭扔得滿地都是。編制內的正式警察，一般都待在有空調的辦公大樓內，只須用連著攝影鏡頭的監視器就萬事大吉。最苦的工作，就交給「輔警」來承擔。

那些身穿便裝的「輔警」，看上去是只有十七、八歲的少年人。我跟他們聊天，他們說他們是來自河南的農家子弟，是保全公司的員工，中學輟學，便打工謀生。派出所以每天不到一百元的工價，僱他們來從事這項「維護國家安全」的工作。我問他們，你們知道監視的對象是誰嗎？他們說，不知道。我又問：你

們認為這樣做合法嗎？他們說，不管是否合法，是**警察**下命令，他們有錢就幹。

他們對我的態度，隨著**警察**對我的態度變化而變化。**警察**的態度變惡劣，他們的態度就變惡劣。有一次，我妻子發高燒，請求去**醫院**，他們堵在門口不讓去，並甩出一句窮凶極惡的話：「她就是死在家裡，我們也不放她出門，中國從來就不怕死人，出事了上面自然會有人負責。」後來，有同情心的鄰居幫助打電話叫來救護車，妻子才被送到醫院搶救。

這一次北京官方對低端人口的驅逐行動，那些曾參與監視和凌虐我的「輔警」們，會不會成為被驅趕的對象？他們被趕出北京的時候，他們會為自己昔日的作為懊悔嗎？恐怕他們沒有這樣的「覺悟」。

低端人口的定義權，掌握在共產黨手中。有人自以為是高端人口，但當保護中央首長的「老虎團」的軍官們姦淫他們的幼女時，才發現自己有多麼低端。正如一位北京的媒體人所說：「你生活在中國，默認獨裁政府的作法，默認背離普世價值、發展經濟是正確的，認同大國沙文主義，你就是低端人口。社會制度不完善，個人前途沒有保證。就算你是肖建華、王健林，黃光裕，你依然是低端人口。」

是啊！在中國，誰，又不是低端人口？就連中共中央政治局常委會的其他六名常委，上電視時都成了不出聲的啞巴，只有習近平北京腔的聲音可以播出。

高端人驅逐低端人，有權者猥褻有錢者，這是潰敗的中國的真相。當年，我遭受了險些失去生命的酷刑，決定離開中國。離開中國時不到四歲的兒子，沒有在北京上過一天幼稚園。而那些

369

對我施加酷刑的特務們，能確保自己的孩子在幼稚園不受虐待嗎？

當低端人口都被趕出北京，國保警察如何才能僱傭到廉價的「輔警」，幫助他們監控異議人士？這個疑問或許是多餘的，如今有了馬雲的「大數據」，用不著太多低端人力了。

據外來民工最多的海淀區的一份政府工作報告顯示，海淀區要引入「社會資本」，在每一個社區內安裝人臉識別系統，以確定居住區的人口數量。以後，如果你沒有戶口，即便半夜訪問海淀區，也會被人臉識別系統拒之於門外，並像垃圾一樣清理掉。

民意如流水，「打賞」改變不了中國

假疫苗事件震驚中國，但也只是震驚而已，過一段時間，它必定風平浪靜、波瀾不驚。老大帝國向來如此，這個國家的國民是如此健忘，直到另外一起更大的災難降臨，他們才會再次拍案而起。

在假疫苗事件中，唯一的「亮色」似乎是張凱律師發布了一篇僅僅三千字的短文，〈在同一條船上〉一文很快得到上千萬的點擊率，以及高達一百四十萬人民幣的「打賞」——雖然這不一定是有史以來最高的稿費，但對於八年前參加過最早的假疫苗案件的辯護，並因為替溫州被拆除教堂的教友打官司而被警方拘捕、酷刑之下被迫上電視認罪、繼而被取消律師資格的張凱而言，必定是莫大的安慰。相比之下，中國駐美大使崔天凱在美國卡內基基金會的演講，也是用同樣的題目，中美「同在一條船上」，卻無人關注——因為美國很遠，疫苗很近。

這也只是對張凱個人有稍許的安慰而已。十七個小時之後，

他的微信帳號被封鎖，他所獲得的、計畫用來做公益基金的「打賞」暫時無法取出來。更多關於假疫苗的貼文被刪除，刪除貼文的人，他們的孩子未必能免於假疫苗的傷害。

有人說，看到那麼多人向張凱「打賞」，就知道「民氣」可用、人心不死。這就跟當年慈禧太后在紫禁城觀看義和團大師兄大師姐們刀槍不入的表演之後，也感嘆「民氣可用」一樣——但是，在八國聯軍的眞槍實彈面前，「民氣」蓬勃的拳民們，很快就丟盔卸甲、屁滾尿流了。

十多年前，南方報系的社論號稱「圍觀可以改變中國」，可是，「圍觀」甚至都不能拯救陷入滅頂之災的南方報系自己。竄改其新年獻詞的廣東省宣傳部官員，高升到中央宣傳部；那些敢言的記者，早已星落雲散。

在中共愈來愈嚴酷的打壓之下，很多中國人，包括高級知識分子們，依舊沉浸在「柴靜式」的「從個體做起，改變中國」的美夢裡，他們以爲只要自己像雷鋒那樣「爲人民服務」，這個國家就能變得更好。對於這種自欺欺人式的想法，評論人王五四指出：「直到今日，依然有很多人迷戀群體作用，我之前說過，物以稀爲貴，人太多則賤，一個個體沒有話語權，一百萬個個體依然是沒有話語權，更何況這百萬個體只是在網路上洶湧澎湃，簡言之就是，民意算個屁。」

共產黨從來不怕「吃瓜」的群眾。中國從來沒有選舉，也沒有民調，中國領導人從不擔心民調跌落的問題。所以，習近平繼續在非洲大陸大撒幣的行程，當他幾天後回國時，國人早已「歲月靜好」，「潑墨的女孩」被送進精神病院，誰敢起來仿效呢？今天的中國，既沒有梁啓超，也沒有蔡鍔，所以比袁世凱愚蠢一百

倍的習近平也敢起來稱帝。

那些「打賞」給張凱的人們，即便有成千上萬，也無法改變中國。中國的改變，不能靠「打賞」行為。「打賞」僅僅是相對安全地表達自己的憤怒（對假疫苗的生產者，以及失能政府的憤怒）或善意（對張凱這樣極少數的敢言者的善意）而已。中國已病入膏肓、奄奄一息，暴虐的共產黨與卑賤的民眾互為因果關係，共同締造了死水一般的穩定局面，必須拆掉鐵屋子，才能看到陽光。

愛熊不愛人的中國人

據中國媒體報導，有一頭名叫「比薩」的北極熊被圈養在廣州正佳廣場的「極地海洋世界」內，被困於一個玻璃缸中，在狹小的空間內來回跑動，並且反覆用力甩頭。有動物專家指出，「比薩」可能有精神低落的跡象。有關影片在網路上傳播之後，網友稱之為「最悲傷的北極熊」。很快地，中國有超過一百萬人簽署請願書，要求將「比薩」轉移到別處。

從喜歡吃熊掌、認為熊掌是美味的補品，到為北極熊的「熊權」簽署請願書，中國人在文明程度上又大大地進化了一步。中國官媒允許報導這類體現「社會主義精神文明建設成果」的事件，況且負面報導所指向的不是政府而是某商場。

當百萬簽名者自我感動得熱淚盈眶之際，我的問題是：這一百萬為「熊權」發聲的中國人，有沒有真正關心過「人權」呢？

日前，因擊殺暴力拆遷其婚房的地方惡霸平民賈敬龍，雖然自首仍被處以死刑。對比之下，薄谷開來毒殺英國人，卻能免於死刑並迅速獲得減刑。草民殺官員要處死，官員殺死草民或洋人

卻能成為「減少死刑」幌子下的受益者。簽名向最高法院呼籲「刀下留人」的中國公民只有數千人，遠遠少於百萬之譜的「愛熊者」。

先愛人，還是先愛動物？《論語‧鄉黨》中有一段記載：「廄焚。子退朝，曰：『傷人乎？』不問馬。」意思是：孔子的馬棚失火，孔子退朝後，首先問：「傷到人了嗎？」而沒有問到馬。顯然，若問馬而不問人，不符合儒家仁愛的原則。如今，「愛熊不愛人」，卻是社會主義新中國的時尚。

愛人是危險的，誰敢為劉曉波、許志永的自由而呼籲呢？誰願意為被抓捕的人權律師的家人伸出援手呢？僅僅因為是劉曉波的妻子，無罪的劉霞被非法軟禁六年多，身患嚴重的抑鬱症等在內的多種疾病，她的命運比起玻璃缸中的北極熊好嗎？僅僅因為是人權律師王全璋的妻子和孩子，李文足和孩子們就被房東毀約驅趕，媽媽不能上班，孩子不能上學，他們的命運比玻璃缸中的北極熊好嗎？

至於中共暴政下其他少數民族的悲慘處境，關心的民眾就更少了：主張漢族與維吾爾族和解的中央民族大學教授伊力哈木被當局判處無期徒刑，自以為充滿愛心的漢人們對此視若無睹；上百名藏族僧俗為捍衛他們的宗教信仰自由和文化傳統自焚而死，自以為充滿愛心的漢人們同樣事不關己、高高掛起。

用錢理群教授的話來說，今天的中國人早已煉成了「精緻的利己主義者」，他們會精心算計每個行動的安全係數及得失比例，虧本的事情絕對不做。為北極熊請願，有百利而無一害，政府不會按照名單上的簽名順藤摸瓜、一一查處，卻能博得關心動物、品格高尚的美名，何樂而不為呢？反之，為良心犯及其無辜

的家屬呼籲，爲受迫害的少數族裔呼籲，必定惹怒中共當局，甚至成了受迫害者的同類、成了「國家的敵人」。這種「有百害而無一利」的事情，那些「過於聰明」的中國人是絕對不會去做的。

每一個暴君的身後，都簇擁著成千上萬的賤民、順民、愚民。習近平稱「核心」，文革重演，不是習近平一個人的獨角戲，他的背後有無數的奴隸充當背景。我不是他們的同胞，也不是他們的同類。

那些喜歡看宮廷劇的中國人

我的切身經驗：一定要離那些喜歡看中國宮廷戲的人遠一些。

中國的宮廷戲風靡大江南北、長城內外，甚至在海外華人群體中也紅極一時。享有相對自由的香港人和享有相當自由與民主的臺灣人，以及生活在歐美先進國家的海外華人，都在津津有味地觀賞《延禧攻略》之類的中國宮廷戲。

很多人在網路上觀看，不惜專門購置一個電視盒，「翻牆」回到他們昔日拚命逃離的中國。他們一集接著一集觀看，不捨晝夜。有一個笑話說，最喜歡看中國拍攝的宮廷戲的，有兩個群體：一個是數以億計的外出打工的農民工（尤其是那些沒有受過教育的小保姆），另一個是數千萬擁有碩士和博士學位的海外華人（一般都是理工科背景，尤其是做跟電腦有關的工作，號稱「碼農」的那個群體）。

宮廷戲看久了，觀賞者的生活也宮廷戲化了，他們將生活當作演戲，學習劇中人的所作所爲，他們的人際關係完全按照宮廷戲中曲折幽微的情節來演繹。他們生活在自由民主的西方世界，

卻與普世價值格格不入，他們的身體在西方，精神卻沉浸在醬缸之中——他們所到之處，必將醬缸的味道帶去，他們自己不知不覺，別人卻只好捂住鼻子。

宮廷戲的毒害，尤甚於馬列主義和毛澤東思想。包括中共黨魁習近平在內，人人都知道馬列主義和毛澤東思想是虛假的、騙人的，馬列主義和毛澤東思想早已成了笑話；但是，中國人個個都相信宮廷戲是真實的歷史，是人生的指南，是千錘百鍊的智慧，是可以打敗洋人的「葵花寶典」。在此意義上，宮廷戲是一種超級毒品、思想毒品、精神毒品，讓人心安理得地「自願為奴」，正如一位網友所說：「宮鬥劇的意識形態非常毒，基本上是一群蒼蠅圍著馬桶，展開爭奪馬桶獨占權的角力，再對勝利蒼蠅作出歌頌的故事。」可是，蒼蠅們從來不覺得這樣的人生毫無意義，他們在糞坑中飛來飛去，樂此不疲。

中國兩千年的歷史本來就夠黑暗的了，如果讀一讀柏楊版的《白話資治通鑑》，處處都是讓人心驚肉跳的「人相食」。宮廷戲卻將歷史的黑暗加以大大美化，一切殘酷的鬥爭都在美侖美奐的畫面和場景中展開，故而連人與人之間的互相欺騙、毀謗、折磨，都具有了某種激動人心的美感，讓觀看者恨不得加入其中。

宮廷戲讓那些從來不讀書的中國人對虛虛實實的歷史瞭如指掌，他們以此為傲，他們的生命形態定格在權謀術和厚黑學的世界裡，正如復旦大學國際關係與公共事務學院教授唐世平所指出的那樣：「太沉迷於中國歷史，讓我們從上到下都潛移默化地陶醉於中國歷史中最為核心的東西：權謀術。某種程度上，權謀術是貫穿整個中國歷史的核心主線。對一個人的自我境界來說，最大的滿足可能確實是贏得生殺予奪的權力——這種權力太有快感

了。但是，這種對個人的自我實現，恰恰是對社會和國家的最大傷害。權謀術是人治的核心邏輯，但不是法治的核心邏輯，甚至是法治的阻礙，因為法治的核心要義，就是將權謀術的適用範圍縮小到最小。而一個沒有法治的國家，是不可能真正實現現代化的。」

日本與中國幾乎同時接觸西方現代文明。聰明的日本人竭盡全力地「脫亞入歐」，不僅在生活方式上、思維習慣上，更在精神信仰上；而中國人心不甘情不願地「師夷長技以制夷」，堅持「中體西用」，是為「買櫝還珠」。結果，日本大步邁向文明世界，中國卻從未脫離野蠻的「惡土」。

什麼時候，中國人包括海外華人不再追捧宮廷戲了，什麼時候中國人（包括海外華人）才有資格說自己是文明人。

一出國就勇敢無比的中國人

天朝的地圖

中國人真是世界上最愛國的民族，愛國愛到穿衣打扮上。有中國旅客入境越南旅遊，身穿印有「南海九段線」地圖的 T 恤，引起當地民眾不滿，呼籲越南政府將這些中國遊客遣返。而中國的網路上則對這群人的愛國「義舉」讚不絕口。

中國浙江衢州第二中學女教師王哲，到成都參加「中國教育裝備展示會」，發現有參展商的中國地圖上沒有臺灣，要求對方修改，對方卻說她太認真了。她在網上發帖譴責說：「那天是汶川地震十週年的紀念日，是全國人民凝聚一心的日子。在離汶川僅一百公里的成都，居然有人認為中國地圖上少個臺灣不重要，我讓他們糾正不但不理，還認為我『太認真』，當時氣得我眼淚就流下來了！」

王哲的眼淚究竟為誰而流？她拿汶川地震來說事，是對那些在地震中死於豆腐渣校舍的數千個孩子的母親的侮辱。汶川地震跟中國地圖上有沒有包含臺灣毫無關係。十年之後，那些冤死、枉死的孩子仍然得不到公義，沒有一個腐敗官員受到調查和懲罰，溫家寶當年承諾的給難屬們「一個說法」至今未能兌現。

更讓人憤怒的是，孩子們的母親紀念、悼念自己的孩子卻受

到警方監控，成都有教會為地震死難者舉行禱告會，居然被警察封門抓人。在這些「防民之口，甚於防川」的事情上，王哲老師為什麼不多傾注一點她的「認真」呢？

如果有很多中國公民對這些本該認真的事情認真一點，中國社會就不至於如潰瘍般腐爛不堪，中國政府就不至於如此殘民以逞了。

王哲老師知道天安門母親們持續三十年的哭泣嗎？王哲知道已故諾貝爾和平獎得主劉曉波的遺孀劉霞被軟禁到精神崩潰的悲慘遭遇嗎？王哲知道被抓捕的維權律師的妻子們鍥而不捨的抗爭嗎？王哲知道新疆的維族民眾被中共官員侵門踏戶、剝奪信仰自由和民族語言的境遇嗎？如果王哲老師真是一個「認真」的人，就應當跟被強權迫害者站在一起，認真且無畏地為公義、法治、人權、自由等價值戰鬥。

而那些故意穿九段線 T 恤到越南耀武揚威的中國遊客，似乎從來沒有對中越戰爭之後被中國政府拋棄的殘疾老兵施以援手。那些殘疾老兵到中央軍委上訪，卻被如狼似虎的特警暴打到頭破血流。

那些中國遊客自然也不關心比九段線更重要的問題：中國有一百多萬平方公里的疆土被俄國蠶食鯨吞，真正的愛國者應當臥薪嘗膽、聞雞起舞，將這些損失的國土奪回來；而恬不知恥地討好俄國總統普丁，諂媚說：「普丁總統是我最好的朋友。」的習近平，就是人人得而誅之的當代秦檜，愛國者們為什麼不在西湖邊上為習近平塑造一尊跪像呢？

天朝的地圖再廣闊，也跟自願為奴的人毫無關係。

中國人還有臉嗎？

除了魂牽夢繞的諾貝爾獎以外，一般中國人不會關心發生在瑞典的事情。近日，卻有一個事件讓瑞典在中國的社群媒體上成為暴風眼：三個中國遊客自稱受到瑞典警方的暴力對待，呼籲「戰狼」出來保護他們。於是，中國駐瑞典大使高聲譴責瑞典警察侵犯中國公民的人權（他終於記得還有人權這個單詞了），愛國賊們更是如當年的義和團一般，發出「殺光瑞典人」的威脅。

在中國的微博上，瑞典駐華使館成為眾矢之的，此類言論比比皆是——「瑞典不是很強調所謂的言論自由嗎，今天我就『言論自由』一下：我強烈支持 ISIS 襲擊瑞典，以及瑞典駐中東國家的大使館。我願意資助 ISIS 襲擊瑞典大使館，無論何種方式都行。你們瑞典人敢在臉書和推特上說這幾句話嗎」、「希望難民多殺你們幾個民眾，為世界除害」、「希望恐怖襲擊發生在瑞典」、「瑞典應該被滅國分裂、種族滅絕。全部放進毒氣室，毒死做成肥皂」看到這些言論，「此生不做中國人」，顯然是我一生中最明智的選擇。

一天之後，真相大白：原來，曾先生明知自己少訂了一天的酒店，卻不想加錢，想仗著自己帶著老人，想要在酒店大廳裡賴一整天，遭拒後繼續賴在酒店，並且要脅飯店人員。飯店無奈報警，警方上門勸解這一家人離開。這一家人卻拒絕離開，糾纏多時。最後，警察只好將他們抬出去，這一家人就在地上到處打滾，鬼哭狼嚎，引來路人頻頻側目。其間，身強力壯的曾先生還故意自己撲倒在地，營造遭警察毆打的假象。但這一切都被路人錄影下來，公諸於眾。

　　這時，才有似乎敢於說眞話的中國人留言說：「碰瓷打滾、謊話連篇！中國人的臉都被他們在瑞典丟光了！」

　　不過，我卻要反問一句：中國人還有臉嗎？不用被這家人「丟」，中國人早就「沒面目」了。

　　世界上有兩種生物，一種是人類，人之所以爲人，是人有靈性和理性，有道德與倫理，有底線與恥感；而另一種生物是臭蟲，臭蟲沒有靈性和理性，沒有道德和倫理，沒有底線和恥感，臭蟲唯一的作用就是：其所到之處，必然臭氣熏天——這一家三口以及那些放言支持恐怖主義的中國網友，不像是人，更像是臭蟲。

　　中共統治中國七十年，最大的成就不是實現「大國崛起」，而是讓大部分中國人從堂堂正正的人，淪爲遭全世界厭棄的臭蟲。當中共政權像撲滅臭蟲一樣暴力驅逐「低端人口」的時候，臭蟲們個個鴉雀無聲、逆來順受。甚至還有大一些的臭蟲，苦口婆心地勸慰小一些的臭蟲說：這是國家強大必須付出的、暫時的代價，你們忍耐一時，日子終究會好起來的；就好像李敖當年所說，毛澤東讓中國人勒緊褲帶、製造原子彈，本質上是爲了人民的安全和幸福，應該感謝毛主席。

　　臭蟲之國的國民們，用他們的方式征服了世界：他們在莫斯科的博物館中大便，在羅浮宮的噴泉中洗腳，在美國的實驗室竊取技術，在澳大利亞的大學收集同學的「反動言論」報告中國大使館，看來，眞的需要將「復仇者聯盟」改名爲「反臭蟲聯盟」，才能確保世界和平。

中國人的反向種族主義奇思妙想

在莫斯科舉辦的世界盃足球賽，中國除了足球隊沒有去之外，其他東西都去了——大半贊助商都來自中國，大部分紀念品都產自中國，顯示中國財大氣粗，堪稱「世界工廠」。自稱足球愛好並竭力諂媚普丁的習近平，不好意思懇求普丁給他留一張貴賓票，只能躲在中南海裡面看球賽。習近平培養出來的「當代義和團們」，卻親臨現場高舉中國的國旗，甚至在莫斯科街頭高唱中國國歌，引得全球側目。而中國官媒稱讚說，這才是中國人純潔的愛國之心。

更有意思的是，中國一名網路平臺男主播「不死鳥3DM」，在直播期間談起足球的話題時，表示「純種中國人是踢不了（足球）的，沒有這個基因」，他更提出建議說，可引進大量非洲男人跟中國的女性交配，以改善中國人的基因及體質，從而提高中國的足球水準。有觀眾評論說：「自己都認為沒有這個基因了，這個民族是有多絕望？」

對比當年德國納粹倡導「日耳曼民族血統最高貴」的觀念，這位中國的男主播還真有點「反向民族主義」的奇思妙想。他不僅承認中國技不如人，而且承認中國人的人種有問題，要借別國的人種來調和、提升，才能在足球賽場上縱橫馳騁、所向無敵。難怪來自非洲的黑人留學生能在中國的頂級大學中輕而易舉地騙色、騙財。

習近平的「中國夢」是黃粱一夢，「厲害了，我的國」偏偏足球厲害不起來。中國人的民族自尊心墮落到了近代兩百年前的最低點。就連被國共兩黨的歷史教科書描述為「半封建半殖民社

會」、積貧積弱、落後挨打的晚清，中國人都還沒有自卑到如此
地步。

清末維新派思想家康有爲著有驚世駭俗的《大同書》，生前
秘不示人。其弟子梁啓超說，此書出世，將引發一場「地震」。
據康有爲自述，他在 1884 年就開始「演大同主義」，1902 年避居
印度時完成整部《大同書》書稿。《大同書》共分十個大部分，
甲部闡述了人類痛苦的種類和原因，其他部分則闡述了如何解決
這些苦痛。在該書的第三、四部分，康有爲討論了族群和人種問
題。他認爲，白種人是最好的，世上所有人種，都應該變成白種
人。黃種人是智慧人種，只要「加以二三代合種之傳」，百年之
內可以「盡爲白人」。只有「鐵面銀牙，斜頷若豬，直視若牛，
望之生畏」的棕色人種和黑色人種很難「處理」，康有爲認爲「幾
無妙藥可以改良矣」，按他的推算，非洲黑人要變成白人，「速則
七百年，遲則千年」。

爲了不耽誤「大同世界」的到來，康有爲想出四個辦法來
加速「人種進化」進程：第一，赤道地區不許設育嬰院、學校
等，當地黑人全都遷往溫寒帶地區，以免他們「世守其熱地以世
傳其惡種」。第二，給白、黃人種高額獎賞，鼓勵他們與黑人通
婚。第三，改變飲食。第四，「性情太惡、狀貌太惡」和患病的
黑人，「醫者飲以斷嗣之藥以絕其種」，簡單說來就是將其「化學
閹割」（納粹後來設置的集中營就是這樣做的，不過針對的主要
是猶太人）。康有爲認爲，這樣做沒什麼不對，因爲「千數百年
後，大地患在人滿，區區黑人之惡種者，誠不必使亂我美種而致
退化。」

可惜，希特勒沒有讀過這本充滿東方智慧的《大同書》，否

則希特勒的《我的奮鬥》，就會寫得更加精彩。而對於中國來說，幸運的是，歷史沒有給康有為成為「中國希特勒」的機會，否則中國境內的原住民早就遭受種族滅絕了。

康有為設想中的第二條，讓白人和黃種人與黑人通婚，倒是跟如今的這名網路主播的想法頗有相似之後。不過，康有為的出發點是以此改進黑人的人種；而網路主播的目標是增強中國人身上的運動細胞，使中國人在世界盃足球賽上稱雄。所以，同樣是異族通婚的想法，方向卻南轅北轍。

這位建議中國人與黑人通婚以此改變人種的網路主播，是不是一個少有的、誠實而謙卑的中國人呢？中共當局當然不會接受其建議。中共在其控制的土地上，施行慘無人道的種族隔離政策，比如被中國命名為「新疆」的維族等少數民族的聚居區，近年來建立起無數美其名曰「再教育營」的集中營，據流亡維族人建立的媒體報導，被關押在其中的維族平民高達兩百萬人。據美聯社報導，多位曾被關押的穆斯林接受其採訪，揭發中共當局為求消除他們的伊斯蘭信仰，對他們洗腦、虐待、毒打。有穆斯林不斷被要求否認自己的信仰，同時要對共產黨表示感謝，一旦不服從命令，就會被單獨監禁、禁食，在巨大的心理壓力之下，他一度試圖自殺。

「再教育營」的囚犯，每日天亮前就要起床唱國歌，每日七時半就要舉行升旗禮。他們要在教室裡學習唱「紅歌」，又要學習中文和中國歷史。吃飯前，他們要高呼：「感謝黨！感謝祖國！感謝習主席！」他們不斷被灌輸自我批判的意識，又要在長逾兩小時的課堂中不斷重複朗讀，「我們反對極端主義、我們反對分離主義、我們反對恐怖主義」。

今生
不做
中國人

　　身爲中國人何其悲慘，身爲被共產黨政權奴役的少數民族更
是生不如死。《世界人權宣言》第一條中寫道：「人人生而自由，
在尊嚴和權利上一律平等。他們賦有理性和良心，並應以兄弟關
係的精神相對待。」這句話跟中國的現實差距，比從地球到月球
的距離還遠。

中國人是長不大的巨嬰

中國人不配做人

　　廈門大學人文學院歷史系助理教授周運中，以網名「東海道子」在微博發文，批評儒家思想缺乏契約精神，稱「中國人最高境界是說假話、做假帳、訂假合同」，是「最低劣的民族」；又說不會讓其子女外出吃飯，因「中國人最喜歡毒害同胞」；還曾轉發諷刺狗主無公德心的貼文，留言「中國人不配做人」。

　　這樣的言論並未超過當年柏楊在《醜陋的中國人》中，對中國人劣根性的尖銳批評。在任何民主國家，此類言論都是不可剝奪的言論自由的一部分。然而，廈門大學校方認為，周運中的言論歪曲歷史事實，損害黨和國家形象及傷害國人感情，逾越師德師風底線，決定將其解僱。

　　數月前，廈門大學一名女博士生田佳良亦曾在微博發文，以「支那」一詞批評上海迪士尼亂丟垃圾的遊客，遭退學處分。當年，孫文、毛澤東在文章中都曾使用「支那」這個詞，並無任何違和感，但在今天，誰用支那這個詞，誰就成了叛國者。

　　今天的中國大學，不僅學生沒有言論自由，教授也沒有言論自由──與其說是大學，不如說是監獄。中國的教育部長居然還振振有辭地說，要將中國打造成吸引最多外國留學生的國家。中

國的留學生確實愈來愈多，那是因為外國人發現這裡「人傻」、「錢多」，所以「快快來」。

中國的大學裡，多的是那些來自非洲、連小學數學題都不會做的留學生，拿著「一帶一路」項目的高額獎學金來愜意地泡妞，當然不亦樂乎；中國的大學裡，多的是那些先移民到非洲、再以非洲人的身分獲得考試優待的中國學生——北大醫學院就招收數十名具有中國式姓名的「非洲學生」，都是如假包換的黃皮膚黑眼睛；中國的大學裡，多的是像李敖的兒子李戡那樣認為「經濟學不需要學術自由」、「過於聰明」的「臺灣同胞」。

周運中說的全都是真話，而周運中的遭遇，再次證實他說的沒有錯。如果他的言論在中國被寬容，甚至被讚許——像寫《醜陋的日本人》的作者在日本被視為民族英雄、寫《醜陋的韓國人》的作者在韓國被視為民族英雄一樣，那麼，就說明中國和中國人並沒有他說的那麼不堪，他就應當部分修訂其結論。

然而，因為說幾句實話就丟掉教職，並在網路上被愛國者們辱罵成十惡不赦的「賣國賊」，只能說明這個國家和這個民族確實病入膏肓、無藥可救。病人不僅諱疾忌醫，還要將好心的醫生趕盡殺絕。

八〇年代，中國還有幾分「思想解放」的氣息，官方媒體上公開討論「中國人是否會被開除球籍」的議題，也就是今天周運中所說的「中國人是否配稱為人」的問題。如今，偏偏只有納粹式的種族優越言論在中國暢通無阻——「中國人早已取代日耳曼人，成為世界上最優秀的族群，所以中國人必定統治世界」。

2017 年的義和團

中國前輩學者資中筠感嘆說，一百多年過去了，中國還是老樣子，「上面是慈禧太后，下面是義和團」。在那次反韓國、反樂天的民族主義狂潮中，當代版的慈禧太后和義和團相繼粉墨登場。

中共當局慣於打「反帝牌」凝聚民心，反覆渲染中國近代以來被西方列強凌辱的悲情。然而，中國從來沒有反思過侵略、欺負週邊國家的歷史。直到今天，中國在處理與韓國、越南、緬甸等國的外交關係時，仍然掩飾不住大清時代「宗主國」之傲慢。

南韓為了防禦北韓的飛彈襲擊，安裝薩德反導彈系統，卻被中國粗暴干涉內政。中國官方媒體對韓國發出赤裸裸的威脅：「對於一個資源極度匱乏、國內市場過度開發、經濟完全依賴出口、政局一片混亂的半島國家，給美國當槍使，把中俄全得罪，行遠交近攻之策，無異於火中取栗。」中國宣稱，中國對韓國安裝薩德反導彈系統，可以採取若干反制措施，如高層洗牌、外交施壓、經濟斷奶等，「每一招都將讓韓國失去十年、甚至二十年」。中國官媒用李斯被秦始皇腰斬的典故來恐嚇韓國：「兩千年前，大秦丞相李斯被腰斬於咸陽市，臨刑前謂其中子曰：『吾欲與若復牽黃犬俱出上蔡東門逐狡兔，豈可得乎！』這話可以送給韓國。」

上行下效，在愛國不分老幼的中國，孩子也不能缺席。若干小學組織全體師生參加的「反樂天」大型集會，眾多小童一起用稚嫩的嗓音高呼：「拒絕零食、抵制樂天。愛我中華，從我做起！」口號響徹雲霄，餘音繞梁，三日不散。那些韓劇裡卿卿我

我、纏纏綿綿的人物，若聽到如此尖銳悠長的喊聲，還不魂飛魄散、兩股戰戰、雙手投降？

然而，慈禧太后跟義和團聯手，並沒有將洋人和「假洋鬼子」趕盡殺絕，反而招致八國聯軍遠征的災難與羞辱。如今，「撸起袖子」準備大幹一場的習近平，能讓愛國者們幫他達成「大國崛起」的心願嗎？虛張聲勢，不足以讓南韓屈服；喊打喊殺，更無法讓中國成為受人尊敬的大國。

如果中共發動民眾哄搶樂天超市，一定會人潮如織、絡繹不絕。用盜匪的方式愛國，誰不願意呢？但是，如果組織像二戰時日軍「神風特攻隊」那樣的敢死隊去摧毀薩德系統，哪個中國人願意為祖國獻身？

《南京大屠殺》的作者張純如，在寫作過程中精神遭受重創，最讓她難以理解的，不是日本人的殘暴，而是中國人的怯懦、自私與窩裡鬥。張純如在絕望中自殺，在自殺前跟人說：「中國人有一種極其歹惡的心理，在世界的民族中也罕見。從來沒有一種人，因為不同的主子，可以作踐自己的同類，到了極其殘忍的地步。」

在中國官府和民眾的刁難與壓力之下，南韓樂天集團在中國開設的上百家超市有一半關閉了。收拾了南韓之後，中國人會全盤抵制美國製造、日本製造的種種產品嗎？

寧做外國狗，不做中國人

中國球迷到香港觀看球賽，舉起大型橫額要「殲英犬、滅港毒」。這些愛國「糞」青病得真不輕，他們一往情深地愛國愛黨，但黨國未必眷顧他們。當他們有朝一日淪為被警察打死、還要被

冠以嫖娼罪名的雷洋時，當他們的孩子像四川瀘州的趙鑫那樣被一夥官二代毆打致死、官方卻以跳樓自殺來結案時，他們一定分外羨慕「外國狗」的好命——至少生命安全有基本保障。

其實，這個真理是永恆不變的：「寧做外國狗，不做中國人。」上世紀，從國共內戰到大饑荒再到文革，百萬中國人逃難來到作為英國殖民地的香港，他們知道做「英國犬」，遠比做「中國人」有尊嚴。多年之後，當年身無分文的難民中，有人已富可敵國，有人成為大學教授或大律師，如果當初他們不逃出中國，則早已化作餓殍，甚至被他人吞食。

中國作家、諾貝爾文學獎得主莫言，在一篇回顧大饑荒年代的文章中嘆息：「感到自己跟一頭豬、一條狗沒有什麼區別。」那是 1960 年春天，在人類歷史上恐怕也是一個黑暗的春天。能吃的東西都吃光了，草根，樹皮，房檐上的草。莫言所在的山東農村幾乎天天死人，都是餓死的。「有一些人強撐著將村子裡的死屍拖到村子外邊去，很多吃死人吃紅了眼睛的瘋狗就在那裡等待著，死屍一放下，狗們就撲上去，將死者吞下去。」

饑餓至極的莫言，那時已經上學了。冬天，學校裡拉來一車煤，亮晶晶的。有一個生癆病的同學對大家說，那煤很香，越嚼越香。「於是，我們都去拿來吃，果然是越嚼越香。一上課，老師在黑板上寫字，我們在下面吃煤，一片咯嘣咯嘣的聲響。老師問我們吃什麼，大家齊說：『吃煤。』老師說，煤怎麼能吃呢？我們張開烏黑的嘴巴說，老師，煤好吃，煤是世界上最好吃的東西，香極了，老師吃塊嘗嘗吧。」

最後，莫言總結說：「我回想三十多年來吃的經歷，感到自己跟一頭豬、一條狗沒有什麼區別，一直哼哼著，轉著圈子，找

點可吃的東西，填這個無底洞。為了吃我浪費了太多的智慧，現在吃的問題解決了，腦筋也漸漸地不靈光了。」

是的，莫言雖貴為諾貝爾文學獎得主，卻仍未擺脫不能吃飽飯的恐懼和陰影。他為何肉麻地讚美習近平在中國文學藝術界全國代表大會上的講話，在此背景下就很容易理解了。

對害怕吃不飽飯的人講「骨氣」，是夏蟲不足語冰。莫言無恥地拍馬屁說，「習總書記是我們思想的指引者」，「讀到會心處想拍案而起」，「他的確是一個了不起的人，一個博覽群書的人，一個具有很高的藝術鑑賞力的人，是一個內行。很高的藝術鑑賞力。」莫言說這番話的時候，不會有絲毫的羞恥感，因為他要確保習近平一直賞賜他飯吃。沒有飯吃的日子，實在是不堪回首。

在今天的中國，即便貴為諾貝爾文學獎得主，在習近平眼中不過是一頭暫時吃飽飯的狗或豬，在精神層面遠遠不如民主國家中具有人格尊嚴的普通人。不願做狗和豬的極少數中國人，比如諾貝爾和平獎得主劉曉波，就只能悲壯地死在監獄中。

紅衣女就是女版習近平

古有紅拂女，今有紅衣女。在中共「兩會」上大出風頭的紅衣女張慧君，曾在網上秀出一張被習近平接見並握手的照片，並加上文字說明：「與習主席握手，就像被觸電一般，無可名狀。」「無可名狀」是有典故的，不是學富五車的人不知道其出處。

法國女作家杜拉斯在其名作《情人》中寫道，跟情人做愛，如大海般，「無可名狀」。秀外慧中的紅衣女如此沿用，自然天成。習主席與這位「天上人間」俱樂部的前名媛握手的時候，是什麼樣的感覺，則屬於國家機密，連彭國母都要保密，外人更是

不得而知。

從人格特徵和興趣愛好上，習近平與張紅衣之間的相似性，遠遠大於習近平與彭麗媛之間的相似性。習近平既已登基稱帝，不妨將紅衣女召入宮中，充作後宮，說不定張王妃會為他誕下一名傳承帝位的龍子。

紅衣女早有當王妃的雄心壯志。她曾在網上發表一篇名為《女神的皇冠是她送給自己最好的禮物》的勵志文章，堪稱這個時代最濃的心靈雞湯：「她放棄了可以成為做王妃的機會，獨自走上了成為女神的路，只因為女神的皇冠是她要送給自己的禮物。」這種野心，可以跟當年在延安勾引毛澤東的上海影星藍蘋（江青）相媲美。這種有心計、有才華的女子，不召入中南海真是可惜了。

然而，愚蠢的下人們不知習主席的心思意念，中宣部居然下發一份紅頭文件，取締兩名女記者的記者證，將紅衣女與「藍衣白眼女」一併逐出「兩會」會場。中宣部的嘍囉們的想像力很貧乏，他們以為記者證是唯一可以進入會場的證件，他們卻無法想像出現如此場景：如果紅衣女日後真成了王妃，下次「兩會」，根本不需要申請記者證，將直接以王妃的尊貴身分坐在主席臺上。

以興趣愛好來說，習主席與紅衣女都是酷愛讀書的讀書人。紅衣女在一篇自述中寫道：「拒絕異國王子浪漫求婚的書卷才女慧君受父母的影響，最大的愛好就是讀書。女孩子多讀書就少了俗氣、嬌氣和怨氣，多一些大氣、秀氣和靈氣。在別的女孩子還在為穿什麼漂亮衣服，跟誰約會糾結苦惱時，慧君常是一身樸素衣裙，靜靜地在書房看書研習，喜歡古代詩詞、哲學、人物傳

記、外交故事。」

她當然讀過《習近平談治國理政》這本「比黃金還要珍貴」的、連臉書發明者祖克柏都讀得津津有味的書。她也一定讀過習主席出訪各國時，報出的書單上的所有名著。這些書，只會唱歌、只會「夫唱婦隨」的彭麗媛是讀不懂的，唯有紅衣女可以跟習主席「夫讀婦隨」。

習近平的宣傳術「日新日日新」──用美國電影《鐵達尼號》中即將沉沒的巨輪的圖片來彰顯「掌舵人」身分，用人工降雪的祥瑞來宣傳「順天應人」的改制，習近平跟紅衣女可謂「精神同構」，正如評論人王五四所說：「在我們的日常生活中，像張女士這類人，會碰到很多，他們很精緻，很文雅，很菁英，很高級，但他一說你一聊，你會覺得空蕩蕩的，這種空蕩本來沒什麼大不了，可這些人卻又偏偏占據了社會各領域的關鍵部位，我們的未來生活由他們規劃。你覺得很愚蠢很可笑的一些人，正身居要職，宣稱在替我們解決眼下的問題、籌備不遠的未來，這不可笑，這挺可怕。」這就是身為中國人的悲哀。

第 六 卷

明辨是非

許章潤的萬言書是拯救中國的
靈丹妙藥嗎？

北京清華大學法學教授許章潤的萬言書〈我們的恐懼與期待〉在網路上熱傳，被諸多公知和民衆吹捧爲黃鐘大呂、醒世恆言。有人說，作者冒著生命危險寫這篇文章，這種說法太過誇張——許最大的危險或許是失去教職，以他在體制內的身分和知名度，中共當局不太可能剝奪其自由、危及其生命。任何事情都要由常識來作出判斷。

《美國之音》的一份民調顯示，有百分之九十五的人完全贊同許章潤文中的觀點，而部分贊同、部分反對的只有百分之一——很遺憾，我雖然沒有參與投票，卻屬於這百分之一。我對許章潤文章評價不高，且有相當的異議——我相信不會有人認爲我是在爲習近平辯護，之前我已出版兩本批判習近平的專著《中國教父習近平》和《走向帝制：習近平和他的中國夢》，習近平剛上任時，大部分公知和民衆對其抱有期待，我已識破其眞面目，揭露其將要稱帝的野心——習近平取消國家主席任期制，是我的書出版兩年之後發生的事情。而且，我還將出版「批判習近平三部曲」之「終結篇」《痞子治國》，對習近平的猛烈批判，沒有人比我更多。

我對許章潤文章的異議在於：該文的致命缺陷是，雖然批判

習近平的種種倒行逆施，卻對鄧小平時代（包括江、胡時代）持基本肯定態度（即便作者提出「平反六四」的呼籲）。

許氏在文章中提出的「八點擔憂」和「八點期待」，我大致同意，但文章第一部分提出的「四條底線」，我完全不能苟同。許氏認為，所謂的「底線原則」乃是「文革後執政黨收拾合法性，並為三十多年的『改革開放』證明為最具正當性的政治路線，也是全體公民和平共處最低限度的社會政治共識」，在我看來，這個結論錯得離譜——我就不在此「全體公民」的範疇之內。

靠殺人來維持的「基本治安」應當支持嗎？

許論述的第一條底線是：「維持基本治安，明確國家願景。」鄧時代「結束連年『運動』，中止『和尚打傘無法無天』，以包括連番『嚴打』在內的強力整肅，阻止社會失範，維護社會治安，同時盡力實現社會和解，大致提供了一般民眾生聚作息的基本秩序條件，是四十年裡現有政體的底線合法性，也是歷經劫難後的億萬國民擁護『改革開放』的原因所在。」許氏雖然指出「此種治安格局及其後來發展出來的維穩路徑，反過來滋生出新的問題，暴露出政治統治正當性不足這一致命病灶」，但又為之辯護說：「就其提供基本治安而言，卻是成功的，也是合意的。」許氏得出如此結論：「凡此底線原則，築就了展示並通達國家道義願景的起點，也是百姓接受統治的前提。」

許氏認為「嚴打」維護了「基本治安」，連殺人如麻的「嚴打」也給予正面評價，我真難以想像這是一個在西方受過嚴格的法學教育的法學博士和法學教授的言論。「嚴打」放在任何法治社會，都會被認定為草菅人命的政治性屠殺。

　　1983 年，由鄧小平親自發動的「嚴厲打擊刑事犯罪活動」，有一個廣爲人知的簡稱「嚴打」。《南方人物週刊》在專題報導中評論說：「這場以『從重從快』爲辦案方針的司法運動，對當時的法律做出了顛覆性改變，並對後來的司法實踐產生了深遠影響。」

　　「嚴打」發動之際，時任公安部部長的劉復之稱，「嚴打戰役，意義極爲深遠，就其指導思想、氣勢、規模和效果等方面來說，是繼 1950 年至 1952 年鎭壓反革命運動之後，堅持人民民主專政的又一具有歷史意義的里程碑。」

　　1983 年 7 月 19 日，鄧小平指出：「對於當前的各種嚴重刑事犯罪要嚴厲打擊，判決和執行要從重、從快；嚴打就是要加強黨的專政力量，這就是專政。」當年 8 月 25 日，中共中央發出《關於嚴厲打擊刑事犯罪活動的決定》，宣稱「要全黨動員，首長動手，層層負責，廣泛發動群眾，統一組織行動，一網、一網地撒，一個戰役、一個戰役地打，務必做到有威力，有震動，」由此正式揭開聲勢浩大的「嚴打」，運動持續三年之久。

　　「嚴打」期間，到底有多少人被判死刑，至今未見公布。目前僅見的公開數字，是中共黨史資料出版社出版的《中國共產黨執政四十年》一書中的記載。該書提到，1984 年 10 月 31 日，《關於嚴厲打擊嚴重刑事犯罪活動第一戰役總結和第二戰役部署的報告》說，在「第一戰役」中（和平時代，將政治運動形容爲「戰役」，可見中共根本就是一個武裝匪徒集團），法院判處八十六萬一千人，其中判處死刑的兩萬四千人——這個數字超過當代很多國家之間的戰爭的死亡人數，至於有多少是冤死者更不得而知。也就是說，僅僅是「嚴打」的第一階段，就有兩萬四千人被

殺，整個「嚴打」期間被殺的人數必定是此數字的幾倍。

「嚴打」讓整個中國社會沉浸在一種極度高壓震懾的氣氛當中，《文史參考》描述了當時司空見慣的場面：被公審宣判死刑的犯人，遊街示眾後押赴刑場。鳴著警笛的警車開道，後面緊跟著一輛輛大卡車，卡車上站著將要被執行死刑的犯人。他們五花大綁，面如土色。胸前掛著木牌，上面寫有名字、性別、年齡及罪行，名字上面畫著黑色的「X」。行刑車沿途播放廣播，宣傳「嚴打」精神，控訴犯人罪行。我的童年時代就常常經歷此種恐怖場面，甚至還有膽大的孩子到「殺場」上去撿彈殼。

然而，「嚴打」在短時間內造成的威懾力，並不能從根本上改變犯罪規律。據《中國刑事政策檢討：以「嚴打」刑事政策為視角》一書統計，1983 年嚴打後，1984 年、1985 年犯罪率下降了，但 1986 年以後就直線上升。中國公安大學教授崔敏分析認為，經過後來多年的實踐，「嚴打」的成效愈來愈差，社會矛盾更加凸顯，人們發現這種運動式執法似乎出了什麼問題，進而研究如何調整政策。

在「嚴打」三十五週年之後，習近平又掀起「掃黑」運動，與「嚴打」可謂一脈相承。就邏輯上說，若要反對習近平的「掃黑」，就必須同時反對鄧小平的「嚴打」；而肯定鄧小平的「嚴打」，就必然也要肯定習近平的「掃黑」。

鄧小平時代的中國，從來不是法治社會。鄧小平時代並未停止政治運動，只是其規模比毛時代小得多而已：在「嚴打」之外，「清除精神污染」、「反對資產階級自由化」，以及「六四」屠殺，鄧小平的「成功」，同樣建立在暴力和謊言之上。

在江澤民時代，對中國民主黨申請組黨運動和法輪功修練者

群體的殘酷打壓，從不手軟。在胡錦濤世代，鎮壓「零八憲章」運動和茉莉花運動，對異議人士廣泛實施酷刑（我本人險些被酷刑折磨至死），亦毫不仁慈。所以，從文革結束到習近平登場這一時期，中共的統治不能用「合意」這個詞語來形容。當然，許教授自己或許真的感到「合意」，那只能說明他對人權、自由、法治的標準實在太低了。

「私產入憲」是謊言，「國富民窮」才是真相

許所肯定的第二個底線是，「有限尊重私有產權，容忍國民財富追求。」許氏寫道：「所謂私產入憲，釋放了發家致富的普遍人欲，給予追求美好生活的人性志向，以正面政治迎應。在此情形下，不僅國家經濟實力空前增長，並以此支撐了科教文衛與國防武備，特別是龐大的黨政費用，而且，一般國民亦多獲益，生活水準多所提升。此為中國經濟快速成長的法制緣由，同時說明了既有政制合法性之獲得全民容忍的經濟原因。」

這段話中有兩處嚴重問題。其一，「私產入憲」或許可以算是一個進步，但進步程度究竟有多大，實在是一件需要進一步探討的事情。中共從來不把憲法當一回事，最高法院副院長公然宣稱，共產黨在法律和憲法之上；而在現有的法律框架之內，當權者若違背、踐踏憲法，找不到任何方式來制約與防範——中國並沒有一套完善的憲法法院和違憲審查機制。

中國不是憲政國家，憲法只是一紙空文。在現實層面，雖然「私產入憲」，但共產黨對私人財產的侵犯和剝奪，並未停止或改觀。近年來，城市居民的私有房屋被各地政府強迫拆遷、農民的土地被強迫徵收的事件層出不窮。在此過程中，當局常常縱容、

甚至僱傭黑幫赤裸裸地加害捍衛私有財產和土地的公民。而受害者除了毫無希望的「上訪」之外，找不到其他法律救濟渠道，憲法並不能保護他們的私有財產不受侵犯。即便是那些曾高居「富比世富豪排行榜」前列的「先富起來的人」，中共什麼時候看他們不順眼，立即就將他們投入監獄，他們的財產和公司統統「充公」。

其二，中國的經濟發展模式是畸形的、不可持續發展的，不宜給予全盤肯定。「改革開放」以來，經濟發展最大的獲益者，不是普羅大眾，乃是掌握壟斷權力和國家經濟命脈的國企、央企；而超大型國企、央企統統掌控在太子黨家族手中。普通人只是靠自己的辛勤勞動，才勉強「奔小康」而已。

另一方面，許文所肯定的經濟發展「支撐了科教文衛與國防武備，特別是龐大的黨政費用」，恰恰是中國模式的「自我毀滅機制」。中國以占世界五分之一的人口，養著占世界百分之八十以上的公務員和「黨務員」，民眾賦稅指數世界第一。共產黨的統治秘訣就是：人民的力量愈弱，國家的力量愈強。中國的國家資本主義模式，有汲取自納粹德國和蘇俄的部分，也有汲取自中國法家傳統的部分——商鞅《商君書》中有〈弱民篇〉，毫不掩飾地說：「民，辱則貴爵，弱則尊官，貧則重賞。政作民之所惡，民弱；政作民之所樂，民強。民弱國強，民強國弱。」簡直就是中國現實的寫照。

倫理社會是基本恢復還是直線墮落？

許論及的第三條底線原則是，「有限容忍市民生活自由。倫理社會基本恢復，經濟社會與市民社會確乎多所發育。」作者雖

然承認「市民自由而非公民自由」，卻也盛讚說，「所謂市民生活
及其市民自由，指的是私性領域的有限生活權利，著重於吃喝拉
撒卿卿我我，特別是對於自家生活方式無涉政治的自我支配，至
少是髮型服飾無需看官家臉色行事。大家搓澡搓腳，旅遊宴饗婚
外戀，小資麻麻，這世道才有煙火氣。」

這段話若經過「翻譯」（體制內人物說話總是猶抱琵琶半遮
面，很多話表面上看是中文，卻需要進一步「翻譯」，才知道其
真實意思）就是：現在的中國經過習近平的一番折騰，中國人幾
乎到了「坐不穩奴隸」的時代；而許氏所渴求的，只是回到「坐
穩了奴隸」的鄧小平時代——你可以包二奶、嫖妓、吸毒、賭
博，只要不反對共產黨，一切都是安全的；而在習近平時代，連
當逍遙派的自由都沒有了。

然而，鄧時代的中國實現了「倫理社會基本恢復」嗎？這個
結論，恐怕與大部分中國人生活的現實並不相符。且不說路不拾
遺、夜不閉戶的傳統社會了，今天的中國已經是「互害型社會」。

評論人風清揚在〈互害型社會，究竟該如何「解毒」？〉一
文中指出：「前些年出了一個詞叫『易糞相食』，比如賣『化學牛
肉』的，很可能所吃的就是毒大米；毒大米的生產商發了大財，
舉杯慶祝，喝下的卻是工業酒精兌製的假酒；假酒公司的員工，
為孩子買到的奶粉被添加了三聚氰胺；在奶粉企業食堂裡，正在
供給『化學牛肉』烹製的午餐，獨自看詳細的社會成員，每一團
體都異常精明，知道很多東西不能吃，知道趨吉避凶，都在努
力地追求著幸福。你賣地溝油，我賣膠麵條；你賣皮革奶，我賣
鎘大米；你賣毛醬油，我賣陳化糧；你賣碘雀巢，我賣紅心蛋；
你賣農藥菜，我賣三鹿粉；你賣箱子餡，我賣甲醇酒；你賣罌粟

湯，我賣硫磺椒；你賣毒米線，我賣避孕鱔；你賣工業膠，我賣毒果凍，但社會就是一個宏大迴圈的整體，當整個社會得到了秩序，另一種協作呈現了：相互餵毒，無人倖免。」

該文還引用了遼寧撫順一名被人稱為「無良農民」徐清元的故事。徐清元為了賺錢，十年前開端種反時節蔬菜，為保證蔬菜不生蟲能賣個好價錢，便不分時節拚命噴農藥；四年前他開端養豬，為保證出欄時夠重量，又不捨晝夜地拚命餵含有激素的飼料。他有句名言：「賣假奶粉的絕不會給兒女吃假奶粉，但他能保證不吃我的毒白菜嗎？賣假酒的能保證不吃毒肉嗎？養雞賣飼料的能保證不喝假酒嗎？我能保證我不吃假藥嗎？你覺得你占了廉價，我覺得我占了廉價，最後大家同歸於盡。」這樣的社會，哪裡有什麼倫理道德呢？徐清元說出了許章潤不敢說的真話。引車賣漿者之流，比高級知識分子和菁英階層更坦率。

當然，中國倫理道德的墮落與崩潰，不是自由市場經濟的罪過，而是中共當局專制暴政的副產品。中共摧毀了中國舊有的傳統道德倫理，同時又嚴厲打壓民間蓬勃發展的基督教等宗教信仰，使得中國不僅制度惡劣，而且人心敗壞。未來中國社會的轉型難度極大，因為需要重建的不僅是制度，更是人心。

寡頭共治與個人獨裁同樣邪惡

許提出的第四條底線原則是「實行政治任期制」，也就是中國最高領導人「最多連任兩屆、最長十年這一憲法規定」，其結果是「給予國民以一定政治安全感，也令國際社會覺得中國正在步入現代政治」。

我個人並不認為寡頭共治與個人獨裁有本質的區別，也不覺

得前者能給國民「一定政治安全感」，並給國際社會以「中國正在步入現代政治」的印象。

在蘇聯，史達林死在自己的屎尿堆中之後，史達林時代政治局的幾個巨頭短暫地有過「寡頭共治」時期，他們聯合起來搞掉威脅所有人的 KGB（國家安全委員會）頭子貝利亞，然後赫魯雪夫再聯合軍頭朱可夫將其他元老趕下臺，再以後，赫魯雪夫又將朱可夫清洗掉，這樣赫魯雪夫才成為真正的一號人物。在中國，江澤民時代前期和胡錦濤時代，大致也是此種「寡頭共治」，如中共御用文人胡鞍鋼所說的「集體總統制」。

與「個人獨裁」相比，「寡頭共治」並不一定能改善人權和法治狀況。以胡錦濤時代後期而論，因為胡的軟弱，導致「政法沙皇」周永康的權力膨脹並失控。周不僅捲入最高權力的爭奪戰，而且對民間社會辣手打壓，周親自制定一份活埋兩百名異議人士的駭人聽聞的預案。在周永康執掌強力部門的黑暗時代，我本人就毫無「政治安全感」，我的感受或許跟在體制內擔任大學教授的許先生天壤之別。

許在批判習近平的意義上，當然有一定的價值，但過高評價，甚至無視其中充滿「陰溝中的氣味」的部分，則是怯懦者和卑賤者的本能反應。

有人說，許教授是體制中人，能說到這個地步已經很了不起了。但是，讓人無法理解的是，為什麼一個人具有體制內的身分，就能讓眾人對其言論的真理性的評判自動變得寬容了？如果是一個體制外的異議人士，比如起草《零八憲章》的劉曉波，雖然他放棄體制內的身分，喪失諸多既得利益，忍受諸多「低端人口」的羞辱和痛苦，但人們會認為，體制外的人說話大膽些不足

為奇，實踐百分之百的言論自由的《零八憲章》並沒有獲得太多掌聲；反之，人們會認為，一個體制內的人物，即便享受體制內的若干好處，但只要說幾句有限度的真話，就不吝給予最高的讚美。這種不同的標準，本身就是可悲的身分歧視與權力崇拜。

　　許章潤對習近平的批判是不錯的，但習近平若回到鄧小平、江澤民、胡錦濤的統治模式，難道就當皆大歡喜嗎？我們需要反對的，不僅是習近平，更是整個共產黨；我們不僅不願忍受「坐不穩奴隸」的時代，也不願忍受「坐穩了奴隸」的時代。共產黨不可能轉型為民主制度下的選舉型政黨，未來的自由中國不應當有共產黨的存在。

中華文化就是野蠻文化

——駁黎蝸藤〈客觀看待中華文化的定位〉

《上報》發表了署名黎蝸藤的專欄文章〈客觀看待中華文化的定位〉，對此文我有話要說。此文標榜「客觀看待中華文化」，其實是延續十九世紀末梁啓超發明「中國」這個概念之後、國共兩黨聯手打造的大中華、大一統的民族主義話語，既不客觀，也不中立，迂腐之氣，撲面而來，邏輯混亂，不忍卒讀。

起初，我以爲該文爲共產黨或國民黨御用文人的文宣材料，仔細一看作者介紹，才發現作者「旅居美國」，還是維吉尼亞大學的博士。我很難想像，這是一位呼吸著自由空氣的學者所寫的文字。如同中國高級「五毛」司馬南說的唯一一句眞話「反美是工作，赴美是生活」，有些人肉體與靈魂處於分裂狀態，卻能安之若素——如此熱愛中華文化的愛國者，爲什麼偏偏要「旅居美國」呢？

評價文明高低的標準是什麼？

該文一開頭就說：「在中國乃至華人社會，偏激的史觀與史論都很受歡迎，個中多少帶有獵奇、反權威、政治情緒的緣故。」這是典型的文革大批判話語套路：先給你定一個偏激、反

動、反革命的罪名，你的文章和思想全都一無是處。既然有資格給你定罪，就說明定罪者本人乃是光榮、偉大、正確。這背後是一種威權主義的思維和居高臨下的態度，而不是西方學界習以爲常的那種平等討論問題的方式。

黎先生寫道：「最近有人認爲中國是一個文明低地，全靠『內亞』才能進步，提出所謂『內亞秩序主導東亞』。筆者雖然沒有看過這本書，但也曾閱讀過其一些文章，而且從出版人的推廣文稿看，問題不少。」他指的當然是歷史學者劉仲敬的新書《中國窪地》，以及八旗文化總編輯富察在臉書上的介紹文字。但他偏偏不說出對方的名字，爲什麼欲說還休呢？這種表面上的客氣和委婉，實際上是儒家的僞善——既然批評是公開的、冠冕堂皇的，爲什麼要特別隱去批評對象的名字？我最厭惡這種指桑罵槐的「中國式批評」。

更奇特的是，黎先生居然坦承並未讀過所要批評的那本書，只是看過書的作者寫的零散文章以及出版人的推薦。沒有仔細研讀批評對象，就能寫出長長的批評文章來，這是嚴肅、謹慎、理性的寫作與研究嗎？這種粗陋怠惰的學風實在不足爲訓，這種隨意尋找標靶的批評文章，不可能在西方的書評雜誌上發表。

黎先生認爲：「評價一個文明的標準，總不外乎生產力、政治秩序、宗教、文字、文學藝術、科技、工程建築等方面。」我不完全同意此種標準，我認爲在此之外還有更高的標準，比如那種文明是否建構出保障人權、個人自由、私有產權的政治、經濟和文化制度。

英國政治家和思想家邱吉爾說過：「沒有什麼詞比『文明』一詞的使用更不嚴謹了。它究竟是指什麼？它是指一個建立在民

權觀念之上的社會。在這樣的社會，暴力、武備、軍閥統治、騷亂與獨裁，都必須讓位給制定法律的議會，以及可以長久維護法律公正的法庭。這才是『文明』。在此沃土上，才會源源不斷生出自由、舒適和文化。」若以此為標準，在「中華」這個時空內，沒有「文明」，只有「不文明」或「反文明」。

退一步，姑且從黎先生列出的標準而論，所謂「中華文明」（如果真的存在一個無比寬泛的「中華文明」的話），只能用野蠻、黑暗、邪惡等詞語來形容，劉仲敬用的「窪地」之說，在我看來已經是太過客氣了。

日本從來不是中華文明的附庸

黎先生為「中華文明」所作的種種辯護，沒有一條站得住腳，且讓我來一一駁斥。

首先，黎先生認為：「把中國看作區域中心，不是中國單方面的意淫，存在堅實的歷史基礎。中國週邊一些國家也是或多或少這麼看，朝鮮與琉球一向把中國視為天朝上國，日本與越南也深受中國文化影響，漢字與儒家成為這些國家的傳統，中國與這些地區一起構成國際上公認的『中華文化圈』，是世界幾大文化圈之一。」

東亞本來就是地球上專制暴政最集中、最根深蒂固的區域，也就是劉仲敬所說的「文明窪地」。用一個例子就可以看得清清楚楚：同樣施行共產主義、馬列主義，東亞的共產國家（如中國、北韓、紅色高棉），就比歐洲的共產黨國家（捷克、波蘭、匈牙利）殘暴、血腥得多，兩者同樣是獨裁，卻不是一個檔次。所以，即便中國真的是東亞的「區域中心」，也是「邪惡軸心」，

絲毫不值得引以爲傲。

　　這裡特別需要甄別的是，日本並非如黎先生描述的那樣，始終處於中華文化圈的陰影之下。日本是一種跟東亞大陸截然不同的文明形態，日本的傳統文化和宗教，與中國迴然不同。在近代之前，日本從不承認自己是中國的藩屬國或中華文化的「純進口國」。近代以來，日本迅速與西方「接軌」，通過明治維新迎頭趕上西方；中國從鴉片戰爭至今，仍未走出專制主義的「三峽」，一成一敗，足以說明兩種文明差距甚大。日本的大名制度類似於歐洲的領主制度，武士階層類似於歐洲的騎士階層，日本社會的制度和結構，與歐洲的相似之處，遠遠大於與中國的相似之處。

　　對日本近代化有深刻研究的學者于歌，在接受我的訪問時指出：「在日本的傳統中，蘊涵了大量的可以與現代化接軌的部分。舉例來說，在文化上，日本對中國儒教的吸收，是一種有選擇性的吸取和再創造。中國的儒家思想中有若干迷信的成分，比如《易經》，既有哲學思想，又是一本卦書，後者是相當幼稚的，卻被中國人當作最重要的部分來傳承和接受；日本對卦書的部分不感興趣，卻吸納了《易經》中的一些哲學思想。日本化的儒家，是一種具有理性主義精神的儒家。日本接受佛教也是這樣，密宗只流行了很短一段時間便被拋棄了，日本的普遍宗派是淨土眞宗，它的思想包含了相當的理性主義成分。日本文化中重要的組成部分是武士文化，它也是理性主義的。還有，在政治上，在日本歷史上，有著群議政治的傳統，不同於中國絕對的君權至上。在經濟上，日本很早就摒棄了儒教的重農主義和鄙商態度，政府有扶植工商業的傳統，工商業在明治之前就很發達。在社會上，日本沒有形成『唯官獨尊、人人都想做官』的結構，在明治

之前，社會價值就比較分散，各個行業的人才和機構就比較全面。也就是說，日本的文化傳統中，本身便具有通向現代化的根基，這是上千年來形成的文化和傳統。」

唯有如此，日本才能成功實現精神和制度層面的「脫亞入歐」，成為一個典範的、非白種人的「西方國家」。而作為東亞「區域中心」的中國，以列寧的一黨獨裁模式（蘇俄也是東方文明一部分），升級換代古代的皇權專制，卻仍在獨裁暴政的泥沼中苦苦掙扎。

人口數量與文明程度並無必然聯繫

其次，黎先生指出：「在古代，一個文明體系是否強大的最重要象徵，首先是生產力，而衡量生產力的重要象徵就是人口。從純生物界的角度，物種唯一的目標就是把自己的基因傳下去。套用類比這種達爾文主義的邏輯，一個民族人口越多，就越能說明其成功。在人類社會中，只有社會生產力達到某個發達的程度，才能養得起這麼多人。目前，漢人還是人口最多的民族。」

用人口數量和規模來衡量文明的高低，即便採用冷酷的達爾文主義的邏輯，也無法自圓其說。蟑螂、老鼠氾濫成災，獅子、老虎從來都是少數，難道蟑螂、老鼠比獅子、老虎更高級嗎？當年，一百五十名西班牙殖民者到達南美，一舉摧毀擁有一千多萬人口的龐大的印加帝國，不就說明人多不管用嗎？生產力高低的象徵，顯然不是人口的多少。黎先生犯了跟毛澤東一樣的低級錯誤，毛自以為「人多力量大」──但若一個國家的國民都是缺乏公民美德，都是缺乏智慧和勇氣的奴才和奴隸，人再多也無法提升其文明的本質。

　　而且，大部分時候，中國的土地無法養得起生活於其上的人口，土地的開發和新式農作物的引入，始終趕不上人口的增長。一旦糧食產量無法滿足人的基本需求，大動亂和大饑荒便隨之發生。中國是世界上大饑荒最頻繁發生的區域之一，有自然因素誘發的大饑荒，也有人為的大饑荒（1959 至 1961 年的三年「自然災害」，是毛大躍進政策的惡果）。難道死於饑荒的中國人最多，也是一個值得誇耀的世界之最嗎？

　　進而言之，難道人數多寡能決定文明的強弱嗎？再作一個簡單的對比，猶太人比中國人少得多——猶太人最多的時候也不過一千多萬，但誰能說猶太文明不如中華文明呢？猶太人對世界文明的貢獻遠遠大於中國人：猶太人占比全球總人口不到百分之零點二五，卻獲得了全球百分之二十七的諾貝爾獎，獲獎率遠高於其他各個民族，是全球平均水準的一百零八倍。

　　猶太人只占美國總人口的百分之三，其影響力卻超過其他少數族裔：華爾街幾乎是猶太人的天下，美聯儲主席柏南克、葉倫都是猶太人，最高法院九名大法官中有三名猶太裔，氫彈之父、抗生素之父都是猶太人，常春藤大學的猶太裔教授占兩成以上。超過十四億的中國人，如何面對猶太人拿出來的這些數據呢？

「穩定」的另一種說法是「停滯」

　　第三點，黎先生指出：「中國還能長期維持一個較穩定的政權。在前工業化時代，這需要很強的管理與組織能力，也是文明程度的一個體現。中國較為穩定的政體，與中國很早就發展出一套禮儀系統有很大關係，這種儒家思想家設計出來的政治思想體系，至今還影響中國。」

這簡直就是共產黨「穩定壓倒一切」說法之翻版。譚嗣同說，「兩千年皆秦制」，兩千年一成不變，確實夠穩定的了，但穩定變成了停滯，可取嗎？英國思想家亞當・史密斯在其名著《國民財富的性質和原因的研究》（即嚴復所譯《國富論》）中指出，中國是一個處於停滯狀態下的帝國：「今日旅行家關於中國耕作、勤勞及人口稠密狀況的報告，與五百年前視察該國的馬可・波羅的記述比較，似乎沒有什麼區別。」

在分析中國社會長期處於停滯的原因時，亞當・史密斯運用近代經濟學的觀點，提出了幾個原因：停滯於農業和農業的停滯；對手工業、對外貿易和商業的輕視，以及中國的財富已經完全達到了該國法律制度所允許的發展極限。

德國哲學家赫爾德認為，孔子實際上是套在中國人和社會制度上的一副枷鎖，「在這副枷鎖的束縛之下，中國人以及世界上受孔子思想教育的其他民族，彷彿一直停留在幼兒期，因為這種道德學說呆板機械化，永遠禁錮著人們的思想，使其不能自由地發展，使得專制帝國中產生不出第二個孔子。」而後來黑格爾將自東向西的世界精神的歷史，比作人的幼年、少年、青年、老年，屬於幼年時期的中國儘管具有理性的能力，但只是自在地具有理性的孩童，並沒有獨立的人格可言，只能一味地依賴於父母。這一龐大的帝國在沒有外力的衝擊之下將永遠停滯下去。

另一方面，中國的穩定很多時候是靠殺戮來維持的。有殺戮獲得的穩定，難道值得讚美嗎？《二十六史》、《資治通鑑》就是一部漫無邊際的血腥殺戮史，每一次朝代的更替，必然經歷遍及南北的「無差別殺戮」，有時甚至會損失一半以上的人口，並出現大規模的「人相食」現象。

　　黎先生似乎是學歷史出身，不會不知道史書中滿坑滿谷的此類記載。而黎先生在此高度肯定的儒家思想及政治哲學，恰恰是中國落後、潰敗的重要原因。有關對儒家思想的批判，胡適、殷海光、劉曉波等先賢已說得非常透徹，我不必在這裡重複了。

典籍雖多，若未公共化，也算不得文明

　　第四，黎先生認為：「語言與文字是一個國家是否文明興盛的重要指標。從甲骨文算起，中國出現文字有三千多年，說到歷史裡留下古籍文字之多，大概沒有一個國家可以與中國相比。類書《永樂大典》有三點七億字，叢書《四庫全書》有八億字。這都是驚人的成就。」

　　用習近平和川普在紫禁城中的一段對話，就可以駁倒黎先生的宏論：習近平說中國文明有三千年，川普則回答說埃及文明有七千年。

　　中國的古籍雖多，但從未出現大型的公共圖書館。而在埃及，公元前三世紀就興建了亞歷山大圖書館，館藏包括所有希臘和希臘化世界的各種典籍。圖書館建成後，各方學者聞風而來，自由閱讀和研究。鼎盛時期，該圖書館藏書量達七十萬卷，僅圖書目錄就達一百二十卷。圖書館內並有專門人員對所收藏書籍標記、分類、整理，以提高文獻資料的利用效率，並編製了初步的圖書分類法。

　　亞歷山大圖書館的歷史意義與價值，不僅體現在對圖書館事業發展的深遠影響上，更體現在知識的創造、傳播和人類文化的傳承上。「亞歷山大圖書館的歷史命運」一書的作者、史學家穆斯塔法‧阿巴迪曾說：「在亞歷山大圖書館建成之前，知識在很大

程度上只是地區性的，但自從有了這第一座國際性的圖書館後，知識也就變成國際性的了。」

　　與之相比，中國古代的書籍資料既未普世化，也未公共化。大部分書籍被帝王或少數「學而優則仕」的士大夫所壟斷。黎先生推崇的《永樂大典》、《四庫全書》，只供皇家及頂級文官閱讀，並未達成讓知識廣泛傳播之功效，更不用說由此推展出文藝復興和啟蒙運動之類的精神變革。黎先生的知識，有多少是得自於《四庫全書》之類的古代中國的「巨型文庫」呢？

　　而且，皇帝下令編輯叢書，本身也成為一個可怕的搜書、焚書、毀書的過程。編纂《四庫全書》時，朝廷銷毀了對大清不利的書籍一萬三千六百卷，焚書十五萬冊，銷毀版片八萬多塊，還銷毀超過一千萬份明代檔案（保存下來的僅三千份）。編纂者還肆無忌憚地對原書內容作大量竄改，由於先毀掉了古籍原本，然後再竄改成為最新版本，後人已無法弄清楚哪些地方被竄改了。

　　《四庫全書》的成書過程，可謂過大於功，歷史學家吳晗說過：「清人纂修《四庫全書》而古書亡矣！」魯迅在《病後雜談之餘》中說：「雍正乾隆兩朝的對於中國人著作的手段，就足夠令人驚心動魄。全毀，抽毀，剜去之類也且不說，最陰險的是刪改了古書的內容。」如果不加甄別地使用這些材料研究學問，很可能是「失之毫釐，謬以千里」。

大型工程是東方專制主義的特徵

　　第五，黎先生指出：「大型工程也是一個古國文明程度的體現。中國有舉世聞名的萬里長城、秦始皇陵、紫禁城等大型建築，又有都江堰、鄭國渠、大運河等大型水利工程，與其他文明

相比並不遜色。」

其實，古代中國（包括其他古代文明）中，相當一部分大型工程與改善民生無關，只是爲滿足帝王的私慾而已，卻造成千百萬勞工死於非命。如果用人道主義的原則來衡量，無論是埃及的金字塔，還是秦始皇的兵馬俑，以及柬埔寨的吳哥窟（其宮殿規模數十倍於紫禁城），此類用人類的骷髏修建起來的大型工程，很難說是文明的象徵。

相比之下，很多大型水利工程倒是有助於生產力的提升，並讓民衆免受水旱災害，但它同時又鞏固了中央集權的專制體制。西方學者魏特夫在《東方專制主義》一書中指出，治水專制主義造成的結果是：全面的恐怖——全面的屈從——全面的孤獨。恐懼造成的孤獨，讓所有人都深受其害：統治者不相信任何人、官員永遠在猜疑中、平民擔心被牽連。這不正是三千年來中國社會的眞實寫照嗎？八千萬黨員「緊密團結」在其周圍的習近平，難道就不孤獨嗎？

而美國學者斯科特在《國家的視角》一書中，更探討了現代「社會工程」所帶來的災難性後果。希特勒、史達林、毛澤東都是好大喜功、熱衷於興建大型工程的獨裁者，很多大型工程造成自然環境的嚴重破壞和人力資源的巨大浪費及犧牲，而非文明的進步，正如斯科特所說：「一個受到烏托邦計畫和獨裁主義鼓舞的，無視其國民的價值、希望和目標的國家，事實上會對人類美好生活構成致命的威脅。」

從古代的帝王專制的中國，到現代的共產黨極權統治的中國，大型建築和大型工程比比皆是，但這不代表著這個國家就擁有多麼輝煌的文明，因爲這些大型建築和大型工程，並不能讓民

眾過上有尊嚴、有自由的生活。

中國只有孤立的技術發明，而無科學上的整體突破

第六，黎先生認爲：「科技方面，中國也有出色的成就。客觀而言，以人類社會的貢獻，造紙術堪稱四大發明之首：沒有廉價的紙張，就無法大量印刷，知識就只能掌握在少數菁英手裡，這就是歐洲近代之前的情況。」

雖然黎先生緊接著不得不承認「中國不及西方文明的一點是中國沒有產生出『科學』（這是這篇文章中少數有價值的話）」，但他仍然沿用梁啓超和英國科技史家李約瑟使用的「四大發明」之說——其實，「四大發明」早已被證僞，造紙術也是如此。

西元前三千年左右，埃及人就發明了莎草紙。古希臘時代，人們用莎草紙記錄了許多重要的神學、科學、哲學著作，包括《聖經·舊約》和《幾何原本》。而蔡倫是在東漢時期（西元一至二世紀之間）發明紙張，比埃及晚了三千多年。

就造紙工藝而言，莎草紙與蔡倫所造的紙，都是以植物纖維爲原料，與近代的木漿紙根本就是兩回事。近代的木漿紙是德國人弗雷德里希·戈特洛布凱勒所發明，他在 1843 年將木材磨成紙漿，並用它做出了紙張。木材紙漿的發明，結束了用碎布和麻類植物造紙的時代。

總而言之，中華文化最大的特徵，不是子虛烏有的「四大發明」（不過，黎先生若願意一生躺在四大發明上面睡大覺，那也是他個人的自由），而是太監制度、女子纏足、絕對皇權專制、科舉制等等。這些元素爲中華文化打上了虛僞和野蠻的烙印。

1895 年，晚清啓蒙思想家和翻譯家嚴復在一篇名爲〈救亡決

論〉的文章中指出：「華風之弊，八字盡之：始於作偽，終於無恥。」這八個字，古已有之，於今為烈。這八個字，也可以用以概括黎先生這篇洋洋灑灑的大作。

抱殘守缺是中國淪為野蠻國家、中華文化淪為野蠻文化的重要原因。很不幸的是，黎先生雖然沐浴在歐風美雨中，卻仍未從抱殘守缺的「中國夢」中驚醒過來。

中國有資格爲槍擊案幸災樂禍嗎？

天安門屠殺之後，人民日報社旗下的《環球時報》，成爲中國民族主義乃至種族主義思潮的重要推手之一。八○年代，中國的青年一代都以《河殤》等改革派知識分子的作品爲精神食糧，普遍親美、親西方、親民主自由價值；六四後成長起來的青年一代，則從小就被《環球時報》等法西斯小報洗腦灌輸，普遍反美、反西方、不相信民主自由價值，不由自主地成爲跟義和團、紅衛兵一脈相承的「腦殘」、「五毛」和「小粉紅」。

在 2017 年美國拉斯維加斯槍擊案發生後，中國官媒和民間一片狂歡，跟「九一一」恐怖襲擊發生之時如出一轍。《環球時報》當然不會閒著，立即幸災樂禍地發表社論說：「美國社會對恐怖主義的驚懼和對槍擊案整體麻木的反差是難以思議的。畢竟失去的都是人命，但槍擊案就能夠得到更多寬容，被社會『適應』，這說到底是政治和輿論引導的結果。在槍擊案問題上，美國給世界做了不好的示範：不正視問題，不採取堅決的措施。美國等於是給殺戮分出了『三六九等』，把公眾注意力引導到了外部世界的問題上，而對美國內部社會治理的問題輕描淡寫。」《環球時報》最仇恨的就是美國等西方國家批評中國的人權問題，如今終於可以揚眉吐氣地嘲諷死於亂槍之下的美國人缺乏基本的「生存權」了。

中國人無法理解美國憲法保護公民的持槍權

　　《環球時報》的這篇社論還指出：「實際上，美國和西方的治理體系有一些不適應新時代的缺陷，它們面臨體制改革的嚴峻任務，但是下不了決心。因此當面對槍擊案這種頑疾時，只能陷入震驚、容忍，再震驚、再容忍的惡性循環。人們希望能夠看到美國儘早鼓起嚴格控槍的勇氣。」彷彿美國在二戰之後開創的世界秩序已經過時，現在是中國主導世界的「新時代」了。

　　《環球時報》的評論員無法理解美國憲法中對「持槍權是人權中不可或缺的組成部分」的確認，也不知道美國在獨立戰爭中之所以能戰勝當時世界上最強大的英國軍隊，完全是靠自帶武器來參軍的民兵的那段歷史——華盛頓組建大陸軍的時候，連武器和軍服都不能為前來參軍的平民提供，很多人為了爭取自由，自帶槍枝彈藥、糧草、馬匹前來投軍。美國人從此形成了自身堅定不移的傳統：公民有反抗暴政的權利，而反抗必須要有武器在手。

　　殺人的不是槍，而是人。美國國內固然因為人人可以擁有槍枝而屢屢出現惡性槍擊案，但包括中國在內的那些嚴格管控槍枝的國家，難道就能通過嚴厲禁槍，而避免類似的惡性犯罪事件發生嗎？

　　中國媒體上永遠是一幅中國形勢大好、西方亂成一團的圖畫。在中國嚴密控制的社群媒體上，有不少人狂熱轉發習近平前幾天在國際刑警組織大會上發表的「中國是世界上最安全的國家」的講話，並以此感到自豪。然而，在中國這個神奇的國家，每逢「敏感時期」，連菜刀都要從超市下架，真的就很安全嗎？

在中國的微信圈當中，有好幾則民眾的心聲迅速被刪除──網友秀才江湖說：「美國發生槍擊案，有人因此自鳴得意『還是中國安全』。這不是安全不安全的問題，這是報導不報導的問題！美國發生天災人禍，中國的媒體熱火朝天的天天報導；中國發生天災人禍，中國的媒體隻言片語而已，甚至一開始就沉默不語。這樣一來，給人的感覺就是中國很安全、美國很危險。」

網友 Micheal 說：「每年十餘萬人死於車禍，每年二十八萬人死於自殺，七大水系百分之七十以上污染，六千多萬留守兒童，被拐丟失無以統計。每年新發腫瘤病例為三百一十二萬，每天八千五百五十人，全國每分鐘有六人被診斷為癌症，每年死亡兩百七十萬人。媒體沒有一個字的報導，美國死了五十八個人，你國所有媒體像打了春藥一樣聲嘶力竭地浪叫。」

沒有槍的中國罪犯，照樣殺人如麻

僅就惡性犯罪事件的死亡人數而言，中國近年來發生的比此次美國拉斯維加斯槍擊案更恐怖、更慘烈的案件數不勝數，只是大部分從未被報導而已。僅僅以媒體有過報導的案例而論，有中國網友就評論說：「楊新海沒槍，殺死六十七人，強姦二十三人。靳如超沒槍，炸死一百零八人，傷三十八人。不比拉斯維加斯槍手遜色。所以，禁槍阻止不了暴徒殺人，相反，它剝奪了民眾的自衛權，增加了反抗暴政的難度。如果民間有槍，強拆民宅的，砸小販攤位的，上門查水錶的，渾身是槍眼。我也保證不黑匪幫了，直接幹死它們。」這段話所呈現的，才是當下中國的主流民意，這段話中提及的兩起惡性事件，更是折射出中國的社會矛盾，比美國嚴峻千百倍。

　　楊新海案，主犯作案時間持續四年之久，流竄皖豫魯冀四省，先後作案二十五起，殺死六十七人，傷十人，強姦二十三人，警方長期一籌莫展——中國的警察只會抓捕上訪者、律師、異議人士，真正的惡性刑事案件，他們從來避之唯恐不及。楊新海並非高智商的犯罪分子，每次作案都留下一些明顯的證據，警察卻一次次地漏掉。

　　最終，楊新海落入法網，並被判處死刑，但其所作所為讓人「心驚肉跳」：他通常選擇一些偏僻村莊的貧窮人家作為加害對象，在財物上所獲甚少，但幾乎全是滅門血案。他為什麼要殺這麼多人呢？中國人民公安大學教授李玫瑾說，楊新海較長時間地脫離正常人的情感反應，對人的生命已經麻木了。

　　記者問楊新海，「第一次出獄之後，沒想過走正道嗎？」楊回答說：「想過，可是誰領我走正道呢？」很多提審過楊新海的警察都認為，楊非常仇視社會，在多次被提審時，他反覆表達同樣一個觀點：「為什麼別人有的，我沒有！」然而，記者不敢繼續深入挖掘楊新海何以「反社會」。

　　在槍枝嚴格管控的中國，楊新海不可能像美國槍手史蒂芬·帕多克那樣「合法擁有」數十支槍械，也不可能在短短十多分鐘內發射數百發子彈、殺害幾十個無辜民眾。但是，楊新海僅僅使用最原始的刀斧，一個接一個、一次接一次地殺人，其屠殺的人數累積起來就超過了史蒂芬·帕多克。中國殺手超過美國殺手，創造了又一個世界紀錄，中國人應當為此感到驕傲嗎？

　　而河北石家莊的「三一六」特大爆炸案，造成一百零八人死亡、三十八人受傷的嚴重後果。雖然官方宣稱的主犯靳如超遭到逮捕並予以槍決，時至今日，該案仍讓人感到疑點重重。

　　靳如超在遙遠的廣西被逮捕，並在法庭上認罪伏法，但許多遇難者家屬並不認同此一結果。靳如超是一位聾子，和其他人溝通的時候要透過書寫，由這個殘障人士來策劃如此大規模的爆炸案，從購買或製造炸藥到進入工廠家屬區安放並引爆，簡直匪夷所思。而且，此人只不過初中文化程度，在十八年前因有「流氓」前科而離開石家莊到雲南打工，並不具備爆破方面的專業知識和訓練，如何能夠獨立完成這一精準的爆炸案？難道靳如超是犯罪小說中的犯罪天才嗎？

　　即便靳如超確實是該起特大爆炸案的始作俑者，但中國官媒始終不敢追問：在中國這個警察國家，一個殘障人士居然能弄到大量爆炸物，比起史蒂芬・帕多克在美國合法購買槍枝，難道不是更讓人毛骨悚然嗎？那麼，究竟是靳如超的中國，還是史蒂芬・帕多克的美國，在「社會治理」方面出現了嚴重的困境乃至危機？

　　拉斯維加斯槍擊案發生之後，美國民眾踴躍捐血，全國各地的政府機構降半旗致哀，川普總統親赴當地安慰傷者及死難者家屬。美國媒體報導說，案發現場湧現出不少捨身救人的英雄人物。反之，在中國，當克拉瑪依的劇院發生大火時，老師發出的居然是「讓領導先走」的命令，致使百名孩童死於非命；當長江沉船事故發生之後，倖存者遭到當地政府非法監禁，不允許他們接觸媒體、說出真相，也沒有媒體敢於跟蹤報導。那麼，你願意做美國人，還是中國人？

誰願意去沒有學術自由的國家
讀書和教學？

在中共十九大的一次記者會上，教育部長陳寶生發出豪言：「中國教育在 2049 年將會站在世界的中心，中國的標準會成為世界的標準，中國將成為人們最想留學的地方。」

中國有可能成為人們最想留學的目的地嗎？

然而，一般人對中國教育的現狀及未來的看法，卻跟陳寶生截然相反。就連習近平的判斷也跟陳寶生完全不同：習近平將他的女兒習明澤送到美國哈佛大學唸書，而不是到他的母校清華大學唸書。這一舉動足以說明，習近平本人清楚地知道，即便是清華、北大等所謂的中國一流名校，早已淪為「這也不能講、那也不能講」的奴才和順民的養成所，他自己都不願意讓女兒去這些學校唸書。

跟習近平抱持同樣想法的，是中國的官僚、商人和中產階級群體，他們都將自己的下一代送到歐美等西方國家留學。所以，中共十九大開幕時，有網友在網上諷刺說，這是「留美學生家長會」。

這種說法並不誇張。據中國與全球化智庫發表的 2016 年度《中國留學發展報告》顯示，2015 年度，中國在海外留學的學生

有一百二十六萬人，約占世界國際留學生總數的百分之二十五。這意味著每四個國際留學生中，就有一個是中國的海外留學生。

而由國際教育協會發布的〈2016 年門戶開放報告〉顯示，美國依然是世界最大的留學生目的地國，中國則連續第七年成為美國高校的最大外國生源國。在 2015 至 2016 學年，共有三十二點八萬名中國學生在美國高校就讀，比上一年度增加百分之八點一，約占美國高校外國留學生總數的百分之三十一點五。但與此同時，截至 2015 年度末期，美國學生赴中國留學的人數卻較 2014 年下降七點一個百分點。一升一降，對照鮮明，表明西方教育具有無與倫比的吸引力，即便是鍍金也要去鍍一下；而中國教育等同於愚民教育，正在持續崩壞的過程之中。

日前，在華府智庫哈德遜研究所的一次研討會上，中國學者徐友漁指出，當下對中國共產黨和習近平的統治有很多讚揚的聲音，但他堅信再過半個世紀以後，人們在回顧跟評價今天的中國的時候，會跟對納粹德國的評價一樣。希特勒一開始也得到很多讚譽，但最終遺臭萬年。

徐友漁特別提及他對中國教育的前景非常不樂觀。在習近平掌握最高權力之後，情況變得愈來愈糟糕，當下中國又回復到毛澤東時代。他舉例說，很多在大學當教授的朋友，被大學開除或被調到圖書館工作，失去了授課的權利。原因不過是上課時講了一點政治上不正確的話，而學生會用手機把老師講課的內容拍攝下來發給學校的保衛部門。這樣，老師剛出教室，學校的保衛幹部就來盤問。徐友漁悲觀地說，中國的教育要恢復到正常的情況，可能還需要幾十年。

所謂的「正常狀況」，就是教育的目標是讓人「因真理，得

自由，以服務」。按照徐友漁的看法，到了 2049 年，中國的教育未必能恢復到「正常狀況」，更不用說中國會成為人們最想留學的地方了。

大學變臉成黨校

習近平時代，黨對大學的控制直逼毛澤東時代。最具代表性的事件是，曾任北京市國安局黨委書記的邱水平出任北大黨委書記——這種用刀把子直接空降最高學府的任命，即便在文革期間都不曾有過。

邱上任之後，參與深圳佳士科技公司工運維權的北京大學應屆畢業生張聖業，在北大校園被捕，過程中還有其他在校生和目擊者遭到波及。北大保衛部事後卻通報稱，這是公安機關依法抓捕涉嫌犯罪的「校外人員」，卻未提及其他被打的在校生情況。暴力拘捕事件堂而皇之地在中國最高學府發生，更引發外界質疑邱水平的國安官員履歷。

中共中央辦公廳、國務院辦公廳印發了一份名為〈關於進一步加強和改進新形勢下高校宣傳思想工作的意見〉的文件。〈意見〉指出，要強化政治意識、責任意識、陣地意識和底線意識，深入推進中國特色社會主義理論體系進教材、進課堂、進頭腦，要加強高校網路等陣地建設。要切實加強高校意識形態引導管理，堅決抵禦敵對勢力滲透，牢牢掌握高校意識形態工作領導權、話語權。

這份文件用詞強硬，充斥軍事用語，磨刀霍霍，殺氣騰騰，讓人宛如回到毛澤東時代。這份文件是對習近平的一段講話的回應，習的講話更加粗鄙和豪放——「決不允許與黨中央唱反調。

絕不允許吃共產黨的飯、砸共產黨的鍋。」這份檔案也是黨內傳達的九號檔和三十號檔的細化，它名爲「意見」，實爲「命令」，黨的命令在中國向來高於憲法和法律。

那麼，教育部門尤其是大學當局如何實施以上「意見」呢？這份文件指出三大措施：首先是嚴把教師政治關，探索教師定期註冊制，定期開展師生思想政治狀況調研。其次是制定實施馬克思主義理論、新聞傳播學、法學、經濟學、政治學、社會學、民族學、哲學、歷史學等相關專業類教學品質國家標準。第三是黨委書記、校長要旗幟鮮明地站在意識形態工作第一線，高校黨委宣傳部長由學校黨委常委兼任。

由此，中國的所有大學都落入共產黨黨化教育的羅網。中國不復有大學的存在，只剩下共產黨的黨校。該檔案頒布之後，將有一大批傾向自由、民主理念的大學文科教師被趕下講臺。

而文件涉及到的人文社會科學系科的學術水準，亦將直線下降。學術自由是這些學科的生命力所在，正如美國思想家布魯姆所說：「我們這個時代的教育一定要盡力尋找那些能激發大學生渴望完善的東西，並且重構那些使他們能夠自動地尋求那種完善的學問。」大學的教育目標是讓受教育者心靈自由，中共卻要將大學打造成培養奴才和螺絲釘的黨校。面對如此陰晦的前景，很多年輕人在社群媒體上哀號說，如果還想念這些學科，就只好出國留學了。

沒有學術自由的地方能實現什麼雄心壯志？

臺灣《遠見雜誌》發表了一篇題爲《臺灣的小確幸，容不下我的雄心壯志》的報導，主角是留法主修公共管理的田蘊祥，取

得博士學位歸國後，很快找到專任教職，但他發現，在臺灣要求「老師全能」的環境下，必須教學、研究、還得兼行政，武漢大學卻能讓他專心投入研究，便放棄臺灣，出走大陸。

田蘊祥聲稱，武漢大學是中國前十強，他每年只需要上兩門課、五學分，教學任務就完成了，剩下的時間，可以統統放在研究上。校方明確規範在三到四年內，必須出幾本專書、寫幾篇論文、發表在哪些等級的國際期刊上、拿到多少研究案等。

他指出：「在大陸，只要當事人有實力，研究經費、佳房，甚至配偶的工作安排等，都可以跟校方談，只要學校覺得你能替校方作貢獻，一切好說，讓當事人能專心做研究，這種彈性是臺灣沒有的。」他更表示：「如果你對自己的學術生涯有企圖心，實力夠強，也願意承受校方加諸的要求，大陸是一個讓年輕博士無後顧之憂、盡情施展的大舞臺。」

田蘊祥彷彿是中國吸納臺灣年輕人才的「活廣告」，他的故事表明：臺灣太小，中國夠大，到了中國才能「海闊憑魚躍，天高任鳥飛」。

中國的大學確實比臺灣的大學乃至比全世界所有國家的大學都有錢，可以用錢砸出論文、用錢砸出世界排名。但是，僅僅有錢，遠不能成為偉大的大學。對於大學而言，比錢更重要的是學術自由。

根據長期研究學術自由議題的耶魯大學法學院院長羅伯特·伯斯教授的說法，學術自由包含四個獨特要素：第一是研究和出版的自由；第二是教學自由，或有時被稱為課堂自由；第三是「外行」言論的自由，即在與自身學術無關的領域可以像普通公民一樣公開發表意見；第四個是「內行」言論的自由，即對大學

自身的治理有參與討論的自由。大學的根本使命是創造和傳播知識，為了實現這個目的，大學才需要學術自由，伯斯教授強調：「學術自由保護一個學者有能力勝任他的學術事業。它也保證個體不會因其學術事業受到懲罰。」

然而，包括武漢大學在內的中國所有的大學，缺少的正是基本的學術自由。在中國，每一所大學都由黨委直接控制，黨組織深入每一個學科和每一個班級。校方在教室中安裝攝影鏡頭，監控教師在課堂上的言論，並鼓勵學生告密，有多名思想開明的教授因學生告密而失去教職。中國的出版界同樣受到嚴密控制，不符合共產黨意識形態的學術著作，根本沒有公開出版的機會。缺乏學術自由的大學，如何充當年輕博士盡情施展的大舞臺呢？

田蘊祥的研究領域是公共管理，他期望將法國和臺灣的公民社會的經驗介紹到中國，這個想法只能說明他對中國的現狀太無知了。在今天的中國，連公民社會都成了高度敏感的詞彙。如果他真的要將法國和臺灣等民主國家的公共管理模式介紹到中國，他的下場就會跟李明哲一模一樣——李明哲不就是跟中國的維權人士交流臺灣民主化的經驗，被以莫須有的「顛覆國家政權罪」重判五年有期徒刑嗎？

沒有學術自由的地方，不是大學，而是監獄。田蘊祥無論掙到多少錢，都不是心靈自由、思想自由的學者，而是一名可憐的囚徒。

基督徒應當放棄抗爭嗎？
——反駁盧龍光對中國八九民運和香港雨傘運動的否定

　　香港崇基神學院前院長盧龍光在「神學路思」主辦的培靈會上提到，「信徒要敢於提出復和」和以「耶穌基督的十字架」來修補社會不同政見而產生的撕裂，以謙卑、不自義的態度，帶來「復和」。這句話看似天衣無縫。然後，他話風一轉，對那些「造成撕裂、破壞復合」的事件，如八九民運和雨傘運動提出嚴厲批判：「中央擬訂《基本法》時本身沒那麼緊，但因為八九民運時，看見香港支持民運的力量，所以把《基本法》訂得更緊；雨傘運動後，北京對香港管治也更緊，很多事都是愈鬥愈輸。」

　　我不敢相信，說以上這番話的人，在 1997 年曾經發表過一番教會應當捍衛自由、平等價值的豪言壯語：「教會並非一個政治團體，但對社會卻有一定的期望，因此對一個影響社會運作及人民生活的政治制度存有理想。簡單來說，我們的信仰相信上帝造人賦予了人自由，在不侵犯別人的自由下有思想、信仰、表達、行動、擇業等自由；也相信在上帝面前人與人的價值是相等的，在法律面前也是平等的。除了上帝之外，沒有人可以擁有絕對的權力，政治權是上帝賦予，目的是為整個社會能有秩序地運作而使全體得到益處。政治權是屬於全體的而非任何一小撮人的。」

這「兩個盧龍光」難道是同一個人嗎？我幾乎不敢相信自己的眼睛了。不過，我看到梁振英在 1989 年六四屠城的時候也曾公開支持學生，也就釋然了。六四屠殺三十年來，香港淪陷二十年來，變臉之人，如過江之鯽。多一個盧龍光，也不足為奇。

反抗者只會無謂犧牲嗎？

如果按照盧龍光觀點，可以如此推理：猶太人被納粹集體屠殺，是因為他們不願順服。本來希特勒只是要求猶太人在身上佩戴「大衛之星」的標識，猶太人卻無知地選擇反抗，結果被送進集中營、推向焚屍爐。如果不反抗，交出財產、謙卑禱告，大家至少可以相安無事啊。同樣的邏輯也可以用來勸誡劉曉波：劉曉波被共產黨監禁並虐殺，是因為異議人士搞了一份煽動顛覆國家政權的《零八憲章》。明明黨允許你在家中寫作，只是偶爾在敏感日子軟禁幾天而已，你卻要組織三百零三名公共知識分子「妄議中央」，當然就是自尋死路、活該倒楣。這樣的思維方式如此暢快淋漓。難怪這些年來，盧前院長對香港和中國事務的看法發生了靜悄悄的位移：他對習近平政權拆毀教堂和十字架、抓捕基督徒和人權律師的暴行不聞不問，反倒對一名官方「三自會」的高級官員高壽而死感到傷心欲絕。

這讓我想起一部特別的德國紀錄片《一段德國生活》，紀錄片的主角是納粹宣傳部部長戈培爾的打字員布倫希爾德·彭瑟爾。彭瑟爾受訪時已經一百零二歲，她講述七十年前的往事時無比平靜。彭瑟爾說，今天的人們不能批判當年像她這樣「無知」的普通公務員，不能強求他們反抗納粹的暴政。「那是根本不可能反抗的狀態，反抗者只會無謂犧牲，而無法扭轉一切。」

　　正是這種跟盧龍光一樣的「犧牲無用論」，讓彭瑟爾無法理解反抗者。在宣傳部時，彭瑟爾知道「白玫瑰」，她還曾經整理有關審判當事人的文件。彭瑟爾說，她身邊所有人以及她自己都對那些年輕的理想主義者有無限的同情，可是認爲他們太笨了，如果他們能夠維持沉默，就可以保住生命。

　　臺灣學者蔡慶樺在〈納粹政權核心的無知者〉一文中指出：「彭瑟爾也許代表了當時大多數人的意見，好心的、非政治的、只想好好過日子，不願有任何麻煩的平凡人們。」與之站在另一個隊伍中的是那些白玫瑰的反抗者，那些反抗者們是眞正的康德主義者，能讓他們心生敬畏讚嘆的，只有滿佈繁星的天空，以及內心的道德法則，而不是殺害六百萬猶太人的政黨。那麼，他們的反抗又眞的是無用嗎？「人類文明的往前推進，並不能全然仰賴成功者，這些失敗者爲後世留下的典範，把世界推向了更好的地方。他們對正確事情的堅持，以其單薄力量打破了『沒人會反抗』的迷思，爲德國戰後形塑正確的歷史認知與政治意識，作出了極大貢獻。」

　　毫無疑問，基督徒以及所有熱愛自由的公民都不應當放棄抗爭。暴政及屠殺，絕對不是抗爭的結果；而放棄抗爭、束手就擒，從來無法避免暴政及屠殺。自由不會白白來臨，唯有勇敢者、抗爭者才配擁有自由。

　　像盧龍光那樣認爲「反抗只能讓處境愈來愈糟糕」的想法，實際上是通過對反抗者的抹黑，而讓屈從者和妥協者或者某種虛假的「心安理得」，比之彭瑟爾這樣的「平庸之惡」還大大不如。

基督徒可以因反抗，得自由

香港記者譚蕙芸曾採訪捷克異議作家、七七憲章的參與者克里瑪。他們的對話讓我深受感動。記者追問：「為何人要爭取自由？」克里瑪顯然喜歡這個題目，他眼珠一轉：「因為人類生來是自由的，但近代史卻是對人類自由的不斷踐踏，人之為人就是要捍衛自由，若人不自由就像動物，好像豬，豬也活得快樂，直至牠被屠宰。」記者告訴克里瑪，香港有一個「港豬」名詞，形容一些不關心政治的快活人，克里瑪揚眉一笑，覺得很有趣。

雖然沒有到過香港，但克里瑪對香港的處境感同身受。他說，在冷戰時代，捷克和東歐多國，只能仰著蘇聯鼻息生存。他深深明白一個小地方面對強大鄰舍的壓力：「捷克很小，當時面對蘇聯的 big power（他把手伸得高高），我們這個文人圈子只有百多人，也沒有放棄過抗爭；香港作為中國裡仍然『自由的地方』，處境一定很困難，它的面積這麼小，中國卻是強大的力量，我希望香港人能夠頂住。你們必須記住要捍衛自由，因為即使你這麼小，也可倒過來影響比你大的鄰舍。」關於螳臂擋車、以卵擊石、精衛填海式的反抗，以及反抗的價值，是克里瑪說得對呢，還是盧龍光說得對？

無獨有偶，香港記者冼麗婷曾訪問普林斯頓大學榮休教授、史學大師余英時。余英時備受士林及各界尊重，不單單是因為他傑出的學術成就，更是因為他數十年如一日堅持不懈地反對、批判中共暴政。

當無數華裔學者爭先恐後地回中國享受紅地毯待遇時，余英時拒絕中共的多次邀請，斬釘截鐵地說，他不承認中共政權的合

法性。談及香港問題，對香港頗有感情的余英時指出，今天的香港得力於英國殖民者的自由環境。「我看英國人在香港是有功勞的，說老實話。當時是殖民地，被他割去一塊，是個奇大恥辱，結果讓中國開一個門戶，開一個將西方學術、文化傳進中國的門戶。」

中共御用文人、《環球時報》總編輯胡錫進翻牆出來上推特，嘲諷反共人士是「做無用功」，還跟大家「打賭」說：你們不可能在有生之年看到共產黨垮臺。胡錫進的「自信」就好像當年修築柏林圍牆的東德共產黨總書記何內克：何內克信誓旦旦地宣稱，柏林圍牆至少一百年屹立不倒。結果，話音剛落，柏林圍牆就倒掉了——柏林圍牆再高，也擋不住人們追求自由的渴望。

八十八歲高齡的余英時勉勵香港人說，香港人唯有「盡量的反抗，不能有幻想」，「不能幻想他有一些心腸好了，給我們好東西了，給我們自由。」他讚揚那些反抗不止的香港學生說，「學生沒有幻想，他們就是要自己去爭取，所以他們不怕坐牢。即便中共出重手，香港還是會反抗的，你不能把每個人都殺掉吧？」

因反抗，得自由，從《聖經·舊約》中的先知，到《聖經·新約》中的使徒，無不如此。而一旦下跪，就是自願為奴，以及終身為奴。

愛納粹中國不是耶穌的教導

——回應盧龍光《以愛化解恨》

　　盧龍光以〈以愛化解恨〉一文，回應我對他的批評。通篇讀下來，我發現之前我並沒有誤讀或誤解他。如果說，他先前的言論是隻言片語、語焉不詳，那麼他的回應文章就將其觀點全面呈現出來。網友在《時代論壇》網站和臉書上的留言，幾乎是一邊倒的對盧的批評，這對自稱「代表」香港或中國主流民意的盧氏是莫大的諷刺。

　　本來，我不打算繼續回應，但有中國國內的弟兄建議說：「這裡爭論的問題對面臨日益增長的逼迫的中國教會有很重大的意義。面對一個如此邪惡的共產政權，我們基督徒當如何面對呢？」所以，我願意再作一次回應，不是說盧氏和他個人的觀點有多麼重要，而是說這場爭議涉及的若干議題非常重要，中國、香港、臺灣及華人教會都需要面對、思考和應對。

　　盧氏指出：「世界在變，中國在變，香港在變，任何人的觀點，當然有基本原則，但若只是固步自封，只看昨日，不看今天，只見到黑暗，見不到光明，不願意以開放的態度去看變化中的景物，作出反思、判斷和調適，這種立場是無法溝通和對話的。」

　　我當然看到了世界、中國和香港的各種變化，然而中共的本質如同「茅坑裡的石頭——又臭又硬」，從其建黨、建政以來從未有根本性的變化。昨天的中共跟今天的中共都是「殺人黨」、「謊言黨」、「暴力黨」，何曾蛻變爲現代選舉式政黨？我在中共身上只看到黑暗，看不到一點光明，除非盧氏對黑暗和光明的定義跟我截然相反：難道他認爲習近平「走向帝制」的舉動是光明嗎？難道他認爲中國數千家教會被拆毀是光明嗎？

　　遺憾的是，對於從來不變的中共政權，偏偏有很多人「願意以開放的態度去調適」，比如香港泛民陣營代表人物湯家驊到北京跟中共高官張曉明「浪漫」賞花，聖公會大主教鄺保羅盛讚中國的宗教信仰自由大有進步，政協常委譚耀宗聲稱「結束一黨專政」是違憲。看來，盧氏還要好好努力，才能跟他們看齊。

如何認識今日之中國（中共）？

　　盧氏在文章中認爲，以納粹政權和希特勒屠殺猶太人的例子來類比今天的中國政府，以蘇聯和捷克及東歐的關係比喻中國和香港的關係，並且以「香港淪陷」描述香港九七回歸，乃是「不倫不類的類比」，「只可以說是反映了余先生的政治立場和觀點，但卻與大部份中國人對中國所認識的實際處境不符，也不是大部份香港人對香港的瞭解。」

　　我不知道盧氏何以代表「大部分中國人」和「大部分香港人」。難道雨傘革命中走上街頭的數十萬港人、參加維多利亞公園六四燭光晚會的數十萬港人，都不能代表港人對中國（也即中共，因爲「黨領導一切」且「黨國一體」）的認識嗎？

　　在中國，近年來固然沒有出現像六四那樣席捲全國的大規模

抗議活動，但那是中共用七千億維穩費用所達成的「高壓鍋中的穩定」，絲毫不足以說明「大部分中國人」對中共的統治心滿意足、感恩戴德。習近平「全票」當選國家主席，能表明中共具備了統治合法性嗎？一個對內鎮壓費用超過國防支出的政權，一個一夜之間將數十萬「低端人口」趕出首都的政權，不是「進化了」的納粹又是什麼呢？有網友將北京警察掃蕩「低端人口」的照片與當年納粹凌虐猶太人的照片放在一起，前者簡直就是後者的翻版。

中共政權一點都不比納粹更好，我用這個類比，不僅不是「不倫不類」，而且我還嫌力度不足。中共的殘暴、邪惡和黑暗，遠遠超過納粹，中共屠殺國人的數量，更是希特勒屠殺猶太人的數倍之多。我已於 2018 年出版《納粹中國》這本專門論述此概念的書，希望更多香港、臺灣和中國讀者可以讀到，然後不再像盧氏那樣對中共抱有不切實際的幻想，甚至從潰爛的膿瘡中發現美善和進步。

當然，我並不指望單單靠文章就能說服盧氏，裝睡的人是叫不醒的。我跟盧氏以及很多爲中共說好話的海外人士之分歧，並非觀念和價值之分歧，說到底，他們爲中共背書，背後乃是利益驅動。

早在十年前，我就聽說，盧氏等香港教會界權貴人士應「三自會」之邀，考察四川地震災區，一路上享受紅地毯待遇、吃香喝辣、好不愜意。他們無視數千無辜學生死於豆腐渣校舍的「人禍」，裝模作樣地爲解放軍和政府「高效率的救災工作」懇切禱告。有生活在四川災區的基督徒，看到此種令人作嘔的場景，曾憤怒地撰文譴責。這些香港教會界名流雅士，早已是中共重點統

戰對象,「天下英雄,盡入吾彀中」──之前,我有專文譴責梁燕誠、梁家麟、臺灣蒲公英基金會等個人和機構賣身求榮的行徑,這次再加上盧龍光,這個名單上的後來者愈來愈多。

如何認識中國的宗教政策及「三自會」

如果能正確認識中共的本質,就能正確認識中共的「附隨組織」三自會的本質。反之,不能認識中共的本質,自然也就不明白什麼是「三自會」。

盧氏有一段話批評我「對自 1957 年至 1978 年因為信仰而被打壓、批鬥至死亡邊緣,廿一年才獲得平反的寧波市范愛侍牧師作出侮辱性言論,稱他為官方三自會的高級官員」,並說我的此一言論「如此涼薄」。

范氏生前是「寧波市基督教協會」會長(寧波是副省級的「計劃單列市」),也擔任過浙江省「兩會」下轄的「浙江神學院」的首任院長,我說他是「三自會」的「高級官員」,難道有錯嗎?我是如實地陳述其身分和地位,為什麼盧氏會如此惱羞成怒呢?難道盧氏自己也知道「三自會」是一個不能拿上檯面、更不能向主交帳的「負面名詞」?

范氏早年被打成右派,送進勞改營,備受折磨,這是事實;但他晚年又投靠共產黨,在「三自會」系統內從事宗教統戰工作,這也是事實。我們不能說受過共產黨迫害的人全都是好人(劉少奇、林彪被毛澤東迫害致死,但他們絲毫不值得同情),朱鎔基當年不也是右派嗎?當朱鎔基熬成總理之後,在其任內不也幹了數不盡的侵犯人權的惡行嗎?

我用「三自會」這個名詞,而不用「三自教會」,因為若遵

435

循《聖經》原則，教會必須以耶穌基督為元首，而「三自會」下轄的各堂會，根據「三自會」之章程，其元首是黨國及「社會主義制度」。「三自會」作為一個龐大的組織體系，是共產黨用以控制、監督乃至消滅基督教的工具。「三自會」的官員，從政府領取薪水，從政府分配房子，不是耶穌的人，而是黨國的人。

我不否認在「三自會」系統內有一些普通信徒和基層牧者具有真實的信仰，我跟他們有所接觸，並勸導他們早日脫離「三自會」。如果盧氏真是因為資訊受限、不瞭解「三自會」的真實情況，我可以推薦他讀一讀溫州家庭教會的潘勝利牧師（筆名舍禾）所著的《中國稗子會——對「三自」的剖析》（美國華恩，2011年）一書。這是我讀到的最全面、最深刻的剖析「三自會」的專著。我相信崇基神學院或香港中文大學的圖書館一定存有此書。

就在盧氏為一名「三自會」高級官員之死如喪考妣之際，他對家庭教會的基督徒和人權律師李柏光被共產黨迫害致死的悲劇卻無動於衷。就在他撰寫文章勸誡人們要多看中共及「三自會」的「光明」的一面之際，「中國福音會」曹三強牧師被中共以莫須有的罪名判處七年重刑。

數十年來，曹三強牧師在中國默默從事福音工作，如同春雨般「隨風潛入夜，潤物細無聲」。2008 年汶川地震後，曹三強牧師在災區幫助數以百計的學生及災民度過難關——與此同時，盧氏等香港教會「高端人口」卻來災區作了一趟無比風光的公費旅遊。後來，曹三強牧師又到雲南普洱從事宣教、慈善救濟及興教辦學事業，幫助貧困兒童接受基礎教育。但共產黨連這位低調謙卑的牧師都容不下。

曹三強牧師不願加入「三自會」，他所做的慈善和教育工作，

比擁有巨大資源的共產黨做得好，共產黨不能看到體制外的人得到民眾的愛戴，一定要將其抓進大牢。盧教授爲什麼對曹牧師的遭遇視而不見呢？

在耶穌基督的眼中，盧龍光前院長和曹三強牧師，誰才是「忠心又良善」的僕人呢？「三自會」與家庭教會，誰是稗子，誰是麥子？

如何認識六四民運和雨傘革命的成敗？

盧氏又說，「我們支持民主發展的香港人，必須承認雨傘運動也是一場無功而還的民主運動。」他對六四民運也是如此論斷，認爲是「好心辦錯事」。正因爲對中共的本質認識不清，才會有此種論調——如果不發生六四民運，中共不會血洗北京城，說不定體制內的政治改革早就成功了；如果不發生雨傘革命，中共也許會同意香港實行「雙普選」，香港民主就有保障了。以此類推，臺灣的二二八屠殺也是如此——如果臺灣人乖乖順服，即便有「官逼」也不要自不量力地「民反」，後來哪會有白色恐怖和漫長的戒嚴呢？說到底，錯的都是那些不知道「見好就收」的「激進派」。這就是盧氏「反思」的成果。

對六四、對雨傘革命，不是說不可以反思，而是說應當朝哪個方向反思。我對六四學生領袖和知識分子領袖，對「佔中三子」以及香港的某些學生領袖都曾提出過批評性意見。但我的反思方向跟盧氏相反：首先，我並不認爲中共是可以改革和改變的，中共本質就是毛澤東所說的「馬克思加秦始皇」，或者用漢娜‧鄂蘭的說法——是靠謊言和暴力來維持「極權主義」政體。即便是放棄反抗、甘當順民，未必就能置身事外、倖免於難。盼望綁匪良

心發現，機率太低了。

其次，反抗運動一定要珍惜那些具有「徹底性」的思想和言行，不能不假思索地扣上「激進」的帽子、加以否定。六四時，學生們將污染毛像的「三勇士」扭送公安局，導致三人被判重刑，這成爲不少良知未泯的學生領袖的終身之痛；雨傘革命時，有些人刻意跟港獨派劃清界限，殊不知本土意識和港獨思想，正是雨傘革命中誕生的最寶貴財富。

至於什麼叫「成功」，我的判斷跟盧氏相反。如果用盧氏功利主義的眼光來看，耶穌基督不是成功者，而是失敗者。爲什麼耶穌要進入耶路撒冷這個危險的地方呢？在週邊安全之地傳福音難道不正可以拯救更多人的靈魂嗎？爲什麼耶穌要以卵擊石，得罪猶太祭司「集團」和羅馬「殖民」當局呢？

同樣的道理，刺殺希特勒的史陶芬柏格以及散發反納粹傳單的「白玫瑰」兄妹，他們都失敗了。他們既未殺死希特勒，也未立時喚醒民眾。然而，他們用生命證明了黑暗時代仍有自由之光，他們是德意志民族從罪孽中翻轉的鑰匙。雨傘運動也是如此，表面上看，它未能撼動「土共與港奸治港」的政治格局，但它讓全世界看到香港民眾、尤其是年輕一代不屈不撓的反抗意志，並將思想的種子埋下，終有一天會長成參天大樹。

盧氏引用若干《聖經》經文，反駁我所說的「因反抗，得自由」來證明「反抗」並非《聖經》的教導。我一般不會大量、斷章取義地引用《聖經》經文，在公共領域發表評論文章，不是在教會講臺上宣講的講章，用不著引用《聖經》原文，表明自己的博學和敬虔。我更相信，字句是死的，精義是活的。

我所說的反抗，不是暴力革命。堅持真理，就是反抗，所謂

「順從神，不順從人，是應當的。」《聖經》固然否定人們在地上建立天國的奢望，耶穌基督也不是帶領猶太人推翻羅馬帝國統治的民族英雄，但《聖經》確實是一本反抗之書，耶穌基督用上十字架的行為，實踐了對世俗權力的顛覆。如果不反抗，摩西如何帶領以色列人出埃及？如果不反抗，先知們為何不顧生命危險地斥責作惡多端的君王？

　　如果我引用另一些經文反駁盧氏，這種作法就太過「小兒科」了。我寧願引用一位香港普通基督徒在其文章後的留言：「面對今日的光景，香港的教會和基督徒必須先審視過去數十年的態度和行為，再縱觀香港與中國如何發展到貧富懸殊及法治流失的境地。是否太多人選擇順服但違反公義仁愛，來換取刻下所謂安穩的生活？基督徒有否按《聖經》教導，站在公義慈愛的原則，演繹先知的角色，向不公不義以至逼害教會的掌權提出嚴厲警告和意見嗎？還是最終盲目以順服一切人間權柄繼續沉默，對受欺壓的人說『你們平平安安地回去』嗎？或對被強盜打傷躺在路旁的人視而不見，從旁過去，留下好撒馬利亞人現身代勞麼？」

劉曉波「我沒有敵人」的宣告不是投降主義

　　盧氏在文章的最後居然引用劉曉波《我沒有敵人》中的一短話，並反問我說：「余先生，你可以聆聽到劉曉波『以愛化解恨』的呼聲嗎？」我不禁啞然失笑。

　　作為《劉曉波傳》的作者，也作為劉曉波文集的編纂者，我對劉曉波思想脈絡的理解，相信很少有人能企及。史學大師余英時在為《劉曉波傳》所作之序言中指出：「以年齡而言，曉波和余杰是兩代的人，但他們卻生活和思想在同一精神世界之中。

439

更重要的，他們之間的『氣類』相近也達到了最大的限度。陳
寅恪形容他和王國維之間的關係，寫下了『許我忘年爲氣類』之
句；他們也是『氣類』相近的兩代人。陳寅恪寫《王觀堂先生輓
詞》和《王觀堂先生紀念碑銘》都傳誦一時，流播後世，正是由
於『氣類』相近，唯英雄才能識英雄。」盧氏豈能用劉曉波的言
論和思想來否定我對他的批評？他沒有讀懂劉曉波「我沒有敵人」
的眞義。

劉曉波「我沒有敵人」的宣告，絕對不是盧氏那樣的投降主
義——共產黨太強大了，每次反抗都只能導致反抗者的處境惡
化，所以不如放棄反抗，至少可以苟活。反之，劉曉波的一生
就是反抗的一生，他屢戰屢敗，屢敗屢戰，一直到被中共虐待致
死。他屍骨無存，卻向死而生。

劉曉波所說的「沒有敵人」，乃是提醒自己和所有的反抗者，
不要成爲仇恨的奴隸，不要變得跟反抗對象「精神同構」，正如
評論人一平所說：「自 1949 年後，中國文明被摧毀爲一片廢墟。
在這篇廢墟上，我們如何重建文明？從哪裡開始？哪是基點？曉
波不是基督徒，但是他以個人的生命痛楚經歷、體驗以及深入反
省，在中國當代這片文明的廢墟上，確立了兩個基點，一個是六
四血泊，一個是以基督爲樣板的神聖意義和絕對道德；前者是立
足，後者是指向；在這兩者之間，確立起當下中國的道義精神，
由此抵制極權統治，推動中國走向文明，完成憲政轉型。」

有一天，並未接受洗禮的劉曉波和在神學院教一輩子神學的
盧龍光一起來到耶穌基督面前，耶穌基督會認誰是他的門徒呢？

盧氏在文章中說我旅居美國、並未在香港生活，而且還很年
輕，似乎不配討論香港問題，更不配對足夠「成熟」的退休院長

提出異議，頗有點當年江澤民斥責香港記者張寶華「Too young，too simple，sometimes naive」的倚老賣老的氣勢。

　　然而，我沒有長期生活在香港（我是港府黑名單上的人，從2010年之後即不能踏上香港的土地），但我數年來撰寫了數以百計聲援香港民主運動和本土運動的文章，比生活在香港的盧氏發出更多的聲音，我不認為我比他對香港的瞭解少。而且，我從來不認為年老就意味著必然具備睿智、正直、真誠、勇敢等品質，我從不接受中華民族「尊老」的「優良傳統」，我從不害怕批評那些「樹大根深」的老人──從學界的季羨林到饒宗頤，從政界的鄧小平到江澤民，我不因為他們「老」就放過他們，也不會因為他們徒子徒孫眾多就繞過他們。在真理面前，無所謂老少，老人和年輕人是完全平等的。

　　盧氏進而暗示，我是因為在中共的統治下受過苦，才會對共產黨充滿仇恨。於是，他居高臨下地教導我說，要「用愛來化解仇恨。」但是，虛無縹緲的愛，專門給予強權者的愛，沒有公義與之平衡的愛，並不是基督教的愛和《聖經》中的愛。

　　《聖經》中說，惡要厭惡，難道作為神學教授的盧龍光不知道這句話嗎？耶穌從來沒有教導信徒要愛羅馬帝國或者以色列國，耶穌要求信徒去愛那弟兄中最小的那個。然而，與之相反，盧氏所標榜的愛，是有選擇性的愛，只愛當權者，不愛受苦者，就像很多道貌岸然的教會那樣，口口聲聲為在上掌權者禱告，但一說為六四難屬、繫獄的人權律師以及關押在集中營的藏人、維吾爾人禱告，他們立即瞠目結舌、閉口不言。

　　這些年來，香港社會在變，香港教會也在變，很多人變得面目模糊，甚至有人反向狂奔。我卻相信，有些恆久不變的東西是

　　彌足珍貴的。在香港的情勢愈來愈嚴峻之際，香港教會界仍有那麼多像但以理那樣堅持言說真話、真相、真理的基督徒，如崇基神學院現任院長邢福增、林國璋牧師、劉志雄牧師、袁天祐牧師、朱耀明牧師、陳日君前樞機主教，有的我已相交近二十年之久，彼此心心相印；有的我從來不曾謀面，卻彼此心有靈犀一點通。

　　儘管盧龍光的選擇與我背道而馳，但在追求自由與真理的光榮荊棘路上，我並不孤獨，正如雨傘革命中成千上萬香港年輕人齊聲高唱黃家駒的那首《海闊天空》：「背棄了理想，誰人都可以，哪會怕有一天只你共我。」

拜上帝，還是拜撒旦？

——評教廷對中共政權之綏靖政策

　　2018 年 1 月 17 日，八十六歲的前香港樞機主教陳日君冒著嚴寒，在梵蒂岡聖彼得廣場排隊，等待教宗方濟各舉行公開接見儀式。陳日君向記者表示，要將一封信交給教宗，信件將呈現「中國天主教徒處境真的很糟糕」，希望教宗可以知道中國地下教會的心聲。教宗向陳日君保證會讀這封信。

　　據《路透社》報導，中梵關係有了重大突破，雙方就主教任命權問題達成一份協議。報導更稱，教宗方濟各赦免八名由中國政府任命主教的罪名，以向中國示好。甚至有教廷高官揚言，一旦雙方達成某種妥協，教廷可以在一夜之間將使館從臺北遷到北京。

　　天主教背景的媒體《亞洲新聞》也報導，梵蒂岡有意向北京低頭，強迫長期受共產黨迫害的、教廷認可的主教讓位，而由共產黨挑選多名有情婦和有私生子的「花花公子主教」接替。其中，教廷要求汕頭莊建堅主教辭職，讓位予被教會絕罰（逐出教會）的黃炳章。黃於 2011 年在中共支持下祝聖為主教，教廷一直拒絕承認其任命，並在同年絕罰黃。另外，福建省閩東教區主教郭希錦則在獄中被要求降職，而由非法主教詹思祿擔任輔理或

助理主教。梵蒂岡代表團表明「希望做點什麼以便與中國政府達成協議」。然而，此舉對於數十年來忠於教廷、持守信仰的中國地下天主教徒來說，是一種無恥的背叛。

陳日君宛如當代的馬丁‧路德

陳日君在臉書發表一封給「新聞界的各位朋友」長信，表示早已收到莊建堅主教的求助，他曾託人親手把莊的信件送到教廷傳信部，並請傳信部部長轉交一份副本給教宗，「不過我不知道那副本是否到達教宗檯上」。如今，教廷的對華政策每下愈況，他不得不親赴羅馬把莊建堅主教的信面呈教宗，並與教宗會面半小時。教宗表示，自己事前並不知情，已下令要求梵蒂岡高官：「我告訴了他們不要製造另一個敏眞諦事件！」

敏眞諦樞機在共產政權下的匈牙利首都布達佩斯擔任主教，也是全匈牙利的首席主教，他被共黨監禁數年，受盡折磨。1956年，「短暫革命成功」的日子，革命者把他從監獄救出。蘇聯紅軍出兵匈牙利鎮壓革命，當時的教廷卻順應匈牙利共產黨的壓力，命令敏眞諦離開祖國，並立即任命一位共產黨歡迎的主教接他的職位。教廷此舉招致自由世界的嚴厲批評。後來，敏眞諦到美國駐匈牙利大使館尋求庇護，在大使館居住十五年之久，才離開大使館，轉至奧地利。

教宗眞的不知情嗎？教宗眞的從敏眞諦事件中吸取了教訓嗎？善良的陳日君相信教宗，我們卻不願輕信他。若非教宗的許可，教廷怎麼可能在對華政策上一錯再錯？教廷怎麼可能瞞著教宗派遣有總主教帶頭的代表團到中國去向共產黨拋媚眼？難道教宗是一個傀儡，對教廷的大小事務都一無所知嗎？

　　果然，教廷不能容忍陳日君充當他們綏靖政策的攔路石。教廷發言人罕有地發表一份聲明，不點名批評陳日君樞機，指其言論「製造混亂和爭議。」教廷發言人指出，教宗與國務院等相關官員在中國事務上有恆常聯繫，官員忠實詳細地向教宗報告了中國教會的情況，對於教會中人提出相反言論，引起混亂和爭議感到意外及遺憾。教宗的偽善由此暴露無遺。

　　中共建政以來，中國基督徒遭受了無神論政權長期的、嚴酷的迫害。尤其是忠於梵蒂岡、忠於耶穌基督的地下天主教徒，其殉道史可歌可泣，而且當下還在持續。當他們發現梵蒂岡倒向共產黨一邊與魔鬼簽訂協議，他們將何其哀傷悲痛！不過，即便梵蒂岡背叛他們，他們也不會背叛基督信仰之本質。他們離耶穌基督比教宗及教廷的那些高官更近。

　　對於教廷而言，中國是全球最大的「宗教市場」。教廷希望探索出一套跟中共打交道的「中國模式」。此次事件，教廷往前大大邁出了一步，當年不願向康熙皇帝低頭的教廷，如今卻向習近平低頭了。

　　有人說這是越南模式的重演。然而，教廷與越南當局改善關係的越南模式，並未觸及天主教世界的完整性及教廷對主教的任命權。在越南的主教任命，均按照《天主教法典》經歷詳細的諮詢及審查，然後由教廷任命。只是教廷在任命越南主教時，會提前數天知會越南政府，給越南政府一點面子而已。而且，越南政府近年來對教廷所有的任命都表示尊重。越南天主教會甚至獨立申辦已故阮文順樞機的封聖儀式，而阮文順樞機曾在越南政府管治下被囚十三年。越南政府對封聖的問題，採取「低調」但「開放而寬容」的態度。

　　假如說越南新任命的主教是由國家敲定，對越南各個相關教區的信眾來說，實是不能接受的侮辱。然而，這樣的荒唐事就在中國施施然地發生了。

　　遭到教廷發言人在梵蒂岡官方媒體上嚴詞指責之後，前香港樞機主教陳日君並沒有乖乖閉嘴，反而愈戰愈勇。陳日君在個人臉書上點名批評教廷國務卿帕羅林「我們了解中國兄弟姊妹們昨天和今天的苦痛」的虛偽說法。他指出，帕羅林並不懂什麼是真正的苦痛，因在中國的兄弟們不怕傾家蕩產，不怕鐵窗風味，也不怕傾流鮮血。唯他們最大的痛苦，是被「親人」出賣。

　　陳日君宛如當代的馬丁‧路德。上帝總是在歷史轉折關頭，興起先知式的人物，帶領這個世界「因真理，得自由」。

　　當中世紀末期的教廷販賣贖罪券、腐敗且混亂之際，馬丁‧路德以名不見經傳的小小修士的身分，貼出「九十五條論綱」，攪動千年死水，開創宗教改革的新時代。如今，陳日君在風雨飄搖的香港，以高齡瘦弱之軀，舌戰群雄。他批評說，有站在中國政府一方的人希望教廷與中國簽署協議，「把現在的不正常狀態認同為合法。」

　　他呼籲香港和中國的信徒守住良心：「如果你們照良心覺得任何協議內容是違反我們信仰的道理，你們不需要跟著走。」陳日君難以力挽狂瀾、說服偏行己意的教宗和教廷，但他不畏強暴、為正義發聲之舉，與那些寧願下獄也不願屈服的中國信徒一樣，必將在天國得到最好的獎賞。

　　五百年前，馬丁‧路德是「以一人敵一國」，後來他獲得德意志諸侯的支持，這才沒有被教廷消音；五百年後，陳日君的處境更是艱難且艱險，他是「以一人敵兩國」：一個是掌握最高宗教

權力的教廷，一個是「多財善賈、長袖善舞」、最富有的中共政權。腹背受敵的陳日君，需要全世界良心人士的支持和聲援。

教廷重蹈向納粹妥協之覆轍

當墨索里尼和希特勒崛起之時，當時的教宗向這兩名獨裁者暗送秋波，先後與法西斯的義大利和納粹德國簽訂秘密協議。只要保住梵蒂岡小朝廷歌舞昇平，對墨索里尼和希特勒大肆迫害天主教徒、基督教徒以及猶太人的殘暴行徑視若無睹。如今，教廷再次犯同樣的錯誤，等於自毀長城。信奉被馬克思主義玷污的拉美「解放神學」、第一個來自拉美的教宗方濟各，因為對共產中國的妥協，在天主教兩千年的歷史上將扮演一個極不光彩的角色。

中共政權並不比蘇聯善良，中共對宗教信仰自由及普遍人權的戕害，尤有過之而無不及。教廷向中共卑躬屈膝，不僅不能改善中國地下天主教徒的艱難處境，反倒給在苦難中的中國信徒以殘忍的「第二次傷害」。

陳日君看到中國統治香港之後香港社會的日漸沉淪，包括宗教信仰自由的萎縮；更看到習近平掌權後的中國，人權狀況的急劇惡化，推倒教堂、焚燒十字架、拘押神職人員和信徒，宛如羅馬暴君尼祿再世。

梵蒂岡有真正信仰上帝的人嗎？而今的教宗方濟各是天主教歷史上第一個拉美裔、受解放神學影響、持極左派政治立場的教宗。正如歐巴馬兩度當選美國總統，執政八年，是美國一個世紀以來最大的災難，歐巴馬的一系列政策，不僅讓美國的立國價值遭到嚴重侵蝕，也使得美國在國際上的地位、聲望和影響力直線

下降，歐巴馬堪稱美國最大的賣國賊；那麼，方濟各當選新一任
教宗，也是教廷近代以來最糟糕的決定，他與西方喪失理智的左
派分子彼此唱和，向越南、古巴、中國的獨裁政權暗送秋波，他
對天主教信仰的傷害，甚於中世紀那些荒淫腐敗的教宗。

如果方濟各在任期內實現與中國建交並與臺灣斷交，甚至到
中國訪問；那麼，表面上看他似乎取得歷史性突破，但外交上
的「成就」無法掩飾因為放棄價值的堅守，而給教廷帶來的重大
衝擊，以後教廷更難以堅持和倡導宗教信仰自由、人權等普世價
值。

左派教宗方濟各盛讚中國文化源遠流長、偉大淵博；教廷國
務卿帕羅林說，與中共談判是「犧牲小眾利益而換取大眾利益」；
梵蒂岡社會科學院院長馬塞洛·桑切斯·索倫多主教更是讚揚中
國成就「非凡」，具有「積極的民族良知」，是實踐《聖經》倫理
之典範，中國「沒有棚戶區，沒有毒品，年輕人不吸毒」。一時
間，群魔亂舞，妖言惑眾，把酒言歡，紙醉金迷，「暖風薰得遊
人醉，直把羅馬當北京。」當然，從六四的夜晚被屠殺的學生和
市民、到在全世界面前被虐殺的諾貝爾和平獎得主劉曉波，以及
被北京當局驅逐的數十萬「低端人口」，他們都假裝沒有看見。

中國國家宗教事務局局長王作安殺氣騰騰的講話，他們也假
裝沒有聽見：「堅持我國天主教獨立自主自辦教會，深入推進民
主辦教，積極穩妥開展自選自聖主教，發展壯大愛國力量，牢牢
掌握中國天主教的領導權。」

對中共暴政的沉默乃至共謀，必將引火燒身。國際人權組
織「人權觀察」中國部主任索菲·理查森指出：「中國改革開放
已歷四十年，北京卻明確反對民主轉型、新聞自由和司法獨立，

持續奮勇推動這些理念的民間人士要冒著失去自由甚至生命的危險。外部力量若繼續與中國盲目交往，不僅如同在中國人權鬥士的背上插刀，而且恐將使自己淪爲高壓統治政府的傀儡而無法自拔。」與虎謀皮不會有好的結局，教廷當三思而後行。

香港湯漢樞機主教不惜事奉撒旦

與陳日君的「貧賤不能移、富貴不能淫、威武不能屈」相反，其接班人、現任香港樞機主教湯漢，毫無廉恥之心地討好共產黨。湯漢發表了一篇題爲〈中國教會與普世教會的共融合一〉的文章，稱讚教廷與中國即將就中國天主教會的主教任命問題達成諒解：「聖座與北京之間的協議是人間對話的典範，是雙方關係正常化的開始，相信雙方今後會繼續本著彼此信任將對話進行到底。」他認爲教廷不必批評中國的人權問題：「天主教會使命不是爲改變國家的機構或行政組織，不能也不應該介入實現社會正義的政治鬥爭中。」他進而認爲中國主教的任命可以「因地制宜」，之前有「越南模式」，未來也可以有「中國模式」。文章最後形容，天主教會視中國人與中國執政者爲「追求聖善、正義等普世價值的朋友」。

拜撒旦拜得「不亦說乎」的湯主教大概忘記了，追求「聖善、正義」的中共執政者是如何對待教廷任命的多名中國教區主教的。教廷可以不去關心中國其他領域的人權問題，但教廷可以對自己任命的主教遭到慘絕人寰的迫害不聞不問嗎？那樣，教廷又何必自行任命主教，並將其任命的主教置身於「國家的敵人」的處境呢？

在香港養尊處優的湯主教，是否知曉跟他同爲主教的中國主

內弟兄的悲慘遭遇：2015 年 1 月 31 日，教廷任命的河北省易縣主教石恩祥在監禁中去世，享年九十四歲。石恩祥生前遭多次抓放，被關押時間加起來長達五十三年。石恩祥二十四歲成爲神父，他因拒絕脫離教廷而在 1954 年第一次被捕，1957 年被送到黑龍江農場強迫勞動，後轉到山西煤礦勞改，1980 年被釋放。他回到家鄉後在 1981 年因行使神父職責再次被捕。1982 年，他被教廷任命爲河北易縣主教。他最後一次被捕是在 2001 年復活節，當時共產黨當局並沒有宣布對他的任何指控，而他至死未獲自由。家屬沒有接到正式的死亡通知，當局甚至拒絕移交其遺體。

石恩祥去世消息傳出後，很多天主教徒在微博和推特等社群網上表達哀思，將他譽爲「教會烈士」。石恩祥逝世後，現在河北天主教的地下教會只剩下八十四歲的保定主教蘇志民，但蘇志民於 1997 年 10 月 8 日被捕後，同樣被關押，沒有一絲消息。

湯主教眼中只有宛如皇帝一樣尊貴的習近平，不會有石恩祥、蘇志民這樣「卑微的僕人」。然而，如果共產黨的執政者眞的是湯主教所說的「聖善、公義」，中共對石恩祥、蘇志民等人的殘酷迫害豈不是合理、合法了？或者說，石恩祥、蘇志民等人是「罪有應得」——僅僅因爲他們忠於教廷、忠於上帝，就應當被監禁至死？

如果教廷輕率地、卑躬屈膝地向剝奪十三億民衆的宗教信仰自由和其他基本人權的中共政權低頭，並不是對長期受中國政府迫害的數百萬天主教徒的祝福。這一舉動必然意味著對中共的暴政的肯定，和對信徒堅守、抗爭的否定。

德國文豪歌德在《浮士德》中，描寫了浮士德跟魔鬼交易的

故事，浮士德為了知識的追求，一度把靈魂出賣給魔鬼，使自己成為一位博學多聞的博士。然而，出賣了靈魂，以後用什麼東西贖回呢？

在梵蒂岡官方廣播電臺的傳道信息中，也引用浮士德的故事告誡信徒：「所謂出賣靈魂，就是把自己的靈魂賣給惡魔，讓他喜歡怎樣做就怎樣做。依傳統的說法，這種出賣是一種以貨易貨的交易行為，有人把靈魂賣給魔鬼，魔鬼也就必須滿足他的要求，而這種要求往往以滿足知識、權力、地位或金錢等為主。請不要以為，這只是一個中古時代德國民間的傳奇故事。其實就在今日，世界上有多少人正在天天出賣自己的靈魂！凡是違背天主的誡命，抹煞自己的良心，去從事不正當行為的人，就是今日的浮士德，就在向魔鬼出賣靈魂。」無論在世俗的意義上，還是在屬靈的意義上，共產黨政權就是魔鬼。與共產黨政權做交易，就是跟魔鬼做交易。

向教宗若望·保祿二世學習如何對抗共產黨

如果今天的教宗是秉持天主教兩千年傳統、堅守宗教信仰自由原則以及由信仰中生發出的正義和人權觀念的若望·保祿二世，教廷不會作出這種荒腔走板的決定。

當年，蘇聯領導人史達林不屑地說：「教宗，他有幾個師的軍隊？」史達林萬萬沒有想到，正是波蘭裔的教宗若望·保祿二世依靠信仰和道德的力量，激起蘇聯東歐集團內部的人民對共產集權制度的反抗，為共產主義體制敲響了喪鐘。若望·保祿二世與美國總統雷根和英國首相柴契爾夫人一起並肩作戰，成為埋葬蘇聯的「三駕馬車」。

451

波蘭裔教宗保祿二世，深知共產黨在波蘭以及其他國家的統治何等的黑暗與殘暴。他當選教宗之後，拒絕與共產世界妥協，呼籲天主教徒遵循良心呼喚，從事非暴力反抗。他充當抗衡武裝的共產世界的中流砥柱，以道德和精神力量幫助人民推倒了東德領導人何內克號稱「一百年都不會倒下」的柏林圍牆。

1979 年，教宗若望·保祿二世對波蘭的九天訪問，就是對史達林的問題強有力的回答。

歷史學家多勃雷寧指出，「這是一種完全超越了蘇聯領導人想像的發展。」而歷史學家在約翰·劉易斯·加迪斯在《冷戰》一書中指出：「當若望·保祿二世在 1979 年 6 月 2 日親吻華沙機場的土地時，他開啓了這樣一個進程：波蘭的共產主義將走向終結，最終歐洲其他所有地方的共產主義也難逃同樣的命運。」

若望·保祿二世在演講中，意味深長地提醒波蘭的當權者，教會對宗教信仰自由的宣揚「完全符合包括波蘭憲法在內的國家和國際基本文件中制訂的原則。」他更鼓勵多年受到壓制的信徒：「你們一定要堅強，親愛的弟兄姊妹，帶著信仰的力量，帶著希望的力量，帶著愛，它能戰勝死亡。當我們擁有上帝的靈魂而堅強時，沒有什麼值得害怕。」他反覆帶領信衆吟唱那首題爲《莫懼怕》的聖歌，上百萬人與他一起吟唱，其中有許多是波蘭共產黨之前認爲已經成功灌輸了無神論信念的年輕一代。

教宗若望·保祿二世、石恩祥、蘇志民、陳日君所堅守的「不跟魔鬼作交易、不向共產暴政低頭」的原則，應當成爲所有天主教徒和基督徒的信仰原則。

不必神話方勵之
——兼回應陳明的批評

我寫的關於〈方勵之自傳〉的書評發表之後，引來旅美評論人陳明萬字長文〈余杰和方勵之的是非〉反駁。感謝陳明先生對我文章中的某些細節疏誤的指正，但對於陳明先生的某些看法，我覺得有進一步澄清之必要。

肯定方勵之的歷史貢獻，但反對為其製造神光圈

我生也晚也，與方勵之素昧平生，並不存在什麼個人的「是非」。2012 年我剛剛流亡美國不久，即傳來方勵之驟然逝世的消息。我記得歷史學者王友琴女士特意給我打來一通長長的電話，說像我這樣的年輕一代，與比我長兩代的方勵之及其同輩毫無人際關係的糾葛，擁有一種理性審視的距離，很適宜為方勵之寫一本傳記。大概那時我寫的《劉曉波傳》剛出版且深受讀者好評，王友琴女士才作如此聯想。

再過一年多，方勵之的自傳在臺灣出版了。我沒有為他寫傳記，倒是為這本自傳寫了一篇書評。任何讀過我的這篇書評的讀者，若平心而論，都會得出這樣的印象：我的文章對方勵之是基本肯定的，文章的大部分段落，對於方勵之在八〇年代倡導民

主、人權、自由等理念的貢獻深表敬意。我在文章中強調，作爲中國的「第一個持不同政見者」，方勵之還起而行道，尤其是在大學中推行學術自由，是八〇年代中國思想文化趨向活躍而豐富的先導者。但是，不知道什麼原因，陳明對我的文章的主體部分視而不見。

當然，我在文章中對方勵之的不足或歷史侷限作出一些粗淺的分析和論述。坦率地說，我非常反感華人世界中的造神運動和偶像崇拜。儒家文化喜歡尋找聖人和救星，每當我讀到華人世界那些充滿宏大敘事和疊床架屋的大詞的「緬懷先烈」文章時，就渾身不舒服。

在論及方勵之、劉賓雁等民主運動前輩時，我始終誠實且如實指出，在一些觀念和議題上，我與他們存在較大的差異。我也致力於探究他們爲何未能更上層樓、更加偉大的原因。如果這樣做是對他們的「冒犯」，我承認。我從來不願做「好好先生」，而寧願當陳明所說的「不懂人情世故」的「冒犯者」。

在這篇書評中，我只是討論作爲人權活動家的方勵之，不涉及作爲物理學家的方勵之。作爲一個中文系出身的寫作者，我的知識結構無法評價方勵之在物理學上的成就。我也相信，若陳明不是物理學家，他跟我一樣毫無發言權。不過，不懂物理學，仍然可以評論方勵之。因爲，作爲公衆人物的方勵之，凸顯的是其異議知識分子和人權活動家的一面。

把背後有神光圈的偉人還原成人，是我寫作中的一個堅持和原則。即便爲十多年來與我親密無間、亦師亦友的劉曉波寫傳記，我也竭力避免把劉曉波寫得太好，竭力避免將其神話化。我如實地寫出劉曉波在 1989 年前後參與政治和文化活動時的種種

不當言行，以及由此折射的性格中狂妄、傲慢、自戀的因素。我也如實地寫出青年時代的劉曉波在兩性問題上的放浪不羈、缺乏家庭責任感，以及對前妻和兒子造成難以癒合的傷害。我想，劉曉波如果讀到這些部分，一定會認可這種誠實和客觀的寫法。

但是，遺憾的是，在陳明眼中，似乎只有絕對完美、像共產黨一樣「偉光正」的方勵之，而不存在有血有肉，有軟弱和缺點的方勵之。陳明認爲，任何對方勵之的軟弱和缺點的討論，都是「不當言論令親者痛仇者快，在反專制獨裁的人當中造成思想混亂，正中北京獨裁專制政權的下懷」。這種二元對立、非黑即白的思維和邏輯方式，這種扣帽子、打棍子的文風，恰恰來自於「敵人的敵人就是朋友」毛澤東思想。

民主人士需要的不是「統一思想」，而是各抒己見

與陳明追求「大一統」、「大團結」和秩序井然的尊卑秩序的想法相反，我堅信，在民主人士中，不能搞「一言堂」，不能搞「封神榜」——那不就蛻變成「第二個共產黨」了嗎？沒有任何人可免於被批評和置疑，無論其資格多老、其貢獻多大、其人品多好。在民主人士內部，存在不同的意見和看法是正常的。

在當年蘇俄的民主人士中，沙卡洛夫、索忍尼辛和布羅茨基這三位諾獎得主，從來就是各執己見、互不相讓。這並不妨礙他們中任何一個人在遭遇官方迫害時，其他人挺身而出、爲之仗義執言。今天再來看他們論戰的文字，火藥味之濃，不加掩飾。如果用陳明的邏輯和思路去硬套，嚴厲批評沙卡洛夫過於「西化」的索忍尼辛，難道就是「在反專制獨裁的人當中造成思想混亂」，並「正中莫斯科的下懷」嗎？顯然不是，民主人士與共產黨及一

455

切專制集團最大的不同就是，容忍不同意見，並以開放式心態對待批評。

陳明在文章中引用一句哈維爾的名言，殊不知，哈維爾最反對的就是在異議人士當中製造神話和英雄，哈維爾也反對別人把他塑造成偉人和完人。耶魯大學歷史學家馬爾西·肖爾在《紐約時報》發表過一篇爲邁克爾·贊托夫斯基所著的《哈維爾傳》的書評。

贊托夫斯基長期擔任哈維爾的秘書，他在寫服務多年的「老闆」的時候，認眞地盡量避免爲尊者諱。這本書中的哈維爾有原則、勇敢、自我放縱而又依賴他人。書評指出，贊托夫斯基寫得最好的部分，正是哈維爾最軟弱的時刻，作者直率地寫出哈維爾在擔任總統期間經常性的抑鬱情緒。1999 年 9 月，哈維爾告訴身邊的工作人員：「我內心有些東西腐爛掉了，或者是社會中有什麼東西腐爛掉了。不管怎樣，我堅持不了太久了。」這個男人在執掌權力時還不如他在監獄中那樣令人敬畏。

2003 年 2 月 2 日，在執政的最後一天，哈維爾做了一場公開講演：「所有對我感到失望、不贊同我的行爲，以及覺得我可憎的人們，我誠懇地向你們道歉，相信你們會原諒我的。」這是何等的坦誠、謙卑和自省！

可惜，華人世界中既缺少哈維爾這樣如同「壓傷的蘆葦」的知識分子，也缺少贊托夫斯基這樣敢於平視偉人並揭露出偉人身上人性幽暗面的寫作者——倒是像陳明這樣不惜用萬字長文來捍衛偶像的人太多了。

陳明關於「哈維爾不入余杰法眼」的看法根本站不住腳。早在十五年前，我就注意到哈維爾直面人性幽暗的思想對華人世界

的重大意義，並留下若干評論文字。關於哈維爾與昆德拉的那場思想爭論，就是由我的文章引發的。陳明一點考據工作都不做，就這樣「欲加之罪，何患無辭」，真是自打嘴巴。

我在《方勵之自傳》的書評中，討論到八〇年代和兩千年之後，共產黨對異議人士不同的處理方式。我論述的重點在於，共產黨維穩模式的精緻化和殘酷化，這一點，許多當事人都有論述。我也引用自己的親身經歷加以說明。這一段論述，絕非如陳明所說，我要顯示自己比方勵之那一代受過更多的苦，因此「我比你聖潔」；我的目的是要凸顯共產黨變得更加邪惡和兇殘了，並以此喚起海內外人士對中國人權狀況持續惡化的關注與警惕。

方勵之沒有成為沙卡洛夫，是必須直面的問題

關於「方勵之為何沒有能夠成為沙卡洛夫」這個問題，我認為並不是「偽問題」，而是「真問題」。陳明考察出沙卡洛夫說過讚揚過方勵之的話，但這並不表明方勵之就跟沙卡洛夫一樣偉大。即便方勵之在世，恐怕他本人也會坦然承認這是事實，他離沙卡洛夫有差距，他不會狂妄到認為自己是「中國的沙卡洛夫」，甚至像陳明吹捧那樣「比沙卡洛夫還厲害」的地步。

那麼，方勵之為何沒能成為沙卡洛夫呢？我個人的看法是，首先兩人所處的國家和時代背景不同，然後才是兩人精神境界、文化素養和個性的差異。我不認為一個人可以完全脫離其時代和文化土壤。方勵之不具備沙卡洛夫的天時、地利、人和，這不能由他個人來全盤負責。這些論述，在我的書評中都可以輕易找到，陳明再次犯了「選擇性失明」的毛病。

不過，並非強人所難，方勵之在很多方面確實可以做得更

457

好。作爲八〇年代「四大導師」之一，以及天安門屠殺之後美國及西方將其視爲中國民主運動的代表人物，甚至日本方面以給予中國日元貸款來交換方勵之獲得自由，那麼，公眾就有權利對其作出更高期待。當方勵之未能達到公眾的期待時，他需要接受公眾之非議和批評。

其一是在八九學運中，方勵之應當採取什麼樣的策略？陳明將方勵之在學運中的作法定義爲最佳選擇：「方勵之先是頂住各方的勸導或誘惑，明智地避免捲入當時的抗議，從而避免給中共當局提供迫害他本人和打擊公眾的把柄。」但並不是所有人都同意這個判斷。始終有一種觀點認爲，在八九學運期間，方勵之可以積極介入。哪一種方式更好，仍然沒有定論。

其二，方勵之遁入美國使館的行爲如何評價？我在書評中說得很清楚，誰也沒有權力要求別人當烈士。而我引用廖亦武訪談錄中的六四受難者武文健對方勵之的批評，並不意味著我百分之百贊同武的觀點（武文健對劉曉波、對我本人亦有諸多批評）。陳明痛恨這一段話，甚至「恨屋及烏」，對訪談者廖亦武也口誅筆伐，將其形容爲「爲中共的無恥讕言張目的採訪」──這只能暴露出他黨同伐異的思維模式、以及對言論自由缺乏基本的尊重。

我引用武的話，想要強調的是，我們必須正視仍然在國內的受難者的想法和論述。我和廖亦武與方勵之一樣，都以不同的方式逃離中國，生活在自由的西方，都屬於享受到種種榮譽的群體。那麼，我們應當對比我們受苦更多的「草根」反抗者群體有一種「道德虧欠感」，並竭盡所能地幫助與援救他們。

其三，方勵之流亡海外之後，他採取了一種明哲保身的方

式，早早脫離民主運動，重新投身物理學研究。他當然有權選擇自己的人生方向。但是，如果他能充分運用在國際媒體上炙手可熱的地位，繼續爲中國的人權、民主奔走呼號，其歷史貢獻也許會更大。美國多一個或少一個他這樣的物理學家，學術界並無明顯的增或損；但中國少了他這樣一個活躍的人權活動家，損失相當明顯。九○年代中期以後，海外中國民主運動陷入低潮，原因有多方面，到現在人們仍然在檢討。但無論如何，方勵之過於「潔身自好」，也是原因之一。

對方勵之的〈奧斯陸日記〉有著不同的解讀

關於方勵之對劉曉波獲得諾貝爾和平獎的評價，我在書評中寫得十分清楚，與魏京生等人的全盤否定不同，方勵之對劉曉波是基本肯定的。但方勵之在〈奧斯陸日記〉中談及劉曉波的段落，未能顯示出他是一個心胸更爲寬廣、境界更爲高遠的長輩，幽微地透露出他對當年劉曉波對他的批評耿耿於懷。

對於我的這種解讀，陳明不予認同。比如，他認爲方勵之寫劉曉波當年到其家中「偷書」的細節是「厲害的文學手腕」，「三言兩語便把一個人的可愛給活靈活現地勾勒出來，如此幽默，如此生動，如此富有人情味，如此令讀者如聞其聲、如見其人」。但我認爲，在劉曉波獲獎之際，偏偏回憶這樣的往事是不妥的，說明其心靈深處對劉曉波存有相當的成見。

對於方勵之的這段文字，有不同的解讀是正常的。不正常的是，陳明爲什麼認爲他的解讀絕對正確，別人的解讀全部錯誤呢？僅僅因爲我的解讀與他不同，陳明就宣稱：「作爲中文系出身的人，而且是北大中文系的畢業生，余杰的中文閱讀能力也大

成問題，這就令人難以理解，難以原諒了。」此種論斷背後的狂妄和獨斷，是共產黨御用文人的文風，跟《環球時報》的水準差不多。看來，假如陳明是教育部長，僅僅因為他不同意我的文章觀點，就會扣下我的畢業證書。這難道不是另一種文字獄嗎？

對於方勵之發表的奧斯陸日記，持有負面看法的評論人士不止我一個。陳明上網簡單一查就可以看到程度不一的批評意見。這些批評意見的產生，不是源於陳明所謂的「中文程度有限」。若說中文閱讀能力和表達能力，在我的視野中，當代華人作者很少有超過作家和評論家李劼的。任何一個對中文的優劣有所體認的人，都不會認為陳明的中文優於李劼。而李劼在〈怯懦與嫉妒，中國知識分子的死穴──和平諾獎隨想〉一文中，對方勵之的〈奧斯陸日記〉的感受就比我負面千百倍。

在這篇文章中，李劼寫道：「當一眾人士興沖沖地到奧斯陸出席頒獎儀式之際，就曾杞人憂天似地暗暗擔心，但願不要出什麼洋相。果然，傳回來的消息裡，有人失控，並且還不是年輕人士，而是曾經導師一時、風光無限的方長輩。大咧咧地接受採訪，倒是在情理之中。憤憤不平地翻出二十多年前的那本『批判』舊眼，間雜『黑馬』、『黑驢』的譏諷，卻讓人莫名驚詫。方長輩應該有八十開外了吧，這麼一把年紀，還耿耿於懷如煙往事，實在是不無搞笑。」

李劼最後說：「一個知道牢房不好坐而抽身的老人，若能向一而再、再而三地坐牢的晚輩表示一點敬意，不說風度翩翩，至少也算一種心理上的補償。更不用說，同樣站在那個頒獎大廳裡的，還有一個姓方的晚輩，那年被坦克輾斷了兩條腿的學生。真不知方長輩是如何面對的。須知，那天晚上，不少學生倒在血泊

中，他們就是想逃進美國大使館也不得。而事實上，他們根本就不知道有個美國大使館可以躲避。學生的幼稚和導師的老成，對照鮮明。如今，當年被輾斷腿的學生站在頒獎大廳裡，滿心的祝賀。而當年躲進大使館的導師，卻對獲獎者耿耿於懷。此情此景，讓人忍不住要問一聲：當年讓你得獎，你不敢；如今他人得獎，你冷言冷語。」

陳明連我對方勵之寥寥數語的溫和批評都不能接受，若讀到李劼銳利如刀鋒的文字，豈不暴跳如雷？我並不完全同意李劼的評論，有些詞語放在方勵之身上過於苛刻和嚴厲了。但是，李劼所透析的中國知識分子中普遍存在的怯懦和嫉妒，卻是發人深省的。

這樣的性格弱點，在你、在我，在每個人身上都或多或少地存在。問題的關鍵在於，是否承認這個事實，是否願意時刻反省和反思，是否拒絕對自我和對他人的造神運動。

以此與所有追求自由的朋友們共勉。

用毛澤東的手段就能打敗共產黨嗎？
──駁香港評論人陳雲「學習毛澤東兵法」之倡議

我在臉書上看到成爲香港政治評論人的陳雲的一段話，主題是「如何用毛澤東兵法對付港共徵用的幫會暴力團」，有以下四點原則：

第一，當我們正義市民的人數絕對高於他們的時候，用和平的聲勢壓制他們。

第二，當自己人數絕對低於他們的時候，用升級的武力對抗他們，因爲他們是僱傭兵，行爲受到政府約束，也不像警察那樣享有司法保護，他們不敢當眾將武力升級。

第三，當自己兩樣都不是的時候，不要出戰，空出戰場，用輿論來令他們出醜。

第四，當你嘲笑我用毛澤東兵法的時候，請你準備失敗。

我對陳雲津津樂道的「毛澤東兵法」及其「四大原則」不能認同。之前，梁文道沒有跟陳雲鬧翻之前，對陳雲做過一篇訪談，對其竭盡恭維之能事：「他也是我所知道的香港知識分子中最奇特的一位異人。自幼習武，一身好功夫；煉丹養氣，常以『貧道』自稱；明明是一位現代讀書人，卻帶著一股時空錯亂的古人逸氣。」像梁文道的很多文字一樣，這段描述太過矯情和肉

麻了。而我恰恰對那種「裝神弄鬼」的人保持適度懷疑。

不過，後來我讀到陳雲寫的《香港城邦論》一書，倒覺得其才華橫溢，雖然對書中的很多觀點並不認同，卻也認為他畢竟提出關於香港未來的另一種思路。我個人從不排斥對香港本土派的理念和理想，對香港未來的地位亦持開放立場。

然而，2013 年「六四」二十四週年前夕，陳雲發出杯葛「六四」維園燭光晚會的言論，其自戀與蠻橫，讓我嗅到捷克作家克里瑪所說的「陰溝裡的味道」；再讀這篇「以毛制毛」之高論，更是覺得從自由先驅到專制附庸，往往只有一線之隔。在此大是大非的問題上，我不能保持沉默，必須撰文反駁之。

「毛澤東兵法」是什麼玩意？

毛澤東被共產黨捧為「偉大的軍事家」，其實毛並未受過基本的軍事教育，即便對於《孫子兵法》之類的中國古典軍事著作，也未有過深入研究。「毛主席用兵真如神」的說法，是一個虛構的謊言。毛打敗蔣，是因為蔣太弱，而不是毛太強——遇到真正的強敵日本人，毛立即龜縮到邊陲之地，抗戰八年，毛一直以「坐山觀虎鬥」為樂。在韓戰中，毛將收編的國民黨軍隊送上前線當炮灰，付出傷亡數百萬官兵的代價，中國卻一無所得。美國對戰略目標有自我限制，故而點到為止，並非不能徹底擊敗中共。這場戰爭，無論在戰略還是在戰術上，中國都一敗塗地。單就軍事才能而言，作為草莽、山賊的毛，哪裡拿得上檯面？

如果僅僅停留在權謀術層面，毛在軍事上使用的某些策略，與他在政治鬥爭中使用的策略一樣，堪稱中國傳統文化中最陰暗的「厚黑學」。無情加上無恥，暴力輔以謊言，遂無往而不勝。

　　毛奪取天下、登上大位，靠的不是他掌握了馬列主義「歷史
規律」，也並非他真的是「紅太陽」，歷史學家余英時在〈打天下
的光棍〉一文中精闢地分析說：「儘管中共官方的宣傳機器一直
到今天還在塑造『偉大的馬克思主義者』的形象，實際上毛澤東
的真本領，是在他對於中國下層社會的傳統心理的深刻認識。但
這裡所謂的『下層社會』，並不是千千萬萬安分守己的農民，而
是那些三教九流、痞子光棍之類。用價值中立的名詞說，即是
社會邊緣的人物。」換言之，毛就是劉邦、朱元璋之流的流氓無
賴。

　　毛澤東愛讀書，直到晚年亦手不釋卷，其木板床的「半壁江
山」堆滿線裝書。他也善於從書籍中尋找現實鬥爭中可以借鑑的
方法。不過，毛連馬列經典著作都不曾系統研讀，更絕緣於西方
近代以來的民主、憲政、共和的思想，對希臘文明和希伯來文明
這兩大西方文明的主流一無所知。毛讀得最有心得的，是所謂
「稗官野史」，如《水滸傳》、《三國演義》之類，引用得較多的是
這兩部小說中的典故。

　　余英時指出，毛讀這些舊小說，自然不是為了消遣，而是為
了從其中汲取如何造反、打天下的教訓。在中共黨內，周恩來承
認毛澤東最長於和舊社會各色人等打交道，張聞天在延安時更明
白地對張國燾說：「老毛懂得舊社會旁門左道的那一套，讓他去
幹罷！」

　　後來從共產黨中叛離的紅軍早期高級將領龔楚，在回憶錄
中，揭示了毛在農村煽動階級鬥爭，重用流氓無賴階層，奠定其
權力基礎的秘密。龔楚指出：「我參加革命的志願，是希望能創
造一個幸福美好的社會，在當時社會存在的各種不合理的現象，

更支持了我的思想繼續發展，可是，在這幾年的鬥爭過程中，使我印象最深的是：土地革命時，農民向地主豪紳的激烈清算；和地主豪紳伺機向農民的慘酷報復，在循環不已的鬥爭中，既違背了人道主義的精神，也沒有增進社會人類的幸福，反而使生產萎縮，農村經濟破產，人民固有的生活方式破壞了，新的生活根本沒有建立起來，人與人之間彼此猜忌，彼此防範，除了聽從中共的命令之外，簡直變成了一個奴隸社會。人性毀滅了，人道毀滅了，人格也毀滅了，自由平等更談不到，這樣的革命手段，難道是我所應追求的理想嗎？這些問題，使我感到無限的困惑和煩擾。」

如果說，真的存在所謂「毛澤東兵法」，這種被鮮血染紅的民粹主義，即「紅色恐怖」，就是「毛氏兵法」之底色。

總而言之，「毛澤東兵法」的秘訣，就是激發最底層民眾的陰暗心理，實現其整人、鬥人、害人、殺人之目標。此種「兵法」，在今日香港民眾爭取自由與民主的鬥爭中，難道要學嗎？難道該學嗎？難道能學嗎？難道必學嗎？學了以後，帶給香港的，不是福音，而是浩劫。

獨裁者的兵法是通往暴政的橋梁

在今天的德國，如果哪個自由派知識分子公然宣稱，要以學習希特勒的方式追求民主自由，他一定會被人們正義的反駁之聲淹沒，甚至觸犯法律、受到懲罰。然而，在中國乃至整個華人文化圈中，毛的毒素從未得到清理，以致毛肉體雖然死掉，毛之精神幽靈仍然四處遊蕩。

中國本土，出現了薄熙來這樣的地方諸侯，扛起毛的旗幟搞

「小型文革」並搶班奪權，中共黨魁習近平也頻頻引用毛的名言顯示自己是「一代天驕」；在臺灣，則有許信良、陳映眞等當年反對國民黨威權統治的政治人物和文學家，傾心於「以毛爲師」；在香港，又加上一個倡議學習「毛澤東兵法」的激進民主派——陳雲「大師」。

在未來的民主中國，毛澤東必將像希特勒那樣，被釘在歷史恥辱柱上。希特勒上臺的過程，比起恬不知恥地宣布「到地主小姐的牙床上滾一滾」的毛澤東，更具政治正當性。毛是靠「槍桿子」上臺的，希特勒則經過民主選舉，是民衆將其選爲政府總理的。希特勒在工人當中獲得絕大多數選票，號稱工人階級政黨的德國共產黨，在選舉中慘敗給了希特勒。在五一勞動節這個國際工人運動的傳統節日，希特勒在柏林對五十萬工人發表熱情澎湃的演講：「分散在各種職業中的數百萬人不能互相理解，他們被置入彼此分離的階級之中，被等級的狂妄或階級的瘋狂所傷害，他們必須再度找到那條彼此共同的道路。」工人們對希特勒的演講，報以空前熱烈的掌聲。

希特勒上臺之後，迅速實現對德國社會的「一體化」，不僅以納粹黨控制政府、議會、司法系統、教育界和媒體，而且深深滲透進人們的思想、情感和言論之中。德國歷史學家克爾訥《納粹德國的興亡》一書中指出，在紐倫堡舉行的引起轟動的全國黨代會上，這位納粹黨的元首像一位明星那樣受到頌揚，像上帝那樣受到讚美。這就是戈培爾希望達到的目標：每個人都要意識到，德意志需要元首，他們只應相信他、信任他和服從他。

如果說存在一種與「毛澤東兵法」並駕齊驅的「希特勒兵法」，那就是：除了廣泛使用衝鋒隊、蓋世太保、黨衛軍等暴力

機器之外，就是對民粹主義和民族主義的強化宣傳。而希特勒本人是無所不能的、民眾和民族意志的象徵。「當只有一個人在說話時，人們也就肯定再也聽不到其他的聲音了。當人們只按一個綱領指引的方向前進時，也就不用在許多立場之間游移不定了。」納粹主義宣傳關心的，就是讓一切看起來統一化和簡單化：一個德意志民族、一個納粹黨和一個元首希特勒。

在「精神暴君」的意義上，史達林、毛澤東與希特勒三足鼎立。蘇聯歷史學家德·安·沃爾科戈諾夫在《勝利與悲劇：史達林政治肖像》一書中，梳理了史達林的讀書習慣。史達林讀書沒有毛澤東和希特勒多，但他對歷史著作，首先是皇帝傳記保持著經久不衰的興趣。別列亞爾米諾夫的《俄國歷史教程》、維柏的《羅馬帝國概述》、托爾斯泰的《伊凡四世》、《羅曼諾夫王朝》等書，他都認真研讀過。不難看出，史達林認為，用適當的方式描述祖國歷史也是實行獨裁、形成官方意識形態的重要手段之一。

史達林本人從這些著作中提煉「史達林兵法」。史達林是在鬥爭、強烈的階級激情、毫不妥協的處世哲理的環境中成長起來的，在其個性形成的某個階段，他完全喪失了最基本的人道素質，這些素質在他身上本來就十分稀缺。他不知道同情、仁慈為何物，他絲毫不理解什麼叫善良。

托爾斯泰說過，應當「學會尊重生命」。但在史達林看來，這顯然是資產階級的說法。在史達林的語彙中，在其政治辭典中，充斥著打擊、粉碎、消滅、根除、取締等一類詞彙，它們貼切地反映出他氣質上的根本缺陷。以致於他的女兒如此描述說：「許多人以為把他說成是一個肉體上的怪物更為逼真，而他卻是一個精神上、道德上的怪物，這更要可怕得多。」

　　暴君和暴政互相激盪。俄國思想家布林加柯夫如此描述俄國激進主義的危害性：「它在自己的想像中作出歷史的跳躍，而且很少對跳躍的方式感興趣，把自己的視線只投到歷史地平線的最邊緣處的光明點上。這樣的極端主義具有思想著迷、自我催眠的特徵，它束縛思想並製造盲目迷信，對生活的呼聲置若罔聞。」而尼采指出，精神暴君施行暴力的辦法是，使人們相信「人擁有真理」，但這種信念所固有的殘忍、專橫、暴虐和兇惡，從未如此有力地表現出來。

　　「毛澤東兵法」、「希特勒兵法」、「史達林兵法」在本質上都是一致的：迷信暴力的作用、漠視人類生命的價值、為了目的不擇手段。他們給這個世界帶來的是家破人亡、是生靈塗炭。他們和他們的思想觀念（包括陳雲所說的「兵法」）都應當被扔進歷史的垃圾堆。

邪惡的手段從來不可能達致美善的目標

　　如此「兵法」，不僅目的邪惡，手段也邪惡。那麼，曾經在西方接受過民主教育並長期生活在自由的香港的陳雲，為何要「拿來」為我所用呢？是知識分子個人的超級自戀加上絕對主義的思維方式，使其判斷力跌出常識之外。

　　在陳雲提出的「四大原則」中，最為危險的有兩條。

　　第二條，陳雲悍然宣布使用「升級的武力」，這是一個極其危險的信號。鼓吹民眾使用武力，自己卻不身先士卒，本身就是極不道德的。一旦使用暴力，如同將魔鬼從潘朵拉的盒子裡放出來，再想收回去卻不可能了。在現實層面，這樣做恰恰跌入中共事先設置的陷阱，給予警察乃至駐港解放軍暴力鎮壓民主運動的

口實。

　　第四條，更是一個獨斷論的句式：若採用「毛式兵法」，結局肯定是勝利；若不使用「毛式兵法」，結局必定是失敗。然而，在此斬釘截鐵的結論背後，並沒有任何論證的過程以及論據的支持。

　　實際上，回顧晚近一百年來人類追求民族獨立、政治民主以及人權、自由價值的歷史，就會發現，眞實的事實與陳雲的描述截然相反：那些使用「毛式兵法」的革命，那些不憚選擇暴力和殺戮的革命，一開始，參與者大都是受苦受難的底層民眾，其目標都是天下爲公、眾生平等。但革命迅速陷入以暴易暴、冤冤相報之怪圈，血流成河之後，無一例外地都是建立起更加殘暴的暴政，如柬埔寨之紅色高棉、北韓之金氏王朝、古巴之卡斯楚政權等。

　　反之，那些拒絕採取「毛氏兵法」的抗爭，堅持和平、非暴力方式的抗爭，看似螳臂擋車、以卵擊石，毫無勝算；最終卻水滴石穿、篳路藍縷，成功抵達理想的彼岸，如甘地領導的非暴力不合作運動，爲印度贏得獨立；馬丁・路德・金恩領導的黑人民權運動，改變美國種族歧視制度；曼德拉和屠圖大主教領導的南非民主轉型，埋葬了種族隔離時代，左右人類歷史的決定性力量，不是毛澤東、希特勒、史達林的陰謀詭計、打打殺殺，而是耶穌、甘地、馬丁・路德・金恩、達賴喇嘛和劉曉波秉持的「我沒有敵人」的精神價值，亦即朱耀明、戴耀廷、陳健民等「佔中三子」堅持的「以愛與和平占領中環」運動的基本原則。

　　《聖經》說，不要以惡報惡。又說，你不可爲惡所勝，反要以善勝惡。陳雲的「學習毛澤東兵法」，就是爲惡所勝，在漫長

的、艱巨的與惡的抗爭過程中，不知不覺被惡所同化，蛻變得跟自己反對的對象一模一樣。種下的是龍種，收獲的是跳蚤，如同《星球大戰》中的「黑武士」，本來是正義陣營的勇士，卻沉淪邪惡勢力的先鋒，這是一種多麼可悲的情形啊！

毛澤東、希特勒和史達林等獨裁者就是如此煉成的，他們曾經是身處社會邊緣位置的「小知識分子」，依靠暴力和謊言，一躍成為比世襲君主更壞一百倍的「老大哥」。正如德·安·沃爾科戈諾夫所說：「我們愈是瞭解史達林，就愈是深信，他命中註定要成為歷史上最可怕的惡的化身之一。無論多麼美好的意圖和計畫，都不能為慘無人道的行為辯護。史達林以自己的一生再次表明，如果政治不與人道主義相結合，甚至美好的、高尚的人類理想也能走向反面。」陳雲應當以此為戒。

當中國（也包括香港）的暴戾之氣愈來愈濃厚之際，法律學者王進文指出：「當下中國社會戾氣的瀰漫，是中國社會危機總爆發的前兆，數十年來建立在榨取性的中國模式所造成了社會不公與貧富分化，堵塞了底層弱勢群體通過司法途徑實現社會正義之路，割裂了社會，形成了對立和對抗。而集權主義下的中央政府，試圖通過逐級作惡授權，換取地方政府的經濟回報，又使中國陷入了嚴重的治理危機。」

毋庸置疑，暴戾之氣的始作俑者是專制政權，最該譴責的也是專制政權。但是，當戾氣四處瀰漫之時，作為知識分子和意見領袖，尤其要冷靜、理性、時刻具備自我反省精神，並堅守愛與和平的原則——如先賢所言：「人們扔給先知的是污穢和嘲諷，可是兄弟，你依然要做一顆星照耀他們。」

中國為何無法避免出現壞皇帝？

　　中國傾向自由派的網站《共識網》（已被關閉）發表了一篇題為〈難忘的會談——記王岐山與福山、青木的會見〉的長文。文章記載，2015 年 4 月 23 日，中央政治局常委、中紀委書記王岐山，在中南海會見日裔美籍政治哲學家福山和日本比較經濟學家青木昌彥，以及在中國出生的日本人、中信證券董事總經理德地立人等三人。與王岐山有私交的德地立人記錄並發表了主客之間的這場對話。福山在這場對話中說了一句發人深省的話：「在王朝階段，中國的政治體系始終無法解決一個問題，即『壞皇帝』的問題。在對上而不是對下負責的當代中國，這個問題仍然至關重要。」

　　王岐山幫助習近平整肅了以周永康為首的政法幫、以令計劃為首的秘書幫，和以徐才厚和郭伯雄為首的桀驁不馴的軍頭，使得江澤民和胡錦濤兩朝的殘餘勢力土崩瓦解，為習集權掃清道路。由此，王岐山在這場「選擇性反腐」的黨內鬥爭中風頭正健，儼然是與習比肩而立的「八賢王」。

　　就在王岐山權勢薰天之時，官方喉舌上突然出現對紀委主導的反腐運動的公開批評，逃亡美國的富豪郭文貴與王岐山重用的媒體女強人胡舒立，用最惡毒的語言互相辱罵，使得王岐山的若干「難言之隱」浮出水面，王地位不穩之傳言遂甚囂塵上。那

麼，王岐山選擇在此一敏感時刻授意友人發表此篇談話，有何玄機？

誰敢刪除王岐山的談話稿？

王岐山的這番談話，與所有在公開場合有板有眼、斟詞酌句的講話截然不同。表面上，王說要藉此機會向幾位外國學者、尤其是作為美國政治學泰斗的福山好好請益，實際上他是要表達自己的一腔「孤憤」。

福山在告別後的第一感受是，「像玄學討論」，有點像老毛與尼克森的第一場會談。就這篇記錄稿而論，王岐山一人說的話占據百分之九十以上篇幅，福山沒有時間全面闡釋個人的觀點，正如記錄者所說：「一方面福山沒能預期地討論他所感興趣的具體內容而心裡感到不足，同時因未能全部消化王岐山富有寓意的談話而有些困惑。」

以王掌握全黨生殺予奪之權的地位，如果沒有得到他本人首肯，作為其老朋友的德地立人未必敢私自記錄並發表這篇充滿機鋒的「答客問」——王的講話天馬行空，卻有不少涉及黨國機密的部分，如果按照當局給中國最勇敢的女記者高瑜等人羅織的「洩露國家機密」的罪名，王岐山真不知道該判多少年徒刑。

這篇講話記錄，首先出現在貌似民間立場的《共識網》和共產黨在香港控制的媒體《大公報》的網站上。吊詭的是，這篇稿件又迅速從這兩處消失。其「問世」與「離世」轉換之迅捷，與柴靜自行拍攝的紀錄片《蒼穹之下》一樣，堪稱「來也匆匆，去也匆匆」、「揮一揮衣袖，不帶走一片雲彩」。

那麼，這篇稿件為何突然消失？以中共黨內的「潛規則」推

測，凡是涉及王書記的文稿，中宣部部長劉奇葆乃至主管意識形態的常委劉雲山，斷然不敢擅自刪除。平民出身的劉雲山及其家族醜聞不斷，有諸多把柄握在王岐山手中，其地位並不穩固，劉奇葆更是從四川提拔起來的官員，跟周永康有剪不斷、理還亂之關係。他們哪敢虎口拔牙、橫挑強敵？所以，這篇文章被「毀屍滅跡」，只能是出自王本人或者習的決定。

或許，王岐山一開始想用這種「非常規」的方式，向公眾傳遞一個信號：反腐運動，到了僵持和膠著階段，如果繼續深入，王和習所在的「紅二代」必被波及；如果就此罷手，敵對派系定然積蓄力量，伺機反撲。所以，王進退兩難，四顧茫然，滿腔心事，無人訴說，唯有會見外國客人時才傾訴一番，並以此尋求國內外輿論的支持。

卻未想到，這篇談話出籠後，各界議論紛紛，波瀾之大，快要席捲堤壩了。於是，王或習只好親自下令撤除文章，卻已悔之晚矣——雖然原始發稿之處「毀屍滅跡」了，但在其他網站早已傳播甚廣。

王岐山肯定了普世價值嗎？

2015 年年初，在紀檢監察系統老幹部新春團拜會的內部講話中，王岐山首先引述習的話說，有人說一黨執政解決不了腐敗問題，「我們中國共產黨人還就不信這個邪。」王本人接著表示，「我們應該有這個自信，就是我們發現了自己的問題，我們自己能夠解決。」好一副成竹在胸的模樣！

然而，隨著黨內鬥爭的白熱化，王岐山愈來愈發現「左右手互搏」的反腐運動要有一個美好的收尾，真是「難於上青天」。

　　王岐山已然意識到，自己給自己動手術難度極大、風險極高，堪稱九死一生。但他又不願意開放報禁和黨禁，讓民間力量參與對執政黨的監督——那樣中共就不可能萬年執政了。這是一對永恆的矛盾。以王岐山的聰明，不可能不知道專制體制下的反腐結果必然是失敗——即便像明太祖朱元璋那樣將貪官剝皮、凌遲，大明王朝仍走上文嬉武戲、賣官鬻爵的敗亡之路。

　　在這篇談話紀錄中，還有一處耐人尋味的段落：王岐山對客人說，他不贊成「中學為體，西學為用」這種說法，他認為「人類文化的最基本要素其實中國都有」，即人類是有共同的價值的。王反問說：「最基本的價值是一樣的，不然我們怎麼談呢？」換言之，王斷然否定了清末張之洞「中學為體，西學為用」的「半西化」政策，承認中國也要遵循來自普遍人性的「基本價值」。而所謂的「基本價值」，不就是不同族裔和國家的人類都追求的民主、自由、人權的價值嗎？

　　在這裡，王岐山沒有使用「普世價值」這個人們耳熟能詳的名詞，而是猶抱琵琶半遮面地用「共同價值」或「基本價值」取而代之，但他說的顯然就是「普世價值」。

　　王岐山當然知道習對「普世價值」這個說法恨不得除之而後快：習氣勢洶洶的「七不講」，成為 2013 年黨內逐級傳達的「九號文件」，也成為習時代意識形態往左轉的風向指標。其中，有一條是「普世價值不能講」——就連像溫家寶那樣用普世價值欺騙人民、作為人民「望梅止渴」之「梅」都不允許。王岐山只好偷梁換柱、暗渡陳倉。

　　儘管王岐山換了一種說法，但「司馬昭之心，路人皆知」。那麼，王岐山為何敢於「逆龍鱗」，跟幾個外國人——尤其是其

中還有習近平最痛恨的日本人──大講特講已成為「禁語」的「普世價值」呢？難道他不知道，八○年代意氣風發的總書記胡耀邦，接見香港記者陸鏗時，海闊天空地說了一番黨內秘辛，被陸鏗寫成報導發表，此事成為胡耀邦遭到元老杯葛、被迫辭職下臺的一大罪行？那麼，今天的最高領袖習近平會不會惡向膽邊生，將公然違背「七不講」諭旨的王抓起來關進監獄呢？也許，王認為，他早已跟習形成連體人般的「命運共同體」，兩人「一榮俱榮、一損俱損」，習近平不會因為此類小事砍去左膀右臂。

更何況，王岐山並未肯定普世價值的具體內容，在其通篇談話裡，「中國特色」始終高於「普世價值」。當福山詢問中國能否做到司法獨立時，王坦率地承認：「不可能。司法一定要在黨的主管之下進行。這就是中國的特色。」也就是說，「黨」永遠大於「法」，「法」必須為「黨」所用。這就是目前中國最高統治階層中最愛讀書和思考、最有改革意識的王岐山的真實想法。問題又回到原點和死結：此一「中國特色」不破除，真正的法治不可能在中國建立起來。

將「一黨獨裁、遍地是災」的模式走到底

這篇談話的關鍵信息在於，王岐山拒絕了福山關於司法獨立和問責政府的建議，發誓要將「一黨獨裁、遍地是災」的道路走到盡頭。王通過中紀委控制司法和情治部門，周永康時代耀武揚威的政法委在降格之後，乖乖臣服於王岐山之麾下。公檢法、中紀委、國安國保都得聽命於王岐山，王成了人人談虎色變的閻王爺。如此，他又怎麼會自廢武功，推動司法獨立呢？

如果沒有法治和政府的自我設限，民主就是可望而不可及的

475

海市蜃樓。王岐山並沒有打算謙卑地向福山請益，而是企圖將福山作為傳遞資訊的管道——既然福山是杭亭頓之後美國最有影響力的政治學家，那麼福山說的話一定有人聽。王要借福山之口告訴世人——所謂「習王體制」，就是普丁加李光耀的威權主義或新權威主義，那些幻想我們成為戈巴契夫的人，不要再癡心妄想了。

這些思想成果，本來是中共的救命良藥。可惜，指點迷途的高人就在身邊，被譽為「中共黨內第一聰明人」的王岐山什麼也聽不進去，也不可能向習近平轉達福山希望中國開啟民主化步伐的好建議。四〇年代中期，國共內戰前夕，共產黨的《新華日報》發表社論，批評國民黨「一黨獨裁、遍地是災」；如今，王岐山和習近平卻將「一黨獨裁、遍地是災」的模式走到盡頭。

毫無疑問，這個黨已然無藥可救。

主流十周年
2007-2017

★歡迎您加入我們，請搜尋臉書粉絲團「主流出版」
★主流出版社線上購書，請掃描 QR Code

心靈勵志系列

信心，是一把梯子（平裝）／施以諾／定價 210 元

WIN TEN 穩得勝的 10 種態度／黃友玲著、林東生攝影／定價 230 元

「信心，是一把梯子」有聲書：輯 1／施以諾著、裴健智朗讀／定價 199 元

內在三圍（軟精裝）／施以諾／定價 220 元

屬靈雞湯：68 篇豐富靈性的精彩好文／王樵一／定價 220 元

信仰，是最好的金湯匙／施以諾／定價 220 元

詩歌，是一種抗憂鬱劑／施以諾／定價 210 元

一切從信心開始／黎詩彥／定價 240 元

打開天堂學校的密碼／張輝道／定價 230 元

品格，是一把鑰匙／施以諾／定價 250 元

喜樂，是一帖良藥／施以諾／定價 250 元

TOUCH 系列

靈感無限／黃友玲／定價 160 元

寫作驚豔／施以諾／定價 160 元

望梅小史／陳詠／定價 220 元

映像蘭嶼：謝震隆攝影作品集／謝震隆／定價 360 元

打開奇蹟的一扇窗（中英對照繪本）／楊偉珊／定價 350 元

在團契裡／謝宇棻／定價 300 元

將夕陽載在杯中給我／陳詠／定價 220 元

螢火蟲的反抗／余杰／定價 390 元

你為什麼不睡覺：「挪亞方舟」繪本／盧崇真（圖）、鄭欣挺（文）／定價 300 元

刀尖上的中國／余杰／定價 420 元

我也走你的路：台灣民主地圖第二卷／余杰／定價 420 元

起初，是黑夜／梁家瑜／定價 220 元

太陽長腳了嗎？給寶貝的第一本童詩繪本／黃友玲（文）、黃崑育（圖）／定價 320 元
拆下肋骨當火炬：台灣民主地圖第三卷／余杰／定價 450 元
時間小史／陳詠／定價 220 元
正義的追尋：臺灣民主地圖第四卷／余杰／定價 420 元
宋朝最美的戀歌—晏小山和他的詞／余杰／定價 280 元

LOGOS 系列

耶穌門徒生平的省思／施達雄／定價 180 元
大信若盲／殷穎／定價 230 元
活出天國八福／施達雄／定價 160 元
邁向成熟／施達雄／定價 220 元
活出信仰／施達雄／定價 200 元
耶穌就是福音／盧雲／定價 280 元
基督教文明論／王志勇／定價 420 元

主流人物系列

以愛領導的實踐家（絕版）／王樵一／定價 200 元
李提摩太的雄心報紙膽／施以諾／定價 150 元
以愛領導的德蕾莎修女／王樵一／定價 250 元
以愛制暴的人權鬥士：馬丁路德金恩博士／王樵一／定價 250 元
廉能政治的實踐家：陳定南傳／黃增添／定價 320 元

生命記錄系列

新造的人：從流淚谷到喜樂泉／藍復春口述，何曉東整理／定價 200 元
鹿溪的部落格：如鹿切慕溪水／鹿溪／定價 190 元
人是被光照的微塵：基督與生命系列訪談錄／余杰、阿信／定價 300 元
幸福到老／鹿溪／定價 250 元
從今時直到永遠／余杰、阿信／定價 300 元

經典系列

天路歷程（平裝）／約翰‧班揚／定價 180 元

生活叢書

陪孩子一起成長（絕版）／翁麗玉／定價 200 元

好好愛她：已婚男士的性親密指南／Penner 博士夫婦／定價 260 元

教子有方／Sam and Geri Laing／定價 300 元

情人知己：合神心意的愛情與婚姻／Sam and Geri Laing／定價 260 元

學院叢書

愛、希望、生命／鄒國英策劃／定價 250 元

論太陽花的向陽性／莊信德、謝木水等／定價 300 元

淡水文化地景重構與博物館的誕生／殷寶寧／定價 320 元

中國研究叢書

統一就是奴役／劉曉波／定價 350 元

從六四到零八：劉曉波的人權路／劉曉波／定價 400 元

混世魔王毛澤東／劉曉波／定價 350 元

鐵窗後的自由／劉曉波／定價 350 元

卑賤的中國人／余杰／定價 400 元

納粹中國／余杰／定價 450 元

公民社會系列

蒂瑪小姐咖啡館／蒂瑪小姐咖啡館小編著／定價 250 元

青年入陣：十二位政治工作者群像錄／楊盛安等著／定價 280 元

主流網路書店：http://store.pchome.com.tw/lordway

中國研究系列 7
今生不做中國人

作　　者：余　杰
發 行 人：鄭超睿
編　　輯：李瑞娟、張惠珍
封面設計：楊啓巽

出版發行：主流出版有限公司 Lordway Publishing Co. Ltd.
出 版 部：臺北市南京東路五段 389 巷 5 弄 5 號 1 樓
電　　話：(02) 2766-5440
傳　　眞：(02) 2761-3113
電子信箱：lord.way@msa.hinet.net
劃撥帳號：50027271
網　　址：www.lordway.com.tw

經　　銷：
紅螞蟻圖書有限公司
台北市內湖區舊宗路二段 121 巷 19 號
電話：(02) 2795-3656　　傳眞：(02) 2795-4100

華宣出版有限公司
新北市中和區連城路 236 號 3 樓
電話：(02) 8228-1318　　傳眞：(02) 2221-9445

2019 年 7 月　初版 1 刷
2023 年 4 月　初版 3 刷
書號：L1902　　　　　　　　　　　著作權所有 翻印必究
ISBN：978-986-96653-5-3（平裝）
Printed in Taiwan

國家圖書館出版品預行編目資料

今生不做中國人 / 余杰作 . -- 初版 . -- 臺北市：
主流 , 2019.07
　　面；　公分 . -- (中國研究系列；7)

　ISBN 978-986-96653-5-3(平裝)

　1. 中國大陸研究　2. 言論集

574.107　　　　　　　　　　　108006208